TEATRO Y FASCISMO EN ESPAÑA

El itinerario de Felipe Lluch

VÍCTOR GARCÍA RUIZ

LA CASA DE LA RIQUEZA
ESTUDIOS DE CULTURA DE ESPAÑA, 17

LA CASA DE LA RIQUEZA
ESTUDIOS DE CULTURA DE ESPAÑA
17

El historiador y filósofo griego Posidonio (135-51 a.C.) bautizó la península ibérica como «La casa de los dioses de la riqueza», intentando expresar plásticamente la diversidad hispánica, su fecunda y matizada geografía, lo amplio de sus productos, las curiosidades de su historia, la variada conducta de sus sociedades, las peculiaridades de su constitución. Sólo desde esta atención al matiz y al rico catálogo de lo español puede, todavía hoy, entenderse una vida cuya creatividad y cuyas prácticas apenas puede abordar la tradicional clasificación de saberes y disciplinas. Si el postestructuralismo y la deconstrucción cuestionaron la parcialidad de sus enfoques, son los estudios culturales los que quisieron subsanarla, generando espacios de mediación y contribuyendo a consolidar un campo interdisciplinario dentro del cual superar las dicotomías clásicas, mientras se difunden discursos críticos con distintas y más oportunas oposiciones: hegemonía frente a subalternidad; lo global frente a lo local; lo autóctono frente a lo migrante. Desde esta perspectiva podrán someterse a mejor análisis los complejos procesos culturales que derivan de los desafíos impuestos por la globalización y los movimientos de migración que se han dado en todos los órdenes a finales del siglo XX y principios del XXI. La colección «La casa de la riqueza. Estudios de Cultura de España» se inscribe en el debate actual en curso para contribuir a la apertura de nuevos espacios críticos en España a través de la publicación de trabajos que den cuenta de los diversos lugares teóricos y geopolíticos desde los cuales se piensa el pasado y el presente español.

TEATRO Y FASCISMO EN ESPAÑA

El itinerario de Felipe Lluch

Víctor García Ruiz

IBEROAMERICANA ● VERVUERT

© Iberoamericana, 2010
Amor de Dios, 1 – E-28014 Madrid
Tel.: +34 91 429 35 22
Fax: +34 91 429 53 97
info@iberoamericanalibros.com
www.ibero-americana.net

© Vervuert, 2010
Elisabethenstr. 3-9, D- 60594 Frankfurt am Main
Tel.: +49 69 597 46 17
Fax: +49 69 597 87 43
info@iberoamericanalibros.com
www.ibero-americana.net

ISBN 978-84-8489-514-5 (Iberoamericana)
ISBN 978-3-86527-564-6 (Vervuert)

Diseño de cubierta: Carlos Zamora

The paper on which this book is printed meets the requirements of ISO 9706

Depósito legal: M-28092-2010
Impreso en España

ÍNDICE

Para Ana María Lluch, en recuerdo de su padre.
Y para Conchita Ramón Lluch, en recuerdo del suyo. Siempre juntos.

INTRODUCCIÓN

¿Felipe Lluch? Sólo los especialistas en el teatro español de los años treinta y cuarenta situarán con comodidad este nombre, que deshabita con constancia otro tipo de bibliografía, aunque alguna azarosa nota a pie de página registre su nombre. Felipe Lluch realizó una contribución al teatro español muy notable, primero en los años republicanos tanto desde la prensa como desde la dirección escénica de grupos como el Caracol o el Teatro Escuela de Arte, lanzados a la existencia por Cipriano Rivas Cherif. Luego, durante la Guerra Civil, desde la Alianza de Intelectuales Antifascistas. Y, por último, en la inmediata posguerra, desde las prietas filas de Falange Española. Sus escritos de prensa permanecen inéditos casi por completo. Sus montajes, quizá la parte por él más amada, es de difícil rescate, dada su efímera naturaleza y sus traicioneros registros en forma de reseñas y fotografías. Existe otro sector donde se agrupan el apasionado lector y el iluminado historiador del teatro español. Y, por último, el reformador, el soñador de un teatro completamente regenerado, concebido como factor de cohesión nacional: un *teatro público* que Lluch alcanzó a proyectar en forma de un Instituto Dramático Nacional que nunca llegó a nacer y que, por exigencias tanto de la historia como por albures del acaso, se inscribe dentro de una lógica política de signo totalitario.

Estos logros secretos fueron la razón de su corta vida, volcada con pasión hacia el teatro desde sus años escolares, cortada por la enfermedad y, antes, golpeada por la desgracia —como conocerá el lector— justo cuando Lluch se creía, por fin, a punto de realizar tantos proyectos. Una trayectoria breve pero apretada donde hubo espacio para completar con brillo unos estudios de Ingeniería Industrial, formar una familia, escribir teatro, escribir sobre teatro, actuar en el teatro, enseñar teatro, dirigir y montar teatro. Y, también, para experimentar una conversión integral a la cosmovisión fascista de Falange Española; conversión poco previsible en un católico que tras la sublevación militar de julio del 36 se manifestó formalmente "ajeno a toda concepción fascista del Estado, contrario a toda violencia y fiel al poder legítimamente constituido". El cómo y el por qué de semejante itinerario es cosa que se intenta dilucidar en este libro.

Lluch estuvo lejos de ser un "vanguardista de camisa azul". Fue, más bien, uno más entre los miles de conversos, en un sentido u otro, anónimos la gran mayoría, que poblaron España al calor del combate. En nuestro caso, su amor minucioso y su dedicación al teatro fueron, entre las penalidades del Madrid sitiado, factores determinantes en la resolución de su crisis ideológica. Los nuevos ideales políticos inspiraron su montaje *España Una, Grande y Libre*, el espectáculo con que se celebraron las Fiestas de la Victoria en su primer aniversario, el 7 de abril del 40, que se publica aquí por vez primera y que supone un caso, único en España, de teatro enteramente fascista.

Este libro se ocupa de teatro y fascismo, no al revés. Aunque, inicialmente, mi objetivo consistía en destacar la aportación de Lluch al teatro español de los años treinta y cuarenta –vieja preocupación mía la relación entre ambas décadas–, pronto comprendí que limitarme a ese objetivo equivalía no sólo a cerrar los ojos ante una historia apasionante sino a abstenerme de comprender el por qué de una experiencia que compartieron muchos otros españoles, atrapados en el drama de la Guerra Civil. El paso de la España republicana a la España franquista podía quizá explorarse partiendo de Lluch como "héroe medio".

El capítulo primero traza un retrato y un relato lo más completo posible de este "artista ingeniero", hombre de familia y amante verdaderamente apasionado del teatro, que afrontó la desgracia y la muerte con fe en Dios. En la medida necesaria, esta semblanza incluye también un bosquejo, sobre fuentes ya bien conocidas, del panorama teatral en la República, la guerra y la posguerra. El análisis de sus escritos teatrales anteriores a la guerra que propongo en el capítulo segundo, además de la calidad y modernidad de esos escritos, demuestra algo más: su desconexión con el tono violento y las manipulaciones culturales de la derecha radical y del falangismo incipiente.

Me pareció que, si no quería insistir en explicaciones triviales, la comprensión del "caso Lluch" exigía ensanchar el horizonte. La primera vía fue ampliar la mirada hacia la situación de los católicos y los intelectuales españoles ante la Segunda República y la Guerra Civil. Una síntesis de tal panorama, en conjunto ya conocido, es lo que justifica el capítulo "Trauma y conversión": ser católico y republicano no tenía por qué ser una pirueta.

En "Un teatro fascista para España" emprendo una pequeña aventura sobre una segunda vía e intento un panorama sobre terrenos menos transitados, al menos entre nosotros, los interesados en el teatro español del siglo xx. No pretendo teorizar con autoridad sobre el fascismo y tampoco olvido –espero– mi objetivo central, que es contextualizar y explicar a fondo las repercusiones de la conversión de Lluch. Pero me pareció ineludible romper el cinturón peninsular, poner entre paréntesis por un rato al dictador, el franquismo, el falangismo y la penuria teatral española, y salir fuera en busca de otros panoramas y algún rigor sobre la noción de fascismo, el posible concepto de "fascismo genérico" –ni siquiera tengo claro si debe llevar o no mayúsculas– y la situación del teatro como institución en los regímenes fascistas, sin dejar de atender a otras flagrantes repercusiones del fascismo como la toma del espacio público, el urbanismo o la arquitectura. La pregunta al final de toda esa excursión es: ¿hubo en España un teatro que podamos llamar fascista? La respuesta está, sobre todo, en "Los caminos fascistas de Felipe Lluch", donde abordo sus actividades entre abril del 39 y junio del 41, fecha de su muerte.

Se editan, por último, dos series de documentos relacionados directamente con el título del presente libro. "Las Fiestas de la Victoria" incluye tanto los textos que se conservan de la representación como otros materiales anejos que he juzgado de interés. De los documentos relativos al Instituto Dramático Nacional se publican aquí la *Memoria [...] sobre la Ordenación del Teatro en España* de 28 de junio de 1939 y un borrador de Proyecto de Decreto de creación del Instituto Dramático Nacional, de agosto del 39. Se incluye además un incompleto y revelador *Informe sobre el Departamento Nacional de Teatro* que redactó Lluch, decepcionado, entre finales de 1940 y principios de 1941. La edición tanto de su diario como de los demás escritos de Lluch aguarda por ahora mejor ocasión.

El objetivo último de este trabajo ha sido sacar a Felipe Lluch a la luz y dejarlo para siempre en ella de manera que se reconozca su aportación a la modernización del teatro español. Una aportación que hasta el momento ha quedado en la sombra. A lo largo de su vida, el propio Lluch y su trabajo quedaron a la sombra de Cipriano Rivas Cherif en los grupos que éste promovía y aquél sacaba adelante. Después, a la sombra de María Teresa León en la Alianza de Intelectuales. Finalmente, también sus ambiciones sobre un Instituto Dramático quedaron sepultadas, antes de serlo él mismo por una muerte que dejó en el olvido su única temporada como director del Teatro Español de Madrid.

Un estudio como el presente, centrado en el teatro pero que transita también por otros terrenos, se ha visto obligado a ser selectivo desde el punto de vista bibliográfico. Mi criterio ha sido acudir a los estudios que mejor pudieran responder a mis necesidades en lo relativo a temas como la política y la cultura durante la República, la Iglesia y los católicos ante la Guerra Civil, o el fascismo. No pretendo ni mucho menos agotar ninguno de ellos, pero sí ofrecer un enfoque personal en relación con Lluch y otros casos como el suyo.

Si no indico otra cosa, las cartas, originales, fotografías y documentos de que parto proceden del archivo familiar de los Lluch. Igualmente, las traducciones de textos no españoles son, en principio, mías. Me he atenido a un sistema de cita y referencia que remite a una lista final de Obras citadas; se busca con ello no distraer al lector con los elementos bibliográficos y, al mismo tiempo, facilitarle esos datos con la mayor precisión y economía. De todas maneras, para evitar ambigüedades en la identificación de algunas fuentes, añado indicaciones suplementarias. En principio, no se indica "p." ni "pp." para las páginas que se citan.

Tengo que saldar aquí, y muy gustosamente lo hago, unas cuantas deudas de gratitud. En primer lugar, con los descendientes de Felipe Lluch Garín. En fecha ya algo lejana, su hijo José Antonio Lluch Cotterau, me dio acceso sin restricción alguna a los papeles que él había conservado. Cuando, en fecha más reciente, retomé la tarea y José Antonio ya había fallecido, su esposa, Patricia Gallo, se mostró igualmente generosa. Mi contacto con Ana María Lluch Cotterau, única hija viva de Lluch, y sobre todo con Conchita Ramón Lluch —maestra del escáner y el ciberespacio, espléndida en las horas y el teléfono—, abrió el camino hacia un cúmulo de detalles y testimonios que añadieron color y solidez a mi retrato de Felipe Lluch. Quiero que de todos ellos conste aquí su gran liberalidad, su trato sumamente acogedor y su discreción.

En cuanto a colegas que accedieron amablemente a opinar sobre mi trabajo, John London y Maryse Bertrand de Muñoz dieron una serie de indicaciones tempranas que contribuyeron notablemente al aspecto que finalmente he dado a *Teatro y fascismo*. Tanto Jesús Rubio como Nigel Dennis me hicieron ver algún que otro escollo y proporcionaron sugerencias bibliográficas oportunas. Mechthild Albert y César Oliva conocieron versiones preliminares de este trabajo. Y a Juan Aguilera debo, en realidad, mi primer descubrimiento de Lluch y su itinerario. A todos ellos va mi agradecimiento más cordial. Las deficiencias, desde luego, son mías. Deseo que no falte mi reconocimiento al Archivo General de la Administración, en particular a la eficacia de Daniel Gozalbo, a la Biblioteca Española de Música y Teatro Contemporáneos de la Fundación Juan March y al Centro Documentación Teatral[1].

Víctor García Ruiz
Pamplona, enero de 2010

[1] Ya en su formato definitivo este libro, Claude Bataillon publica *Marcel Bataillon, hispanisme et engagement: lettres, carnets, textes retrouvés, 1914-1967* (Toulouse: Presses Universitaires du Mirail, 2009), libro sumamente oportuno para mi propósito aquí (en especial las páginas 103-108), pero cuyas noticias no ha sido posible incorporar.

LISTA DE ILUSTRACIONES

1.16 (a y b). Sobre empleado por Lluch durante la guerra para sus notas de estudio, con el membrete de la Alianza de Intelectuales Antifascistas para la Defensa de la Cultura (AIADC).

1.17 (a y b). Lluch, soldado del Ejército Popular de la República (16 abr. 1938). Recto y vuelto.

1.18. Destinos de Lluch como soldado del Ejército Popular de la República (15 oct. 1938). Recto y vuelto.

1.19. Carnet del Ateneo de Madrid (12 ene. 1939).

1.20 (a y b). El 1 de abril de 1939 Felipe Lluch enterraba a su hijo Rafael.

1.21. Juan José Pradera avala a Lluch (18 may. 1939).

1.22. "Formaré junto a mis compañeros…". Lluch en el Parque del Retiro en un acto oficial (1939).

1.23. Inscripción en el saloncillo del Teatro Español en memoria de Lluch. Desapareció en un incendio. No fue repuesta.

1.24 (a, b y c). Algunas condolencias en la muerte de Lluch.

1.25. El actor José Franco. "A la madre y los hijos de Felipe Lluch que para mí fue un hermano = Cariñosamente, Pepe Franco. 20 julio 1941".

2.1. El teatro Dietrich-Eckart, en Berlín, terminado en 1936. Fuente: Colectáneas de Estudios Teatrales, Universidad de Colonia.

2.2. El Mutilado de Guerra pronuncia su parlamento en *Pasión Germana 1933*, de Richard Euringer (patio del castillo de Heidelberg, 1934). Fuente: Colectáneas de Estudios Teatrales, Universidad de Colonia.

2.3 (a, b y c). Vistas de la tribuna principal del Zeppelinfeld, 1938. Fuente: Scarrocchia, 208.

2.4. Pabellón alemán en la Exposición Universal de París 1937, de Albert Speer; recibió la medalla de oro, *ex aequo* con el pabellón ruso. Vista nocturna. Fuente: Scarrocchia, 90.

2.5. Pabellón italiano en la Exposición Universal de París 1937. Vista nocturna. Fuente: Scarrocchia, 100.

2.6. Estudio para un centro cívico llamado "Sueño arquitectónico para una exaltación nacional" (1938), de Luis Moya (publicado en *Vértice* 36 [1940]: 7-12 y 61). Perspectiva de la basílica piramidal. Fuente: Capitel/García-Gutiérrez, 75.

2.7. Estudio para el "Sueño arquitectónico", 1938. Axonométrica seccionada de la basílica piramidal, iluminada por medios puntos desde lo alto y por otras luces desde la cripta. El monumento central arranca desde la cripta y se eleva imitando una llama que arrastra los símbolos de la Pasión de Cristo hasta lo alto de la pirámide hueca. Fuente: Capitel/García-Gutiérrez, 77.

2.8. Proyecto de Giovanni Muzio en el concurso internacional para el mausoleo de Atatürk en Ankara (1942). Vista exterior. Fuente: Scarrocchia, 219.

2.9. Proyecto de Giovanni Muzio en el concurso internacional para el mausoleo de Atatürk en Ankara (1942). Vista interior. Fuente: Scarrocchia, 218.

3.1. Programa de la ceremonia de acción de gracias por la Victoria en la iglesia de Santa Bárbara de Madrid (20 may. 1939).

3.2. Banda falangista y distintivo de Prensa entregado a Felipe Lluch como cronista oficial del traslado de los restos de José Antonio Primo de Rivera desde Alicante a El Escorial (nov. 1939). Finalmente Lluch no escribió la crónica.

3.3. Tarjeta de invitación a las *Fiestas de la Victoria* (7 abr. 1940).

3.4 (a, b y c). Programa de mano de las *Fiestas de la Victoria*.

3.5. Foto de la *Comedia heroica de la Libertad de España*, dentro del espectáculo áureo-falangista *España, Una, Grande y Libre* (Español, 7 abr. 1940).

3.6 (a y b). *Monos* correspondientes a la *Comedia heroica de la Libertad de España* dentro del espectáculo áureo-falangista *España, Una, Grande, Libre* (Español, 7 abr. 1940).

3.7 (a y b). *Monos* correspondientes a la *Loa famosa de la Unidad de España* dentro del espectáculo áureo-falangista *España, Una, Grande, Libre* (Español, 7 abr. 1940).

3.8. Felipe Lluch, probablemente en el saloncillo del Español, entre los invitados a la inauguración de la compañía del Teatro Español (13 nov. 1940).

3.9. Foto del montaje de la *Celestina* (Español, 13 nov. 1940).

3.10 (a, b, c y d). Programa de mano del montaje de la *Celestina* (Español, 13 nov. 1940).

3.11 (a, b y c). Lluch enseñando a bailar el vals a Carmen Bonet en un ensayo de *Château Margaux* (h. ene. 1941).

3.12. Lluch, enfermo de muerte, saluda al término de *Las bizarrías de Belisa* (Español, 16 ene. 1941).

3.13. Lluch nombrado presidente de la Comisión Asesora y de Estudios Técnicos de Espectáculos Públicos (17 oct. 1939).

3.14. Caricatura con motivo de *Las mocedades del Cid* (Radio Nacional 13 abr. 1941).

EL ITINERARIO DE FELIPE LLUCH

Retrato del artista ingeniero

Felipe Lluch Garín nació en Valencia el 4 de junio de 1906 dentro de una familia bien arraigada en la ciudad y de tradición católica.[1] La temprana muerte de su padre, José Lluch Meléndez, en 1918 facilitó una fuerte influencia por parte de la madre, María Garín Martí, que, en cambio, vivió hasta 1968. Don José Lluch era catedrático de Análisis Matemático en la Universidad de Valencia y, además, quiso poner en marcha, de forma experimental, un Instituto de Ingeniería Electrotécnica de Valencia.[2] Su temprana muerte, por la gripe española, dejó mujer y siete hijos en una difícil situación económica, puesto que los Lluch Garín tenían mucho talento pero escaso patrimonio. María Garín había contraído matrimonio con don José en 1903. Era una mujer culta y fina, con mucho sentido cristiano y mucho sentido común, que amaba la música y manejaba su hermosa voz con la categoría de una cantante profesional.[3] Dice mucho de su temperamento que, a

---

[1] Mis principales fuentes han sido las noticias y papeles de la familia, parte de los cuales guardó durante los años de la guerra el actor José Franco, y Aguilera 1993b; también Aguilera/Aznar 1999.

[2] Don José estaba en contacto con colegas alemanes –manejaba con soltura el alemán– y quizá tomó de allí la iniciativa. Una foto de hacia 1917 le muestra en medio de ocho estudiantes que posan, muy peripuestos todos, en una sala con un par de máquinas industriales en el piso y, en la pared, paneles con contadores, manómetros, interruptores. Lluch Meléndez, el único que no luce corbata sino un guardapolvo cerrado hasta arriba, es casi el de aspecto más juvenil, mira plácidamente a la cámara y muestra un gran parecido con su hijo Felipe.

[3] María Garín Martí tuvo ocho hermanos, más otros cuatro que no vivieron. Uno fue sacerdote; dos hermanas fueron Damas Catequistas, otros tres abogados y uno ingeniero

pesar de las estrecheces económicas, llevara a todos sus hijos a ver *Los Nibe-lungos* (*Die Nibelungen: Siegfried,* 1924) de Fritz Lang cuando se proyectó en el Teatro Principal de Valencia, con música de Wagner interpretada por la Orquesta Municipal y dirigida por el maestro Arbós. Aquello fue una epifanía: los Lluch Garín quedaron estupefactos con la teatralidad de las escenas, los decorados, la iluminación, el vestuario, la interpretación, la plástica.

Como era corriente entonces en ese tipo de familias, Felipe, el segundo de los hijos, fue enviado al colegio San José, de los padres jesuitas, una gran finca en las afueras de la ciudad, junto al río Turia, al igual que su hermano mayor José María y el tercero, Luis. Una fotografía de estos años escolares muestra a Felipe muy natural, con rostro redondeado y ojos despiertos, colgados de la cámara, pero sin la menor tiesura; José María, en cambio, parece algo ausente. Allí, los tres hermanos obtuvieron calificaciones excelentes y, dada la brillantez con que los chicos daban lustre al colegio cuando iban a examinarse al Instituto –así era el sistema entonces– y dejando a un lado otras consideraciones, los tres terminaron el bachillerato con los jesuitas, a pesar de no poder hacer frente a la matrícula tras la muerte prematura del padre.[4]

También allí, con su participación en funciones escolares, comenzó la gran pasión en la vida de Felipe, el teatro. El ambiente familiar era culto pero no particularmente inclinado a las letras y lo creativo. Felipe debió de leer el canon habitual en esta clase de familias en que se practicaba de forma natural y sin tensiones un filtro moralizante para evitar lecturas "peligrosas", bien por su anticlericalismo o liberalismo, bien por su "mal gusto" –sensualidad o chabacanería–. Probablemente, se centraría en la literatura y el teatro áureos y, entre los modernos, autores de signo conservador como Pereda, Alarcón o hasta el padre Coloma, pero no Galdós o su paisano Blasco Ibáñez.[5] También es muy verosímil que leyera a Bécquer, Rubén Darío, Juan Ramón, los Machado y otros modernistas españoles más convencio-

industrial; familia, pues, de parecido corte al de los Lluch. Ya viuda, María logró mantener unida a su numerosa familia. En los años veinte no dudó en mudarse a Madrid con todos sus hijos, o después volver a Valencia; o viajar de nuevo a Madrid, todavía en guerra, para atender y ver morir a su nuera, Mariana Cotterau; y, dos años después, a su hijo Felipe, al que también cuidó en el sanatorio hasta su muerte en 1941, y que dejaba tres huérfanos.

[4] Lógicamente, buscarían apoyos de diverso tipo. En un besalamano de 20 de noviembre de 1919, el subsecretario de Instrucción Pública y Bellas Artes, Eloy Bullón, comunica a Rafael Altamira el nombramiento como "Becario de la Fundación de D.ª Ángela Almenar, a favor de su patrocinado D. Felipe Lluch Garín".

[5] Se ha hecho mucha mofa pero es cierto: en *Novelistas malos y buenos*, del jesuita Ladrón de Guevara, se lee: "GALDÓS. Véase en Pérez Galdós cuán malo es" (187). De Blasco

nales. El título de un libro que publicó un tío suyo, Felipe Garín Martí (1875-1956), abogado y director de una caja de ahorros, quizá sea indicativo del tipo de aficiones literarias en estas familias tradicionales como los Lluch Garín: *El teatro español en su aspecto moral y religioso: estudio de ética teatral, con un catálogo de más de tres mil obras estrenadas en el siglo XX, con sus notas específicas, clasificación moral, fechas de estreno y autores literarios.*[6] Por su parte, Felipe Garín Ortiz de Taranco, hijo de éste y primo de Felipe Lluch Garín, fue director de un museo valenciano de suma importancia en España, el de Bellas Artes San Pío V.

Ya bachiller, nuestro Felipe se matriculó, simultáneamente, en la sección de Química de la Facultad de Ciencias –donde obtuvo matrícula de honor en química general (mayo de 1923)– y en la Escuela de Artes e Industrias de Valencia. Parece claro que materias como la geometría descriptiva, el dibujo arquitectónico, la mecánica o la trigonometría están en la base de su futuro rigor y competencia como director de escena y hombre de teatro. En la Escuela Industrial, Lluch obtiene el título de aparejador (16 de octubre de 1923). En 1924, a los dieciocho años, marchó a Madrid para matricularse en la Escuela Central de Ingenieros Industriales, estudios que logró hacer compatibles con sus irrefrenables aficiones teatrales. De hecho, parece que el primer estreno teatral de su vida se fraguó durante su primer trimestre madrileño y tuvo lugar el 30 de diciembre de 1924: *La bronca de Montiel*, "Parodia de tragedia de Enrique Javier [*sic*] Poncela, ampliada y refundida por Felipe Lluch Garín". La velada tuvo lugar "en el teatro del Patronato", que es como se sigue llamando en Valencia al antiguo teatro de la Casa de los Obreros de San Vicente Ferrer de la calle Caballeros.[7] *La bronca de Montiel*, pieza en un acto, se va a los medievales tiempos del rey Pedro I el Cruel y Beltrán Duguesclin e introduce el elemento cómico y paródico.

Ibáñez se dice: "este alborotado de Valencia [destaca por] lo irreligioso, lo anticatólico, lo clerófobo, lo deshonesto" (70). De Pedro A. de Alarcón –cuyo hijo Miguel era uno de los padres jesuitas que conoció Lluch en los Luises de Madrid–: "Unas veces es bueno, otras tolerable, ya dañoso, ya notable y gravemente peligroso [...] Calentura infernal es la que produce, principalmente en los jóvenes, siendo ella demasiado eficaz para moverles a caer en pecados, y mortales" (31). La cuarta edición (1933) alcanzó los 3.000 novelistas "juzgados".

  6 Valencia del Cid: Imprenta Vicente Taroncher, 1942. Felipe Garín también fue autor de *El ahorro, las cajas de ahorro y los Montes de Piedad: sus notas... y vicisitudes* (Valencia: Imprenta F. Domenech, 1941) y de *Valencia y su Patrona: breve noticia histórica* (Valencia: Imprenta Vicente Taroncher, 1943).

  7 Se trataba de un centro, muy activo, de teatro de aficionados. Recuperado por la Generalitat Valenciana, alberga actualmente el teatro Talía. Los datos sobre *La bronca de*

Ya en la gran ciudad uno de sus primeros pasos, seguramente por indicación de su madre y, de nuevo, como era corriente en estas familias, fue ponerse en contacto con los jesuitas madrileños, cosa que hizo de buena gana y que le llevó a integrarse en la Congregación de Nuestra Señora del Buen Consejo y San Luis Gonzaga, la asociación de jóvenes conocida como "los Luises", con sede en la calle Zorrilla, número 2 –por ser aquél el patrón jesuita de la juventud–. Junto con sus hermanos José María y Luis, que estudiaban Farmacia y Derecho respectivamente, Felipe frecuentó las actividades piadosas, formativas y culturales que allí se celebraban.

Entre ellas, muy dentro de la tradición jesuita, destacaba un cuadro artístico, con cierto pedigrí, dirigido entonces por el futuro comediógrafo Luis Tejedor (1903-1985), al que pronto sumó Lluch su entusiasta colaboración, propia de un temperamento vitalista como el suyo. Por allí andaba también José Franco "gordo y bonachón (nació hecho actor de carácter)" (Borrás 1968, 346). En el teatro o salón de actos de que disponían los Luises (López Pego 92), se celebraban las veladas teatrales, consideradas por Antonio Ramón Algorta la cara externa de la Congregación; con frecuencia esas veladas tenían como fin agradecer u homenajear a las personas que hacían donativos para el Patronato Obrero, otra de las actividades de la Congregación. Era tradición que los miembros del cuadro se encargaran de todo, la letra, la música, la decoración y realización de la comedia, sainete, auto sacramental o zarzuela (López Pego 96-97).[8] Desde un punto de vista social, los Luises de Madrid tenían algo de espacio en el que, de forma natural, se establecían conocimientos con gentes de cierta "nota" y también amistades para toda la vida. Fue el caso de Lluch con Antonio Ramón, un muchacho inclinado a estudiar Letras pero con el clásico padre persistente en que estudiara algo "de provecho". Procedente de Sevilla, también de colegio jesuita, compartía con Felipe la pasión por el teatro y con José María los estudios de Farmacia –a los que acabó cediendo–. Los tres Lluch y Antonio, que estaba solo en Madrid y era hijo único, formaron desde entonces un grupo fraternal que iba unido a

Montiel proceden de un borrador autógrafo; aunque no se menciona expresamente la localización del teatro en Valencia, parece lo lógico que un valenciano como Lluch se refiera al teatro de este Patronato y no al de los Luises de Madrid, adonde acababa de llegar. Por otro lado, entre los apellidos del reparto predominan los inequívocamente valencianos.

    [8] Ver *Estrella del Mar* 226 (8 de mayo de 1928): s. p. Subtitulada *Revista de orientación de juventudes*, era el órgano de la Confederación Nacional de Congregaciones Marianas y dependía de los Luises de Madrid.

todas partes. Antonio Ramón se casó con la pequeña de los Lluch Garín, Conchita, y se instaló como farmacéutico en Picasent (Valencia) en 1934.[9]

Felipe hizo primero algunos papeles y se encargó de dirigir algunas de las obritas que se montaban en la misma sede de los Luises u, ocasionalmente, en el teatro de la Comedia. También probó la escritura, según se deduce de una papeleta donde no figura título, pero sí unos pocos detalles:

> Intento dramático en tres actos y en verso, original de Felipe Lluch Garín, 7-7-25. Escrito ex-profesamente para el Cuadro Artístico de Los Luises de Madrid = Acto 1.º Llanura de Castilla. Al foro derecha, selva. Primer término derecha, cobertizo y choza de la majada. Un hogar con un caldero. Lateral izquierdo, dos o tres grandes piedras; entre ellas encendido un buen fuego. Es de noche; comienza a alborear en la escena. Pequeño amago de tormenta en la escena 3.ª = Acto 2.º Plaza en una aldea de Castilla. Al fondo perspectiva de campo.

Al año siguiente, durante el Carnaval, la Congregación-Patronato convocó una "Velada en honor de los Señores Protectores = Domingo, 14 de febrero de 1926 = A las cinco de la tarde", según consta en un sencillo programa de mano mecanografiado, con dedicatoria "Al hermano poeta" y firmado por todos los actores.[10] El programa consistía en una sinfonía a cargo del "sexteto que dirige el maestro Resa" y el "cuento representable en tres actos y un prólogo, en verso, original de FELIPE LLUCH: *La eterna ilusión*", donde quizá refundía el "Intento dramático" del año anterior. La acción tenía lugar "en tierras de Castilla, siglo XVI". En el reparto hay un caballero, don César, tres personajes sin "don", un Ginés, un Maltrapillo, soldados, venteros, un pícaro, un buhonero, un remero, un mendigo, un pastor, un cómitre y un alcabalero –suena muy cervantino todo–. Entre los actores figuran Luis Tejedor, Alberto [de la] Escalera, el futuro crítico teatral Alfredo Marqueríe y el futuro diplomático y jerarca falangista José María Alfaro.

El segundo centenario de la canonización de san Luis Gonzaga le brindó la ocasión de estrenar otra obra, de más envergadura que las anteriores, destinada al grupo teatral de los Luises. El título fue *Espejo de héroes: escenas de la vida de san Luis Gonzaga, en dos cuadros y en verso*, y se representó

---

[9] En las elecciones del 33 Ramón se involucró en Derecha Regional Valenciana como miembro activo y mitinero; durante la guerra coincidió en la cárcel de Mislata con el también sevillano Alejandro Rojas-Marcos; después, además de su botica, mantuvo sus aficiones literarias, aunque no las creativas, como redactor del periódico *Levante*, con sección fija.

[10] Hay una carta a su madre del 10 de marzo de 1928, que vio Aguilera (1993b, 42a).

en el teatro Fontalba de Madrid el 16 de noviembre de 1926, dirigida y protagonizada por el mismo Lluch.[11] La función tuvo alto relieve social, pues asistieron nada menos que las infantas doña Isabel, doña Beatriz y doña María Cristina, la duquesa de Talavera y el infante don Fernando, el nuncio del Papa, el cardenal primado, el patriarca de las Indias, obispo de Madrid-Alcalá, el presidente del Consejo con su hijo don Miguel, varios ministros, el gobernador civil, el presidente de la Diputación y el alcalde de Madrid, todo ello según la cumplida información que el diario *ABC* (17 de noviembre de 1926: 23) dedicaba a estos actos de la buena sociedad.[12] Aun descontando lo que haya de pura fórmula, el anónimo cronista advierte que "el señor Lluch demuestra ser un excelente poeta, pues la versificación es muy fluida y limpia"; añade que "la obrita gustó mucho y el autor se vio obligado a salir al palco escénico ante los entusiastas aplausos de la concurrencia".

La obra, en un solo acto y en verso, se situaba en el Madrid de 1583 y recogía dos episodios de la vida del santo, a la manera del aún por llegar *El divino impaciente* de José María Pemán (1897-1981). Las decoraciones, según recoge un apunte manuscrito de Lluch, combinaban elementos de anteriores funciones del grupo teatral de los Luises, del mismo tono histórico-poético. Concretamente, las escenas del primer cuadro se hacían a base de combinar el decorado del segundo acto de *Don Luis Mejía* –entiendo que el de Eduardo Marquina (1879-1946) y Alfonso Hernández Catá (1885-1940), estrenado el 17 de enero del 25– con el mobiliario del primer acto del consuetudinario *Don Juan Tenorio*. En efecto, el primer cuadro de *Espejo de héroes* recuerda irremediablemente al arranque del *Tenorio* en la hostería de Buttarelli: Lluch nos sitúa en un mesón donde lee un caballero, Diego, mientras Blas, el ventero y otros dos personajes de baja condición juegan y hablan de un lance de amor y espada entre dos hidalgos, don Marcos y don César, que ha costado al primero varios años de galeras. Aparece don Marcos, ya libre, en busca de venganza; además de su historia –la pro-

---

[11] Los congregantes Luis Tejedor, José M.ª Cavanillas, Enrique y Federico Mariné, José de Lazaga y Ángel Baena completaron el reparto. Los Mariné, Cavanillas y Tejedor también actuaron en *La eterna ilusión*. Se conservan algunas fotos de Lluch vestido de Gonzaga, pero no del montaje.

[12] Hubo también un discurso –unos de los últimos– del político tradicionalista Juan Vázquez de Mella (1861-1928), entrado en años, que habló *En torno a san Francisco de Asís, Amor y Configuración* (López Pego 101).

pia de un soldado valiente– escuchamos su encendido elogio del rey Felipe II, el cual hace de él, además, un súbdito leal. Se presenta don Luis Gonzaga, que es un gran señor y amigo de los dos rivales, para intentar que don Marcos renuncie cristianamente a su venganza. Aunque no lo logra y –siendo marqués de Castellón– es humillado duramente, Luis Gonzaga se interpone en la pelea y cae herido por el furibundo don Marcos. El primer cuadro termina así:

DIEGO   Ahora es preciso
        avisar a la justicia.
LUIS   No; perdono
        la ofensa de don Marcos y aun le ruego
        al Señor que le ayude en su abandono
        y que le cure, pues se encuentra ciego.
        Ciego está por la cólera y así
        no miraba al herir con su tizona.
        Buscaba otra persona
        y me ha encontrado a mí,
        dejadle. Sangre roja
        vertida por la paz y la justicia,
        que el Señor de los Cielos te recoja
        como ofrenda de víctima propicia.
        Dejadle, que yo espero
        que el que un día me ha herido en su locura
        sea un noble y honrado caballero
        iluminado por la gran ventura
        del amor verdadero.
BLAS   Pues ¿quién sois?
LUIS   Un mortal, un peregrino
        de la vida, que busca descansar…
        Pero he encontrado el talismán divino
        que ha llenado de flores mi camino.
        ¡Soy un hombre… que sabe perdonar!   (18-19)

Para el segundo cuadro, menos novelesco, se empleó el decorado y utilería del tercer acto de *Don Luis Mejía*. Sucede en la habitación donde convalece Luis Gonzaga y combina dos elementos: el tema del perdón, que se prolonga con la llegada de don Marcos, que reconoce su ofuscación y anuncia que marcha a Indias; y la renuncia que hace el santo a su título y altas responsabilidades, en favor de su hermano Rodolfo, que es un hombre activo, a diferencia de Luis.

LUIS   Lo he pensado, lo sé, todo lo he visto;
en mi pecho han librado fiera lucha
el honor y el deber, mas no resisto
la voz celeste que mi alma escucha.
Ella me manda que lo deje todo:
mis padres, mis hermanos,
que al fin y al cabo lo que dejo es lodo,
barro vil que se quiebra entre las manos.
Que consagre al Señor mi juventud,
que haga burla y desprecio del poder,
que defienda mi alma y mi virtud
de aquello que las pueda corromper.   (29)

La obra termina así, en labios de Luis:

Recibid, mi Señora, el juramento
de mis labios; que suba a vos mi acento
henchido de piedad.
Yo os consagro mi cuerpo, Virgen pura,
y ante esa imagen vuestro siervo jura
ser ángel de pureza y castidad. […]
Señora del Amor y el Buen Consejo,
en vuestra manos sacrosantas dejo
mi vida entera; disponed de mí.
Madre mía, Señora de mi vida,
haced que mi alma para siempre unida
esté con la de vos.
Y alcanzadme en la gloria de esta aurora
de mi nueva existencia, gran Señora,
la dulce prenda del amor de Dios.   (32)

Llama la atención la completa españolización de la figura y peripecia de un santo italiano (1568-1591), aunque vinculado a la Corona de Castilla, que fue hijo de Ferrante Gonzaga (convertido en *Fernando*), marqués de Castiglione (*Castellón*, para Lluch) y una dama del Piamonte. Al estar Ferrante al servicio de Felipe II, Luis se educó entre soldados y en diversas cortes de grandes señores de Italia. Él y su hermano Rodolfo fueron también pajes del príncipe don Diego, heredero del trono español (que es uno de los personajes de la taberna en el cuadro primero).

Los dos cuadros de *Espejo de héroes* se centran respectivamente en dos aspectos de la biografía del santo. La exitosa mediación que tuvo que hacer, siendo ya novicio jesuita, entre su hermano Rodolfo y el duque de Mantua, que se disputaban el castillo de Solferino, es trasmutada y fabulada por Lluch en un lance de honor entre hidalgos, pero se mantiene claramente el tema del perdón cristiano. La renuncia al marquesado, tan importante estratégicamente que tuvo que autorizarla el propio emperador, da paso a la pintura de su vocación religiosa, en contraste con el mundo, y a puntos destacados en el contexto de la educación jesuita de la juventud en los Luises, como la castidad y la devoción a la Virgen María. Además, el piadoso público vería reflejada en la fábula la mala salud del santo, su dura ascesis y su temprana muerte a los 23 años. No existe, sin embargo, alusión alguna a su condición de jesuita, ni a la Compañía de Jesús ni aparece clérigo alguno en escena.

La pieza me parece una imitación bastante estimable de los modelos posrománticos de teatro histórico-poético a disposición del joven Lluch, versificada con acierto y buen oído –aunque no faltan ripios y alguna caída en picado–, tanto en las tiradas como en las narraciones y diálogos. En lo devoto le puede, en cambio, la retórica. Hay acción y movimiento no mal llevados. En cualquier caso, *Espejo de héroes* supone su primer contacto creativo de alguna importancia con la materia áurea española, que tanto le apasionaría en el futuro; aunque sea a través del espeso filtro del Romanticismo, Marquina y el teatro poético posmodernista.

Todo parece indicar que Lluch y los demás Luises representaron *Espejo de héroes* en Roma aprovechando una peregrinación organizada (entiendo que) durante la Navidad y Año Nuevo siguientes. En la invitación al acto, que debía tener lugar a las 5 de la tarde del 1 de enero, no consta el año pero sí el lugar: el Seminario Pio-Latino Americano (calle Giocchino Belli 3). Poco después, ya en la primavera de 1927, la Congregación publicó mil ejemplares de *Espejo de héroes* (sin pie de imprenta ni colofón, por cierto, pero sí con licencia eclesiástica).

El joven Lluch debió de sentirse halagado por el éxito y animado a robar más tiempo a sus estudios ingenieriles para dedicarlos al teatro. Desde los Luises conectó con la Asociación de Estudiantes Católicos, que también desarrollaban este tipo de actividades teatrales en pequeña escala. Quizá Lluch coincidiría allí con Luis Escobar y con Huberto Pérez de la Ossa,[13]

---

[13] Según el poco fiable Borrás (1968, 328), los dos están por entonces "dedicados a organizar entidades, que conquistan adhesiones a la carátula. Uno de esos grupos (anteguerra) lo forman damas de título, caballeros del Gotha: los Infantados, en cuyo castillo de Viñuelas, al lado de Madrid, ensayan y representan, así como en el palacio de Valdeiglesias

que frecuentaban la Asociación y que ya entonces pensaban vagamente en fundar un Teatro Católico de Estudiantes, aunque nada efectivo se hizo en esa dirección ni parece que la relación entre los tres se mantuviera. Es curioso pensar que, después de la guerra, Escobar y Pérez de la Ossa, dos lejanos conocidos de Lluch o quizá ni siquiera eso, serán quienes más plenamente realicen los futuros sueños del ingeniero: dirigir un Teatro Nacional.

A comienzos de 1928, con la recomendación generosa pero poco comprometida de Manuel Machado y Eduardo y Rafael Marquina, Lluch presenta a Margarita Xirgu un texto que no le es aceptado. Se titulaba *En vano* y era la adaptación de una novela de igual título de Henryk Sienkiewicz (1846-1916), premio Nobel de 1905, autor de neta orientación historicista y católica, universalmente conocido por *Quo vadis?* (1896), un estudio sobre la sociedad romana en tiempos de Nerón donde desempeña un papel central la imagen romántica y edificante de los primeros cristianos perseguidos hasta el martirio. Lo que sí consiguió Lluch, en cambio, fue ver representada una adaptación zarzuelística, *La tuna de Alcalá*, que le proporcionó algunos ingresos.[14]

[de la familia Escobar] [...] Como Infantado era dueño del Calderón (él cambió por Calderón el inexpresivo Centro) ensayaban antes de mediodía en un autentico escenario, así convertido en aula". En cuanto a repertorio: "Por entonces, y siempre, eran vanguardistas. Pusieron en escena [...] lo más audaz de aquella renovación y patas arriba, que empieza con Ionesco". Y: "Ya en el 1936 los dos, luego de una presentación del drama sacro *Jesús* en el Coliseum (aunque por primavera y verano éxito de cien llenos), planeaban una compañía 'formal' para profesar por entero de empresario-directores. Valdeiglesias apuntalaba financieramente el asunto" (329). Por una carta de Lluch a Antonio Ramón de abril del 33, sabemos que "Polo Benito [...] había publicado en *ABC* un artículo incitando a [Eduardo] Marquina a la creación de un teatro católico. Yo le expresé nuestra idea y me contestó entusiasmado y cordial, y quedamos en vernos y hablar; pero ni él ha venido por Madrid, ni yo he ido por Toledo. Pero aguardo la menor oportunidad para reanudar mi interrumpida comunicación con él. Ahora me detiene algo el hecho de que un grupo de escritores del *Debate* que estrenó por Semana Santa un obra sobre la Pasión, titulada *Jesús* y que ha obtenido tal éxito que ha durado hasta ahora, pretende continuar y está preparando una obra sobre San Francisco de Asís. [...] esto me detiene algo porque no quisiera que vieran nuestra idea como competencia o un perjuicio para ellos; claro está que este proyecto [nuestro] es cosa completamente distinta, de arte minoritario y selecto, y alejado de todo afán de lucro". José Polo Benito (1879-1936), deán de la catedral de Toledo, fue muy activo en la promoción de actividades sociales católicas; entre ellas, la visita de Alfonso XIII a las Hurdes en 1922.

[14] Ambas informaciones proceden de Aguilera (1993b, 41b). Entiendo que Lluch adaptó *La tuna de Alcalá*, zarzuela en un acto con letra de Luciano Boada y Antonio L. Rosso, y música del maestro Rubio, que se estrenó en el Teatro Cómico el 19 de diciembre

A juzgar por los originales que se conservan, en esta segunda mitad de los años veinte Lluch se mantiene dentro de los géneros tradicionales y la estética conservadora, idealista e historicista que cabe esperar en un grupo de aficionados de un centro católico de aquella época. Por ejemplo, la acción de *El lirio de Astolat*, leyenda caballeresca inspirada en un romance del ciclo bretón, escrita entre febrero y mayo de 1926, se desarrolla en el castillo galés de Astolat en el siglo VI, durante el reinado del rey Arturo. Incluye trovadores, mendigos, juglares, Lanzarote del Lago y unas cuantas damas –el mundo de las farsas de Valle Inclán pero todavía en serio–. O la zarzuela *Marisabela*, en la que Lluch y su colaborador, Emilio González del Castillo, invirtieron mucho trabajo y muchas idas y venidas durante casi tres años, sin resultado. La acción tenía lugar en Palma de Mallorca y en una cueva cercana. De nuevo en tiempos imperiales: esta vez los de Carlos V.[15]

Hacia 1927 escribe a medias con su gran amigo y futuro cuñado, el también congregante mariano Antonio Ramón Algorta, una pieza titulada *Don Francisquito, prólogo en tres actos a una comedia en una escena* donde recupera el aire estudiantil y juerguístico de *La bronca de Montiel*, aquel primerizo estreno valenciano.[16]

La tragedia *Aguafuerte* (1927-1928), en cambio, parece apuntar a algo más contemporáneo con su cita de *Los hermanos Karamazov*: "Amaba el libertinaje por su propia abyección, ¡amaba la crueldad!", para lo que denomina "Fondo" y las *Meditaciones del Quijote* de Ortega para la "Forma". En el manuscrito se añade que "Héroe es quien quiere ser él mismo. La raíz de lo heroico hállase, pues, en un acto real de voluntad […] Por eso, mirada la tragedia desde la vida vegetativa, tiene siempre un carácter ficticio".

de 1903 (Madrid: Sociedad de Autores Españoles, 1904). Vilches-Dougherty, en su exhaustivo examen del teatro madrileño en el lustro 1926-1931, no recogen la adaptación de Lluch; y no encuentro rastro de ella, pero sí del estreno de la comedia en tres actos y prosa *Sin el amor que encanta*, de otro miembro de los Luises, Luis Tejedor, en colaboración con J. M.ª Varela Rendueles (teatro Comedia, 22 de abril de 1927; ficha n.º 1617). La compañía figura como "Asociación Buen Consejo".

[15] Se conservan cuatro reproducciones de lugares mallorquines (vista de Palma desde Bellver, vista exterior de la catedral desde la bahía, vista interior y patio del palacio de Morell), claramente, para inspirar la escenografía. También se conserva un breve informe de censura de la cancillería del obispado madrileño.

[16] Diez años después escribe Lluch: "Sueño con que algún día resucite nuestro magnífico *Don Francisquito*… Y espero que alguna tarde […] cojamos la pluma para rehacer ese mito literario –¿te acuerdas?– que supongo perdido en esta bárbara convulsión" (F. L. a Antonio Ramón; Madrid, 12 de junio de 1938).

De Rivas Cherif a Lluch

El siguiente paso en sus movimientos de autor novel en el mundo del teatro profesional fue el más importante y consistió en el encuentro con una persona clave en los intentos de renovación del teatro español en los años veinte y treinta: Cipriano Rivas Cherif (1891-1967).[17] Enrique Suárez de Deza (1905-1986) o cualquiera otra de las amistades o conocimientos trabados en los teatros pudo poner en contacto a Lluch con Rivas. Lluch habla en una carta de agosto del 36 de la amistad con Rivas como nacida "en representaciones aisladas", desarrollada en el "Caracol" y afianzada en el Teatro Escuela de Arte. Los quince años de edad que mediaban entre uno y otro eran entonces una circunstancia social que hacía natural que Rivas, poco a poco, se fuera convirtiendo en el maestro de un Lluch ansioso aspirante a hombre de teatro; y posiblemente también hizo que, en el futuro, el trabajo abnegado y eficaz del ingeniero Lluch quedara poco reconocido exteriormente, a la excesiva sombra del prestigio público que adquirió Rivas.

Desde el punto de vista social y formativo, Lluch y Rivas tenían bastante en común; en especial, una familia burguesa que veía con aprensión la inclinación de sus hijos al teatro, una actividad poco respetable por lo bohemio de sus costumbres y horarios. Tratándose de varones, la cosa podía tolerarse con ciertas reservas pero en el caso de mujeres –por ejemplo, María Teresa León y otras damas de igual extracción burguesa–, el contacto directo con los ambientes teatrales equivalía a una intolerable aproximación a los límites de la mala vida. Al igual que en cierta ocasión memorable la madre de Lluch, viuda con siete hijos, viajó expresamente a Madrid para advertir muy seriamente a Felipe sobre la necesidad de dar prioridad a sus estudios de ingeniería y no perder el tiempo con el teatro, la familia de Rivas insistió para que Cipriano estudiara derecho y se apartara de sus veleidades de "cómico" en ciernes.

Rivas era el primogénito de una familia de diez hermanos con ciertas ínfulas nobiliarias basadas en un castillo y unos blasones viejos, que mantenía tradiciones domésticas sobre el origen del segundo apellido en una tatarabuela, princesa mora conversa en tiempos de Fernando VI –origen de alguna variación gráfica del apellido: Cherif/Xerif–. Estudió secundaria en los Agustinos de El Escorial, lo mismo que Manuel Azaña, su futuro cuñado y presidente de la República. Al igual que Lluch, Rivas escribe cuentos y

---

[17] Para Rivas, véase Aguilera/Aznar 1999 y 1989, y Gil Fombellida.

versos modernistas, alguna comedia, se presenta a concursos literarios y se inclina vehementemente hacia el teatro, en especial desde su encuentro con Valle Inclán en 1907. Probablemente por presión de la familia, Rivas pasa varios años (1911-1914) en Bolonia como becario del colegio de San Clemente de los Españoles para completar sus estudios jurídicos.

La estancia de Rivas en Italia le sirvió en realidad para descubrir la comedia y la ópera italianas y, sobre todo, para conocer *The Mask*, la revista que dirigía desde Florencia el director y teatrólogo Edward Gordon Craig, un inglés que, como tantos compatriotas, había huido de la niebla londinense para refugiarse en el sol de la Toscana. Las posturas antinaturalistas de Craig están en la base de las iniciativas que, secundado por Lluch, va a desarrollar Rivas en el teatro madrileño de los años veinte y treinta. De Craig, artista ciertamente visionario, tomó Rivas concepciones escénicas nuevas: primero, la idea del hecho teatral como conjunto que precisa ser organizado por un agente externo al espectáculo, para ponerlo al servicio del intérprete y de la acción. La escenografía no debía ser un mero cuadro ambientador sino un campo de acción del personaje; de ahí su insistencia en una escenografía arquitectónica y simplificada donde destaque el papel del suelo escénico al que cabe, o no, poner en relación con planos superpuestos horizontalmente. La luz cumple, por otro lado, un papel también central al actuar sobre ese suelo como fuente de evocación y factor de expresión espacial. Una aportación importante de Craig, discutida y ambigua, afecta al actor y consiste en su concepto de "supermarioneta". Parece que Craig pretendía aprovechar modelos de tipo oriental para aumentar la creatividad y la verdad del intérprete, disminuyendo lo que llamaba su "egoísmo". Todo ello dentro de una fuerte tendencia a la estilización, contraria a la obsesión de la escena naturalista por la "propiedad"; es decir, por la acumulación sobre el escenario, o en los telones pintados, de objetos capaces de reproducir un ambiente en vez de simplemente sugerirlo, que es lo que pretende Craig. Estas concepciones del teatro, de orientación fundamentalmente plástica, están contenidas en *On the Art of the Theatre* (1911) y dan el tono del tipo de ideas a las que pudo asomarse Rivas durante sus años en Bolonia. Aunque habría que observar y concretar con detalle la absorción de estas ideas de Craig por parte de Rivas, el futuro de éste como director de escena parece abonar el impacto, al menos, del ideal del teatro como espectáculo unitario en el que todos los elementos —el actor, la palabra, la luz, el espacio, el vestuario— contribuyen a una única y misma dirección de sentido estético.

Rivas regresa a Madrid y persevera en su vocación teatral y literaria. Entra en contacto con Ortega y la Liga para la Educación Política, escribe en periódicos y revistas, traduce obras del italiano –Verga, Dante, Casanova– y del francés –La Rochefoucauld–, edita y refunde a Valera, es secretario de la Sección de Literatura del Ateneo, codirige y coredacta con Azaña la revista *La Pluma* (1920-1923). En 1916, como muchos otros, se había admirado del colorido y la plasticidad de los *Ballets Russes* de Sergei Diaghilev en su paso por el Teatro Español. La fusión de artes musicales y escénicas de *Scherezada* de Rimsky Korsakov, las *Sílfides* o *Carnaval* de Schumann, las *Danzas del Príncipe Igor* de Vorodin o *Petruchka* de Stravinsky fueron para Rivas y otros espectadores un deslumbramiento y un estímulo. En 1919-1920 visita París en compañía de Manuel Azaña y puede ver realizaciones teatrales convergentes con las de Craig, como las de Jacques Copeau en su teatro del "Vieux Colombier" o, más tarde, las marionetas del "Teatro dei Piccoli" de Vittorio Prodecca o los grandes montajes de Max Reinhardt, pletóricos de técnica. Entre los escasos directores españoles, Rivas descarta a Emilio Mario por su verismo naturalista y aprecia a Gregorio Martínez Sierra y Adriá Gual, aunque en medidas distintas: aquél le parece siempre frustrado y a medio camino, y Gual carente de realizaciones concretas y abundantes, como quien podía haber hecho mucho e hizo poco.

En 1918 Rivas dirige su primer estreno en el Ateneo, en sesión casi privada: *Fedra*, de Unamuno, que fue bien recibida por un público amistoso. En 1920 funda la primera de sus múltiples iniciativas a lo largo de los próximos diez años, marcadas todas ellas –digámoslo claramente desde el principio– por unos frutos escasos y fugaces. Rivas no se libró, ni mucho menos, de ese síndrome que él atribuía a Gual. Esta primera de sus empresas, el Teatro de la Escuela Nueva, nació en el entorno de la Escuela Nueva fundada por Manuel Núñez Arenas en 1910, una iniciativa educativa dirigida a la clase obrera y basada en la filosofía pedagógica de la Institución Libre de Enseñanza, entidad de signo burgués que entraba así en el mundo ugetista de la Casa del Pueblo. El montaje más significativo de los ocho en total que allí se hicieron fue el de una obra sumamente próxima al proletariado, *Un enemigo del pueblo* de Ibsen (Español, 26 de junio de 1920); también llama la atención el montaje de *Jinetes hacia el mar* de Synge (Ateneo, 15 de marzo de 1921), en versión de Zenobia Camprubí y Juan Ramón Jiménez. Rivas habla de estas sesiones en dos artículos de *La Pluma*: "Divagación a la luz de las candilejas" (3 [1920]: 113-19) y, más concretamente, "El teatro de la Escuela Nueva" (11 [1921]: 236-44).

El objetivo de Rivas no eran tanto los "teatros de arte" ni los teatros de aficionados, ni mucho menos los teatros proletarios, que no se desarrollarían mínimamente hasta los años republicanos, como por ejemplo, el "Pasatiempo satírico en un acto" *Pinitos fascistas*, original de Julio G. Miranda, estrenado el 22 de octubre de 1933 en el Fomento de las Artes, en velada organizada por el Grupo Teatral Independientes [*sic*]-Teatro Social y Proletario.[18] El objetivo de Rivas, que declaró expresamente no ser socialista sino "social" (Aguilera/Aznar 1999, 96), eran las sociedades filarmónicas, es decir, una sociedad cooperativa de abonados "filoteatrales", dispuestos a adelantar dinero para que se montara un determinado repertorio en la línea de un "teatro popular". Ésta fue su apuesta y su tentativa permanente, que nunca logró realizar con continuidad. Aunque en general las noticias disponibles sobre las actividades de Rivas son poco concretas, sabemos que inició unos "Amigos de Valle-Inclán" y después organizó varias sesiones en un pequeño salón del Ritz y en el Español. La última de las del Español –cuenta Rivas entre ingenuo y descarado (Aguilera/Aznar 1999, 102)– la abortó él mismo enviando una denuncia contra la obra para que fuera prohibida; en realidad, lo que quería era evitarse el pago del alquiler del teatro en vista de que no habían logrado vender el mínimo de entradas previstas. Otros intentos en 1923-1924 y 1925 fracasaron también por causas que Rivas concentra básicamente en la incapacidad de los actores.

Estos fracasos le llevan a sustituir la idea de un "teatro popular" por la de un "teatro de cámara", en realidad una culta reunión de amigos intelectuales y acomodados. Eso fue El Mirlo Blanco: la conversión en veladas teatrales de las tertulias que se celebraban habitualmente en el amplio salón de la casa de los Baroja en la calle Mendizábal, donde estaba también la oficina y la imprenta del cuñado, Rafael Caro Raggio. Pío, Ricardo, Carmen, y el niño Julio Caro participaban de una u otra forma en las pocas funciones que se celebraron durante los años 1926 y 1927. Los precios del abono eran más bien altos.[19]

Pese a su condición muy minoritaria, dada la calidad de los asistentes y colaboradores, los montajes de El Mirlo alcanzaron eco en la sociedad madrileña y fueron positivamente reseñados por críticos como Enrique Díez Canedo. No hay que olvidar que la sociedad madrileña, especialmente

---

[18] Archivo General de la Administración (expediente 6222; legajo 914; caja 5810).

[19] Véase Aguilera 1984, Rey Faraldos 1985 y también Carmen Baroja, que confirma en distintos lugares la dimensión casera, y al tiempo exquisita, de estas reuniones teatrales.

la artístico-literaria, era en aquellos tiempos relativamente pequeña y sumamente abarcable; prácticamente todos se conocían o se evitaban con facilidad. Algo del tono de esas funciones puede intuirse, por ejemplo, en una foto que muestra a Rivas haciendo de Arlequín, junto a otros dos actores, en *Arlequín, mancebo de botica*, de Pío Baroja (Aguilera/Aznar/Rivas 1989, 4).

En la primavera de 1927 los franciscanos se dirigieron a Rivas –que había traducido las *Florecillas de san Francisco* en 1913– con el fin de encargarle una función artística para el día del Corpus en el Palacio de la Música, con ocasión del centenario del santo de Asís. La velada de Lluch sobre san Luis Gonzaga, como se ve, no iba a ser una excepción. La obra elegida esta vez fue *La vida profunda de san Francisco de Asís*, de un escritor católico francés bastante olvidado hoy, Henri Ghéon (1875-1944), a la que había puesto música el padre José Antonio Donostia –cuyo nombre, por cierto, figura a veces como "San Sebastián"–. La obra, con las ilustraciones musicales de este compositor, organista y musicólogo capuchino, había sido presentada en la Ópera de París, en función privada, para patronatos y colegios católicos y se pretendía repetir ahora la experiencia en Madrid, donde no mucho antes una asociación católica había traído a Ghéon para dar una conferencia y asistir a la representación de una obra suya.

En esta función de 1927 los actores iban a ser los de la Asociación de Estudiantes Católicos, donde venía colaborando Lluch, con el complemento de algunos elementos de El Mirlo Blanco. Lo católico no debía de ser entonces demasiado ajeno a Rivas, el cual había compuesto en 1915 un "boceto de comedia" titulado *Con flores a María* y años después tradujo al castellano la *Storia di Cristo* (1921), novela religiosa o biografía literaria de Jesús, escrita por Giovanni Papini (1881-1956), un recién converso inquieto y polémico que llegó a la fe en Cristo tras una primera etapa de repugnancia por todas las creencias y de búsqueda de un ateísmo integral. Papini daba en su *Storia* una versión entusiasta del Salvador, poco convencional y muy apta para desconcertar a creyentes tradicionales. No sabría yo decir por qué Rivas mostró tal interés por temas católicos pero, cuando menos, me parece una buena pregunta.

Surgieron varios problemas y la función no tuvo lugar; pero sirvió para algo crucial en el presente estudio: iniciar o estrechar el contacto entre Lluch y Rivas. Uno y otro se refirieron a las dificultades, por lo demás normales en este tipo de empresas: el 2 de junio, Lluch escribía a su madre que cuando el actor protagonista se negó a hacer el papel, se lo encargaron a él pero luego surgieron incidencias con los coros y la orquesta, que "nos han obligado a abandonar la empresa... por ahora" (cito por Aguilera 1993b, 42a). Rivas fue más explícito: "no hubo modo de arbitrar entre los aristócratas que patrocinaban la conmemoración, las diez mil pesetas de adelanto [siempre, el "adelanto"...] con que subvenir a los gastos de la función en lo que hacía principalmente a la importante parte sinfónica que el espectáculo implicaba" (Rivas 1991, 105).

Las siguientes empresas del inquieto Rivas fueron El Cántaro Roto y, sobre todo, el Caracol. El primero, vinculado a Valle Inclán, se asentó en el pequeño escenario del Círculo de Bellas Artes y fue tan efímero que sólo dio una función, poco renovadora aparentemente: *La comedia nueva o El café* de Moratín, en enero de 1927. Rivas juzgó que la iniciativa había sido "malograda por la intemperancia congénita de mi gran amigo y maestro [Valle-Inclán]" (Rivas 1991, 41).

El Caracol supone el primer ámbito de trabajo conjunto para Lluch y Rivas, ya puestos en contacto teatral y en condiciones de colaborar efectivamente. Rivas intentaba de nuevo su sociedad "filodramática" a base de abonos. Lo que logró fue que un industrial de apellido Rey les dejara en buenas condiciones una sala en la calle Mayor n.º 8 que Enrique Estévez Ortega (*Nuevo Mundo* 7 de diciembre de 1928: s. p.) describió como "reducida, elegante, limpia". Y, continúa:

> Se entra por un portal amplio, de aspecto lujoso y nuevo. Se pasa a un zaguán alfombrado y se entra enseguida en la sala. El techo es una cristalera; las paredes, de color crema, desnudas, con algún leve adorno, y está alumbrado por dos grandes arañas, en cuyos cristales se quiebra la luz [...] En uno de los ángulos está el escenario [...] carece de embocadura, de telón, de decoraciones. Sobre la tarima, breve y reducida, actúan los actores. Las paredes están cubiertas por cortinajes de color opaco a lo Gordon Craig [...] No hay concha. Y en semicírculo, las sillas, donde se sienta el público. No hay palcos, ni preferencias, ni generales.

El agradecido Rivas bautizó el local como Sala Rex —más tarde se llamaría Pleyel— y su optimismo convirtió en siglas tanto el apellido latinizado del benefactor como el epónimo del nuevo grupo teatral. Así, el primero significaba "*R*epertorio de *E*xperimentos *X*=Infinito" y el Caracol era "Compañía Anónima Renovadora del Arte Cómico Organizada Libremente". Todo empezó el 24 de noviembre de 1928 con una sesión que desconcertó a la prensa por su contradicción entre lo anunciado y lo ofrecido: la trilogía *Lo* *invisible* de Azorín, casi completa; es decir, el *Prólogo*, *La arañita en el espejo* y *Doctor Death de 3 a 5*, a falta, solo, de *El segador*. El segundo autor de esta sesión inaugural fue Anton Chejov, con *Un duelo*, en homenaje al 30 aniversario del Teatro de Arte de Moscú. La segunda sesión (6 de diciembre de 1928) fue un concierto de poesía, música y danza que Rivas tituló "Despedida a Rubén", en homenaje a Darío.

La novedad vanguardista tan esperada llegó por fin con *Orfeo*, de Jean Cocteau (19 de diciembre de 1928), sobre la versión que C[orpus]. B[arga]. había publicado en *Revista de Occidente* (15 [enero-febrero-marzo de 1927]: 171-99 y 347-78). La foto del montaje (Aguilera/Aznar/Rivas 1989, s. p.) confirma lo exiguo del escenario en esquina, y lo primoroso de las decoraciones de Salvador Bartolozzi. También –de izquierda a derecha– puede verse a Lluch, a su cuñado y compañero de los Luises, Antonio Ramón Algorta, que hacía de Escribano, a Eusebio de Gorbea (Comisario de Policía) y a Magda Donato como moderna Eurídice; y en otra foto a Lluch y Donato. Según el programa de mano, el decorado y los figurines de Bartolozzi fueron realizados "por Antonio Ramón Algorta y los hermanos Lluch".[20] Hubo antes un recital de poesía moderna, anunciado en el programa de mano como "Poesía y Drama de hoy. Lectura de versos de poetas españoles del día", a cargo de Rivas; se leyeron textos de trece poetas españoles contemporáneos como Juan Ramón Jiménez, Moreno Villa, Salinas, Guillén, Alberti, Lorca y otros, entre los que Rivas incluyó versos de Felipe Lluch –poco vanguardistas, me temo–. El éxito se produjo, la prensa alabó mucho y el grupo recibió su espaldarazo. La función se repitió el día 22, cosa insólita para los abonados del Caracol. Lluch volvió a hacer el papel de Chocaire y Rivas el principal de Orfeo.

El programa de mano para esta función del día 22 anunciaba para el "sábado 29 de Diciembre, a las seis y media" la cuarta sesión del Caracol: primero –como ya era costumbre–, una conferencia, esta vez de Manuel Azaña sobre "*Asclepigenia* y la experiencia amatoria de don Juan Valera", seguida de la representación de *Asclepigenia*, de Valera, y el estreno de *Si cre-*

---

[20] El Caballo y la Voz del Cartero los hizo Luis Lluch Garín, arrastrado por la fiebre del teatro que abrasaba al grupo Lluch-Ramón, y también por el atractivo de Magda Donato. Al igual que los otros Luises, Luis "sentó cabeza", terminó sus estudios de Derecho, se casó con su novia y volvió a Valencia en los primeros años treinta. En la posguerra fue concejal del Ayuntamiento valenciano, procurador en Cortes y promotor de la Feria del Mueble de Valencia. La Muerte la hizo Gloria Martínez Sierra. Azrael, primer ayudante de la Muerte, fue Salvador Bartolozzi y Rafael, segundo ayudante de la Muerte, Ernesto Burgos.

erás tú que es por mi gusto de Jacinto Benavente y de *Dúo* de Paulino Masip.[21]

El grupo trabajaba a marchas forzadas.[22] En su siguiente sesión, del 5 de enero de 1929, presentó algo insólito y peligroso: la obra del propio Rivas Cherif titulada *Un sueño de la razón: drama único en forma de trío sobre un tema de Goya*; se trata de dos mujeres que se aman espiritualmente y pretenden engendrar un hijo en el príncipe, esposo de una de ellas, instrumento fecundador al servicio de los intereses artísticos de las dos mujeres. El asunto resulta, a la par, unamuniano y freudiano, muy de moda por tanto y en línea con el "juguete trágico" estrenado recientemente (Calderón, 25 de marzo de 1928) por el torero intelectual Ignacio Sánchez Mejías, *La sinrazón*, que produjo cierta impresión, creo que del todo injustificada, pues a mi juicio carece del menor sentido teatral. La obra de Rivas fue alabada por su modernidad escénica y por su valentía temática pero también suscitó inquietud en los activos departamentos de censura de la declinante dictadura primorriverista; inquietud que, aliada a una enredosa serie de circunstancias que ahora veremos, acarrearía el cierre del Caracol en poco menos de un mes.

Para el 5 de febrero de 1929 estaba prevista una función con *Amor de don Perlimplín con Belisa en su jardín*, la "aleluya erótica" de Federico García Lorca, frecuentador del grupo, más otra pieza, *Las nueve y media o por qué don Fabián cambia constantemente de cocinera*, del mediocre Enrique Suárez de Deza –como siempre, Rivas da una de cal y otra de arena–. El *Perlimplín* y lo ocurrido en torno a su puesta en escena representan lo más destacable de la historia del Caracol. Lo fundamental es que la noche del 6 de febrero –hubo que retrasar el estreno–, cuando estaban ensayando a puerta cerrada, se presentó en la sala Rex el general Marzo, jefe de policía de Madrid, que prohibió el estreno, cerró la sala e incautó todas las copias del *Don Perlimplín*, que fueron depositadas en la sección de pornografía de la Dirección General de Seguridad. Fue precisamente Lluch quien hizo entrega de las copias al general, que vestía de etiqueta, seguramente por venir del duelo de la reina madre, María Cristina, fallecida la madrugada de ese mismo día 6.

---

[21] Se añade: "Con el concurso excepcional de Fanny Brena". Además de los citados, Aguilera (1993b, 42b) cita como integrantes del Caracol a Natividad Zaro, Enrique Suárez de Deza, Laura de Santelmo, Fanny Brena, Julita Tomé, Luis Peña, Alba Salgado y Pastora Peña.

[22] A Lluch le quedó tiempo para dedicarle un poema a su amigo Antonio Ramón ("A la resurrección de un amigo"), fechado "Madrid 11 enero 1929. En la sala Rex 'Caracol'".

Se dieron una serie de circunstancias que van desde lo funéreo hasta lo grotesco, relatadas ampliamente por Margarita Ucelay (129-180),[23] que las vivió, y que incluyen la complicada historia textual del propio texto a manos de Lorca, la prohibición de todo espectáculo teatral para guardar el luto por la augusta difunta, y la denuncia de una entrometida que quiso hacerse con el papel principal y al no ser admitida en el grupo se vengó —al parecer— usando la autoridad de un miembro de la familia real con el que mantenía relaciones. Se suma el hecho de que Eusebio Gorbea, el actor que hacía de Perlimplín y ostentaba cuernos en el escenario, era comandante de infantería, en realidad retirado pero oficialmente en activo; además la "ale-luya erótica" era lluvia sobre mojado en cuanto a asuntos escabrosos des-pués del montaje de *Un sueño de la razón*. Por si fuera poco, en la oscuridad de la sala el propio Lorca confundió al general, vestido de chaqué, con el actor protagonista que —se deduce— iba a actuar también de chaqué, con el consiguiente malestar del general Marzo.

En fin, parece que lo que realmente influyó fue que en 1925 una revista de anarquistas españoles exiliados en París, llamada *Tiempos Nuevos*, publi-có en tres entregas un folletón titulado *Los amores de Don Pirlimplín: miste-rios de un Hotel de la calle Príncipe de Vergara…*, que relataba burdamente los amores de Alfonso XIII. Aunque obviamente no hay relación entre Lorca y los anarquistas, la coincidencia del nombre y la permanencia del general Martínez Anido al frente del Ministerio de la Gobernación (1923-1930) explican que alguien conectara ambos incidentes y se tomaran medidas des-proporcionadas contra el inofensivo Caracol.

Dejando a un lado tan disparatado embrollo, lo que aquí importa es el montaje en sí. Como siempre en los grupos de Rivas, la puesta en escena era extremadamente sencilla y barata, con transiciones a base de telones. El elemento central fue la cama del cuadro segundo que ocupaba la mayor parte del escenario y que estaba levantada por la cabecera de tal manera que los dos personajes, apoyados en una repisa que funcionaba como pie, que-daban a la vista y de frente respecto al público. El vestuario esquivó los gas-tos inherentes al aire dieciochesco que pretendía el autor; así, el protagonista se enfundó un chaqué, fácilmente alquilable, y los demás personajes salie-ron adelante con prendas variadas, de ocasión, no confeccionadas sobre

---

[23] Su fuente es la buena memoria de José Jiménez Rosado que, a sus 16 años, "había actuado en El [*sic*] Caracol desempeñando el papel de uno de los ángeles de *Orfeo* […] y frecuentaba representaciones y ensayos […] y se hallaba presente en la memorable fecha de la incautación" (Ucelay 142).

ningún figurín. Los "grandes cuernos de ciervo en la cabeza" que quería Lorca en la acotación, tuvieron que ser por fuerza pequeños, por motivos prácticos; su peso, en combinación con la brevedad del escenario, hubiera constituido un serio problema para el actor. Lorca interpretaba al piano las ilustraciones musicales, oculto por una cortina. Ucelay (142-145), fuente de estos detalles, añade algo que nos interesa en extremo:

> El grueso del trabajo, caía como de costumbre, sobre Felipe Lluch que, como director de escena estaba a cargo de ensayos, entrenamiento de actores noveles, decorados, etc., así como de cualquier otro problema que quedase por resolver… Lluch era la persona imprescindible de todo punto para el funcionamiento de El Caracol (143-144).

Los recuerdos de Lluch en la entrada de su diario correspondiente al 1 de septiembre de 1938 tienen la precisión de quien ha dedicado muchas horas al empeño:

> Recuerdo las ingenuas decoraciones que, sobre infantiles y graciosos bocetos de Federico, pintamos y construimos para el pequeño escenario de la "Sala Rex". Para el primer cuadro –la casa de don Perlimplín– había unas cortinas de encaje y puntillas hechas con recortes del papel en que sirven dulces, tartas y repostería, y unas sillas de tapicería, color rosa, pintadas y recortadas en papel de embalar. Y había unos cordones que se enroscaban en el aire y terminaban en unas borlas gigantescas, levantadas como campanillas que estuvieran repicando. Y había –recuerdo ahora– una media luna desvaída, y un turbio espejo torcido… Todo sobre un fondo de percalina negra, que daba a la escena un aire de misterio primitivo, de lugar sin tiempo y sin historia.
>
> El segundo cuadro –la alcoba nupcial– era la cámara gris del teatrillo cuyos paños recogidos con lazos de percalina verde fingían las cortinas de los cinco balcones –"cinco frías camelias de madrugada"– abiertos a un cielo verde y rosa.[24] La cama era un túmulo pomposo y arbitrario formado por una tabla forrada con percalina rosa, y un baldaquino hecho con dos grandes abanicos de plumas –de esos que salen en las pobres *Aidas* provincianas– y un manto escarlata con galones de oro.

---

[24] Lorca había decidido que esas cortinas tenían que ser de un verde muy particular. La madre de Felipe Lluch, María Garín, y Conchita Lluch, su hermana, recorrieron Madrid en busca de *esa* pieza de percal y cosieron las cortinas (entrevista con Concepción Ramón Lluch, 22 de abril de 2009). El programa de mano de esta función, conservado en la Fundación García Lorca, precisa que las decoraciones son de "Antonio Ramón Algorta y los hermanos Lluch" (Ucelay 144), al igual que en el *Orfeo*. Parece, pues, que en el aspecto práctico el grupo de Lluch era un puntal en el Caracol.

El tercer cuadro –¿era verde o amarillo?– tenía también encajes, un balcón a un difícil paisaje de primitivo flamenco y un sol imposible y bárbaro. Y para el cuadro del jardín habíamos pintado unos árboles de códice miniado, de los que apenas me acuerdo ya. Mas todo se vino abajo.

Al aludir a las circunstancias del cierre, Lluch parece distinguir entre lo anecdótico –la regia defunción– y lo sustancial –la regia difamación–. También apunta claramente a otra causa de fondo: la inestabilidad económica de la empresa:

Aquella mañana había muerto la reina doña María Cristina y se suspendieron todas las representaciones. Mientras duraba el duelo, llegó la prohibición policiaca de representar la "aleluya erótica" de Lorca… Y así murió el "Caracol", que no pudo resistir el gasto de una postura escénica perdida.

El Caracol terminó, pues, con una obra que no se llegó a estrenar. En cierto modo, este final refleja el carácter inconstante y perfunctorio de Rivas como hombre de teatro. Aguilera y Aznar dejan entrever más de una vez esta seria deficiencia de quien tanto se movió por la renovación de nuestro teatro. Según ellos, los logros de diez años de trabajo fueron "logros más testimoniales que reales" (1999, 133). Rivas pretendía abarcar demasiado y tenía grandes visiones que se reflejan en ambiciosos repertorios, desmesurados para agrupaciones tan endebles. Sin dinero y sin actores estables, no se pueden montar en pocos meses media docena de funciones únicas distintas, como quiso hacer en el Caracol. Un segundo factor negativo en Rivas como hombre de teatro era su tendencia didáctica; en realidad, más que director y gestor teatral, seguramente Rivas era más bien eso: un hombre enamorado del teatro, con dotes de actor, capaz de hablar y enseñar mucho acerca del teatro, un teórico pero no un práctico pegado al detalle de la acción y la gestión teatral. Vistas hoy, las sesiones resultan más bien heterogéneas y erráticas: ¿qué hace Lorca junto a Suárez de Deza? El recurso a las conferencias en un grupo de teatro extraña y añade desconcierto. Ocasión hubo, por ejemplo, en que los abonados pudieron escuchar la disertación de Azaña sobre Valera, y luego asistir a una obra del joven Paulino Massip precedida por otra del viejo don Jacinto Benavente.

Tengo la impresión de que Rivas estaba muy dotado para dinamizar y emprender, pero era poco inclinado a perseverar y sacar cosas adelante. Todo parece indicar que en el Caracol, como después en el Teatro Escuela de Arte (TEA), quien hacía esas oscuras labores era el tenaz y minucioso ingeniero Felipe Lluch, que además actuaba en casi todas las funciones como actor secundario. Díez Canedo (*El Sol* 19 de enero de 1929: 3) transparentaba esta dualidad al referirse a la aventurada actividad de Rivas, que "algunos tildan de dispersa y vana"; sin embargo, añade, ese "aire de frivolidad y ligereza […] sólo es máscara de una preparación muy sólida y de una mente muy clara".

Lluch, en carta privada de abril del 33, se expresaba con claridad:

> Sigo también *enchufado* en el Español, trabajando y aprendiendo, y convenciéndome hasta la saciedad de que Cipriano es, como dice Valle Inclán, el perfecto zascandil. Ahora ha sido nombrado Director del Conservatorio de Declamación y aspira a transformar el estudio de teatro [el TEA] que ¿dirige? en el Español, en filial del Conservatorio, con subvención del Estado y demás enjuagues.

También añade: "Sigo ahí […] porque algo me rinde y me puede rendir más el día de mañana, y porque al fin y al cabo, los alumnos del Conservatorio son buenos chicos y con ellos es con quien me entiendo" (F. L. a Antonio Ramón; Madrid s. f. [abril 1933]).

Quizás Rivas encontró su verdadero sitio cuando Margarita Xirgu lo aceptó a su lado en el Teatro Español como asesor de su compañía, posición que mantuvo desde septiembre del 30 hasta julio del 36. A esas alturas, Rivas tenía experiencia de compañías profesionales porque había sido director de propaganda en dos compañías italianas de paso por España, primero el "Teatro dei Piccoli" de Vittorio Prodecca en su temporada madrileña de 1924 y después la de Mimí Aguglia. Debido a su estancia en Italia, fácilmente tendría Rivas la vitola de experto en asuntos teatrales italianos, o al menos cierta competencia lingüística. En 1929 fue director artístico-literario de la compañía de Irene López Heredia –aunque poco pudo hacer para imponerse a la actriz– y en 1930 estableció con Isabel Barrón la Compañía Clásica de Arte Moderno Barrón-Rivas. No fue, sin embargo, el único que intentó elevar los criterios de exigencia en el teatro profesional; como ha señalado Anderson, también Ricardo Baeza llevó a cabo una labor meritoria. Y, naturalmente, existieron en España otros hombres de teatro –alguno sumamente importante y anterior, como Gregorio Martínez Sierra, estudiado por Checa Puerta– y otras iniciativas, aparte de las que yo menciono aquí en relación con Rivas.

En el Español, sin tener que ocuparse de los imprescindibles trabajos menudos del día a día teatral, las indudables dotes teatrales de Rivas pudieron desplegarse. Por su parte, Xirgu tuvo el talento y la humildad, insólita entre primeras damas, de dejarse aconsejar por quien no procedía del mundo profesional del teatro. Rivas logró apartarla de ciertos autores de su repertorio como los Quintero y aproximarla a otros contemporáneos como Alberti, Lorca y Casona. El intento con Valle fracasó por culpa de este. La Xirgu también hizo lo posible por acercarse a una moderna visión de los clásicos grecolatinos –con una *Medea* al aire libre en el teatro de Mérida (18 de junio de 1933)– y de los dramaturgos de nuestro Siglo de Oro, ya no en versiones refundidas ni en las declamatorias recitaciones que ella había aprendido en la escuela de doña María Guerrero. En cambio, de Enrique Borrás, su compañero de cartel en la compañía, no es posible alabar ni la docilidad ni los deseos de adaptar su estilo a los nuevos tiempos. Quedan en el recuerdo un *Alcalde de Zalamea* (14 de abril de 1934) montado en la plaza de Las Ventas de Madrid en el tercer aniversario de la República, una *Fuenteovejuna* (23 de marzo de 1935) en el tricentenario de Lope y una *Dama boba* en el parque de El Retiro.

Las trayectorias de Lluch y de Rivas, ya metido en el Español, se cruzaron brevemente con motivo de un estreno tumultuoso y oportunista en los primeros meses de la II República: la adaptación teatral, a cargo de Juan López y Manuel Martín Galeano, de la novela de Pérez de Ayala *AMDG: la vida en los colegios de jesuitas*. La presentación de la obra se celebró, con intención no precisamente pro-jesuítica, en el teatro Beatriz –no más Infanta Beatriz– el 6 de noviembre del 31. A petición del autor, ahora embajador en Londres, Rivas, ya cuñado del presidente del gobierno de la República, se encargó de dirigir la obra, al margen de su trabajo con Margarita Xirgu. Lluch, por su parte, fue de los que acabó detenido y multado por la policía, junto a otros 66 individuos, participantes en un boicot cuya organización atribuyó la prensa a los jesuitas en el que hubo violencia, protestas y daños materiales en el teatro. Parece que el grupo de Lluch –con varios de sus hermanos y el inseparable Antonio Ramón– acudió a silbar y "reventar" la obra con protestas verbales; otros replicarían e, inevitablemente, acabarían llegando a las manos. El resultado fue unas cuantas butacas rotas.[25]

---

[25] En la Fundación Juan March se conservan cuatro fotografías del fotógrafo Alfonso. La más pertinente ahora es la catalogada (sg. F-74) como "destrozos ocasionados después de una representación de *A.M.D.G.* de Pérez de Ayala": dos mujeres y dos hombres –¿empleados del teatro?– miran a la cámara ante dos o tres butacas arrancadas del suelo; los daños parecen cosa menor. Otra (F-75) recoge un momento de la obra en que un jesuita amonesta, con gesto autoritario, a un grupo de escolares –alguno encorbatado y en exceso maduro– ataviados con guardapolvos; uno de ellos, arrodillado, ostenta una cabeza de burro con un

No hay que olvidar que "claques", "pateos" y demás tácticas de la ira del "español sentado" eran una práctica habitual, que se politizó durante la República. Así, por ejemplo, hubo reacciones violentas contra la obra cómica de Pedro Muñoz Seca y Pedro Pérez Fernández, *La OCA* –siglas de Asociación de Obreros Cansados y Aburridos–, en Málaga (*Luz* 7 de enero de 1932: 4) y Bilbao: "Cuando aparecieron en escena los obreros parados, la protesta [desde el gallinero] adquirió tonos de una gran violencia y comenzaron a llover sobre el patio de butacas y el escenario piedras y patatas en abundancia, siguiendo los gritos y los insultos a actores y a los espectadores de butacas" (*Luz* 13 de enero de 1932: 6). Por su parte, V. Castelló escribía así para el periódico *La Lucha* (27 de enero de 1934: 3), a propósito del estreno de ese "nuevo engendro", *Sevilla, la mártir*: "Obreros: por decoro revolucionario hay que impedir que esta clase de *obras* sean representadas en público. A autores como José Fernández de Sevilla hay que patearles los engendros que escriban, por enemigos de los trabajadores y por perros falderos de la burguesía".[26]

El caso es que Lluch había abandonado o sido expulsado de los Luises por sus "invencibles inclinaciones actuales", según noticia de Aguilera (1993b, 43a). A la vista de la participación de Lluch en la protesta contra AMDG, no parece que tal desaire pesara demasiado en su ánimo ni en sus convicciones de fondo. En mayo del 32, Lluch firmó ante testigos una

rótulo entre las orejas que dice "Castelar"; en el ángulo izquierdo campea la concha del apuntador (otra toma en Aguilera/Aznar 1999, s. p.). La F-76 muestra a Pérez de Ayala con algunos intérpretes, todos ensotanados –uno, maquillado con inequívoca cara de payaso de circo–, además del torero Juan Belmonte, Cipriano Rivas Cherif y los dos adaptadores. En la cuarta (F-83, con fecha 6 de noviembre de 1931) aparece el autor entre los adaptadores. Agradezco esta pista a John Macklin. Los pateos contra AMDG continuaron. Antonio Ramón, que estaba en libertad condicional, escribía a sus padres aquellos días: "Ayer fueron detenidos catorce amigos más, a los cuales se les impone la multa de mil pesetas o un mes de cárcel –y lo que te rondaré, porque piensan seguir pateando–". El 7 de noviembre del 31, Emilio Alonso Pablos, presidente de la Agrupación Defensa y Libertad de los Padres en la Educación de los Hijos, escribía así a Antonio Ramón: "Muy señor mío y desde hoy amigo: Indiscutiblemente Vd. ha sido detenido por oponerse a la representación ignominiosa en el Infanta Beatriz y habiendo llegado a conocimiento de esta Agrupación su honrosa detención con motivo del repugnante y asqueroso estreno de la obra A.M.D.G. […] enviamos a Vd. entusiasta felicitación por su noble proceder y justa protesta". Ver lista de los 66 detenidos en *El Sol*, 8 nov., 1931:5. Agustín de Foxá recrea los incidentes en *Madrid, de corte a Checa* (89-91).

[26] Dennis/Peral 2009, 10 y 16. A Nigel Dennis y Emilio Peral agradezco estas noticias, procedentes de su Introducción para el tomo de *Teatro de la Guerra Civil: el bando republicano*, que conocí anticipadamente como pruebas de imprenta.

declaración de su deseo de ser enterrado como católico,[27] al igual que harían otros católicos, como reacción ante el artículo 4 de la Ley de secularización de cementerios: "El enterramiento no tendrá carácter religioso alguno
para los que fallezcan habiendo cumplido la edad de veinte años, a no ser
que hubiese dispuesto lo contrario de manera expresa" (*Gaceta de Madrid* 6
de febrero de 1932: 946). Seguramente tampoco habrá que tomar al pie de
la letra un apunte muy contrito de su diario (1 de septiembre de 1938) en
el que se refiere a "una vida postiza de bohemia maldita y vergonzante" a la
que le arrastró su trabajo en el Caracol, "aquella compañía de alocados y
anormales".

A pesar de su buena situación junto a la Xirgu, a Rivas no le abandonó
su espíritu emprendedor. Desde la plataforma del Teatro Español, durante
la temporada 1930-1931, Rivas intentó resucitar el Caracol, sin éxito, e
invitó a Magda Donato y Salvador Bartolozzi, integrantes del grupo, a que
trajeran su teatro de marionetas, con idea de desarrollar desde el Español
un Teatro Pinocho, un teatro renovador para públicos adultos a base de
guiñol. No salió nada. O casi nada: en diciembre del 32 Rivas montó un
espectáculo navideño en tres partes que tituló *Nacimiento* (Español, 24 de
diciembre de 1932) y que combinaba la experiencia del teatro infantil con
la adaptación *ad hoc* de textos clásicos españoles relativos al ciclo navideño.
Concretamente, el acto 1 consistía en una combinación del *Auto de los Reyes
Magos* y un *Auto de Navidad* de Juan del Encina; el acto 2 estaba tomado de
Pastores de Belén de Lope de Vega; el acto 3, "El aprendiz de carpintero.
Nuevo evangelio apócrifo", era original de Rivas Cherif, según estudié hace
unos años (García Ruiz 1997).

[27] "El que suscribe F.L.G. manifiesta de un modo terminante y expreso que quiere
morir, según ha vivido, como hijo de la Santa Madre Iglesia Católica Apostólica Romana;
que a su cadáver se le dé sepultura eclesiástica en tierra sagrada, con todas las ceremonias,
actos y bendiciones de la Iglesia Católica; que a su entierro asista el clero con cruz alzada, y
que sobre su sepultura, bendecida por sacerdote católico, se ponga la Santa Cruz. = En
Madrid a 8 de mayo de 1932". Firma: F.L.G. Testigos: Alberto de la Escalera y otra firma ilegible. El Ministerio de Justicia, regido por Álvaro de Albornoz, unificaba así los cementerios
religiosos y los civiles, y entregaba la gestión de todos ellos a los ayuntamientos. Solo unos
días antes (23 de enero de 1932) el mismo Ministerio había decretado la disolución de la
Compañía de Jesús y poco después (2 de febrero de 1932) se decretó la Ley de Divorcio
(*Gaceta de Madrid* 11 de marzo de 1932: 1762-67); de 2 de junio del 32 es la Ley relativa a
Confesiones y Congregaciones Religiosas (*Gaceta de Madrid* 3 de junio de 1933: 1651-53),
que reglamentaba el culto público, regulaba las órdenes religiosas, suprimía el subsidio al
clero, nacionalizaba parte del patrimonio eclesiástico y ordenaba la clausura de los centros
de enseñanza de la Iglesia.

Rivas fue también nombrado director artístico para la temporada preliminar, la de 1932, del nuevo Teatro Lírico Nacional, previa a la primera temporada oficial que debía seguir. Pero a pesar del decidido apoyo oficial fue imposible hacer nada y Rivas dimitió enseguida.

Pronto vino un nuevo intento: la Compañía de Arte Moderno, en el teatro Cervantes. Dio tres funciones con éxito discreto, entre diciembre del 32 y enero del 33; solo cabe destacar *El estupendo cornudo* (*Le cocu magnifique*, 14 de enero de 1933; orig. 1919) de Fernand Crommelynck –tema, este de los cornudos, por lo que se ve, caro para Rivas–. Desde la revista *Sparta* ("En torno a un estreno. Teatro muerto". *Sparta* 13 [28 de enero de 1933]: s. p.) Lluch criticó, por desfasado y antiteatral, el tono grotesco y desgarrado de ese montaje de su maestro.

La siguiente iniciativa de Rivas va a ser la más importante y efectiva: el Teatro Escuela de Arte o TEA. En primer lugar, porque se relaciona con los intentos del nuevo régimen por crear un Teatro Nacional, a pesar de lo mal que fueron las cosas con el Teatro Lírico. En segundo lugar, porque Rivas pone en la base de todo el proyecto de Teatro Nacional la creación de un teatro-escuela donde se formen desde el director de escena hasta el tramoyista, donde se atienda orgánicamente a todos los aspectos de la práctica teatral. Es decir, Rivas deja de lado los esporádicos teatros experimentales como posible factor de renovación y se centra en la dimensión pedagógica del teatro, para la que sí estaba bien dotado; lo cual me parece un acierto. Y en tercer lugar, porque pudo apoyarse de nuevo en el eficaz trabajo de Felipe Lluch,[28] quien desde *Sparta* (3 [19 de noviembre de 1932]: s. p.) aprovechaba el comentario de la iniciativa para trazar un buen panorama de la evolución del teatro europeo en lo que se llevaba de siglo XX.

Después de intentos fallidos en el Ministerio y en el Ayuntamiento –propietario del Español–, Rivas logró que en la renovación del concurso para la temporada 1932-1933 el Ayuntamiento le aprobase, para tres años, una Escuela Práctica Elemental de Arte Dramático, rebautizada después Estudio de Arte Dramático, que el 15 de abril de 1933 dio su primera representación, *Don Gaiferos y las busconas de Madrid* de Quiñones de

---

[28] "Tras unas pruebas preliminares [...] comenzó una labor callada, honda, meticulosa; una labor de crisol y de forja [...] lenta, pesada y a ratos desesperante. Era preciso adiestrar a los noveles actores en un nuevo arte interpretativo, sobrio, moderno y eficaz [...] Nuestro compañero Felipe Lluch fue el encargado de realizar esta ímproba labor [...] siguiendo las previas instrucciones del fundador del Estudio" ("Estudio de Arte Dramático". *Sparta* 36 [8 de julio de 1933]: s. p. Sin firma).

Benavente, dirigida por Felipe Lluch, que dedicó uno de sus artículos de la revista *Sparta* (3 [19 de noviembre de 1932]: s. p.) a destacar la importancia del acontecimiento. Los decorados fueron de Juan Oliva y los figurines de Victorina Durán. A continuación, La Barraca representó *El retablo de las maravillas* cervantino.

Al mes siguiente, al ser nombrado Rivas responsable de la Sección Teatral del Conservatorio, el Estudio de Arte Dramático –hasta ahora acogido al patrocinio de la compañía del Español– se eleva al rango de enseñanza oficial del Conservatorio. El fin de curso del Conservatorio y de la Escuela (29 de junio de 1933) fue un montaje misceláneo con textos de Lope de Rueda (*La carátula*), Antonio García Gutiérrez (*Crisálida y mariposa*) y Leonid Andreiev (*Los siete ahorcados*), aparte del ya estrenado *Gaiferos*, "[c]uatro obras totalmente distintas en lenguaje, técnica e interpretación".[29] Lo dirigió Felipe Lluch. La presentación corrió a cargo de Rivas, que afirmó:

> Hemos empezado a hacer como quien no quiere la cosa, a la chita callando, sin dinero, sin ayuda oficial, sin taquilla abierta, al amparo de la empresa Xirgu-Borrás […] el tan decantado teatro nacional, el Teatro de la República. Hemos empezado a hacerlo por el principio, por la Escuela de Actores (Aguilera 1993a, 20a).

Un nuevo paso de Rivas consistió en su nombramiento como delegado del Gobierno en el teatro María Guerrero, "antiguo de la Princesa", en diciembre del 33. Bajo esos variados amparos pudo iniciarse allí, finalmente, el Teatro Escuela de Arte (TEA), una cooperativa de abono privado, con la que pretendía una vez más llevar a la práctica sus ideas sobre la docencia y la práctica teatrales. En principio el TEA era autónomo respecto al Conservatorio pero en la práctica los lazos seguían manteniéndose, especialmente los actores, en su mayoría alumnos del Conservatorio; las relaciones y transvases con la compañía Xirgu-Borrás eran también fluidos. El elenco constaba de unos treinta artistas. Los ingresos de esta asociación privada y cooperativa procedían del abono, de las entradas de fin de semana y de una pequeña subvención de 25.000 pesetas, procedente del Estado; contaban, además, con la cesión gratuita del María Guerrero (véase *Ahora* 15 de diciembre de 1934: 42).

No se conservan, de forma sistemática, Memorias ni programas ni documentación de estas actividades del TEA, de las que Rivas tendría que

---

[29] "Estudio de Arte Dramático". *Sparta* 36 (8 de julio de 1933): s. p. Sin firma. El colega de redacción de Lluch –¿o el propio Lluch?– afirmaba que "el resultado [de la escuela de actores en el Español es] por todos conceptos magnífico".

informar, ya que tenían carácter oficial. Las noticias andan dispersas por la prensa del momento. Rivas, tan aficionado al juego de siglas, hablaba de "el" TEA o de "la" TEA, aludiendo a su condición de antorcha con que iluminar o, mejor, calcinar el envejecido panorama teatral español.

En enero del 34 se anunció el abono y el repertorio de cinco sesiones, una al mes para abonados, que se repetiría los fines de semana para el público de pago (*Heraldo de Madrid* 4 de enero de 1934: 5). La primera función consistió en *La leyenda de don Juan* (15 de enero de 1934), una "fantasía teatral", taracea de textos en torno al personaje, elaborada por Felipe Lluch, también director del montaje, que incluía un numeroso reparto. En la autocrítica, declaraba Lluch que se "pretende resumir el nacimiento, desarrollo y crítica del mito español por excelencia […] Quedan fuera de esta breve antología Zorrilla y Lenormand: el primero porque su obra tiene tal unidad y tal vigor en la conciencia popular que no puede ser desarticulada; el segundo, por su visión excesivamente personal y desorientadora".

Las reseñas de prensa fueron sumamente elogiosas con este espectáculo inaugural, en especial la de Juan Chabás en *Luz* (17 de enero de 1934: 6), que recogía además un amplio texto de Lluch, inserto en el programa, con los detalles que cito. La base del espectáculo era el texto tirsiano de *El Burlador de Sevilla*, podado y engarzado con una escena de *El convidado de piedra* de Antonio de Zamora y otra del *Don Juan* de Molière, bañado todo en música de Mozart para añadir un "matiz galante y espectacular", música adaptada por el maestro Enrique Casal. Como prólogo –con música original de Casal–, iba un romance primitivo *ad hoc* y como epílogo un fragmento del tercer acto de *Hombre y superhombre* de Bernard Shaw, desmitificador de la leyenda donjuanesca. "Más que al rigor histórico y geográfico de reconstrucción y costumbrismo", el montaje atendía a "la creación de la atmósfera y el ambiente propicio a la leyenda. Y ante todo y sobre todo, a la eficacia y brillantez del espectáculo, al ritmo y a la emoción". El crítico de *ABC* (16 de enero de 1934), A. C., se mostró poco amigo de la ironía del epílogo y censuró "el sainete o la parodia del drama después del drama, como para convertir en risotadas las emociones despertadas por este. No es un acierto incluir la burla de Shaw en la universal seriedad de la leyenda del *Tenorio*". Apreció, en cambio, la coreografía "puesta por la señorita Paloma Pardo [que] es un acierto. Singularmente, el *baile de los labradores*, en el cuadro de Dos Hermanas […] cuya repetición pidió con insistencia el público. La obra fue acogida con entusiasmo […] Los figurines, muy lindos, fueron creados por la pintora Victorina Durán".

Me interesa destacar que la técnica de la taracea textual y la visión escénica estilizada, plástica y moderna que Lluch desarrollará años más tarde están ya claramente presentes en puestas en escena como esta, realizadas en los primeros años treinta.

Hubo otros cuatro abonos y una función extraordinaria de homenaje a Galdós con la reposición de *Electra* por el 33 aniversario del ruidoso estreno de la obra. Celebrar un trigésimo tercer aniversario es cosa tan extraña que debió de responder a algún criterio arbitrario u oportunista, que quizá haya que relacionar con la interpretación anticlerical que en su día se dio al estreno galdosiano. El caso es que obtuvo tan buena aceptación que hubo que ampliar el programa, previsto sólo para los días 3-4 de febrero, hasta el día 11.

El segundo programa (15 de febrero de 1934), codirigido por Rivas y Lluch consistía en reposiciones del curso anterior del Estudio y estrenaba una pieza de Suárez de Deza. El tercero (5 de marzo de 1934) era más novedoso: *Antes del desayuno* de Eugene O'Neill, el *Don Gaiferos* de Quiñones que adaptó Lluch, *El pasador de hueso*, original de José Franco, miembro importante del TEA, y *La decantada vida y muerte del General Mambrú*, una tonadilla escénica dieciochesca, en versión de Lluch.[30]

Enseguida el TEA dio su mejor programa de aquel curso inaugural: *La cacatúa verde* (*Der Grüne Kakadu*, 1899) del dramaturgo austriaco Arthur Schnitzler (26 de abril de 1934), traducida por quien fue embajador en Berlín y París, Luis Araquistáin, hombre sumamente interesado en el teatro, y por su mujer Trudi Graa. Tras una charla de Rivas sobre sus experiencias teatrales, la velada se completó con el *Entremés del mancebo que casó con mujer brava* adaptado por Casona. *La cacatúa verde* fue dirigida por Lluch y fue el gran éxito del grupo. Impresionó la plástica que lograba armonizar el movimiento de actores, la luz, el decorado, la música y los trajes. "Nada parecido, y desde luego nada superior, se ve en nuestros teatros", sentenciaba Chabás (*Luz* 27 de abril de 1934: 6), quien también añadía que la obra está "construida con admirable visión del movimiento y el color teatrales, y de la inserción de las masas en escena. Este juego de las masas y la patética fuerza que adquieren en el contraste de la farsa y la realidad […] son los mejores y más nuevos méritos de la obra de Schniztler".

La última función de abono (7 de junio de 1934) fue, sorprendentemente, una sesión de teatro católico, dirigida por Rivas. Consistía en una pieza

---

[30] En el registro de la Sociedad General de Autores y Editores (SGAE) figuran como colaboraciones a nombre de Lluch *Don Gaiferos* y *La decantada vida*.

breve del portugués Julio Dantas, *Sor Mariana*, un concierto de canciones portuguesas del XVII, y *Patrón de España* (*La farce du pendu dépendu, miracle en trois actes*, 1920) de Henri Ghéon, autor francés que ya había cultivado Rivas. La obra entroncaba fácilmente con la *réaction idéaliste* que representaba Paul Claudel, la afirmación de un clasicismo renovado, empeñado en rechazar todo realismo, sin rehuir la convención específicamente teatral. Es más, como otros muchos hombres de teatro en esos años, Ghéon pretendía recuperar la esencia popular del teatro, la comunión entre autor, actor y público. Sus raíces están en la renovación procedente del "Vieux-Colombier" del gran dinamizador del teatro francés, Jacques Copeau, que tuvo un grupo de continuadores en el llamado "Cartel" –Charles Dullin, Louis Jouvet, Georges Pitoëff y Gaston Baty, autor este último muy interesado en lo español–. Concretamente, *Patrón de España* sitúa su acción histórica y poética en nuestro país, y contiene una orientación netamente católica, aunque –y éste fue seguramente el objetivo de la elección– del todo desligada de los factores políticos y sociales de la España republicana.

Según informa Pendulà (119), por aquellos años treinta y gracias a Sivio d'Amico y un grupo de intelectuales católicos, también en Italia se percibe una progresiva presencia de valores religiosos en algunos textos y en experiencias de relieve nacional como *La rappresentazione di Santa Uliva* y *Savonarola*, dirigidos ambos por Copeau en Florencia durante el Mayo Musical, o el *Mistero della Natività, Passione e Resurrezione di Nostro Signore* en la Academia d'Arte Drammatica, con los que d'Amico buscaba deliberadamente el renacimiento del drama sacro en Italia.

El estreno de *El divino impaciente* (Beatriz, 22 de septiembre de 1933) de José María Pemán, el menos estridente y anterior de *Teresa de Jesús* de Eduardo Marquina (Beatriz, 25 de noviembre de 1932) o la ya comentada refriega en torno al de AMDG en noviembre del 31, que fue el probable inicio de las hostilidades –los tres estrenos, curiosamente, en el mismo local, el Beatriz– habían dado un tono hispánico y combativo al concepto de "teatro católico", acorde con la tensa situación social del momento a este respecto. Juan Chabás lo resumía así en su reseña:

> Esta farsa poética [*Patrón de España*], con sabor medieval de misterio, con fervor y elegancia y refinamiento de verdadero poema religioso, constituye, estrenada en España, un ejemplar espectáculo. Vean nuestros autores de mal teatro político con pretensiones de apología católica cuál es el nivel y la calidad de un teatro europeo, moderno y profundamente religioso (*Luz* 8 de junio de 1934: 6).

En una confidencia epistolar, Lluch resumía crudamente esta primera temporada del TEA y se mostraba pesimista sobre su continuidad en el grupo:

> El Teatro Escuela de Arte ha terminado su actuación mediocremente. Rivas impuso un programa sin eficacia teatral, quiso dirigirlo él, y así salió la cosa. Mucho me temo que sea esta la primera y última temporada; no tiene capacidad ni dotes para hacer nada constructivo. Yo he estado luchando con él mucho tiempo y ya me he cansado; además estoy sacándole las castañas del fuego y ya es hora de que trabaje por mi cuenta. […] Por eso creo que el año que viene no habrá Teatro de Arte… porque él solo –ya le conoces– no lo puede hacer, y yo ni tengo ilusión de hacerlo, ni creo que pueda tampoco porque el periódico [*Ya*] me absorbe todo el tiempo (F. L. a Antonio Ramón, Madrid s. f. [junio de 1934]).

Pero Lluch siguió. Por otro lado, dedicaba algunos de sus escasos ocios a una tarea que iba en aquella línea del teatro religioso: la versión espectacular de *Los Desposorios de Cristo*, de Timoneda. Años más tarde, escribe así en su diario (30 de agosto de 1938):

> Esta noche he releído *Los Desposorios de Cristo*, de Juan de Timoneda, según la versión actual y espectacular que hice va ya para cuatro años. La tenía olvidada, dormida, quieta ya, allá en el fondo del saber […] Mi obra estaba allí, palpitante, cierta, rica; esperando tan solo el momento de realizarse sobre un escenario. Aquello no era literatura vaga e irrealizable; sino preciso guión de un espectáculo posible.

Además, el TEA se había implicado a fondo en el montaje que hizo la compañía Xirgu-Borrás de *El alcalde de Zalamea* en el coso taurino de Las Ventas, como parte de las fiestas de la República (14 de abril de 1934). La concepción del espacio era muy original, dada la disposición circular del público, casi completamente en torno a un escenario corpóreo en forma también circular, como una isla o una plaza de pueblo –puede verse una foto en Aguilera/Aznar/Rivas (1989, 25).

El segundo curso 1934-1935 sí fue el último. Los problemas empiezan cuando Rivas dimite de su puesto en el Conservatorio en junio del 34, nada más terminar el primer curso; como consecuencia, el TEA quedaba desvinculado del centro. El cambio de gobierno, con la coalición radical-cedista ahora en el poder, sumado a los personalismos habituales en este tipo de ambientes, influyó para mal en los asuntos de Rivas. El aniversario de Lope en 1935 tomó derroteros propios, se volvió a la idea de un Teatro Nacional y se decidió hacer obras en el María Guerrero, que comenzaron en marzo del 35. El TEA perdió su local y la temporada se interrumpió. Rivas cesa también como delegado del Gobierno en el María Guerrero.

Los comienzos del curso habían sido, no obstante, muy prometedores en cuanto a alumnos: en octubre del 34 se presentaron ochenta candidatos. El 1 de octubre habían viajado a Salamanca para participar en el jubileo de Unamuno; allí representaron *La venda*, el *Entremés del mancebo que casó con mujer brava* y, de nuevo, *Don Gaiferos*.[31] El programa previsto por Rivas para ese curso, siempre ambicioso, pretendía dar la función mensual ordinaria y, además, otra también mensual dedicada a Lope para celebrar su centenario.[32] Concretamente sólo tenían programación y fecha *La fiera* de Galdós, prevista para el 4 de enero del 35, *Gas* de Georg Kaiser para el 11 de febrero y, para el 11 de marzo, *La carátula* de Lope de Rueda, *Sombras* de José Moreno Villa y *El resucitado* del propio Rivas. Sin fecha, había programada otra decena de obras. Consta que Rivas anduvo ausente al comienzo de este segundo curso y Lluch le sustituyó; en carta del 28 de octubre de 1934 éste le deseaba "de todas veras que [las circunstancias dolorosas y molestas que hoy se interponen en su camino] pronto desaparezcan y pueda usted reintegrarse a su actividad teatral junto a nosotros" (Aguilera/Aznar 1999, 332-333).

No se pudo empezar el curso hasta finales de enero de 1935, con seis meses de intervalo desde la última sesión. *La fiera* (22 de enero de 1935) de Galdós fue bien recibida. Se iniciaba el ciclo dedicado a Lope con *El acero de Madrid* (4 de febrero de 1935), dirigida por José Franco sobre una versión de Rivas Cherif que reducía a un solo cuadro los doce del original; la escenografía, sencilla y sintética, fue de Emilio Burgos.[33] El tercer programa fue musical, un exitoso concierto titulado *Evocaciones fin de siglo (1900)*. Rivas hacía la presentación de las piezas.

Tras varios aplazamientos llegó, el 2 de marzo del 35, la obra más importante del curso: *Gas* del alemán Georg Kaiser, "Espectáculo moderno

[31] "Llegué magníficamente. Viaje expléndido [*sic*]. Abrazos. Felipe", reza su telegrama desde Salamanca (30 de septiembre de 1934). Otro, sin fecha, también desde Salamanca, comunica: "Éxito magnífico. Estoy bien. Llegaremos madrugada. Abrazos. Felipe".

[32] "Desde luego el programa que está en proyecto para el año que viene es mejor, más puro y más honrado que el de este año, en el que había muchas cosas con las que no estaba conforme" (F. L. a Antonio Ramón; Madrid, s. f. [junio de 1934]).

[33] Borrás (1968, 349), escribiendo de memoria, habla de la "escenificación simultaneísta de *El Acero de Madrid*, logro del propio Lluch".

en cuatro actos = Traducción de Álvaro Arauz y Luis Fernández Rica = Versión espectacular de Felipe Lluch = Música de escena de Enrique Casal", como figura en la copia entregada a la Administración. En la misma carta de 28 de octubre del 34, Lluch comunicaba lealmente a Rivas su discrepancia y sus aprensiones acerca de la oportunidad de presentar un programa y una obra determinados "por un matiz político que aparece demasiado a las claras […] Creemos […] que precisamente en estos momentos había que extremar el apoliticismo de nuestro programa" (Aguilera/Aznar 1999, 332). Pero tales aprensiones no debían de tener fuertes raíces, ya que fue el propio Lluch el que hizo la versión espectacular, dirigió el montaje y redactó la nota que se incluye en el programa de mano. En esta se decía que *Gas*

> tiene, para su representación ante un público meridional, el doble inconveniente de su lentitud reiterativa y de la falta de espectáculo y dinamismo de sus escenas.
>
> A subsanar esta ausencia de virtud dramática ha tendido la versión y dirección escénica del *Teatro Escuela de Arte*. Se han sacrificado las repeticiones de conceptos ya expuestos […] los parlamentos diluidos y desmesurados en perjuicio de su eficacia teatral, de algunas de sus escenas y especialmente las de los tres últimos actos, sobre todo el quinto, que ha quedado reducido a lo puramente esencial para el desenlace […]
>
> Toda la obra se ha envuelto, además, en una música de ritmos y sonoridades que crean el ambiente y la emoción precisos en cada momento y suplen las soluciones de continuidad que la violenta deshumanización de la obra impone.

Lluch construyó un "Espectáculo moderno en cuatro actos" en el que tanto la luz como la música estridente y los espacios abstractos, sugeridores y estilizados, se apartaban de lo figurativo. El patio de butacas quedaba integrado en el espacio escénico. Se trata de un drama simbólico, obrerista pero no proletario, de sentido y mensaje complejos, en el que se critica la reducción del hombre a esclavo de una tarea mecánica. Pero sin renegar del progreso; de hecho, el final del acto cuarto incoa un ambiguo canto al maquinismo creador, al progreso, al obrero frente al campesino. El millonario dueño e impulsor de la fábrica de gas no es un explotador sino un filántropo anticapitalista, un verdadero humanista que acaba siendo destrozado por sus obreros ciegos. Kaiser hace un alegato a favor del hombre, frente al maquinismo belicista y obnubilado que ata a los humanos a espejismos materiales quitándoles su grandeza y su libertad. El drama se cierra con la rotunda afirmación de la hija del industrial asesinado: "[a ese nuevo hombre] ¡Yo quiero parirlo!".

La crítica de Enrique Díez Canedo a la velada de *Gas* destacó el excelente manejo de la masa: "un grupo de obreros y obreras que irrumpen en el escenario por entre el público, y en el acto del mitin da a los movimientos la expresión calculada, [y] causa efecto magnífico" (*La Voz* 4 de marzo de 1935: 5). Seguramente, las reticencias políticas suscitadas al comienzo de curso, más que al contenido de la obra, estarían relacionadas con esta presencia en una escena burguesa como el María Guerrero y ante un público burgués como el de abono, de estas masas proletarias; presencia insólita sobre las tablas y, hasta hacía pocos años, insólita también en las calles madrileñas. Canedo terminaba así: "Quisiéramos saber qué teatro es capaz de hacer lo que ha hecho la TEA en su función del sábado. Puestos al empeño, algunos, acaso, lo harían, pero ninguno mejor. Y, lo que es más importante, ponerse a tal empeño, no lo ha hecho ninguno". Rivas confesaba (*El Liberal* 6 de marzo de 1935: 12) su satisfacción al tiempo que, generosamente, declaraba su escasa intervención en el exitoso montaje: "Quería llegar a esto, y no creí que tan pronto y bien [...] *Gas* ha sido elegida entre otras obras, repartida, escenificada, montada y dirigida, sin mi presencia y apenas con mi consejo en tal cual detalle que en nada afecta a la originalidad en la invención teatral".

Un imaginable espectador de este montaje pudo ser Gonzalo Torrente Ballester, cuyo futuro auto sacramental *El casamiento engañoso* tiene mucho en común con *Gas*. En realidad, *El casamiento* es una pieza de tono expresionista, sugerida por la lectura que hizo de Spengler en estos años treinta, que su autor adaptó rápidamente a los requisitos de un efímero concurso de autos sacramentales convocado por Dionisio Ridruejo en 1938, desde su Jefatura de Propaganda en Burgos.

Inmediatamente se estrenó la segunda obra del ciclo dedicado a Lope, *La corona merecida* (9 de marzo de 1935), que resultó bien pero fue la última función del TEA. En el programa de mano de *Gas*, se anunciaba que Juan Chabás dirigiría *La corona* y que "excepcionalmente, tomará parte principal Carmen Moragas". También se programaba para "En breve, [un] Concierto Histórico de Canciones de Cámara, por Dolores Muñoz de la Riva, para el cual los abonados tendrán reservadas localidades a precio de abono". La prolongación de las obras en el María Guerrero, previstas en principio para sólo un mes, y la ausencia de la subvención prometida para el centenario lopesco acabaron con la actividad del grupo. Las clases pudieron continuarse entre el polvo y los cascotes, pero los elementos del TEA ya sólo pudieron participar en actividades de otros grupos o dar reposiciones.

Dos espectáculos previstos en el abono quedaron sin hacer y hubo que devolver el dinero de esas dos funciones ya cobradas.

El remate final fueron las cinco funciones que dieron en la sala de la Zarzuela (19-23 de junio de 1935), generosamente cedida. Las cuatro obras representadas eran como el balance de los logros del TEA: *La cacatúa verde*, *La decantada vida y muerte del general Mambrú*, *El acero de Madrid* y *Gas*, que se dio dos días, de nuevo con gran éxito entre el público y la crítica. Resulta curioso comprobar que ninguno de los cuatro montajes era obra Rivas. El primero y el último, los sendos éxitos de los dos cursos del TEA, eran de Lluch y *El acero* había sido montado por José Franco; del *Mambrú* no consta director.

Todo lo cual invita a puntualizar una cuestión que ya ha surgido antes: la contribución real de Rivas en los grupos que promovía, en especial el TEA y el Caracol, los únicos que tuvieron alguna sustancia. Todo parece indicar que la solidez de las empresas coincide con la presencia de Felipe Lluch: tanto el *Don Perlimplín* del Caracol como *La cacatúa verde* y *Gas*, los dos éxitos del TEA, son trabajos que corresponden enteramente a Lluch. A la mencionada expansión epistolar del propio Lluch, a los testimonios que ya conocemos de tiempos del Caracol, y a las ya citadas declaraciones de Rivas a *El liberal* tras el estreno de *Gas*, se suman las que siguen, que el propio Rivas proporciona en esta fase de liquidación del TEA.

En la temporada 1935-1936 la compañía de Xirgu no obtiene el Español y tiene que trasladarse primero a Barcelona y después, en gira, a La Habana y México, con lo que Rivas pierde contacto con su grupo. En tales circunstancias declara (*La Voz* 3 de julio de 1935: 4): "el Teatro Escuela de Arte no necesita ya mis andadores". Meses después, ya en Barcelona (*El Diluvio* 7 de septiembre de 1935: 14), se reafirmaba: "Su suerte y su porvenir ya no me inquietan. La TEA marcha con vitalidad propia. Hoy es un organismo autónomo y la mayor satisfacción mía es que pueda funcionar solo". Ya poco después del estreno de *Gas*, en la primavera del 35, cuando las cosas empezaban a torcerse, Rivas había afirmado con toda sencillez: "Mi labor directiva se reduce principalmente a orientar vocaciones [...] Esto funciona casi solo, y yo mismo me limito en muchos casos a supervisar y aconsejar, más como amigo y compañero que como director" (*La Libertad* 31 de marzo de 1935: 7). Con ello no pretendo criticar a Rivas o restar valor a su trabajo sino simplemente dar a cada uno lo suyo. No es que Rivas Cherif fuera un valor falso. Tenía cualidades de iniciador, tenía visión, era capaz de amalgamar un equipo de personas, sabía de teatro y lo amaba con pasión. Pero, cuando se trata de montar obras, esas cualidades no son suficientes; es preciso que alguien las ponga en pie a base de trabajo y constancia en los detalles. Todo indica que esa persona subalterna fue Felipe Lluch.[34]

Uno de los mejores directores escénicos de la posguerra, José Luis Alonso, vio dirigir a Rivas Cherif en Madrid en algún momento de la temporada 1945-1946, cuando éste, salido de la cárcel en octubre del 45, había formado compañía con el dinero, bloqueado por Franco, de su cuñado Manuel Azaña. No son las mejores circunstancias para que un aprendiz se permita juzgar a un veterano director pero lo cierto es que el joven Alonso le clava un duro puñal: "asisto a todos los ensayos […] Fue la primera vez que vi a un director en funciones. En aquellos momentos Rivas Cherif me parecía un dios. Al poco tiempo me di cuenta de que estaba equivocado. Era un valor falso. Machado creo que da en el clavo cuando en una carta a su Guiomar dice: 'el tal Cheriff, un poco zascandil'" (Hormigón 1991, 120-121).

LAS ENSEÑANZAS DEL TEATRO ESCUELA DE ARTE

El carácter sustancialmente efímero del teatro hace difícil la determinación y evaluación de los detalles en que pudo concretarse la aportación modernizadora del TEA y otros esfuerzos contemporáneos, singularmente La Barraca de García Lorca, mucho más ambiciosa estéticamente que el modesto teatro de las Misiones Pedagógicas.[35]

Lorca y Rivas coinciden en el repudio de las refundiciones, insisten en la necesidad de alcanzar una recitación natural que exprese antes el sentido teatral del diálogo que la belleza formal de las palabras, y buscan una labor de conjunto en la puesta en escena. Por otro lado, las versiones originales les proporcionan un descubrimiento: que el teatro áureo es profundamente moderno y puede aportar riqueza de espacios, la visualidad y velocidad ausentes de los escenarios españoles. Hasta pueden competir sobradamente con el cine. Lo dice Rivas en su *Cómo hacer teatro* (205):

> Equivocadamente se ha atribuido toda la excelencia de nuestros clásicos a la expresión poética, y se respetaban en las refundiciones —o reducciones, más bien— sus excesos, mientras se podaba, cercenaba y destruía la gracia esencial de

[34] ¿Ocurrió algo semejante con Lorca y Eduardo Ugarte en La Barraca? No lo creo; y el libro de Ugarte (ed. Azkárate y Gil Fombellida) no contesta la pregunta.

[35] Para Lorca, en el aspecto que aquí me interesa, baste con Byrd y Luis Sáenz de la Calzada; para las Misiones, Rey Faraldos 1992.

un ritmo dramático que el cine ha venido a reivindicar como propio. Los mejores guiones de cine español están, no me cansaré de decirlo hasta que los vea realizados en la pantalla, en el teatro (en la acción escénica) del siglo XVII.

En cuanto a la recitación, Rivas da poco después (243-244) el siguiente ejemplo de *El alcalde de Zalamea*, referido justamente a quien era el primer actor de su compañía, Enrique Borrás:[36]

> lo más difícil será conseguir del futuro alcalde del último acto que no se me engalle en los cuatro versos famosos del romance:
> "Al rey, la hacienda y la vida…"
> Sí, ya lo sé, Borrás –y le aplauden– dice:
> "Al *rrr*ey (y aquí una coma alta, un agudo brillante –y la mano en alto, levantando un dedo admonitorio)
> la hacienda y la vida se ha de dar; pero el hon*ooo*r
> (preciosa nota baja en *ooor*; y caída de latiguillo:)
> es patrimonio / del (*muy deprisa*) /
> alma (*muy deprisa*) /
> y (*muy deprisa*)/ el alma /
> (*muy deprisa*) sólo / es / de / Dios."
>
> (Una palmada de señal del jefe de la *claque* y ovación cerrada con tal cual ¡bravo! El actor, siempre con el brazo, y la mano y el dedo en alto, tiene que esperar a que el entusiasmo contagiado del aplauso mercenario, le deje seguir.)
> Bien. Pues… nada de eso.

El retrato es ciertamente algo malévolo, aunque real. Ésta es la propuesta de Rivas:

> Pedro Crespo, con la cabeza baja, abriendo los brazos como quien dice: "Al rey, qué caramba, no hay más remedio que darle vida y hacienda, porque esa es la ley, que allá van leyes do quieren reyes; pero el honor…"

---

[36] De Enrique Borrás escribe Zamacois (55-56): "toda su 'técnica' debe referirse a estos cuatro gestos capitales que traducen las cuatro situaciones extremas del espíritu. A saber: la cólera, el odio y los celos los expresa abriendo los ojos desmesuradamente, apretando los dientes, dando a los finos labios un *rictus* atávico y feroz. Para decirnos su alegría mira de frente, abre la boca y un flujo de sangre extiende por su semblante el carmín gozoso de la ilusión […] La duda, la desconfianza, el sobresalto le hacen recoger la barbilla, mirar de reojo, cerrar los labios fuertemente, como para no decir nada que le comprometa, y oprimirse el cuerpo con ambos brazos".

Y no hay que bajar lo que antes no ha habido que subir. Con la misma manse-
dumbre, pero levantando un poco la cabeza, sin el dedo en alto, con la mano puesta sobre el corazón, que es donde sentimentalmente residenciamos el alma, sigue
diciendo sonriendo tranquilo, suficiente, sin desplante, y pausando el ritmo,
        "Pero el honor es patrimonio del alma
        y… qué quiere usted, amigo don Lope…, qué quiere usted, el alma, el alma
        sólo es de Dios"…
        Esa llaneza poética se ha de mantener en el transcurso de todo el drama.

Estas dimensiones nuevas en la recepción de los clásicos que podríamos
denominar "artísticas", son comunes a Rivas y a Lorca. Pero Lorca añade
todavía otra faceta: la "popular". Lorca percibía el secuestro del teatro por
parte de una clase media escasamente ilustrada, y lo veía plasmado en el
mal gusto general del público del teatro comercial madrileño. El predominio de ese público hacía imposible cualquier evolución. En cambio, dice en
"Teatro para el pueblo":

> nuestro público, los verdaderos captadores del arte teatral, están en los dos
> extremos: las clases cultas, universitarios, de formación intelectual o artística
> espontánea; y el pueblo, el pueblo más pobre y más rudo, incontaminado, vir-
> gen, terreno fácil a todos los estremecimientos del dolor y a todos los giros de la
> gracia (1704).

Con La Barraca, su grupo teatral universitario, intentó Lorca esquivar al
público irredimible y dirigirse a ese estrato todavía no corrompido que era el
pueblo. Dirigidos por Federico, los todavía redimibles y sanos muchachos
de la Universidad Central aspiraban a "devolver" al pueblo el teatro del
pueblo, el teatro áureo. En La Barraca creían que en las zonas rurales que
recorrían iban a encontrar el mismo auditorio que aplaudió a Calderón,
Lope y Tirso en los corrales; creían que con entusiasmo y una camioneta
podían anular trescientos años de historia teatral y social.

El TEA desapareció pero el grupo humano que había llegado a constituirse a lo
largo de esos dos años de convivencia y trabajo, logró mantenerse en lo fundamental durante los años siguientes, no obstante las inevitables pérdidas. Lo
ocurrido durante la guerra en el lado republicano certifica el espíritu de cuerpo que Rivas y sobre todo Lluch –"al fin y al cabo, los alumnos del Conservatorio son buenos chicos y con ellos es con quien me entiendo", decía en aquella carta de abril del 33– supieron infundir a los miembros del TEA.

Una carta de mayo de 1937 dirigida a Rivas –que mantenía el liderazgo desde la distancia y el epistolario– y firmada por once miembros del Teatro Escuela, nos informa de que el grupo está funcionando como uno más de los "teatros de urgencia" que recorrían los frentes. Le contaban a Rivas que, dirigidos por Lluch, habían representado *El dragoncillo* de Calderón y *El porquerizo*, cuento de Andersen adaptado por José Franco (Aguilera/Aznar/Rivas 1989, 26-27). Poco después, en junio del 37, *El Mono Azul* en su número 19 (10 de junio de 1937) anuncia el próximo estreno de la *Numancia* de Alberti, que se "representará en un teatro de Madrid, para el 18 de julio, por los jóvenes actores del TEA (Teatro Escuela de Arte) hoy incorporados a la Alianza de Intelectuales". La última estribación del TEA fue el Teatro de Arte y Propaganda, que se limitó a confirmar y alentar la organización y los planteamientos con que, de hecho, venían ya funcionando los ex TEA por los frentes.

Tras un año entero de guerra, el 16 de agosto del 37, la Delegación Teatral de la Junta de Espectáculos de Madrid nombró a Felipe Lluch director del Teatro de Arte y Propaganda (TAP) con sede en el teatro de la Zarzuela (Aguilera 1993b, 48a). El elenco de actores que se aprobaba correspondía básicamente al núcleo del antiguo TEA. Pocos días más tarde, el sábado 28 de agosto, víctima de una denuncia, Lluch fue detenido mientras ensayaba en el teatro, encarcelado, condenado y finalmente enviado a una prisión en Alicante, de la que regresó a Madrid a comienzos de noviembre del 37. Esos dos meses de cautiverio, reflejados en su diario, cambiaron por completo el ánimo y la trayectoria de Lluch, que sintió traicionada su buena fe republicana. En su ausencia, María Teresa León tuvo que hacerse cargo de dirigir el Teatro de Arte y Propaganda, que dio su sesión inaugural el 10 de septiembre. Lluch se reintegró al grupo como ayudante de dirección de María Teresa, de nuevo en posición ejecutiva pero subalterna.

Muchos años más tarde, Santiago Ontañón, que vivió las peripecias de la Alianza y se encargaba de la parte plástica de los montajes, resumió así lo ocurrido –de forma aproximada, como veremos luego; destaca la proverbial generosidad de María Teresa–:

> Se formó el Teatro de Arte y Propaganda del Estado. Pero se puso a dirigirlo una excelente persona, un muchacho enamorado del teatro, Felipe Lluch, que fue también el director de la TEA. De repente, le detuvo la policía. Entonces, vinieron los actores a pedirles a María Teresa y a Rafael que se hicieran cargo del teatro porque, si no, ellos se quedaban sin trabajo. Entonces, María Teresa

aceptó la dirección del teatro con una condición: le estuvo pasando a la mujer de Felipe Lluch el sueldo que le correspondía al marido, mientras Rafael hablaba con los responsables de la detención del muchacho. Vino a decirles: "Me parece una idiotez lo que habéis hecho. Porque este muchacho no es que sea fascista; es, simplemente, un muchacho católico, de derechas, que escribía en *El Debate*, nada más. Lo único que hay en su vida es el teatro y si le dejamos dirigir, lo hará estupendamente y no nos perjudicará, que es lo único en que debemos fijarnos. No porque un señor crea en Dios va a merecer estar en la cárcel". Y, efectivamente, le soltaron. Entonces, María Teresa le dijo: "Mira, Felipe, yo voy a seguir en la dirección pero te voy a nombrar mi ayudante para que puedas continuar tu labor. Porque sin duda ha sido muy atrevido por tu parte, dado el campo político de donde procedes, aceptar el puesto de director del Teatro de Arte y Propaganda del Estado". Así que Felipe Lluch siguió trabajando normalmente y cuando le tocó ir al Ejército, María Teresa lo recomendó a una División –Lluch además de director de teatro era ingeniero– que lo empleó en su Estado Mayor que estaba ahí, en la calle de Goya, en el antiguo Palacio de Villapadierna, donde Lluch se pasó toda la guerra dibujando como delineante. Esa fue la historia que llevó a María Teresa a tomar el cargo (Monleón 121).

En 1938 se clausuró el TAP y el grupo se convirtió en una de las "Guerrillas del Teatro". Terminada la guerra, un Lluch completamente transformado soñaba con convertir toda la experiencia teatral y docente del TEA en un teatro estrictamente fascista integrado en Falange Española al que denominó Instituto Dramático Nacional. Pero todo lo que logró, poco antes de morir en 1941, fue ser nombrado director de la compañía del Teatro Español, dependiente del Sindicato del Espectáculo. El Español, junto al María Guerrero, sería el primer Teatro Nacional que existió en España. En su compañía reaparecieron gentes como Emilio Burgos, José Franco, Amparo Reyes, Carmen Bonet, Jacinto San Emeterio; es decir, los *teos* que habían permanecido en España.

De Lluch a Rivas Cherif

Veamos ahora las actividades de Lluch no directamente relacionadas con Rivas, en la medida en que podemos conocerlas, ya que no abundan las noticias y las fuentes sobre sus lecturas, su vida amorosa, de estudiante –parece que frecuentaba Scholarum, la Asociación de Alumnos de Ingenieros y Arquitectos, en la calle Piamonte 12–, su posterior actividad como ingeniero o su creación teatral.[37] Mientras dedicaba tiempo y entusiasmo abundantes a las iniciativas de Rivas Cherif, Lluch había seguido sus estudios de ingeniero y empezado a trabajar en Flottmann S. A., una empresa alemana de compresores de aire y herramientas neumáticas instalada en Jorge Juan 51, cuyo papel impreso empleará a menudo más tarde como papel borrador.

Un telefonema de 20 de junio de 1930 dirigido a su abuela nos informa del término de sus estudios: "Terminada carrera. Abrazos. Ingeniero = Felipe". Como era costumbre en el último año, su promoción realizó un viaje a la Escuela Industrial de Barcelona, que dejó testimonios gráficos en *ABC* (20 de diciembre de 1929: s. p.) y *La Vanguardia* (20 de diciembre de 1929: 2). Creo que a Lluch hay que reconocerle una inteligencia y una capacidad de trabajo más que notables. Las Escuelas Especiales –las diversas Ingenierías y Arquitectura– no formaban entonces parte de la universidad sino del Ministerio de Fomento y tenían un régimen especial que requería un ingreso particularmente exigente que, una vez superado, daba acceso al candidato a una promoción determinada y a un escalafón; también daba derecho a un vistoso uniforme. El resultado era una lucrativa carrera profesional con un perceptible y elitista espíritu de cuerpo, al que Lluch parece del todo ajeno. Él cumplió con su familia pero renunció a ejercer, propiamente, como ingeniero.[38]

[37] La familia ha conservado, de forma dispersa, documentos y papeles de tipo personal de Lluch, que no cubren todos los puntos de su biografía; los de tipo literario y creativo fueron conservados, transcritos, refundidos y relacionados por su hijo José Antonio Lluch Cotterau, ya fallecido. En Obras citadas indico los originales que yo he podido ver.

[38] Esa carrera representaba el éxito social. Alfredo Marquerie, quien también frecuentó los Luises de la calle Zorrilla, clasificó las comedias andaluzas, de tanta boga en los años treinta, "en dos grupos: A) con Ingeniero, B) sin Ingeniero" (1969, 73). En carta de 11 de marzo de 2009, la Escuela Técnica Superior de Ingenieros Industriales de la Universidad Politécnica de Madrid me informa de que Lluch "tiene cursadas y aprobadas todas la asignaturas que constituyen los seis años de la Carrera de Ingeniero Industrial, que finalizó en el curso académico de 1929/1930"; pero "no figura la fecha de aprobación del ejercicio de reválida ni la ficha de solicitud del Título. = Se le eximió de cursar y superar el ingreso en la Carrera por poseer la titulación de Aparejador". Existe un certificado de la Escuela Central de Ingenieros Industriales (20 de junio de 1930) según el cual F. L. G. "de 24 años de edad, ha terminado con esta fecha los estudios que integran la carrera de Ingeniero Industrial"; pero sin título no podría ejercer como ingeniero, firmar proyectos, etcétera. En su documentación personal Lluch hizo constar como profesión unas veces "Ingeniero" (Cédula Personal 1934 y 1939), otras "Escritor" (pase para la biblioteca del Ateneo, 12 de enero de 1939), "Editorialista de 'Ya'" (pase para la biblioteca del Ateneo, 10 de junio de 1939), "Periodista" (salvoconducto de 28 de julio de 1939) o "ingeniero industrial y periodista" (borrador de instancia solicitando los beneficios de Auxilio Social, 20 de abril de 1939).

Desde el punto de vista humano su decisión de vivir del teatro y el periodismo, pulverizando los límites de la afición más o menos vergonzante de los demás miembros de su grupo –Antonio Ramón o los De la Escalera–, tiene mucho de admirable. Aunque se empleara también en una fábrica, la suya fue una pasión vocacional por el teatro que situó a su familia casi en los aledaños de una digna modestia, e imagino que no todos los miembros de su entorno comprenderían tanto entusiasmo por el arte cuando Lluch tenía a su alcance la posibilidad de poner todo aquello en segundo plano y obtener buenos ingresos.

Una carta de abril del 33 a Antonio Ramón nos lo muestra metido en una intensa actividad y pluriempleo: en primer lugar, "sigo con mis trabajos de la fábrica y la academia"; se refiere luego a su trabajo en la revista *Sparta* y, además, "sigo enchufado en el [Teatro] Español", donde había montado un entremés de Quiñones de Benavente, "gracioso, fino y original", *Don Gaiferos y las busconas de Madrid*. Un año más tarde, en marzo del 34, le cuenta a su amigo que aún no ha logrado la estabilidad: "trabajo y lucho; mi vida está ahora llena de pequeñas cosas que casi me ahogan, sin que ninguna me dé lo bastante para prescindir de las otras. Llevo una temporada triste y trabajosa; con muchas esperanzas, pero con pocas realidades". Lluch reacciona como hombre de fe: "Pero no me desanimo. Dios proveerá que todo vaya mejor y se arregle algo definitivo". Tres meses más tarde, en junio del 34, sabemos por una nueva carta que posiblemente ha llegado ese "algo definitivo": "Desde el lunes pasado estoy trabajando, por fin, en *Ya*. *Ya* es el nuevo periódico que *El Debate* va a lanzar por la noche [...] ya estoy trabajando en él; todavía no sé para qué, ni seguramente lo sabré en mucho tiempo", aunque sí detalla a continuación un "índice de trabajos" asignados.[39] En esa misma carta Lluch hacía más proyectos: "También estoy planeando una temporada de teatro infantil con [Manuel] Herrera [Oria] como empresario [...] Estoy buscando *calzarme* la dirección del teatro infantil y espero que lo conseguiré". No lo consiguió. En cambio, sí empezó

[39] Son una interviú con Víctor Espinós, una información sobre las nuevas monedas que sustituyen a las pesetas de la Monarquía, un reportaje sobre el ensayo general del Teatro Escuela de Arte, una nota de conjunto sobre la fiesta del Sagrado Corazón en Madrid, una información sobre el viaje de *El divino impaciente* [de José María Pemán, 1933] a América y una nota sobre el tiempo. Su contrato como redactor informativo no se firma hasta noviembre del 34, con sueldo mensual de 400 pesetas –con esa cantidad un año antes le parecía "no mal remunerado" un fugaz puesto de director en *Sparta*–. En 1933 todo un abogado del Estado ganaba 10.000 pesetas anuales (*Gaceta de Madrid* 24 de enero de 1933: 547).

durante esa temporada algo que cuajaría sólidamente, sus estudios sobre el teatro español:

> A ratos perdidos voy también estudiando la organización del Teatro Religioso del que tantas veces hemos hablado. […] Estoy leyendo mucho, con un plan orgánico y meditado para tener una sólida base cultural en ese aspecto interesantísimo de la historia del teatro, e incluso estoy preparando notas, apuntes y fichas para escribir el día de mañana la evolución del teatro religioso español.

Y remataba así, dándonos un resumen de su apasionado amor al teatro: "¡Son muchos años ya, Antonio, de batallar y esperar, de estudiar y trabajar en la sombra y la penuria! Es hora ya de que cuaje algo definitivo y seguro y así lo espero. Dios quiera que no me equivoque".

Ya sabemos que, años antes, mientras participaba en las actividades de los Luises y de los Estudiantes Católicos, Lluch hizo de actor con frecuencia, escribió y hasta estrenó algunas piezas que se han perdido. Otras frustradas tentativas de estrenar comercialmente obras originales le fueron convenciendo de que difícilmente llegaría a autor dramático.[40] Estos fracasos y la relación con Rivas le ayudaron a descubrir que su auténtica vocación era la dirección de escena. En junio de 1938, en momentos de abatimiento, escribió a su amigo Antonio Ramón: "Sueño despierto escribiéndote porque, en realidad, yo no sé si podré llegar a escribir teatro. Se ha agudizado en mí de tal manera el espíritu crítico que ya nada de lo que escribo me contenta, ni casi, casi, nada de lo que pienso".[41] Más adelante encontraremos alguna otra experiencia que remachará el clavo.

Se conservan algunos pocos datos que nos permiten conjeturar cómo sería alguna de esas comedias; concretamente, unas treinta cuartillas manuscritas, no por Lluch, con un esbozo bastante desarrollado de una pieza titulada *Ideápolis*; y tres cuartillas, de la misma mano que no es Lluch, con un plan para otra comedia (o ¿quizá es la misma comedia?), sin título, sugerida por la lectura de un texto en que Ramón Gómez de la Serna hablaba de los "drogados", personas

> de expresión incierta, de sensibilidad atorada con un estado natural de pasmación [*sic*], de falta de espíritu, de falta de amor a los temas nobles de la vida,

---

[40] Véase, en Obras citadas, la lista de sus obras, casi todas inéditas.
[41] F. L. a Antonio Ramón, Madrid, 12 de junio de 1938.

seres acorchados que flotan sin pensar en nada… y que son producto del *cocktail*, del radiador, del cigarrillo egipcio, del volante, del *pocker*, de la conversación en los sillones americanos… […]

Yo deseaba escribir una comedia sobre algo que entreveía confusamente; cuando hallé la palabra "drogado", la idea se hizo precisa y diáfana; yo deseaba escribir una comedia de "drogados".

Mientras tanto, Lluch realiza otras actividades literarias como escribir sobre *Siegfried* (estr. 1928), drama prebélico en torno a una personalidad escindida, de Jean Giraudoux, o entrevistar a Eduardo Marquina ("La reina del mundo", noviembre de 1928; recorte de prensa sin localizar), que se ha metido a productor de cine, con Margarita Xirgu como protagonista:

–¿Por qué titula a su obra "cuento-cinema"?

–Porque es un cuento de cine, en el mundo del cine…, en ese mundo especial que ha creado la película norteamericana, que no es Europa, desde luego, pero tampoco es América. He aprovechado todos sus elementos…: el millonario, la niña loca, los *cabarets*, esos rascacielos que no son los de New York… Todo. Pero es una obra de teatro, para el teatro. No, no son enemigos cine y teatro, ni se complementan, ni caben influencias mutuas. Son completamente distintos sus procedimientos, su campo de acción. Es un error creer lo contrario. Es más; el día en que el cine se libre por completo del teatro, será un arte. Hoy no lo es… Pero me interesa enormemente. Lo que pasa es que todavía no ha encontrado su orientación. Ni novelas, ni teatro. Cine nada más. Es decir, dinamismo. […]

Se están rodando unas escenas de *La reina del mundo*. Un soberbio decorado en tonos grises. Frío, estilizado, de una sobriedad y una elegancia plenamente logradas. Fontanals ultima la colocación de luces. A cada variación surge un nuevo matiz, una valoración diferente, una expresión distinta. El decorado habla; las luces cantan… Es una sinfonía llena de expresión y novedad. Con este decorado se podrían expresar los más íntimos detalles de la sensibilidad más agudizada. Hay un momento en que la luz resbala por las cortinas con una suavidad de caricia… Ahora.

La entrevista va ilustrada con tres fotos de los decorados, sumamente aéreos y en volumen.

Como su vocación literaria es firme y Lluch es un gran trabajador, poco después del cierre del Caracol, entre mediados del año 29 y otoño del 30, decide matricularse en la Escuela de Periodismo de *El Debate*, el periódico confesional católico,[42] que había sido fundada en 1926 por el sacerdote Manuel Graña González. Seguramente Lluch buscaba por ahí una salida profesional y económica acorde con sus inclinaciones y al margen de la ingeniería, ya que poco después, el 12 de marzo de 1932, se casó con Mariana Cotterau Martín en la basílica de la Milagrosa de los padres Paúles, en la calle García de Paredes.[43] La situación económica de la nueva pareja aconsejó reducir la celebración a solo la ceremonia religiosa, que ofició el tío de Felipe, José Garín Martí.

En *El Debate* aparecieron, entre 1932 y 1934, sus primeros y únicos cuentos, muy autobiográficos, casi adolescentes y de escasa originalidad. Allí su firma se rozó con la de Samuel Ros, otro joven valenciano aspirante a cuentista, el humorista K-HITO, Nicolás González Ruiz o los hermanos José y Jorge de la Cueva. Los relatos de Lluch resultan muy aptos para la sensibilidad conservadora de los lectores de *El Debate*, a leguas de distancia de la prosa predominante en el mundo literario de los años treinta. Así, por ejemplo, *El cuento premiado* (*El Debate* domingo 11 de junio de 1933: 8) cuenta la historia de un muchacho provinciano con inclinaciones artísticas que sufre la humillación del fracaso en la gran ciudad y regresa derrotado para hacerse cargo de un escritorio comercial, sin saber que el azar le ha jugado una buena pasada en el concurso literario al que ha concurrido. Por cierto, este relato de Lluch procede precisamente de un concurso de cuentos convocado por *El Debate*. Para el paladar moderno, Lluch emplea demasiados adjetivos y describe demasiado; esgrime una sensibilidad azoriniana canalizada en una sintaxis mucho menos escueta; recurre al melodramatismo tanto en el motivo maternal como en el motivo piadoso –se cita nada menos que el *Kempis*–. No falta la sorpresa final, que no está mal del todo; y aunque su expresión verbal me resulta algo confusa, se entiende lo ocurrido. El cuento habría ganado mucho sin la explicitud de la coda final pero, claro, semejante elipsis iría contra la

---

[42] *El Debate* había nacido en 1911 después de un Congreso Eucarístico para hacer frente tanto al anticlericalismo del gobierno Canalejas y al *trust* de la prensa liberal como al integrismo católico. Representaba a una derecha católica renovadora y pretendía hacer un periodismo moderno siendo especialmente batallador, pero no pendenciero, en dos puntos: la enseñanza y la reforma social.

[43] Santiago, el quinto de los Lluch Garín, que ayudaba en las actividades de la Milagrosa, profesó en los Paúles y, tras 50 años en los Estados Unidos, terminó su vida como religioso en Pamplona en 2006. Por su parte, Mariana era la cuarta de seis hermanos; el padre, Mariano Cotterau González, de aspecto distinguido y severo, con un poblado bigote, había fallecido en Madrid en 1923.

estética propia de ese relato. Percibo una cierta autoironía en todos los convencionalismos con que Luch rodea al pobre protagonista, al que llamaban en su pueblo "el poeta" –así le llamaban a él también–. Las tres ilustraciones son muy acordes con el tono general: la desolación del poeta, ataviado con chalina, llegando a su buhardilla mísera; la ternura en la despedida –o quizá acogida– de su anciana madre, con el delantal puesto y un sumario moño; y la mesa con un cabo de vela y el sobre equivocado que genera el desenlace. En suma, tal y como dice ese personaje del cuento, el cínico periodista de cartón piedra llamado Ramírez: el cuento "es tan viejo…".

Otros relatos que Lluch vio publicados, siempre en *El Debate* –y quizá en algún otro lugar–, son *El pueblo español* (5 de noviembre de 1933: 10), dedicado a los españoles fuera de su patria, *Soledad* (24 de diciembre de 1933: 18), cuento de Navidad con su inevitable toque sentimental, *Una noticia falsa* (4 de febrero de 1934: 22), *Bautismo de sangre* (13 de mayo de 1934: 24), *Huellas de mujer* (s. f.), *Las florecillas* (s. f.).

En otoño del 32 y recién casado, Lluch obtiene su primer trabajo como periodista en una nueva revista semanal, dedicada en buena medida al género frívolo: *Sparta: Revista de Espectáculos*, de la que llegaría a figurar como redactor jefe, aunque sólo el último mes, pues la revista cerró en noviembre del 33, al cabo de un año.[44] La dirigían dos hermanos, Santiago y Alberto de la Escalera, muy aficionados a las letras y al teatro, que Lluch conocía de los Luises. De hecho, su primer amor platónico, al que dedicó versos y dibujos, fue una hermana, Luz de la Escalera. Y Santiago de la Escalera, casado con Concepción Cotterau, fue cuñado de Felipe.

Lo que a nosotros nos interesa ahora es que en esta plataforma publicó Lluch su primer grupo de artículos relativos al teatro, tanto sobre asuntos de actualidad escénica como sobre las posibles vías de una improrrogable renovación general del teatro español.

Lluch pasó unos tres años desligado de Rivas –terminar su carrera, hacer sus cursos y sus cuentos en *El Debate*, el matrimonio, ganarse la vida en la fábrica, en la academia y en *Sparta*–, más o menos entre 1930 y finales del 1932, cuando Rivas pone en marcha el Estudio de Arte Dramático del Español. No fue,

---

[44] También fue director interino en la primavera del 33: "Durante dos semanas he dirigido *Sparta*, pues Portillo tuvo la mil y una agarrada con Santiago y se despidió; pero ha vuelto, y ahora quizá la llevemos a medias. Lo celebro porque era un trabajo no mal retribuido –400– pero molesto y muy material y agotador" (F. L. a Antonio Ramón; Madrid s. f.; pero de abril de 1933).

sin embargo, hasta el 15 de abril del 33 cuando Lluch dirige *Don Gaiferos*, su primer montaje en el TEA, y se reanuda la colaboración entre ambos, que se extiende a los cursos 1933-1934 y 1934-1935. Probablemente, desde mediados del 34 Lluch se alejó de la literatura de creación.

Su segundo empleo periodístico estable fue en el *Ya*, diario vespertino más ligero y orientado a la información, también de la Editorial Católica como *El Debate*, que era el matutino, serio, orientado a lo doctrinal y a crear opinión. Desde junio del 34, participó en los preparativos, y el 27 de noviembre Lluch, que entonces vivía en Fernando el Católico 80, 3.º centro, fue contratado en calidad de "redactor informativo"; poco después pasaría a jefe de Información. El primer número del nuevo periódico, impreso en papel salmón para ser mejor leído a la luz eléctrica de la tarde,[45] apareció el lunes 14 de enero del 35. La firma de Lluch es poco visible en los números del primer trimestre. Sus colaboraciones firmadas que he podido localizar son de dos tipos: reseñas de estrenos de cine y teatro, y artículos más largos sobre teatro, entre los que destaca una serie dedicada a la necesidad y a las características de un futuro Teatro Nacional, que ha publicado Aguilera (2002, 471-77).

Las colaboraciones de Lluch se mantienen dentro de un campo estrictamente teatral y literario, sin derivar hacia lo político, de acuerdo con la línea del vespertino. En diciembre de 1935 Lluch se afilió al grupo derechista Acción Popular, pero se dio de baja en febrero del 36 disconforme con la reacción de sus dirigentes ante el triunfo del Frente Popular en las elecciones de febrero del 36.

El 18 de julio del 36 Lluch era un hombre de treinta años, padre de tres hijos,[46] que trabajaba como periodista en un periódico católico y era miembro fundamental del extinto TEA, grupo cuya connotación política y actividades eran netamente republicanas. Lluch permaneció en Madrid y en agosto del 36 escribió una carta de adhesión republicana, sincera y digna, a Rivas Cherif, que estaba en Madrid, recién vuelto –7 de agosto– de su gira teatral americana y a punto de partir hacia Ginebra, a primeros de septiembre, para desempeñar

---

[45] En la actualidad, los ejemplares muestran una tonalidad más bien desvaída; no sé hasta qué punto se llegó a materializar la idea inicial, que casa bien con el periodismo moderno y muy técnico que quería hacer el *Ya*.

[46] La Sociedad Madrileña de Tranvías expidió a su favor para 1936 un "Billete de libre circulación en los trayectos mencionados a favor de Felipe Lluch = Red[actor] de *Ya*"; que eran Bombilla, Sol, Hipódromo, Argüelles-Argüelles, Sol, Goya-Delicias, Atocha, Quevedo-Argüelles, Bilbao, Retiro, Goya. Y viceversa. En la foto aparece con buen aspecto, en contraste con su futuro rostro anguloso y demacrado.

el cargo de cónsul general de España, que llevaba aneja la Secretaría Permanente de la Delegación Española ante la Sociedad de Naciones. Rivas, que había rechazado la embajada en Bruselas, cubría así un cargo que había sido abandonado por diplomáticos de carrera pasados al bando de Franco. La carta de Lluch, que alude a conversaciones personales previas, dice así:

> 24 de agosto de 1936
> Mi querido amigo y director:
> Como resultado y ratificación de nuestras últimas conversaciones le escribo estas letras para fijar mi posición ante las actuales circunstancias.
> Mantengo, como siempre, mi fe católica, apartado de todo partido político, ajeno a toda concepción fascista del Estado, contrario a toda violencia y fiel al poder legítimamente constituido.
> Últimamente aparecí adscrito a la redacción de *Ya*, como jefe de información, puesto exclusivamente técnico y de carácter meramente profesional. En los días que precedieron a las elecciones del 16 de febrero me afilié a Acción Popular, mas bien pronto, disgustado de su actuación, me di de baja en dicho partido.
> Tal ha sido mi actitud en estos últimos meses: atento sólo a mis obligaciones profesionales y a mis aficiones literarias y teatrales, estas últimas casi despertadas por su leal amistad, hace ya más de diez años.
> Con la misma lealtad de ayer estoy a su lado en los momentos actuales y lo estaré en el futuro. Lo que nació en representaciones aisladas, creció con las del "Caracol" en la Sala Rex y dio vida al Teatro Escuela de Arte, a pesar de todas las vicisitudes políticas, económicas y sociales de los últimos años, es lo que nos une en la comunidad de nuestro amor al teatro, a la cultura y a España.
> Y en esa triple coincidencia se basa nuestra colaboración y amistad que hoy gustoso ratifico.

Sus actividades concretas en estos primeros meses de la guerra son difíciles de determinar con exactitud por falta de datos y por lo imprevisto y extraordinario de las circunstancias de una ciudad como Madrid, en estado de sitio desde noviembre del 36. Es seguro que le llegaría la noticia del asesinato en Picasent (Valencia), el 15 de octubre, de su hermano pequeño y ahijado, Rafael, a los 19 años. Al parecer, las circunstancias, mientras custodiaba la farmacia de su cuñado, que estaba en la cárcel, obligaron al muchacho a manifestarse como católico y fue fusilado.[47] Felipe siempre estuvo pendiente de él y no cabe

---

[47] En la actualidad está en proceso su causa de beatificación, junto a otros casos ocurridos en la región de Valencia.

duda de que esa muerte le afectaría profundamente, aunque me resulta imposible imaginar en qué sentido afectaría a su postura política.

De las afirmaciones que hizo Felipe con motivo de su arresto, se deduce
que entre julio del 36 y agosto del 37, fecha de su detención, Lluch dio
algunas conferencias en las Milicias de la Cultura del organismo Cultura
Popular e intervino en representaciones itinerantes con –o para– un grupo
nuevo de la Federación Nacional de Pioneros y con las gentes supervivien-
tes del TEA que seguían en contacto y disponibles en los alrededores de
Madrid. Quizá volvió a su trabajo de ingeniero "en una fábrica… que termina de mala manera, a puño de obreros 'coscientes', en el año 37" (Borrás
1968, 347). También sabemos que preparaba un espectáculo que debía
estrenarse en el Auditórium y escribía una obra que tituló *Adelante*, drama
social relacionado con la "rebelión de las masas", que más tarde aduciría
como prueba de su compromiso con la causa popular.[48] En *Adelante*, partiendo de una huelga (acto 1) y un sabotaje (acto 2), se termina con el ataque a la casa del patrono y la destrucción de la fábrica (acto 3). Años más
tarde, un amigo valenciano aportará esta confusa información: "Los tres
años de guerra fueron turbulentos para su arte. Organizó unas 'guerrillas
teatrales', hasta que la compañía pasó a un campo de concentración, siendo
detenido el director" (Brines Lorente). Su cambio de domicilio a un hotelito en Maestro Ripoll 19, en un área urbana apacible y entonces remota,
entre la colonia del Viso y la Residencia de Estudiantes, puede explicarse
tanto por la necesidad de huir del frente de la Moncloa y la Ciudad Universitaria, muy próximo a su casa de Fernando el Católico, como por las opor-
tunidades de alquiler en el convulso Madrid de otoño del 36.

Casi la única información concreta disponible es la correspondiente a la
intensa actividad del grupo de Lluch para celebrar el Día de los Trabajadores, 1 de mayo del 37. Según una encendida carta de Enrique Casal Chapí,
el músico del TEA, a Rivas Cherif (Aguilera/Aznar/Rivas 1989, 26-27), el
grupo iba a dar tres funciones, de las que finalmente sólo pudo dar dos por
falta de tiempo:

---

[48] Supongo que es el mismo a que se refiere María Bravo en su necrológica de 15 de
junio de 1941: "Recordamos vivamente […] la tarde en que nos leyó en casa, como él leía,
un drama social suyo que nos tuvo más de dos horas pendientes de sus labios. Eran casi vís-
peras de la revolución roja y como él, que era la verdad misma, decía en su obra toda la triste verdad merecida a cada clase de la sociedad, le rogamos no intentase estrenarlo por
entonces: hubiéramos salido del teatro a tiros" ("In memoriam: Felipe Lluch". Recorte de
prensa, fuente no localizada).

Esta mañana hemos inaugurado un teatrito que la Federación Nacional de Pioneros ha hecho en lo que fue capilla del colegio que ocupa. Esta transformación la han proyectado y practicado los *teas* –Ayora, Ernesto Burgos y yo– con la colaboración de Gabriel Alveu. Ha quedado muy bien y muy gracioso y para esta inauguración hemos representado *El dragoncillo* de Calderón y hemos "estrenado" una escenificación hecha por Pepe Franco del cuento de Andersen *El porquerizo* para la que yo he hecho unas canciones. Felipe lo ha ensayado con todo cariño y además ha contribuido mucho a ultimar detalles de instalación del teatrito. Ha salido delicioso y los chicos lo han "cogido" perfectamente.

Los Pioneros se lo pasaron muy bien, dieron de comer al grupo de actores y a las tres de la tarde éstos salieron en dirección al frente de Cerro Redondo, junto a La Marañosa, de donde regresaron a las ocho de la noche, por lo que no pudieron cumplir el compromiso que tenían a las 6 de actuar en un hospital de las Brigadas Internacionales. La actuación en el frente había sido

de tal emoción y eficacia en el público maravilloso que hemos tenido que todo puede darse por bien aplazado. En medio de un llano rodeado de lomas, en una tarde violenta y gris –viento, sol y lluvia–, hemos representado, sirviéndonos de escenario dos camiones abiertos y de decoración la propia tarde, *El dragoncillo* ante unos doscientos hombres de nuestro prodigioso ejército popular… Ha sido una de esas veces en que público y escena establecen su comunicación espiritual y ya está todo hecho. A pesar del viento, desde todas partes y aun bastante lejos –comprobado– se oía sin perderse una sílaba y en todos los rostros estaba la señal de la corriente que fluía.

Casal se muestra entusiasta de esta obra

que estamos realizando para salvar la independencia de nuestra gran España, la libertad de cada uno de nosotros y la cultura a la que todos tenemos derecho. En esta pradera de esta tarde, con aquellos hombres gozando de una obra clásica española, representada casi como en los primitivos tiempos de Lope de Rueda, nos ha parecido ver el sentido exacto de la palabra tradición viva, popular, desenfadada… ¡Y tenemos la satisfacción de que nuestra TEA tenga en este momento esta vitalidad, tras haber vencido hostilidades diarias casi desde 1934 hasta el 18 de julio del 36!

La carta va firmada por doce miembros del TEA, incluido Lluch. Descontando el ardor artístico y nacionalista del redactor, así como su pequeño alarde de literatura, se diría que el grupo está activo, que Lluch está perfectamente integrado en él como su director y que la solidaridad entre sus miembros es alta.

En el número 19 de *El Mono Azul: hoja semanal de la Alianza de Intelectuales Antifascistas* (10 de junio de 1937: 1), una gacetilla anuncia para el mes siguiente el estreno de la refundición de la *Numancia* cervantina hecha por Alberti, aunque no será estrenada efectivamente hasta diciembre. Lo que nos interesa ahora es la noticia de que este grupúsculo intermitente y ambulante de la antigua TEA, encabezado por Lluch, ha sido integrado en la Alianza. Concretamente se lee que la *Numancia* "se representará en un teatro de Madrid para el 18 de julio, por los jóvenes actores de la TEA (Teatro Escuela de Arte), hoy incorporados a la Alianza de Intelectuales".

Como ya se ha indicado, en agosto del 37 las cosas van a cambiar sustancialmente para Lluch. La secuencia de los hechos pudo ser la siguiente: Lluch, que ya forma parte de la Alianza, envía a la Junta de Espectáculos de Madrid una lista de los actores con los que viene trabajando desde el comienzo de la guerra, que son los del TEA, con el fin de constituir una nueva formación teatral, el Teatro de Arte y Propaganda, ya que Nueva Escena, el grupo teatral anterior de la Alianza y María Teresa León, del que luego hablaré, no había funcionado bien.

No consta el motivo por el que se envió la lista ni quién tomó la iniciativa; se puede suponer, no obstante, que se enviaba para formalizar la constitución del nuevo grupo y que sería María Teresa León quien decidió que se diera ese paso. Lo que parece claro es que Lluch era la cabeza de este nuevo grupo teatral. Con fecha 16 de agosto de 1937 los delegados de teatro de la Junta, Joaquín Dicenta y M. Hernández, envían a Lluch el siguiente telegrama, que le convierte en director del Teatro de Arte y Propaganda:

> Esta Junta de Espectáculos ha aceptado la lista de compañía que bajo tu dirección ha de actuar en el Teatro de la Zarzuela, donde podéis comenzar los ensayos mañana mismo.
> Lo que te comunicamos a los efectos oportunos.
> Tuyo y de la causa obrera, […].

Este nombramiento resultó fatal para Lluch. Es fácil pensar que su trayectoria personal como católico y periodista del *Ya*, bien conocida, provocaría rumores y recelos contra él. Un testigo recordaría años más tarde "aquel otro día en que yo te oí ante el tribunal rojo proclamar a gritos tu profesión de fe católica" (Sánchez Silva). El origen de la denuncia es difícil de identificar y él mismo lo ignoraba. "La maniobra, que no sé quién ha urdido, ni me importa saberlo, ha triunfado en toda línea", escribirá después desde la cárcel. Pudo proceder de cualquier sector, sin excluir su propio entorno teatral, a pesar del excelente ambiente y del compañerismo que parecen reinar dentro del grupo; pudo provenir del ambiente, nuevo para él, de la Alianza o, más probablemente, de los enemigos de ésta, que no faltaban. Ya condenado, al preguntarse Lluch: "¿Por qué se me persigue?", respondería así: "No he hecho daño a nadie… a no ser que el mayor daño de todos sea demostrar más inteligencia, más capacidad y más entusiasmo que muchos cretinos que sólo con la intriga y la traición pueden medrar" (carta a Enrique Casal desde la cárcel de Porlier, 5 de octubre de 1937); pero la hipótesis no es concluyente. Tomaba el mando del TAP una persona que tres años antes, en octubre de 1934, había escrito en carta a Rivas lo siguiente, con motivo de la programación del curso:

> Querido amigo y director […] Por encima de las diferencias ideológicas o discrepancias políticas, está nuestro mutuo afecto, nuestra compenetración teatral y nuestra leal amistad de muchos años […] Leí al comité […] el manifiesto y el programa […] Victorina [Durán], [José] Franco y yo disentimos en parte de dicha orientación. El programa, sin duda alguna, es un programa de gran altura literaria, pero nos parece influido, mejor dicho, determinado, por un matiz político que aparece demasiado a las claras (No tome a mal nuestra sinceridad. De la leal colaboración que siempre he mantenido con usted es consecuencia inmediata y lógica esta advertencia, que usted podrá atender o desechar sin que por ello haya resentimiento ni disgusto; simplemente disconformidad) […] Usted perdone estas ligeras reflexiones que el deseo del bien y la prosperidad del teatro, e incluso su propia tranquilidad nos sugieren. Victorina era partidaria de silenciarlas. Yo me creo en la obligación de comunicárselas para que en todo momento sepa usted nuestro leal entender y proceder y en prenda a la amistad que nos une.

Lluch debía de ser un colaborador magnífico: eficaz, respetuoso y leal, que se aprestaba a trabajar en su nuevo grupo cuando, el sábado 28 de agosto del 37, a las cinco y media de la tarde, fue detenido "en el teatro" –donde hay que suponer que ensayaba– y encarcelado. Pasó la noche en la Dirección General de Seguridad. Al día siguiente por la tarde ingresó en la galería 1 de la cárcel de Porlier.[49]

---

[49] El siempre puntual Lluch registró los hechos: "*Sábado 28 [agosto 1937]* = 5,30 t[arde]. Detención en el teatro = Declaración en Castellana = 8,30 t. Traslado a la Dirección.

El 4 de octubre, a las tres de la tarde, fue juzgado "por desafección al régimen" en el Jurado de Urgencia n.º 5 de Madrid. La Alianza se había movilizado en su ayuda: María Teresa León, Rafael Alberti, Vicente Salas Viu, Joaquín Dicenta, Enrique Casal y otros testificaron a su favor. En la carta a Casal afirma Lluch: "quiero decirte que *todos* se han portado maravillosamente bien, y que especialmente las declaraciones de María Teresa, Ayora y Yagüe han sido explícitas, tajantes, perfectas. El último hasta llegó a tener un incidente con el fiscal por el tesón que puso en defenderme y en deshacer las insidias de su acusación". Él resumía así esas insidias: "Se me ha acusado de *emboscado*, de hombre *peligroso para el régimen*, incluso de *presunto asesino de obreros*, de representante del *capitalismo* y *la opresión*, etc.". Y añade Lluch: "Naval está indignado con mi detención; ¿qué será con mi condena? De él, de Roces, incluso de Azaña espero apoyo y ayuda".

La sentencia del presidente decano de los Jurados de Urgencia, José Sánchez Guisando, de 4 de octubre del 37, consideraba probado que "el inculpado ha sido redactor del periódico *Ya*, habiendo estado afiliado a Acción Popular, organización política que ha contribuido y contribuye de una manera directa material y moralmente a la Rebelión Militar existente".[50] La sentencia fue: "dos años de internamiento en campo de trabajo" y "pérdida de derechos políticos por diez años". Lluch pensaba que había sido condenado sin una prueba. Como se lee en su diario, el 12 de octubre fue trasla-

A pie = Noche en la Dirección = *Domingo 29* = 9,30 m[añana]. Lista y traslado a Velázquez = 12 m. Visita de la familia = 12,30 t. Ficha antropométrica y traslado a Ronda de Alcalá = 5,30 t. Traslado a Porlier = 7,30 t. Ingreso en la galería 1.ª, cena y recibo de manta y almohada. Manteamiento [*sic*] = *Lunes 30* = 10 m. Patio = 11 m. Ficha antropométrica = 11,30 m. Comunicación = 1,30 t. Comida y lectura = Por la noche juicio de Isusi y llegada de [¿Manuel?] Herrera [¿Oria?] = *Martes 31* = Por la mañana visita al laboratorio, afeitado y traslado a Villa Triste, inmediatamente después de la comida. Por la tarde tabaco, patio, encuentro con Armando. Por la noche tertulia en la sala". La cárcel de Porlier, oficialmente Prisión Provincial de Hombres número 1, ocupó, durante la guerra y la posguerra, el colegio Calasancio, en la manzana de las calles General Díaz Porlier, Padilla, Torrijos (hoy Conde de Peñalver) y Lista (hoy José Ortega y Gasset). El edificio sigue siendo hoy colegio de Escolapios (véase <http://es.wikipedia.org/wiki/Cárcel_de_Porlier> y <http://museomemoriarepublicana.blogspot.com/2008/05/la-crcel-de-porlier.html>; ambas 4.4.2009). En una ficha donde constan mecanografiados sus datos, se lee, a mano: "Lola 31716 Pioneros"; ¿un teléfono y dos contactos?

[50] La sentencia puede leerse en Aguilera (1993b, 63-64). Se sabe que María Zambrano fue detenida; y José Antonio Maravall denunciado, aunque no llegó a ser juzgado, por haber escrito un artículo en *El Sol* sobre Carlos V. Por su parte, después de colaborar abundantemente en *El Mono Azul*, Ramón Gaya salió muy disgustado con lo que consideraba "tiranía comunista" en la Alianza (entrevista con Nigel Dennis, 12 de marzo de 2009).

dado a Alicante desde la cárcel de Porlier. El 9 de noviembre,[51] gracias a las gestiones de sus amigos, se le concede la libertad condicional y puede regresar a su hotelito de Maestro Ripoll 19. Lo recordaba así en su diario (28 de agosto de 1938):

> Hoy hace un año comenzó mi breve y penoso víacrucis: Comisaría, Dirección General de Seguridad, Gabinete de investigación, checa de Atocha; Cárcel de Porlier, Reformatorio de Adultos y Castillo de Santa Bárbara. Setenta y cuatro días de angustia y de quietud; de zozobra y de paz infinita, de amargura y de serenidad; setenta y cuatro días, de un intenso y profundo vivir espiritual, lleno de las más agudas y duras impresiones que jamás haya sufrido. Y de todo ello solo queda hoy un vago recuerdo.

Poco después, el 25 de enero del 38, Lluch fue nombrado miembro del Comité de Lectura del Consejo Nacional del Teatro.[52] El carné, firmado por el presidente de la Junta de Espectáculos, José Carreño España, la vicepresidenta del Consejo, M.ª Teresa León, y un irreconocible "secretario", le concedía "las máximas facilidades para el desempeño de su función en todos los locales de espectáculos". Entre sus funciones estaba emitir "informes privados" para el Consejo, que incluían un informe político, un informe literario y, en el envés, la redacción del informe. Recordemos también que María Teresa le nombró su ayudante y le hizo ver lo atrevido que había sido por su parte, "dado el campo político de donde procede, aceptar el puesto de director del Teatro de Arte y Propaganda del Estado" (Monleón 121b). Más discreto fue su buen amigo José Franco, miembro veterano del TEA y ahora del TAP, con parecida posición política.

En este comentario de María Teresa veo dos mensajes: por un lado, una alusión a la insensatez o a la ingenuidad de una persona buena como Lluch que no se dio cuenta del peligro que implicaba para un hombre como él aceptar un cargo, por pequeño que fuera. Una cosa era circular discretamente por Madrid y otra tener autoridad oficial, por ínfima que fuera. Por otro lado, también percibo un reflejo de los problemas que empezaba a tener la

---

[51] Firma el certificado Hipólito Castelló Berenguer, "Subdirector Administrador del Reformatorio de Adultos y Prisión Castillo de esta capital".

[52] El *Boletín de Orientación Teatral* (5 [15 de mayo de 1938]: 6) da una estadística del trabajo realizado por el Comité de Lectura: de 276 obras recibidas, 124 son rechazadas, 113 aceptadas y 15 recomendadas en turno preferente; entre estas 15, *Escuela de picardías*, de un valenciano, Rafael Martí Orberá, con quien Lluch acababa de iniciar conocimiento y otra del viejo colega del Caracol Eusebio de Gorbea, titulada *Camino real*.

propia María Teresa con los sindicatos, UGT y CNT, responsables de los teatros madrileños –colectivizados desde el comienzo de la guerra– y de su programación, que la sacaba de quicio tanto a ella como a los intelectuales de la Alianza, por su ramplonería y su orientación meramente comercial.

De Lluch a María Teresa León

Conviene ahora lanzar una mirada a las actividades de María Teresa desde el comienzo de la guerra porque se cruzan con las peripecias del desdichado Lluch. Ella, interesada en el teatro desde años antes, había creado en septiembre del 36 una Sección Teatral dentro de la Alianza de Intelectuales Antifascistas por la Defensa de la Cultura, coincidiendo con el nombramiento como ministro de Instrucción Pública de Jesús Hernández, miembro del PCE como ella y Rafael, y muy próximo a los planteamientos de los Alberti mientras se mantuvo en el cargo, hasta abril del 38. En concreto, lo que hizo María Teresa fue integrar en la Alianza un grupo preexistente, Nueva Escena, que a comienzos del 36 había dado una función en memoria de Valle Inclán, recién fallecido, en la Zarzuela (14 de febrero de 1936) que incluyó *Los cuernos de don Friolera* y recitaciones de textos de Lorca, Cernuda y Rafael Alberti.

El "nuevo" grupo Nueva Escena –según informaba *El Mono Azul* (7 [8 de octubre de 1936]: 8)– estaba compuesto por elementos de la Federación de Espectáculos (UGT) y constituyó la Sección Teatral de la Alianza, dirigido por Rafael Dieste, también redactor de *El Mono Azul*.[53] Este grupo debutó el 20 de octubre de 1936 con un programa triple de claro signo *agitatsia i propaganda*. En primer lugar, se representó *La llave*, de Ramón J. Sender, un episodio de la lucha en Asturias, con un avaro y cobarde matrimonio burgués contrapuesto a la generosidad y heroísmo de unos milicianos mineros, como anunciaba *El Mono Azul* (8 [15 de octubre de 1936]: 8). Siguió *Al amanecer*, de Dieste, y *Los salvadores de España* de Alberti. A[ntonio]. S[ánchez]. B[arbudo]. reseñó en *El Mono Azul* (9 [22 de octubre de 1936]: 8) el espectáculo, dirigido por Dieste y decorado por Santiago Ontañón y Miguel Prieto. En el resto del elenco no figura ninguno de los miembros del TEA que luego sustituirá a Nueva Escena.

---

[53] Al menos nominalmente, Manuel Altolaguirre era entonces presidente de esa Sección Teatral y director del Teatro Español (Valender 142b).

Este debut de Nueva Escena fue también su despedida, puesto que no hizo nada más en la temporada 1936-1937 (véase Aznar 1993, 28a). María Teresa y Alberti pasaron los meses de marzo y abril del 37 de viaje oficial en la URSS, de donde volvieron eufóricos por el teatro ruso y decididos a poner en marcha aquí también un teatro auténticamente revolucionario y de calidad.[54] Este viaje y el cambio de gobierno de mayo del 37 pueden ayudar a explicar las reformas estructurales del teatro, protagonizadas por María Teresa en agosto del 37, que son el contexto y quizá la causa última de la denuncia contra Lluch.

A finales de agosto del 37 la *Gaceta de la República* (24 de agosto de 1937: 769) publicaba un decreto de 22 de agosto, firmado por Azaña y el ministro Hernández desde Valencia, por el que se creaba el Consejo Central del Teatro. Se pretendía transformar el teatro en "un instrumento de elevación del espíritu del pueblo. Es necesario también que el teatro, en los actuales momentos, sea también un medio de propaganda al servicio del Frente Popular para ganar la guerra, evitando a toda costa los casos lamentables en que [...] se ponen en nuestra escena obras que perjudican a la causa de la República".[55] Se quería un órgano "que oriente y encauce las actividades teatrales, *dejando a salvo lo que es especialmente sindical*" (Marrast 245; las cursivas son mías).

El número 4 de *Comisario*, revista para comisarios políticos que salió cinco veces entre septiembre del 38 y enero del 39, se aprestaba al *agit-prop* teatral con la publicación de un pequeño fragmento de la *Cantata de los Héroes* de Alberti y un voluntarioso artículo de Antonio Aparicio sobre "El teatro en nuestro ejército" (4 [diciembre de 1938]: 47-50) que se lamentaba

---

[54] Para el teatro ruso en España en los años 1910, 20 y 30, revolucionario y no revolucionario, ver Rey Faraldos 1986. Su conclusión es que el teatro ruso, ampliamente comentado y hasta mitificado en España, tuvo "lo mismo que el resto del teatro extranjero, poca incidencia sobre la escena comercial española de los años 30" (288), hasta 1936; la situación cambia precisamente con la guerra y toda la movilización en torno al teatro como instrumento político.

[55] Al hablar de teatro, también la izquierda radical apelaba al sentimiento nacionalista; lo hacía Sender en su poco práctico libro de 1931, *Teatro de masas*. Y Rafael Cruz, en *Arte que inflama*, al analizar la simplificación del lenguaje político llevada a cabo por hombres como Sender, Arderíus, Alberti, Arconada o Prados, que acudían como referencia única a la realidad revolucionaria de la URSS, percibe una especie de nacionalismo hispano-bolchevique (53-56), como contrapeso al sentimiento español del nacional-catolicismo. Me extraña que Cruz no se haga eco del *Teatro de masas* en su capítulo sobre Sender (83-100). Para lo relacionado con los *teatros de urgencia* ver McCarthy, Torres Nebrera y Gómez Díaz.

de que en las tropas republicanas "se siga venerando a los Muñoz Seca, a los Pérez y Pérez, a los Insúa, a los Pérez Fernández, sin prestar el debido interés a la nueva generación de poetas y escritores surgidos en medio de la atroz tragedia española" (49). Aunque con menos claridad, también se lamentaba Aparicio de lo exiguo del repertorio de obras de urgencia, del que cita un total de catorce títulos, seguidos de un esperanzado "etc., etc.".

En octubre (*Gaceta* 14 de octubre de 1937: 162) se nombró presidente del Consejo al pintor Josep Renau, director general de Bellas Artes, de quien dependía el Consejo, vicepresidente a Antonio Machado –del todo honorífico– y secretario a Max Aub Mohrenwitz, que hizo más bien poco, ocupado como estaba con otros encargos políticos entre Barcelona, Valencia y París. Había diez vocales, entre ellos Jacinto Benavente, Margarita Xirgu, Enrique Díez Canedo, Alejandro Casona y amigos de Lluch como Alberti, Enrique Casal Chapí y Rivas Cherif, aunque éste en ausencia, destinado en Ginebra como cónsul. Aunque resulta muy extraño que el nombre de María Teresa León no figure como vicepresidenta –que es lo que consta en otras fuentes– en esta Orden de 14 de octubre (*Gaceta* n.º 287),[56] lo cierto es que ella tomó el mando de la política teatral republicana justo cuando Lluch había sido nombrado, por otra instancia distinta, director del Teatro de Arte y Propaganda, nombre que resumía bien los dos objetivos de la vicepresidenta oficiosa del Consejo: calidad artística y función de propaganda de guerra antifascista. A final de año (*El Mono Azul* 44/*La Voz* 9 de diciembre de 1937: s. p.), un anónimo periodista, Laertes, recordará que "su nombramiento [de María Teresa] hizo temblar las esferas. Llegaba en un momento en que todo el mundo se entretenía asaeteando con censuras a la vieja Junta de Espectáculos".

En ausencia del encarcelado Lluch, ella –que reconoce en *Juego limpio* su inepcia como actriz– tuvo que implicarse en el TAP más de lo previsto en principio, compartiendo con el actor Edmundo Barbero las tareas del ausente Lluch. El TAP dio un total de cinco funciones, de las que la última –la *Numancia*, entre diciembre del 37 y marzo del 38– será la más recordada.

El grupo lo dirigía María Teresa y Barbero llevaba el día a día de las funciones. Según De la Fuente (239),

---

[56] Tampoco he encontrado su nombramiento, como enmienda o adenda, en sucesivas *Gacetas*. Sí se rectificó, en cambio, el "segundo apellido del Vicepresidente del Consejo Central del Teatro don Antonio Machado y Ruiz" (*Gaceta* 25 de octubre de 1937: 335); en la anterior figuraba "Machado Álvarez" (*Gaceta* 14 de octubre de 1937: 162).

El grupo que vigorizaba el Teatro de la Zarzuela, lo componían, bajo la dirección de María Teresa, Rafael Alberti, que con sus opiniones, y sus malos humores a veces, encarrilaba alguna cosa desviada y perfilaba detalles. Ontañón, cuya labor de escenógrafo, autor y hasta actor, daban [*sic*] la prueba de su entusiasmo decidido. Barbero, el actor que manejaba la Compañía. Leoz, el músico que encontraba el tema preciso para la incorporación de la orquesta a todo el espectáculo. Urrestarazu y sus coros.

En último lugar, se refiere a Lluch, seguramente el Lluch cauteloso que regresó de la cárcel: "y el ingeniero *dilettanti* Lluch, crítico teatral de *El Debate* [*sic*, por *Ya*], hombre de filiación reaccionaria que colaboró con verdadera lealtad".

Antes de detallar las actividades del TAP, completemos la información sobre las reformas institucionales del teatro, que implicaban una lucha política en la que por el momento llevaban las de ganar María Teresa y el ministro Hernández frente a los sindicatos, que controlaban los locales. El paso siguiente a la creación del Consejo fue la reorganización de la Junta de Espectáculos de Madrid, de la que dependían precisamente las salas teatrales, colectivizadas en los primeros tiempos de la guerra por el Comité de Control e Incautación (UGT y CNT), organismo que después se integró en esta Junta. El paso se dio pronto, con un decreto de 28 de octubre (*Gaceta* 31 de octubre de 1937: 393). El objetivo era "acabar con cuantos espectáculos sean contrarios al interés de la República y dañosos para la educación de nuestro pueblo". El procedimiento ideado para influir en la gestión de los locales consistía en "dar entrada en ella [la Junta] a las representaciones que puedan garantizar la elevación cultural y el contenido social de los espectáculos que se monten". A partir de entonces, la Junta, presidida por un funcionario de la Subsecretaría de Propaganda, entre otros miembros, contaría con "tres representantes del Consejo Central del Teatro, dos de la Federación Española de Espectáculos Públicos (UGT) y dos del Sindicato Único de Cinematografía (CNT). Los miembros por parte del Consejo fueron María Teresa, Rafael Alberti y Manuel González, director a la sazón del Teatro Español.

Significativamente, el número 36 de *El Mono Azul* (14 de octubre de 1937) estuvo dedicado al teatro, bajo el marbete *En defensa del teatro*. Luis Cernuda, súbitamente interesado por la escena, escribía "Sobre la situación de nuestro teatro". Santiago Ontañón hablaba de revolución teatral pero se ve que habla de revolución en un sentido mayormente estético: "Yo creo y he creído siempre que hacer la revolución en el teatro es simplemente hacerlo bien". María Teresa, en su artículo "Gato por liebre", habla ampliamente de muchas cosas, como la calidad y la cultura teatrales, atacando a los tercos e industriales programadores de obras cómicas y revistas excitantes –esto es, a los sindicatos–. Para María Teresa, la taquilla, criterio exclusivo que éstos manejan, "puede darnos un solo índice: el grado de cultura o de excitación sexual de un público".

Un mes más tarde María Teresa, dispuesta a ejercer la autoridad que le concedía la Junta, dio la batalla contra teatros y sindicatos con motivo de la programación de *Currito de la Cruz*, adaptación de Manuel Linares Rivas sobre la novela del mismo título de Alejandro Pérez Lugín; este dúo de gallegos ya había funcionado años antes con la adaptación de *La casa de la Troya*. En aplicación de la facultad de censura que el decreto de 22 de agosto (art. 3) concedía al Consejo del Teatro, y de la misión educadora que se atribuía a la Junta, *Currito de la Cruz* fue prohibida pese a las protestas de los teatros. La razón que dio María Teresa fue que *Currito* representaba "la otra España", es decir, toreros, saetas y procesiones de Semana Santa, canónigos bonachones y simpáticos, "exaltación pagana del Cristo del Gran Poder" (*El Mono Azul* 44/*La Voz* 9 de diciembre de 1937: s. p.). Por su parte, el periodista Laertes en su crónica "También hay ranas en la charca teatral", destacaba la renovación que "con gusto y riqueza" había llevado a cabo María Teresa en la Zarzuela. Este número de *El Mono Azul* fue el último hasta mayo de 1938, cuando el número 45 inicia una tercera etapa, ya con formato ligeramente distinto. Ese postrer número de la segunda época, además de anunciar el próximo estreno de la *Numancia*, incluía una "Nota del Consejo Central del Teatro" que, por la naturaleza de su prosa, bien pudo firmar María Teresa. En esa nota se habla una vez más de educar y elevar el gusto del público, y se ponderan los tres concursos existentes para obras originales y las ayudas a grupos teatrales. Se trata con guante blanco a la industria teatral y se hace causa común contra el enemigo fascista, relacionándolo sutil y enigmáticamente con la cartelera teatral de la capital, que adquiere casi el carácter de un reaccionario quintacolumnista.

Con la prohibición de *Currito de la* Cruz, María Teresa se impuso, ganó la batalla; pero creo que a la larga terminó perdiendo esta guerra, la teatral. El estreno y éxito de la *Numancia* se convirtió para los Alberti en un bumerán porque empezaron a cundir comentarios de que el montaje, en lugar de animar la moral del pueblo, fomentaba el derrotismo. La polémica la recoge el *Boletín de Orientación Teatral* (4 [1 de abril de 1938]: 7) que se empezó a publicar en febrero por acuerdo del Consejo y los sindicatos, y que sacó sólo seis números, con los que puede reconstruirse la política teatral del Ministerio hasta junio de 1938. Un suelto titulado "Justificación de *Numancia*" se agarra al clavo ardiendo de la propaganda fascista italiana:

> Para todos aquellos que opinaron con motivo de la representación de *Numancia* que esta obra era una manifestación derrotista, sin comprender la grandeza de su sacrificio heroico […] damos la noticia de que la Italia fascista ha hecho una película de propaganda –*Scipión, el africano*–, donde el mito imperial resurge. En él está la invasión de España por los romanos.

Para la primavera de 1938, ya Negrín, presidente del Gobierno, había prescindido de Jesús Hernández, comunista y apoyo de los Alberti, que llevaba de ministro en Instrucción Pública desde septiembre del 36; lo había sustituido por Segundo Blanco González, un anarquista, a pesar de la pérdida de peso político que experimentaron los anarquistas en el gobierno de Negrín, tras lo ocurrido en Barcelona en mayo del 37. El TAP pierde su local recién renovado, la Zarzuela, al igual que el TEA perdió en su día el María Guerrero, pero María Teresa y la *troupe* teatral de la Alianza no se dan por vencidos y se reconducen hacia las "Guerrillas del Teatro", único hueco que les deja la actual situación, aunque, de hecho, las Guerrillas existían –y la propia Alianza tenía una Guerrilla activa– desde el 14 de diciembre del 37 por creación del Ministerio comunista, para la animación teatral de los frentes de guerra. La propaganda se reorientaba y el general Miaja encabezaba con 25.000 pesetas la suscripción para esta causa (*España: órgano de la 50 División* 6 [26 de agosto de 1938]: 4).

Parece que Edmundo Barbero, miembro del TAP, se encargó de las Guerrillas del Teatro del Ejército del Centro, donde también participan Santiago Ontañón, el *teo* José Franco y un escarmentado Felipe Lluch –en libertad condicional–, entre otros.[57] Barbero, "el gran actor que hoy trabaja en el Teatro de la Zarzuela", que había pasado seis meses en la zona de Franco, publicó una serie de artículos sobre "El teatro en la zona facciosa" desde el segundo

---

[57] De nuevo en la sombra, el responsable y factótum parece ser Lluch, aunque no podía figurar como tal: en carta de 29 de mayo del 38, éste escribe a Antonio Ramón que pasa "las tardes en los ensayos del teatrillo ambulante y guerrero que dirijo"; y en su diario relata la salida del grupo, claramente encabezado por él, a Marchamalo (Guadalajara) entre el 4 y el 8 de junio del 38. De todas formas, en estos temas no es de esperar excesivo rigor administrativo en tiempos de guerra.

número del *Boletín de Orientación Teatral* (2 [1 de marzo de 1938]: 2) hasta el
cuarto (4 [1 de abril de 1938]: 2).[58] María Teresa se une a la Guerrilla siempre
que puede. Las noticias acerca de su actividad son más bien confusas, al tiempo que dan la impresión de un gran activismo por parte de la infatigable
María Teresa, que había creado a finales del 37 el Club de Actores del TAP y en
otoño del 38 creará el Cine-Teatro-Club de la Alianza de Intelectuales en el
Auditorio de Madrid, el nuevo local en el que logra recalar lo teatral de la
Alianza, situado en los altos de Serrano, número 121.

Bajo diversos formatos, incluido el radiofónico, se dieron conferencias
semanales –como la de Lluch sobre *El drama romántico* (*Boletín de Orientación Teatral* 2 [1 de marzo de 1938]: 7)–, homenajes, recitales diversos y
funciones teatrales, las de menor fuste y tramoya en Marqués del Duero 7,
sede de la Alianza, y centros culturales madrileños; las de más trapío, en el
Auditorio, cuando estaba disponible. Y, sobre todo, se iba a los frentes, actividad de la que no siempre es fácil aportar noticias concretas. Según
Marrast (97), las Guerrillas del Ejército del Centro dieron un total de 119
representaciones durante el año 38, lo que supone un altísimo grado de
actividad. Para McCarthy se trata de una "historia fragmentada" (56).

El repertorio que se dio en los frentes estaba compuesto, necesariamen-
te, por piezas breves, por lo general una clásica y otra de urgencia y ocasión,
como en la visita de 27 de mayo del 38 al Batallón de Hierro, que llevó un
programa típico: *Los miedosos valientes* de Antonio Aparicio y *El dragoncillo*
de Calderón. María Teresa dedicó una intensa novela, *Juego limpio*, a revivir
las peripecias de estas Guerrillas, para las que se inventó la voz del fraile
Camilo que, ya en la posguerra, escribe desde su convento recordando la
labor de alivio y caridad que realizó mientras estuvo unido al itinerante
grupo teatral. En *Juego limpio* (106-90) María Teresa menciona la primera
salida a la sierra del Guadarrama, una función en los altos hornos de Sagunto, otra en Motilla del Palancar, y piezas breves y entremeses como *El dego-
llado* de Lope, el *Entremés del perro* de Quiñones, *Un duelo* de Chejov, o
piezas de urgencia como *El vengador* de Antonio Ayora, *El café... sin azúcar*
de Pablo de la Fuente, *El saboteador* de Ontañón, *Los salvadores de España* y
Radio Sevilla de Alberti.

---

[58] Este último parece dar la base histórica sobre la que José Sanchis Sinisterra basará su
¡Ay Carmela!: se relatan allí los azares de una compañía de revistas en las inmediaciones de
Zaragoza que, tras malvivir actuando para el Ejército franquista, fueron canjeados por
catorce muchachos zaragozanos, miembros de los Exploradores de España, que habían sido
evacuados a Barcelona.

Lo más sustancial y recordable que hicieron estas Guerrillas fue el estreno, en Madrid (Auditórium, 20 de noviembre de 1938), de la *Cantata de los héroes y la fraternidad de los pueblos* de Alberti como homenaje-despedida de la Alianza a las Brigadas Internacionales, que abandonaban España por decisión del gobierno de Negrín. La dirección escénica fue de María Teresa, con escenografía de Ontañón. La *Cantata* fue repuesta en Valencia al poco tiempo. Ya dentro del Cine-Teatro-Club recién creado, María Teresa dirigió a las Guerrillas en *El enfermo de aprensión* de Molière a finales de año en el Auditórium –la reseña de *ABC*, muy positiva, es del 3 de enero del 39–, con escenografía de Ontañón, y con José Franco entre los actores.[59] Hicieron diversos planes que no se llevaron a cabo y repusieron la *Cantata* invitados por Manuel González para una sesión en el Español (11 de febrero de 1939). El fin de la guerra los sorprendió en Valencia.

Pero ha quedado sin detallar el repertorio que el TAP dio antes de su crisis – más bien, expulsión de la Zarzuela– y metamorfosis en las Guerrillas, que les lleva a recalar en el Auditórium. Recordemos que Lluch acaba de ser detenido y María Teresa tiene que hacerse cargo de dirigir una programación que con seguridad habría preparado con mimo un hombre tan detallista como Lluch. El debut (10 de septiembre de 1937) incluyó los *Títeres de cachiporra* de Lorca y *La cacatúa verde* de Schnitzler, ya bien rodada por el TEA. Los días siguientes, *El dragoncillo* (desde el 16 de septiembre) y *Un duelo* de Chejov (desde el 24 de ese mismo mes) alternaron con la obra lorquiana.

El segundo estreno (16 de octubre de 1937) fue *La tragedia optimista* de Vsevolod Vishnievisky, que había entusiasmado a los Alberti en su viaje a la Unión Soviética la primavera anterior. El montaje, renovador y bien realizado, de este teatro revolucionario y de masas, fue dirigido por María Teresa dentro de un Homenaje a la Unión Soviética por el 20.º aniversario de la Revolución. Pablo de la Fuente (237-38), autor de la pieza de urgencia *El café... sin azúcar* contra los quintacolumnistas de Madrid, ha recordado la significación política y estrictamente militar que tenía el montaje:

---

[59] El "Programa para la Temporada 1938-1939" del Cine-Teatro-Club incluía siete sesiones-conferencia de cine (*La censura y los censores. Documentales de la guerra española. Trayectoria artística de Walt Disney. Las películas de "cow-boys". Fritz Lang y Los Nibelungos. Los films de amor. Buster Keaton y su arte*) y otras seis de teatro (*El enfermo de aprensión. El milagro de san Antonio* de Mæterlinck. *De un momento a otro* de Alberti. *Doña Rosita la soltera. Lepe, Lepijo y su hijo* de Alberti y *Lidio y Lidia* (siglo XV) del Cardenal Viviani).

No. No es esto una prueba de sovietización de nuestro Madrid. Para nosotros la URSS era el modelo de una defensa revolucionaria heroica y triunfante que queríamos aprender de allí. La obra de la Zarzuela expresaba, además, un problema nuestro y que teníamos que resolver. El de los militares profesionales y los ultra-revolucionarios agentes de la desconfianza hacia aquellos. Fue una grave prueba de la voluntad que soportaron estos hombres que, cuando salían a los puestos de combate, estaban seguros de encontrar tantos enemigos enfrente como a la espalda [...] En *La tragedia optimista* se presenta crudamente este caso que también fue problema en Rusia. Con el ejemplo, la constancia y hasta el sacrificio máximo de una comisaria –lo que intercala un color sentimental al conflicto– se impone, en una dura prueba que es la trama de la acción, un oficial profesional que va a tomar el mando de un destacamento anarquizante.

Muchos años después, en una entrevista de 1989, Santiago Ontañón hizo el siguiente comentario jocoso acerca de este montaje de *La tragedia optimista*:

Salían a escena los marineros de Cronstad. El fuerte tenía una rampa bastante inclinada y la aprovechamos para otra escena [...] Había en un momento dado en primer término dos nidos de ametralladoras, y se veían en el horizonte reflejos del combate. Los que avanzaban lo hacían con poco entusiasmo y María Teresa empezó a gritarles: "¡Ánimo! Tened en cuenta que enfrente está el enemigo, que enfrente está el fascismo..." Yo no me pude contener y le dije: "María Teresa, no sigas, que se nos pasan todos" (Monleón 123b).

A mí lo que me más me sorprende es el cierre de la anécdota: "Sonó una carcajada general" (Monleón 123b).

Al mes siguiente (12 de noviembre de 1937) se repuso *La tragedia optimista* acompañada por *El bulo*, de Ontañón, una de las primeras piezas de urgencia.

Era una historia sobre los bulos que corrían por entonces. Aparecía un tipo oyendo una emisora extranjera que, de pronto, se volvía hacia el público, y tenía una barba de tres años [...] Era una parodia del género chico, con cantables y coros [...] gustó enormemente y los cómicos se divertían mucho. Tanto que cuando la quitaron al cabo de muchas representaciones, los actores le pedían a María Teresa que volviera a ponerla (Monleón 122b).

El bulo –que puede leerse en AA. VV. *María Teresa León y el Teatro de la Guerra Civil* 93-97– presenta a una familia de derechas en Madrid durante la guerra, con un señorito que oye la radio y sus dos hermanas, que hacen cola en la compra; el hambre, que junto con la quinta columna, es el gran tema de conversación, impulsa a prostituirse a una de las dos señoritas. También salen discutiendo Hitler, Mussolini, Alfonso XIII y el Príncipe de Asturias. Hay que decir que *El bulo* es de las pocas obras de urgencia con algún valor intrínsecamente teatral en cuanto a su texto –y es que "teatro de propaganda" resulta un oxímoron casi tan crudo como el de "música militar"–.

El 12 de diciembre preestrenaron *Sombras de héroes* de Germán Bleiberg, que no llegó a presentarse al público, y a fin de año tuvo lugar el gran acontecimiento del TAP, con Lluch ya reincorporado: el mítico estreno de la *Numancia* de Alberti, dirigida y escenificada por el dúo María Teresa y Ontañón (Zarzuela, 26 de diciembre de 1937). La función, que pretendía elevar la moral de guerra en el primer aniversario de la defensa de Madrid, tuvo alta repercusión pública y se mantuvo hasta el 8 de marzo del 38 –aunque me pregunto, a la vista de otros datos, si la entrada era gratuita o de pago–. En el entreacto, surgió María Teresa con unas banderas franquistas capturadas en la reconquista de Teruel y las entregó al general Miaja, el defensor de Madrid, presente en el estreno; éste las arrojó al patio de butacas, donde fueron pisoteadas y destrozadas (*El Sol* 28 de diciembre de 1938). Parece que el público conectó con el fervor heroico de la obra, que había sido montada con unas columnas corintias y unas estatuas de escayola procedentes del Palacio de Villapadierna. Edmundo Barbero recordaba muchos años después, en enero de 1963, que el decorado reproducía un verdadero pueblo. Ontañón apunta que "se montó un decorado verdaderamente fastuoso" (Monleón 121b) del que puede verse un dibujo, del propio Ontañón, en Torres Nebrera (147). No tenía telón;

en su sitio había una muralla ciclópea que en los momentos de aparecer Numancia bajaba lentamente hasta el foso y aparecía un pueblo en cuesta con su plaza central, subidas, calles en alto, armadas sobre complicados practicables, y a lo alto, en la lejanía, un paisaje de la estepa soriana. El espacio que quedaba del proscenio era el campamento romano. Los palcos proscenios se habían inutilizado. Uno de ellos se había desfigurado, simulando ser la tienda de Escipión el Africano. La otra simulaba una prolongación de la muralla de la ciudad sitiada (Marrast 67).

La música coral tuvo mucha parte en la emoción y entrega del público. Según Ontañón, siempre tan inclinado a la guasa, contaban con un coro que

dirigía el maestro Restarazu [*sic*, por Urrestarazu, director de la capilla de san Francisco el Grande], un vasco muy católico, al que también se le descubrió el carnet de Falange. Lo quisieron detener [...] También teníamos unos ochenta gamberros, cantores de iglesia, gordos magníficos, otros esqueléticos, que cantaban formidablemente toda la música religiosa [...] en *Numancia*, en momentos como esos en que todo el pueblo va a hacer el holocausto entre las llamas, subiendo una rampa y cruzando un puente mientras canta el "Triste patria sin ventura" de Juan del Enzina [*sic*], la participación del coro resultaba escalofriante (Monleón 121-22).

Según un testigo contemporáneo, la "interpretación de todos llegaba a este extremo de perfección que solo se ve en las grandes compañías de fama mundial, después de años de trabajo común [...] Las comisiones extranjeras que nos visitaban se sorprendían de hallar espectáculos de tanta calidad en aquella ciudad-fuerte" (De la Fuente 240).

Tras dos meses en cartel, con soldados de las unidades próximas a Madrid llenando butacas y pasillos, con funciones dominicales para clubes obreros, los enemigos de los Alberti destacaron el efecto derrotista y lo económicamente antirrentable de la *Numancia*. Por su parte, el TAP, antes de su obligado camuflaje en las Guerrillas, sólo pudo estrenar un último espectáculo de piezas variadas (Zarzuela, 14 de marzo de 1938), que fue dirigido por Lluch, y venía anunciado en el *Boletín de Orientación* (2 [1 de marzo de 1938]: 6). Se trataba de *El talego niño* de Quiñones de Benavente, *El agricultor de Chicago*, adaptación por José Castro de un cuento de Mark Twain, y *El saboteador* de Ontañón, "un episodio de guerra en el que se veía cómo un tipo, por frivolidad y por no estar en su sitio, ocasionaba una catástrofe, que era como un sabotaje, cuando en realidad el personaje solo era un frívolo, como muchos de los que aparecían por los frentes" (Monleón 122b).

Las tres obras iban unidas por un *Dialoguillo de la tradición y el soldado*, "que da tono político al espectáculo, poniéndolo, como siempre, al servicio del pueblo y de su justa causa" (*Boletín* 3 [15 de marzo de 1938]: 1). A partir del 23 de marzo se añadió al programa *Château Margaux*, un viejo y muy popular juguete cómico-lírico (estreno, 5 de octubre de 1887) de José Jackson Veyán, con un decorado de cortinas y trajes muy propios que, según Ontañón, fue "un enorme éxito porque había una chica en la Alianza, una tiple ligera, que cantaba maravillosamente" (Monleón 123b). El 15 de abril, *Un duelo* de Chejov sustituye en la función a las obras de Quiñones y Ontañón. En algún momento que no he logrado precisar representaron *El milagro de san Antonio* de Maeterlinck. El TAP sale de la Zarzuela el 20 de abril de 1938.

Puesto que se cruzan con el itinerario de Lluch, conviene no olvidar los esfuerzos desarrollados desde el sector de la cultura estrictamente proletaria, que alcanzan zonas tanto ideológicas como teatrales. El contexto de los años treinta, marcado por el desgaste de las socialdemocracias y el fortalecimiento de la nueva sociedad soviética, invitaba a la lucha por una cultura alternativa a la civilización burguesa, una *proletarskaya kultura*, un *proletkult*, una cultura basada no sólo en valores del todo distintos sino concebida con una amplitud mucho mayor que la propia de la tradición humanista, que tendía a identificar la cultura exclusivamente con la producción artística y literaria. El nuevo humanismo socialista, en cambio, tendía a incluir como cultura todo lo creado por el hombre. Entre 1930 y 1936 florecieron entre nosotros revistas y casas editoriales que se esforzaron por asentar esa nueva cultura pero que no lograron superar el fragmentarismo en el debate acerca de sus medios y naturaleza ya que, en principio, aquélla debía ser una cultura de clase.

En los medios proletarios, no son infrecuentes las suspicacias hacia el idealismo y el paternalismo, por ejemplo, de iniciativas de universitarios como La Barraca, las Misiones Pedagógicas, el Teatro Universitario Catalán o El Búho, por su reformismo burgués y, en definitiva, por su escasa identificación con el pueblo: eso no era "teatro *del* pueblo". Cobb (1981, 60) da valor simbólico a este testimonio de Llado Figueres ("Teatre Universitari La Barraca". *Mirador* 2 de febrero de 1933: s. p.): "Acabada la representació els estudiants, amb quatre salts, despleguen l'escenari i emprenen el retorn a la capital. Deixen al poble llibres i gramòfons". De las Misiones Pedagógicas escribió Sender: "Es absurdo querer ir contra la corriente enviando teatritos decadentes a las aldeas que saben hacer teatro como el del Castilblanco [*sic*]" ("La cultura y los hechos económicos". *Orto* [marzo de 1932]; cito por Cobb 1981, 78).

En 1931 se pudo leer en *Nueva España* (4 de marzo) esta rechifla de Alberti, acusado de publicar literatura surrealista en *ABC*:

don Rafael Alberti ha estrenado un drama, o cosa así, con el título *El hombre desahabitado*. ¡Excelente título que caracteriza a su autor! Deshabitado del todo, especialmente del cerebro. El hombre deshabitado no es extraño que se alquile, ya sea en *ABC* o en la isla de Mallorca, al lado de una "Jorge Sand" de Burgos, que maneja los dólares con más gracia que la pluma [...] Parece que al final de la representación [...] el señor Alberti gritó: "¡Viva el exterminio!", "¡Muera la bazofia!". Perfectamente. Pero tendrán ustedes que reconocer que lo mismo hubiera podido gritar: "¡Viva el arroz con pollo!" (cito por Cobb 1981, 395).

La fascinación por la actividad cultural en Rusia fue grande gracias a visitantes como Aub, Sender o los Alberti que, en 1933, no sólo vieron un teatro de aliento colectivo muy bien montado sino también una serie de actividades de agitación ideológica que les admiraron. Hasta julio del 36, grupos como el Teatro Proletario-Teatro de Masas, respaldado por el Bloc Obrer i Camperol en Barcelona, o Nosotros, animado por Irene Falcón en Madrid, trataron de desarrollar una estética teatral estrictamente proletaria. Al grupo barcelonés le perjudicó su exclusivismo y pronto recayó en la estética convencional del drama social y las veladas artísticas; pero Nosotros, surgido entre los obreros en paro del barrio de Cuatro Caminos, tuvo mejor trayectoria, al menos hasta la revolución de octubre del 34 (Cobb 1986a y 1986b).

Juan Chabás desde *Luz* (20 de abril de 1933) fue notablemente crítico con el *agit-prop:* "nos parece mezquino llenar los programas de ese teatro de mediocres improvisaciones circunstanciales (con grave ausencia de un repertorio de calidad específicamente proletario que sería fácil traducir)". El problema central es que "el obrero es, ante todo, hombre" y por tanto "un arte de clase no es arte. Es sencillamente propaganda vestida de estética de circunstancias. Mala propaganda y mal arte a la par". El consejo final de Chabás era demasiado convencional:

> Si esos grupos artísticos proletarios [...] juntando sus esfuerzos intentaran la creación de una compañía constituida por buenos actores que, con una dirección competente y en un teatro adecuado, fuesen representando, sin una selección sectaria improvisada, el gran teatro del mundo y no excluyesen de él obras concebidas con la emoción y la comprensión más audaz de los problemas sociales de hoy, la influencia sobre el proletario sería indudablemente mayor y mejor (cito por Cobb 1981, 278-79).

Pocas semanas antes de la sublevación militar, a comienzos de julio del 36, Irene y César Falcón habían puesto en marcha una organización, Cultura Popular, que iba a ser importante en las labores del *agit-prop* durante la guerra y que prestó un gran apoyo al vasto esfuerzo educativo desplegado por el Ministerio de Instrucción Pública de Jesús Hernández, cuyo poder real estaba en manos de un equipo de comunistas, eficaz y unido, compuesto por el subsecretario Wenceslao Roces, el director general de Enseñanza Primaria, García Lombardía, y el director general de Bellas Artes, José Renau (Cobb 1989). Cultura Popular tenía cinco secciones: bibliotecas, prensa, festivales, propaganda y frentes. Es en esta última donde se inserta la actividad de un nuevo organismo, El Altavoz del Frente, que tuvo su sede en Madrid en el teatro Lara, donde se daban funciones bajo la dirección del actor Manuel González. Pero, sobre todo, el Altavoz enviaba activistas a recorrer los puestos avanzados de combate con un camión dotado de un potente altavoz para minar la moral del enemigo con mensajes antifascistas y fortalecer el espíritu bélico de los soldados del Ejército Popular.

McCarthy ha dedicado todo un estudio al teatro de urgencia insertándolo en un contexto más amplio, tanto histórico como estético, que conecta ese fenómeno con los diversos intentos de teatro proletario a lo largo de los años treinta; describe también cómo, al inicio de la guerra, las nuevas organizaciones sindicales se asentaron en los teatros incautados, pero terminaron saliendo hacia los frentes en busca de una nueva relación entre el público y el actor, que era precisamente uno de los grandes presupuestos de esa nueva cultura popular antiburguesa que se quería crear. Sin embargo, como ya adelantó Cobb (1981, 100), el esfuerzo, que fue muy grande, dio un rendimiento limitado.

La historia del teatro de urgencia es una "historia fragmentada", marcada por los mismos problemas de repertorio que tuvieron el teatro nazi, el fascista, el soviético y hasta el propio Erwin Piscator (McCarthy 56), director experto en concebir estéticas adecuadas a piezas de claro contenido ideológico, pero de cuya inopia se quejaba una y otra vez. McCarthy (51-53) destaca notables diferencias entre las Guerrillas del Teatro en el Ejército del Centro y en el Ejército del Este. En las del Centro, las de la Alianza de Intelectuales y María Teresa León, el repertorio y la orientación son muy cercanos a Misiones Pedagógicas y La Barraca, mientras que los grupos del Ejército del Este, con Francisco Martínez Allende o Luis Mussot, tenían un tono político mucho más acusado.

Resulta difícil hacerse una idea exacta de este teatro de urgencia, de sus formas, a medio camino entre lo teatral y lo parateatral, y también de su impacto real sobre los espectadores. El problema de las fuentes para este fenómeno esencialmente efímero parece irresoluble puesto que dependemos de textos, de difícil localización, y de relatos inevitablemente contaminados por el tono perentorio y de combate que imponían las circunstancias. Rafael Alberti ("Teatro de urgencia") escribía en 1938:

Urge el "teatro de urgencia". Hacen falta esas obritas rápidas, intensas –dramáticas, satíricas, didácticas…– que se adapten técnicamente a la composición específica de los grupos teatrales. Una pieza de este tipo no puede plantear dificultades de montaje ni exigir gran número de actores. Su duración no debe sobrepasar la media hora. En veinte minutos escasos, si el tema está bien planteado y resuelto, se puede producir en los espectadores el efecto de un fulminante. Nuestro Consejo del Teatro acaba de crear las Guerrillas del Teatro, que en breve darán, tanto en repertorio como en interpretación, la pauta para estos grupos.

Ramón Sender es más concreto en este retrato del nuevo género, con algo del futuro *happening*:

> Esos grupos [de *agit-prop* de las fábricas, talleres, *koljoses* y cuarteles] son, a veces, de ocho o diez aficionados que, allí donde se encuentran —en el vestíbulo de un cine, en el parque, en el teatro de la fábrica— improvisan *skets* [*sic*] o representan pequeñas obras, por lo general grotescas, de una intención política concreta: antirreligiosas, antifascistas, antiimperialistas. Sacan del bolsillo una cruz de cartón y purpurina, que se cuelgan al pecho, una peluca, unas narices de pasta, un bigote, una esvástica, se las colocan a la vista del público mientras este se congrega alrededor y el espectáculo comienza. En los vestíbulos de los cines, en los parques, en todos los lugares donde puede reunirse el público suele haber una plataforma de madera y cien o doscientos asientos alineados delante. Están destinados a los grupos volantes de *agit-prop* ("Sobre el teatro de masas", texto que va como prólogo a *Primero de Mayo*, de I. Pacheco. Madrid, 1934; cito por Cobb 1981, 260).

Gómez Díaz aporta, sobre todo, una dimensión visual muy útil tanto en fotografías como en material audiovisual, que compensa mínimamente el difícil acceso a unos textos editados en circunstancias excepcionales y por procedimientos poco corrientes, como los que comenta Torres Nebrera.

Por su parte, London (2007) ha sacado a relucir un tema que parecía no existir: ¿hubo *teatro de urgencia* en el bando franquista? A su juicio, sí, y de calidad y técnicas no muy desiguales respecto al republicano, como detallo más adelante. De los textos que ha analizado se desprende una conclusión: en el bando rebelde también se quería crear una cultura propia.

L<small>OS PROBLEMAS DE LA</small> A<small>LIANZA DE</small> I<small>NTELECTUALES</small> A<small>NTIFASCISTAS</small> <small>Y LOS PROBLEMAS DE</small> L<small>LUCH</small>

La prensa anarquista atacó la *Numancia* y al TAP por ser una empresa cara, deficitaria y poco eficaz desde el punto de vista revolucionario y de combate.

En suma, por su elitismo. La primera plana del primer número del *Boletín de Orientación Teatral* (15 de febrero de 1938), bajo el titular "Tres obras maestras que todos deben conocer", animaba así a los espectadores: "[*Numancia*] es una lección histórica que debe conocer todo ciudadano porque es el símbolo del heroísmo español, la consigna del NO PASARÁN hasta la muerte. El pueblo de Madrid puede ver en esta tragedia cómo España se opuso siempre a los invasores, llámense romanos o italianos [...]".

En un libro desmañado pero útil, el entonces delegado de la Confederación Nacional del Trabajo (CNT) en la Junta de Espectáculos de Madrid y longevo empresario teatral en la posguerra, Fernando Collado, veía así las cosas:

> Los resultados económicos [del TAP] no concordaban con las buenas intenciones artísticas. Así sucedió con *Numancia* de Cervantes [...] Al espectáculo de un coste inusitado en aquella época colaboraron gran cantidad de artistas y técnicos: actores, cantantes, músicos, escenógrafos, bailarines, los Coros Confederales *y las dos sindicales en pleno* [cursiva mía]. El estreno, apoteósico, no pasó de ser una efeméride. La temporada de la Compañía [*sic*] de Arte y Propaganda, ambiciosa en proyectos, auspiciada por el Gobierno y el Partido Comunista, puso en peligro la estabilidad económica de la Industria del Espectáculo, cuyos ingresos económicos de los restantes locales madrileños (teatros y cines) sufragaron los gastos de la aventura. "Cruzada Cultural Soviética" que acabaría con los planteamientos "chinos" (así denominaban entonces a los de P.C.) y con el aparatoso Consejo del Teatro (608).

Lo que hay debajo de esas tensiones es no sólo una cuestión de gustos teatrales sino una brecha social entre la extracción burguesa e intelectual del entorno de la Alianza –singularmente, los Alberti–, y el origen proletario de las organizaciones sindicales que controlaban las salas de Madrid tras su incautación. No todos los sindicalistas tendrían la cordura y profesionalidad que exhibe Collado en sus páginas y no terminaban de entender qué sentido tenía mezclar guerra y teatro a tan exorbitantes costes. Lo que querría la mayoría de los soldados y del público era luchar contra el fascismo en las trincheras y, durante los permisos y ocios, poder divertirse a gusto en el teatro con las obras cómicas de toda la vida, la música de los familiares sainetes y las zarzuelas de la infancia; y ¿por qué no?, con un poco de la sal gorda y el muslamen que suministraban las revistas.

Lo cual sólo traía ventajas: además de tener a los soldados contentos y combativos, era una mina de oro. Marrast (101-03) deja claros dos puntos:

primero, salvo excepciones, el panorama general de la cartelera madrileña durante la guerra es, como mínimo, igual de chabacano y rutinario que antes del 18 de julio; segundo, al término de la guerra, según testimonio de Edmundo Barbero en 1963, la Junta de Espectáculos tenía el importante superávit de seis millones de pesetas, a pesar de su fuerte contribución a los gastos de guerra. Los gustos de los bravos milicianos, a la hora de escoger o rechazar obras teatrales en momentos de ocio, son tan poco exigentes como los de la pequeña y no tan pequeña clase media no intelectual. A Indalecio Prieto lo que le gustaba eran las zarzuelas. Y a todo un reformador liberal como don José Castillejo le encantaba una zarzuelilla como *Patria chica*, de los hermanos Quintero; tanto que en agosto de 1911 hasta se lamentaba de no haber llevado consigo a una visitante norteamericana para que conociera "las obras de este género tan español y tan bonito" (David Castillejo 1998, 570). Según Ontañón, el general Miaja, héroe de la defensa de Madrid, denostado después por su actitud poco numantina en la caída de la capital, "vino una tarde [a la función de *Numancia*] y se le saltaron las lágrimas. '¿Para qué me traéis aquí? Yo quiero olvidar los horrores de la guerra y me traéis a ver algo que me hace sufrir'. El hombre veía a aquel pueblo muriendo entre las llamas y se sentía profundamente afectado" (Monleón 122a). Poco más arriba hemos visto que la programación de *Château Margaux*, contra todas las consignas del teatro de urgencia, era capaz de levantar una función teatral de la Alianza.

Este tipo de tensiones sociales eran inevitables. La experiencia, por ejemplo, de Miguel Hernández en el entorno "señoritil" de los poetas del 27 sólo contribuyó a acentuar sus rústicas maneras, que tantos problemas le procuraron, personales y de orden público. Un hombre que se empeñaba en ir pelado al rape, con ropas de pana sin corbata y alpargatas sin calcetines, no solo era mal recibido por García Lorca o Luis Cernuda, que positivamente no toleraban su selvatiquez, sino que levantaba suspicacias en los agentes del orden que, al menos en dos ocasiones, le detuvieron por puro recelo. Paradójicamente, su suegro, guardia civil, fue fusilado por milicianos el 18 de julio. Miguel Hernández, poeta excelente, amigo de Neruda, que había publicado con éxito en la *Revista de Occidente*, se alistó voluntario en el 5.º Regimiento comunista; Emilio Prados, que lo ve cavando zanjas, lo lleva a la Alianza, pero Hernández no sólo no se integra sino que acabará enfrentándose con María Teresa que, generosa como siempre, sólo habla bien de él en su *Memoria de la melancolía* (478-483). Hernández vuelve al frente para luchar y dedicarse a labores de propaganda entre las tropas, como publicar *Al ataque* u hostigar verbalmente al enemigo desde El Altavoz del Frente.

El problema de fondo es la educación del pueblo, cómo llevar la cultura al pueblo, añeja cuestión de raíz ilustrada que, como es bien sabido, alcanza el primer plano durante los años republicanos y que campea ubicua en la apasionada prosa de María Teresa, en un alarde de entrega, absolutamente maternal, a la elevación cultural del pueblo. Simplificando en exceso y refiriéndome a lo estrictamente teatral, el problema se llama paternalismo: una izquierda burguesa, intelectual y bienintencionada intenta imponer un tipo de teatro a una izquierda proletaria y no intelectual, que lo rechaza porque, "irracionalmente", se aferra al entretenido teatro que ha escrito una "derecha" no intelectual, un teatro que gusta al pueblo y que intentan arrebatarle unos poco fiables compañeros de viaje político, con maneras y ropas de burgués.

Hemos regresado al principio: la falta de "cultura" en el sentido ilustrado. En sustancia, y aunque parezca un tanto extremoso a primera vista, los problemas de María Teresa en el Consejo Central del Teatro y en la Junta de Espectáculos no me parecen tan distintos de lo ocurrido siglo y medio antes cuando se prohibieron los autos sacramentales. La minoría ilustrada del XVIII no comprendía lo que sí entendía la minoría letrada de cien años antes, como ha estudiado Peter Burke y yo mismo he aplicado al por qué del fin del género sacramental (1994). La minoría culta del XVII conocía su propia cultura de letras pero también conocía y, además compartía, la cultura iletrada y barroca del pueblo. Por eso los cultos en el XVII no se sorprendían de la mezcla de lo religioso y lo profano en los autos, ni de las abundantes chocarrerías ni de la presencia de gañanes beodos junto a la custodia con el Santísimo en las procesiones del Corpus. La necesidad de combatir todo ese "mal gusto" y purificar las costumbres y las devociones del pueblo, poniendo cada cosa en su sitio, tendió a romper una unidad cultural de fondo que operaba, mejor o peor, hasta entonces. Los señores dejaron de tratar con familiaridad e incluso de dirigirse a sus criados, cuyo mundo ya no comprendían. La arquitectura de los palacios se empezó a proyectar con zonas claramente diferenciadas para los señores y la servidumbre, con pasillos y distribuidores; es decir, cada uno en su sitio. Los burgueses les imitaron en esta tendencia a la compartimentación y el aislamiento y, al pasar de las décadas y de los romanticismos, esta capa social ilustrada "descubrió" de nuevo al pueblo, ese desconocido del que ignoraba casi todo. Al principio, simplemente admiró y mitificó el *volk*; después quiso darle su cultura, la ilustrada. El "redescubrimiento" y la absorción cultural del pueblo se movían entre dos puntos extremos que admitían multitud de zonas intermedias: resentimiento a un lado y condescendencia al otro.

La gran diferencia ente los reformadores teatrales del XVIII y los reformadores teatrales de la Alianza de Intelectuales en el XX es que aquéllos, al menos en lo relativo a los autos, triunfaron, y éstos, no. Es cierto que no lograron imponerse, pero tampoco debe pensarse que los afanes de María Teresa y su entorno quedaran en nada. La cartelera no cambió pero el trabajo entusiasta del TAP, como antes el del TEA, aportó una semilla de futuro, que es realmente lo único que podía aportar: la certeza de que se podía hacer un teatro mejor. Los gustos teatrales del público no se cambian desde la legislación. El balance de este teatro minoritario y de calidad lo hacía Pablo de la Fuente desde Chile:

> Los frutos de esta labor llegaron a crear la necesidad de un teatro de rango, con lo que se dio el caso insólito de que media docena de teatros de Madrid dieran simultáneamente obras de clásicos españoles y grandes autores extranjeros.
>
> Al final de la guerra hasta nuestro modesto Club tenía un escenario en el que se representaba todos los domingos. En la Alianza existía un salón de cine y teatro donde funcionaba el "Club del Teatro" [seguramente el Cine-Teatro-Club], en Bellas Artes se llenaba su Salón de Espectáculos con las funciones del Cine Club "Film Popular" y en los bajos del Alcázar realizaba su labor una Escuela de Teatro dirigida por Valentín de Pedro.

Y resume De la Fuente con acierto: "De la tierra removida salían los primeros brotes sorprendidos" (241). Así pues, aunque María Teresa logró hacer lo suyo, los sindicatos socialistas y anarquistas se llevaban al agua el gato del teatro comercial.

¿Pudieron influir estas tensiones en la detención de Lluch? Por lo menos constituyen su contexto. Un contexto en el que ya hemos visto que no resultaba alarmante que se contara con personas discretamente *emboscadas* como el actor José Franco o el padre Urrestarazu, director de una coral. Son innumerables y casi desorientadoras las referencias de María Teresa a lo aceptado de estas presencias en su novela *Juego limpio*, título alusivo al sucio juego del enemigo. La lealtad republicana de Lluch no ofrecía dudas hasta el momento de la denuncia (agosto del 37), que sólo cabe explicar, pues, bien como un ataque directo contra él, bien como un ataque indirecto contra María Teresa y la Alianza, supuesto nido de comunistas exquisitos que daban refugio a traidores. Personalmente Alberti y María Teresa eran intocables –lo mismo que José Bergamín, el singular católico que la presidía–, pero atacando sus empresas se les podía debilitar. Lluch, por su cuenta, era un pez mucho menor, pero su pequeña elevación a la dirección del TAP pudo activar los malos instintos de cualquier oficioso. Se da la circunstancia de que el grupo Nueva Escena que, hasta la incorporación de los miembros de la TEA dos meses antes, desempeñó la escasa actividad teatral de la Alianza, dirigida por Rafael Dieste, era de orientación ugetista. Naturalmente, esto no implica nada; sólo añade circunstancias al contexto de una injusticia de origen, en principio, indescifrable.

DERIVA Y CONVERSIÓN DE LLUCH

El diario inédito de Lluch, titulado parcialmente *Impresiones*, hace una crónica del desfondamiento republicano de su autor y del nacimiento de otros horizontes para su vocación teatral. A su regreso de la cárcel, se reincorpora al TAP como ayudante de la directora –en la práctica sería el responsable– y entra en el Consejo Nacional del Teatro como censor (o miembro del Comité Lectura). Dos puestos que le permitirían ganarse la vida. En algún momento de mediados del 38, en aquel Madrid que tenía ya poco de "isla en el mar rojo", Lluch se encontró o reencontró con José María Sánchez Silva –"nuevo y viejo amigo de este vivir atormentado y vacío" (Diario, 1 de diciembre de 1938)–, Carlos Fernández Cuenca –"bohemio impenitente" (1 de diciembre de 1938), a quien conocería del *Ya*, pues éste también escribía en el diario católico– y Luis Feduchi, los tres miembros o simpatizantes de una bandera clandestina de Falange Española que se había formado en la capital. José María García Escudero (65a) cita unas actas de esta bandera y hay noticias de que planearon un atentado contra la Telefónica. En primavera, Lluch, padre de tres hijos y esperando un cuarto, se había presentado voluntario al Ejército y fue destinado por recomendación de María Teresa a una oficina, próxima a Marqués del Duero.[60] Su cédula mili-

---

[60] Tomás Ardid Rey, comandante general de Ingenieros del Ejército del Centro, firma un certificado donde consta que el soldado F. L. G., de 31 años de edad, presta sus servicios en concepto de "Oficina Técnica" en la Compañía de Parques desde el 15 de abril de 1938; cinco revalidaciones extienden la validez del certificado hasta el 15 de febrero de 1939. Su carné del Comedor de la Comandancia, correspondiente a febrero del 39, muestra que

tar, de 16 de abril de 1938, lo sitúa como soldado de la Compañía de Parques. En la foto vemos un Lluch que claramente ha perdido peso y pelo, pero aún no tiene aspecto enfermizo.[61]

Tenemos algunas noticias concretas de la vida de Lluch en estos meses gracias a un par de cartas que escribió a Antonio Ramón, una de 27 de mayo, otra de 12 de junio del 38. En la primera, refiriéndose a los meses anteriores, cuenta a su amigo que "me embriagué de trabajo: lecturas, escritos, notas, proyectos, sueños…". Describe también su rutina diaria: "Las mañanas en la oficina, sin nada en que ocuparme, son de una lentitud, de una pesadez abrumadoras. Las tardes, en los ensayos del teatrillo ambulante y guerrero que dirijo, son de una vulgaridad y una estupidez que enervan. Y ya no me queda tiempo ni humor para buscar en los libros la triaca a tanto veneno".

Lluch ha hecho comidas hasta el día 28 y cenas sólo hasta el 13; para entonces ya vivía con su familia en Zurbano 81. Según un certificado del Botiquín Central de su Comandancia, "el soldado de la 14 U[nidad]. de T[rabajo]. agregado a esta Comandancia, Felipe Lluch, sufre gran agotamiento físico, debiendo ser relevado de todo servicio. = Madrid 11-111 [¿marzo?]-1939". Probablemente haya que relacionar este agotamiento con su traslado de unidad, que se produjo en fecha tan tardía como el 20 de marzo de 1939: el capitán jefe del Detall envía a Lluch una comunicación firmada de que "ha sido destinado a la Unidad de Trabajadores n.º 16 [dentro de la misma Comandancia General de Ingenieros del Ejército del Centro], a donde se incorporará con toda urgencia".

[61] El número de su cédula militar de identidad es 130.229. El documento tiene formato de carné en dos hojas; en la par leemos: "COMBATIENTE: = TU DEBER ES VENCER, y para vencer necesitas: = SER DISCIPLINADO, prestando una obediencia consciente al Mando; conservar tu puesto y cumplir la misión recibida CON VERDADERO ESPÍRITU DE SACRIFICIO cualquiera que sea la dureza de la lucha y sin pensar en replegarte ni en rendirte pues SOLO SE RINDEN LOS COBARDES; no separarte de tu unidad ni de tu jefe, y si este cae, seguir al jefe que sustituya al caído y unirte a la unidad más próxima. = No olvides que PERTENECES A UNA RAZA DE HÉROES QUE LUCHA UNA VEZ MÁS POR LA INDEPENDENCIA DE SU PAÍS frente a un enemigo en su mayor parte extranjero, y que para hacer honor a tus antepasados y a los compañeros que ya han caído en la lucha, como para defender las libertades y la independencia de la patria a que perteneces, y mantener muy alta LA BANDERA DE LA JUSTICIA, DE LA LIBERTAD Y DEL PROGRESO, QUE ES LA DE NUESTRA CAUSA, HAS DE SER ABNEGADO Y VALIENTE PREFIRIENDO LA MUERTE A LA DERROTA. = TU DEBER ES VENCER; Y SOLO VENCEN LOS QUE SABEN AFRONTAR EL PELIGRO SIN TEMOR A LA MUERTE". La contracubierta insiste en el didactismo y la moral de guerra: "Camarada soldado = El pertenecer al Ejército Popular de la República, que lucha por la independencia de nuestro país y por las libertades populares, es un honor, del que hay que sentirse orgulloso. = Conserva esta *cédula militar* como tu propia vida y exhíbela como el mejor timbre de gloria". La soldada era de 300 pesetas (carta de Antonio Ramón a F. L. G., 13 de octubre de 1938).

Hay en esta carta un comentario importante sobre la evolución interior de Lluch y sobre el comienzo de redacción de su proyecto de Instituto Dramático Nacional:

> Solo encuentro alivio y consuelo a esta amarga vulgaridad de mi vida actual en la conversación de un amigo –un amigo nuevo que ya parece viejo, de puro inteligente y cordial [José María Sánchez Silva]– con el que hablo –monologo casi– de mis proyectos teatrales. Y él es ahora el que me anima y me acucia a que ultime el proyecto de Teatro Nacional cuyo estudio tengo hecho y cuyo detalle de organización estoy escribiendo poco a poco.

En la de 12 junio del 38 surgen algunos aspectos, que recogerá también en su Diario, de "mi rápido viaje por tierras de Guadalajara", concretamente en Marchamalo, con las Guerrillas del Teatro entre el 4 y el 8 de junio: "¡Qué tristeza más honda y más amarga producen las aldeas de España! ¡Qué vida la de esos pobres hombres, enterrados en la lobreguez ahumada de la cocina [...] Si vieras cómo les entretenía y les alegraba el baile final de nuestras representaciones, cómo les ilusionaba y les estremecía la gracia pícara y desenfadada del entremés de *El dragoncillo* de Calderón de la Barca...". Lluch, que en otros momentos manifiesta su cansancio por la empresa de las Guerrillas, pulsa ahora la nota del entusiasmo: "Estas misiones teatrales [...] son –ahora me he dado cuenta– de una necesidad inaplazable y de una eficacia extraordinaria. Y por si eso fuera poco, de una belleza formal y espectacular incomparable".[62]

Por algún motivo, ese verano tuvo que justificar su estancia en Madrid. El capitán de su Compañía de Parques, Pedro Merino Izquierdo, certifica a 11 de agosto del 38 que Lluch presta servicios en su Unidad. Tales servicios, nada clandestinos ni arriesgados, parece que se redujeron a dibujar planos, trabajar para el TAP y las Guerrillas de la Alianza y, sobre todo, en cuanto podía, a leer con ansia, en la Biblioteca Nacional y en la del Ateneo, estudios teatrales, obras dramáticas áureas y piezas prelopistas, que extractaba

---

[62] Hay también una referencia a su situación económica, no del todo mala dentro de lo que cabe: "Las [preocupaciones] económicas también me alcanzan a mí tras cinco meses escasos de relativa tranquilidad, pues hace ya tres semanas que no cobro del Consejo Central del Teatro... porque se les ha acabado el dinero y no se recibe de Barcelona la consignación para nuevos pagos. Pero espero que se resuelva y en ese caso [...] –todo cuanto consigo lo entrego a la familia de [...] pues ellos carecen ahora de todo y cuando lo tuvieron no nos faltó nada –ayudaré a mamá como es mi gusto y mi obligación".

con asombrosa pulcritud. Esas horas con los *Orígenes del teatro español* de Moratín, *El arte dramático en España* del conde Schack, la *Historia general del teatro* de Lucien Dubech –comenzada ésta en el camerino del teatro de la Zarzuela mientras se daba la *Numancia*– y bastantes otros libros se iban convirtiendo en fichas esmeradísimas que iba guardando en sobres, alguno con membrete de la Alianza. No falta algún texto sobre la historia del teatro político o dramaturgos contemporáneos como Henri de Lenormand o Eugene O'Neill. También recortó una noticia de prensa (agosto de 1938) con la muerte de Stanislavsky, "el gran artista de la U.R.S.S.". Todo este cúmulo de lecturas colocó a Lluch en un nivel de conocimiento del teatro áureo poco común para la época.

A lo largo de 1938 preparó su versión de *El pleito matrimonial* de Calderón, que fechó el 1 de octubre; y, teniendo bien presente un futuro montaje, dibujó monos inspirándose en las láminas de la *Historia del Arte Labor* –concretamente del tomo 12 de Max Friedlander y Enrique Lafuente dedicado a *El realismo en la pintura del siglo XVII: Países Bajos y España*–. Proyectó también montajes de otros textos como la *Celestina*, el *Auto de los Reyes Magos*, la *Representación del Naçimiento* de Gómez Manrique, o Autos del Nacimiento. El final de todo este proceso existencial y literario fue una vibrante conversión a Dios y a la España de Falange.

Puesto que al teatro ya estaba firmemente convertido desde hacía años, resultó que toda su experiencia de dirección escénica pasó a servir a un recobrado ideal religioso que no se distinguía, en absoluto, de su nueva idea de España. Lluch, hombre de temperamento ardiente, salió de su abatimiento a la vista de un sueño que por fin podría cumplirse en esa nueva España de que le hablaban sus nuevos amigos falangistas: un Instituto Dramático Nacional donde él podría encabezar todas las ambiciosas ideas que había ido había forjando en sus años de periodista y director teatral, junto a Rivas, en el Caracol y en el Teatro Escuela de Arte. Muy representativo de la reorientación que toman sus talentos es el espectáculo áureo y falangista *España, Una, Grande y Libre*, donde la misma técnica que en la "fantasía teatral" *La leyenda de don Juan* (15 de enero de 1934) servía para ilustrar un mito sin duda nacional, le sirve ahora para ilustrar otro mito bien distinto: la esencia imperial y eterna de España.

El todavía joven Lluch hubiera sido plenamente dichoso si dramáticas circunstancias de otro estilo no hubieran acaecido. Tras un parto difícil, el 26 de febrero, su mujer, que ya estaba enferma –y quizá, además, contagiada por el propio Lluch–, murió el 26 de marzo del 39, cuando era inminente la entrada en Madrid de las tropas franquistas. Y el 1 de abril del 39, en lugar de consolarse celebrando el Día de la Victoria, Lluch enterraba a su hijo Rafael, muerto el día anterior con sólo un mes de vida.[63] No sé hasta qué punto habrá que tomar sus palabras al pie de la letra, pero lo cierto es que el 20 de abril, Lluch declaraba, ya como viudo, "que ha sido perseguido, procesado y encarcelado por desafecto a la República [...] y que en la actualidad no cuenta con los medios económicos suficientes para el decoroso mantenimiento de sus familiares; por lo cual desea acogerse a la benéfica obra de Auxilio Social para ex presos y ex perseguidos".

El camarada Lluch recibe enseguida del nuevo Estado tantos encargos y nombramientos menores que su verdadera entidad me resulta un tanto imponderable. Es nombrado secretario de la Sección de Teatros del Sindicato de la Industria Cinematográfica y Espectáculos Públicos, por su amigo y superior Carlos Fernández Cuenca, que es secretario general del Sindicato (26 de marzo de 1939). Un pase de entrada para el Ministerio de Organización y Acción Sindical de 2 de junio de 1939 le acredita ya como jefe de la Sección de Teatros de la Central Nacional Sindicalista (CNS). También es nombrado (28 de marzo de 1939) delegado general del Sindicato en la Junta de Espectáculos. Salvando las denominaciones, son casi los dos puestos que había desempeñado María Teresa León. Un oficio de 24 de abril de 1939 introduce algunos cambios de denominación: el "que era Jefe de la Sección de Espectáculos Públicos del Sindicato de Actividades diversas D. FELIPE LLUCH GARÍN de la C.N.S. de Madrid" recibe un poder delegado para la incautación de los locales teatrales madrileños: se trata de "gestionar, intervenir y recuperar [...] aquellos bienes y documentación que pertenecían legalmente a los Sindicatos y Sociedades Obreras de Espectáculos Públicos afectos al Frente Popular y que han de pasar en virtud de la ley a incrementar los bienes de la C.N.S.".[64]

El 2 de abril del 39 ya había firmado un informe sobre la incautación de los teatros, donde parecen aflorar, invertidos, los mismos criterios estético-políticos de María Teresa León:

> [...] a fin de asegurar la continuidad de la vida ciudadana y de hacer, en su día, entrega al Estado Nacional Sindicalista de la industria del espectáculo intervenida

---

[63] Tanto la factura de la funeraria como los Derechos de Inhumación –de la República Española, por cierto– llevan fecha de 1 de abril del 39.

[64] Firman César Moreno Navarro (delegado de la Central de Madrid) y José Luis Rodríguez Pomatta (secretario general de la Central de Madrid).

por el llamado Gobierno de la República. [...] logramos mantener abiertos los espectáculos hasta su reversión al Estado. Solo se suspendieron aquellos en que se representaban obras estrenadas con posterioridad al 18 de julio y las que por su falta de decoro eran incompatibles con el espíritu del Movimiento (archivo familiar).

Lluch, que solía presentarse como "periodista" en su documentación,[65] desempeñó otros cargos y encargos en torno a cine y teatro, uno relacionado con la censura y otro, la redacción del Proyecto de Sindicato del Espectáculo, "El teatro como industria", sindicato que se constituyó a comienzos del 40. El 5 de abril, Román Escohotado –secretario general del Departamento de Teatro (Servicio Nacional de Propaganda. Ministerio del Interior; también llamado "de la Gobernación")– nombró a Lluch "Delegado de esta Secretaría General para Madrid y durante mi ausencia [...] realizará [...] cuantas gestiones, actividades, etc., incumben a esta Secretaría".[66] También recibió Lluch algunos pequeños honores, como el nombramiento que le hizo Samuel Ros el 17 de noviembre del 39 como cronista oficial del traslado de los restos de José Antonio Primo de Rivera a El Escorial.[67] El 16 de octubre de 1940 se le hizo colaborador honorario del Instituto Antonio de Nebrija del Consejo Superior de Investigaciones Científicas.

No sé hasta qué punto se sintió satisfecho con esta lluvia de nombramientos. Por ejemplo, el 15 de abril del 39, en nombre del Departamento

[65] "Editorialista de *Ya*" y residente en Zurbano 81 en su carné del Ateneo (10 de junio de 1939) y "periodista" en un salvoconducto de 48 horas que le firma su jefe de Bandera, la 76, Carlos Fernández Cuenca (28 de julio de 1939); pero "Ingeniero Industrial" en su cédula personal (n.º 1125697, de 1939): "Nacido el 4 junio 1906"; en algún momento se mudó de domicilio, pues ahora "Habita en Zurbano 57, pral dra [*sic*]". No obstante, el 18 de mayo del 39, Juan José Pradera, director de *Ya* (además de consejero de la Junta Política de Falange y jefe del Movimiento en Guipúzcoa), había certificado "a efectos de identificación personal" que Lluch, "persona incondicionalmente adicta a nuestro glorioso movimiento", "presta sus servicios actualmente como redactor del periódico *Ya*".

[66] Como prueba de su actividad real, se conserva un escrito (18 de marzo de 1940) del empresario de la compañía de Teatro Clásico de Ricardo Calvo pidiendo apoyo: "Puesto al habla con el Sr. Lluch hemos encontrado una solución que sometemos a su criterio y que es la siguiente": pases gratuitos de ferrocarril para sus giras a cambio de dar funciones extraordinarias para las organizaciones juveniles y SEU allí donde actúen. En su Diario (7 de junio de 1938), después de actuar con su grupo ambulante en Marchamalo, Lluch había escrito: "Y me prometí en mi alma, como lo hice en Ciruelas, volver un día –¿cuándo puede ser, Dios mío?– para representar algunos de los pasos y actos primitivos, para iniciar en nuestra gloriosa tradición teatral a estas pobres aldeas de España tan olvidadas siempre...".

[67] No debió de tener efecto ya que el relato oficial fue de Ros-Bouthelier.

Nacional de Teatro, pronunció unas palabras de homenaje al difunto Serafín Álvarez Quintero, en la reposición de *Malvaloca* que reiniciaba la actividad en el Teatro Español.[68] En realidad, su único objetivo, su obsesión, era la constitución de un Teatro Nacional.[69] Y no parece que pensara en recuperar su antiguo puesto en el *Ya*, origen de tantos sufrimientos. El proyecto, redactado durante la guerra y presentado en julio del 39, "Ordenación del Teatro como Arte. Proyecto de Instituto Dramático Nacional. Iniciativa y estudio de Felipe Lluch Garín", causó buena impresión y fue aprobado por Bellas Artes; pero se estancó en algún vericueto del Partido.[70] La impresión es que, una vez más, Lluch iba a trabajar mucho para terminar ocupando una posición dependiente. Lo explicaba así en carta a su madre de 6 de octubre de 1939:

> a pesar de la favorabilísima acogida que tuvo en el Ministerio mi proyecto de Instituto Dramático Nacional y de los grandes deseos del Marqués de Lozoya –Director General de Bellas Artes– de llevarlo a la práctica, se han torcido de tal manera las cosas que me veo desplazado de su realización. La cosa es larga y dolorosa de explicar, pero en síntesis hela aquí:
>
> Lozoya encargó a una comisión, de la que yo formé parte, el estudio y realización de mi proyecto. Pero, aunque este ha sido alabado y ponderado a más no poder por mis compañeros de comisión, estos lo han desvirtuado y se han apartado de él de tal manera, que no he tenido más remedio que presentar mi dimisión, porque, en realidad, no se iba a hacer nada de lo que yo quería y proyectaba, y no podía dignamente colaborar en una obra que, alejada por completo de mi proyecto, la creo condenada al fracaso.
>
> Es decir, que al amparo de mi proyecto ha surgido la necesidad y posibilidad de crear el Teatro Nacional, e incluso se ha conseguido el dinero para ello,

[68] Entre otras cosas, decía Lluch: "Serafín […] murió, hace un año, de tedio y de amargura […] soñando con esta España en pie que hoy empieza a vivir con ímpetu de juventudes y con madurez de siglos […] aquella España rota la hemos fundido de nuevo –como funden las campanas, como pedías tú mismo que fundieran a esta pobre Malvaloca […] pronunciamos hoy tu nombre y sumamos tu adhesión a la tarea que empieza. Serafín Álvarez Quintero: ¡Presente y arriba España!". Con ese mismo motivo, un año antes, el Consejo Nacional del Teatro envió a Joaquín un oficio de pésame, elogioso, digno y sin melodramatismo alguno (*Boletín de Información Teatral* 5 [15 de mayo de 1938]: 2). En el mismo tono de serenidad y aprecio popular, ese número 5 del *Boletín* abría con un artículo de Alberto Marín Alcalde, "Madrid y los hermanos Quintero" (1-2), que luego cito.

[69] Para los Teatros Nacionales en España, véanse los volúmenes dirigidos por Peláez; para los orígenes, Aguilera 2002 y Huertas.

[70] En julio del 39 Román Escohotado era secretario general del Departamento Nacional de Teatro y Música y Tomás Borrás, jefe del Sindicato del Espectáculo.

y yo me veo ahora alejado de esa tarea por incompatibilidad de criterio con quienes, en realidad, nada tienen que ver con mi proyecto.

Poco después, el 17 de octubre del 39, el camarada Lluch suma un nuevo cargo, no sé si vacío: "presidente de la Comisión Asesora y de Estudios Técnicos de Espectáculos Públicos".[71] El final de todo, como es sabido, fue que el Teatro Oficial de la Falange, compañía dirigida por Luis Escobar durante la guerra en el lado franquista, se instaló en la sala del María Guerrero, aún en obras desde el año 35, y empezó a funcionar como pudo desde abril del 40. Este Teatro Oficial dependía del Ministerio de Educación, donde el ambiente era de signo monárquico, católico y autoritario en la línea de Acción Española y en pugna con Falange. Poco más tarde, y no sin rivalidad, el Sindicato del Espectáculo pilotado por Tomás Borrás logró crear una compañía a la que el Ayuntamiento de Madrid dio la concesión del Teatro Español, de forma estable y con carácter oficial, a partir de la temporada 1940-1941, una vez que terminaron sus contratos Ana Adamuz (abril-septiembre de 1939) y el empresario Manuel Herrera Oria (temporada 1939-1940), el cual tuvo a dos compañías, la de Niní Montián hasta diciembre del 39 y la Guerrero-Mendoza hasta junio del 40. Ana Adamuz, por cierto, había permanecido en Madrid durante la guerra y sido primera actriz de *La madre*, de Máximo Gorki, estrenada en el teatro Progreso (25 de marzo de 1938) y adaptada por Eduardo Muñoz del Portillo (*Boletín de Orientación* 3 [15 de marzo de 1938]: 7), un viejo colega de Lluch en *Sparta*. Finalmente, Felipe Lluch fue nombrado director de la compañía del Español en octubre de 1940 y pudo hacer sus montajes con autoridad en una sala propia, aunque las ambiciosas iniciativas que soñó en sus días de *emboscado* en Madrid se vieron severamente recortadas.

Sin embargo, hasta que le llegó este momento Lluch había tenido alguna que otra desilusión, ligada quizá a sus pasadas lealtades republicanas, que ahora le volvían menos aceptable que otros, o sencillamente a cuestiones prácticas y de presupuesto. Tanto las funciones para la entrada oficial de Franco en Madrid en mayo del 39 como las del primer 18 de julio fueron encomendadas a la compañía de Escobar, que dio dos de los autos sacramentales representados en los frentes. Lluch tuvo que conformarse con dar un programa doble con un grupo que denominó "Carro de la Farándula. Teatro

---

[71] El papel es de la Central Nacional Sindicalista. Delegación Sindical Provincial. Madrid. Como referencia figura: Sindicato Actividades Diversas. Firma ilegible de "El Director".

de la Jefatura Provincial de Falange Española Tradicionalista y de las J.O.N.S.": *El hijo pródigo* de Lope de Vega y *La guarda cuidadosa* de Cervantes (Español, 31 de julio de 1939). Mientras, su *España, Una, Grande y Libre*, el espectáculo nacionalista y falangista que tenía preparado, tuvo que esperar hasta el primer aniversario de la Victoria (7 de abril de 1940). La función de gala, que se estudia con detalle más adelante, estuvo presidida por el ministro de la Gobernación, Ramón Serrano Suñer, y recibió toda la atención del aparato propagandístico de Falange, que controlaba la prensa.[72]

La inauguración de la temporada del Teatro Español, ya como Teatro Nacional, presidido oficialmente por José María Alfaro y Tomás Borrás, fue el estreno, en función de gala, de la *Celestina* (13 de noviembre de 1940), dirigida por Cayetano Luca de Tena sobre la versión de Felipe Lluch.[73] Así consta en los programas de mano y me parece imposible que Lluch, precisamente cuando daba comienzo el gran sueño de su vida, no dirigiera personalmente *su Celestina*, a no ser por fuerza mayor. Poco antes, Lluch había sido operado quirúrgicamente, en un intento por frenar su pleuritis, ya crónica.[74] Desde luego, Lluch fue un hombre ducho en el infortunio. El espectáculo fue presentado por el notorio falangista Eugenio Montes. La prensa del día publicó un artículo de presentación a cargo de Lluch ("Inauguración de la temporada del Español". *Gol,* recorte sin localizar). Éste haría lo imposible por asistir a la función y parece que dirigió unas palabras de aliento falangista a los miembros de la compañía antes de ese primer estreno.[75]

---

[72] El 1 y 2 de mayo del año anterior, Lluch había oficiado a diversas instancias: "Deseando este Departamento [de Teatro] contribuir a la mayor brillantez de las Fiestas de la Victoria que han de celebrarse en esta Capital durante el mes de mayo en curso, ha proyectado unas representaciones de carácter excepcional que habrían de celebrarse en el Teatro Español [...]".

[73] En 1943, ya como director del Teatro Español, Cayetano Luca de Tena escribió (22 de enero de 1943) a la madre de Lluch pidiendo permiso tanto para traducir esta versión de la *Celestina*, que habían solicitado desde Praga, como para editarla en castellano; que yo sepa, no se hizo ninguna de las dos cosas.

[74] La intervención se debió de practicar a lo largo del mes de octubre. La factura del cirujano Dr. Moreno Butragueño (Plaza Colón 2, Madrid) "Por la operación que se le ha practicado de pleurotomía, con recesión costal", es de 21 de octubre del 40. El importe, de 3.500 pesetas, era alto para la época. Fue una suerte que, por su condición de periodista, la Asociación de la Prensa cubriera gran parte de los gastos médicos de Lluch. Un salvoconducto de 14 de septiembre de 1940 para "regreso a su domicilio" lo sitúa en San Lorenzo de El Escorial: ¿se estaba recuperando o preparando para la cirugía?

[75] Debió de dictarlas: el manuscrito, firmado a su nombre el 13 de noviembre de 1940, no es autógrafo. Para los datos completos de reparto y producción véase, en lo sucesivo,

Una información firmada por Igort en *Arriba* (3 de noviembre de 1940: 3), diez días antes del evento de la *Celestina*, me parece indicativa del nivel de revoltijo administrativo reinante en los órganos teatrales del partido. Bajo este titular: "Los Sindicatos de Falange inician el renacimiento de nuestro teatro en el Español", se anuncia la creación de una "Escuela Teatral con carácter gratuito". La información, que parece un recuelo de los ambiciosos planes de Lluch, contempla la programación de la temporada –un Calderón, un Lope, un Shakespeare, un Schiller, *Garcilaso* de Mariano Tomás y "una obra de un autor novel"–, en la que se reserva espacio para el teatro religioso con tres festivales, en Navidad, Semana Santa y Corpus. Se proyecta también teatro infantil y conciertos, pero lo que más llama la atención es la creación de "una Escuela Teatral, gratuita, con las siguientes disciplinas", que se detallan. "Se crearán abonos a precios módicos". Los nombres que se citan como "garantía" de la empresa son los camaradas Alfaro (director general),[76] Borrás (director artístico) y Lluch (director de escena), entre otros,[77] algunos de los cuales no eran precisamente garantía de dinamismo y modernidad. De todo ello no hubo nada.

El nivel de dificultades que Lluch encontró para establecer en España un teatro como servicio público puede apreciarse en su "Informe sobre el Departamento Nacional de Teatro" que debió de redactar, calculo, en la primavera del 41.

Tras la *Celestina*, Lluch montó y dirigió una comedia de enredo, *Las bizarrías de Belisa* de Lope de Vega (17 de enero de 1941)[78] con escenografía de Sigfrido Burman, figurines de Manuel Comba y canciones de Lope armonizadas por el maestro Manuel Parada. Lluch, demacrado y enlutado –¿o unifor-

Peláez. Se conserva una fotografía (Foto-Tierra) que podría corresponder a esta función de gala, que exigía "uniforme o etiqueta": hay cinco caballeros de esmoquin, otro de calle, y dos uniformados de Falange. Uno de éstos es un cadavérico Felipe Lluch que, con los brazos cruzados e igual mirada a la cámara que en sus tiempos de colegio, ocupa el puesto central en el grupo. No reconozco a ninguno de ellos y tampoco veo a Luca de Tena.

[76] En 1935 Alfaro había publicado en *Ya* un artículo afín a los de Lluch: "La poesía tradicional española canta al Nacimiento de Cristo: el sentido popular del romance primitivo" (*Ya* 24 de diciembre de 1935: 7).

[77] Federico Sopeña (asesor de música), Burman, José Caballero y Manuel Concha (asesores de plástica), Manuel Parada (director musical), Luca de Tena y José Franco (ayudantes de dirección de escena). Profesores de la escuela: Lluch, Franco, Luis Astrana Marín, Mariano Tomás, Manuel de Góngora, Francisco Melgares, Manuel Comba y José Luis Lloret.

[78] La fecha prevista era "Jueves 16"; pero en un programa de mano se lee esta enmienda manuscrita: "Viernes 17".

mado de Falange?–, saludó desde el escenario junto a los intérpretes. La sesión se completó con *La decantada vida y muerte del general Mambrú*, "tonadilla general de Jacinto Valledor", ya dirigida por Lluch en el TEA y nuevamente instrumentada ahora por Parada;[79] el decorado y vestuario fue de José Caballero. Adaptándose lo mejor que pudo al terreno, Lluch programó una reposición de Benavente, *La losa de los sueños* (comedia en dos actos) y, para complementar la velada, fue a lo seguro, al igual que durante la guerra: *Château Margaux* (8 de febrero de 1941) de José Jackson Veyán con música de Manuel Fernández Caballero. Iban precedidas por la interpretación de *Quejas o La Maja y el Ruiseñor*, de *Goyescas*, *suite* para piano de Enrique Granados.

Al mes siguiente, otra sesión "segura" parecida (6 de marzo de 1941) con *Sin querer*, "boceto de comedia" en un acto, de Benavente y *El patio*, comedia en dos actos de los hermanos Quintero,[80] autores a los que había acudido el Consejo Nacional, junto con Benavente, como apoyo en su lucha en pro del teatro en el Madrid republicano.[81]

Aunque de escasa calidad y sin fecha, existen tres fotografías de un ensayo, de enero del 41, en que Lluch –traje y camisa negras, rostro cadavérico pero magnífico de gesto y expresión– dirige con pasión a Carmen Bonet para su papel de Angelita en *Château Margaux*. Pero Lluch recayó. Ya muy enfermo, dedicaba sus últimas energías a preparar *Las mocedades del Cid* de Guillén de Castro. Este estreno de *Las mocedades*, codirigido por el joven Cayetano Luca de Tena, se produjo el 1 de abril de 1941, en función de gala por el segundo aniversario de la Victoria, y con la asistencia de Franco.

El bello programa de mano reproducía la portada de la primera edición de la obra (Valencia: Felipe Mey, 1621) con el mismo aire estético de las

---

[79] Gil Fombellida (314) atribuye a Rivas Cherif la dirección de la función del TEA en 1934.

[80] Tanto en tipografía como en ilustraciones, los programas de mano de ambas sesiones buscan reproducir el aire novecentista de publicaciones como *Mundo Gráfico* o *Blanco y Negro*; en realidad, la misma técnica que Lluch empleaba con los textos áureos, aunque a mí personalmente me transmiten una sensación polvorienta y envarada.

[81] Alberto Marín Alcalde hablaba en mayo del 38 de que "Madrid ama el teatro de los Quintero", de su "españolismo auténtico", de que sus entremeses son "la más rica colección de viñetas populares" y que "han permanecido entre nosotros sencilla y austeramente, satisfechos de partir el escaso pan y las muchas incomodidades con el heroico vecindario matritense" ("Madrid y los hermanos Quintero". *Boletín de Orientación Teatral* 5 [15 de mayo de 1938]: 1-2); véase también la carta en que los hermanos contestan a la solicitud que los Sindicatos madrileños les habían hecho de nuevas obras (*Boletín de Orientación Teatral* 2 [1 de marzo de 1938]: 6).

imprentas áureas.[82] Incluía también una "Noticia de la obra", de prosa caudalosa como la de Lluch, pero sin firma, que daba cuenta de la eliminación de "toda posible exaltación romántica, toda excesiva brillantez efectista [...] para buscar en la entraña del texto dramático [...] el espíritu a un tiempo guerrero y religioso [...] de esta hermosa tragedia sin catástrofe, joya inestimable de nuestro casi olvidado o mal entendido teatro nacional". No faltaba la alusión a que "[f]ácilmente pudo Corneille transformar la brillante y arrebatada comedia de Castro en la primera y fundamental piedra [...] de la tragedia clásica francesa".

Las mocedades fueron muy bien recibidas, probablemente por la carga nacionalista que implicaba la figura del Cid en una de las fechas señaladas del calendario nacionalista. *ABC* (3 abril 1941: 8) incluía este suelto, "Lo que ha significado su representación":

> La Falange ha divulgado nuestro mejor teatro, buscando en el tesoro de los autos sacramentales y en el Romancero las piezas más considerables [...] el Estado, por el órgano de la Falange, cuida el Teatro Nacional, venero de emociones [...] Traer a la conciencia de las gentes la grandeza de nuestro teatro del Siglo de Oro y sus precedentes inmediatos, y hacerlo con dignidad de tono es obra de depuración del gusto y, además, profundamente patriótica.

El formular texto obedece sin duda a una consigna impuesta por la Delegación de Prensa, que monopolizaba en España todo lo relacionado con los medios de comunicación y opinión, nombraba todos los directores de todos los diarios, otorgaba el carné de periodista y ejercía la censura de prensa, teatro, radio, cine y de todo lo impreso, de acuerdo con la Ley de Prensa de 1938, totalitaria como todas las leyes de ese estilo que se promulgan durante una guerra, pero que en España se aplicó sin reforma alguna durante casi treinta años de paz, hasta 1966.

Lluch ya no pudo atender directamente a los dos últimos montajes en el Español. Cayetano, actores y escenógrafos le visitaban y consultaban figurines, decoraciones, versos.[83] Pero no funcionaron. *El hombre que murió en la*

---

[82] Lluch diseñaba cuidadosamente también los programas de mano, como el que se conserva de las "F<small>IESTAS</small> = de la = V<small>ICTORIA</small> = en su = Segundo Aniversario".

[83] Desde Valencia, Rafael Martí Orberá ("El malogrado Felipe Lluch: una gran pérdida para el teatro español". *Las provincias* 3 de junio de 1945: 8) da algunos detalles sobre los últimos meses de Lluch; también evoca sus charlas con Lluch durante la guerra en que éste le asombraba con sus proyectos teatrales.

guerra de los hermanos Machado (18 de abril de 1941) no gustó y tampoco *Víspera*, del camarada Samuel Ros (14 de mayo de 1941), fue bien recibida.

Lluch murió el 10 de junio de 1941 en el sanatorio del doctor Nogueras, o de la Encarnación (Ayala 83), a causa de una pleuritis supurada, contraída en los meses que pasó en las cárceles, diagnóstico más que verosímil apuntado por Tomás Borrás (1968, 347-48).[84] Del sanatorio salió el cortejo fúnebre hasta Manuel Becerra, donde se despidió el duelo. Siguió hasta el cementerio de la Almudena donde Lluch quedó enterrado. Fue un entierro de cierta notoriedad, con el conde de Montarco a la cabeza en representación de Serrano Suñer (presidente de la Junta Política y ministro de Exteriores), Dionisio Ridruejo, jerarquías y autoridades, artistas y escritores. El funeral se celebró en la parroquia de Santa Teresa y Santa Isabel, en la glorieta de "iglesia", cerca de su último domicilio en Zurbano 57.

Ya fuera de temporada, Luca de Tena programó *La casa de la Troya*, adaptada por Manuel Linares Rivas (4 de julio de 1941) y el 18 de julio repuso el espectáculo áureo-fascista de Lluch *España, Una, Grande y Libre*. En la prensa hubo recuerdos para el finado, y homenajes póstumos. Entre el 2 y el 10 de julio del 42, Luca de Tena quiso rematar la temporada del Español con el montaje al aire libre, en el Paseo de las Estatuas de los Jardines del Buen Retiro, de la versión que Lluch había preparado de *El pleito matrimonial del alma y el cuerpo*, de Calderón. El público respondió bien. El último homenaje se lo rindió, en 1943, la *Revista Nacional de Educación* con la publicación de su texto inédito sobre "El auto sacramental" (noviembre 1943: 7-17).

Lluch fue un hombre bueno, romántico e infortunado a quien Sánchez Silva situaba "en la zona colérica de los impacientes, de los revolucionarios". Su efectiva contribución al mejoramiento de nuestro teatro quedó a la sombra de Cipriano Rivas Cherif primero y de María Teresa León después. Cuando, por fin, le llegó la ocasión de brillar por sí mismo, la muerte, con solo 35 años, se lo impidió. De haber vivido, es seguro que hubiera ocupado un puesto de gran relieve en la historia de nuestra escena, en lugar de la escueta nota a pie de página que normalmente lucra en los libros sobre teatro español del siglo XX. Los trabajos de Aguilera Sastre (1993a y 1993b y

---

[84] Una segunda operación para limpiar la pleura el 30 de abril del 41 salió bien; pero la anemia, el desgaste físico y la fiebre impidieron su recuperación. *Ya* incluyó en primera página una necrológica escrita por N[icolás]. G[onzález]. R[uiz]. Al año siguiente, el *Ya*, su antigua empresa, publicó un artículo de aniversario ("Tránsito de Felipe Lluch". *Ya* 10 de junio de 1942: 2). Los demás periódicos incluyeron también necrológicas y esquelas.

Aguilera/Aznar 1999, principalmente) llamaron la atención sobre su importante papel pero es difícil que el sino de su oscuridad se altere sustancialmente, puesto que no se puede estudiar ni valorar una historia escénica prolongada que no llegó a ocurrir.

El melancólico sino de Felipe Lluch parece resumido en la desgracia que acudió también a conspirar contra su memoria: el 28 de enero de 1944 Cayetano Luca de Tena promovió un homenaje en el que se le dedicaron discursos y algo menos que una placa (*Ya* 29 de enero de 1944); en realidad, unas sencillas letras metálicas colocadas directamente sobre la blanca pared del Saloncillo del Teatro Español, entre dos marcos isabelinos con retratos de actrices del pasado: "Felipe Lluch = † 10-VI-1941". Pero fueron destruidas en un incendio, el de 1975 probablemente. Y nadie se acordó de reponerlas, cruda señal de que su nombre era entonces ampliamente ignorado. Casi escuece releer estas palabras de la necrológica que le dedicó Antonio de Obregón: "Felipe Lluch, director de escena –y esto que vamos a decir nos llena, en cambio, de satisfacción como españoles y camaradas suyos–, no murió sin ser director del Teatro Español, que guardará su recuerdo siempre".

1.1. La rama materna Garín Martí (de izquierda a derecha): Felipe (sería abogado), José (sacerdote), Mariano (ingeniero industrial), Vicente (abogado), María (madre de Felipe Lluch Garín, sirviendo el té o café) y el niño Santiago (abogado); en el suelo: Rosalía y Concha (damas catequistas las dos); en los retratos los difuntos Anunciación y otro Santiago. Sentados: los padres de estos, y abuelos maternos de Felipe Lluch Garín.

1.2. Felipe y su hermano José María en el colegio de San José (Valencia).

1.3. Don José Lluch Meléndez (cuarto por la izquierda), hacia 1917, con alumnos del Instituto de Ingeniería Electrotécnica de Valencia fundado por él.

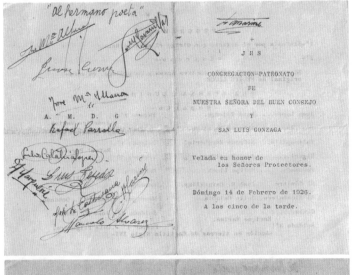

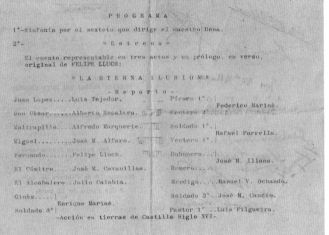

1.4 (a y b). Programa de mano, casero, de *La eterna ilusión*.

1.5 (a, b, c, y d).
Fotografías de Felipe Lluch
como san Luis Gonzaga en
Espejo de Héroes (teatro
Fontalba, 16 nov. 1926).

PRIMERA PARTE:

Poesía y Drama
de hoy

lectura de versos de poetas españoles
del día

por C. Rivas Cherif.

SEGUNDA PARTE:

Orfeo

tragedia en un acto y un intervalo, de Jean
Cocteau, traducida por Corpus Barga.

Orfeo: C. Rivas Cherif.—Chocaire: Felipe
Lluch.—El Comisario de Policía: Eusebio
de Gorbea.—El Escríbano: Antonio Ramón Algorta.—Azrael, primer ayudante de
la Muerte: Salvador Bartolozzi.—Rafael,
segundo ayudante de la Muerte: Ernesto
Burgos.—El caballo y La voz del Cartero:
Luis Lluch. — Euridice: Magda Donato.
La Muerte: Gloria Martínez Sierra.

Decorado y figurines de Bartolozzi, realizado
por A. R. Algorta. y los Hermanos Lluch.

El sábado, 29 de

Diciembre, a las seis y media

«Asclepigenia y la experiencia amatoria
de don Juan Valera»

conferencia por Manuel Azaña, seguida de la
representación de

Asclepigenia

y ESTRENO de

Si creerás tú que es
por mi gusto

de Jacinto Benavente

y de

Dúo

de Paulino Massip.

Con el concurso excepcional de Fanny Brena.

La Cartelera Artística.-Fuencarral, 159.

1935

SALA REX MAYOR, 8

El sábado, 22 de Diciembre

A las seis y media

Segunda y última representación

de

Orfeo

por el grupo teatral del

Caracol

PROGRAMA:

1.6 (a y b). Programa de mano del montaje de *Orfeo* de Jean Cocteau en el grupo *Caracol* (sala Rex, 19 dic. 1928).

Año V — N.° XLIV

Revista de Occidente

Director:
José Ortega y Gasset

Sumario

VALENTÍN ANDRÉS ÁLVAREZ: *Dorotea, luz y sombra* •
JUAN COCTEAU: *Orfeo* (tragedia en un acto y un
intervalo) • JUAN CHABÁS: *Las vuel-
tas inútiles* • JOSÉ CONRAD:
Gaspar Ruiz (cuento
romántico)

NOTAS. — ANTONIO MARICHALAR: *Estética de retroceso y
la poesía de Hart Crane* • BENJAMÍN JARNÉS: *Revistas nuevas* • JOSÉ MARÍA DE COSSÍO: *Metáfora e imágen* • GUI-
LLERMO DE TORRE: *Índice de la nueva poesía americana* •
ANTONIO ESPINA: *Ramón del Valle-Inclán: Tirano Banderas* •
ESTEBAN SALAZAR Y CHAPELA: *Literatura plana y literatura
del espacio* • Libros recibidos.

Febrero 1927

1.7 (a y b). Páginas del texto de *Orfeo*, publicado en la *Revista de Occidente*, que se empleó en el montaje del *Caracol* (19 dic. 1928). Las enmiendas son de mano de Felipe Lluch y Antonio Ramón Algorta.

Orfeo

188   Juan Cocteau

Eurídice.—De todos modos, inténtelo usted.

Chocaire.—(*Al lado del caballo.*) Le confieso a usted que no me siento muy seguro en mis piernas.

Eurídice.—¡Sea usted un hombre! (*Pasa a la derecha y se detiene junto a la puerta de su cuarto.*)

Chocaire.—Vamos allá. (*Con voz débil.*) Caballo... Caballo...

(Sancho) Eurídice.—(*Mirando por la ventana.*) ¡Cielos, Orfeo! Entra. Atraviesa el jardín. Pronto, pronto, haga usted como que trabaja. (*Chocaire tira el terrón de azúcar sobre la mesa puesta y la empuja contra la pared, entre la ventana y la puerta del cuarto.*) Súbase usted a esta silla.

Chocaire se sube a la silla en el marco de la puerta-ventana y hace como que toma medidas. Eurídice se sienta de golpe en la silla de la mesa de escribir.

Escena IV

Los mismos, Orfeo.

Orfeo.—He olvidado mi fe de nacimiento. ¿Dónde la he puesto?

Eurídice.—En lo alto de la librería, a la izquierda. ¿Quieres que la busque?

Orfeo.—Continúa sentada. Ya la encontraré yo mismo.

Pasa por delante del caballo, lo acaricia, coge la silla sobre la que Chocaire está de pie y se la lleva. Chocaire se

---

Orfeo   189

queda, en su postura, suspendido en el aire. Eurídice ahoga un grito. Orfeo, sin apercibirse de nada, se sube a la silla delante de la librería, dice: «Aquí estás», coge la fe de nacimiento, desciende de la silla, la vuelve a llevar a su sitio, bajo los pies de Chocaire, y sale.

Escena V

Eurídice, Chocaire.

(Sancho) Eurídice.—¡Me explicará usted este prodigio!

Chocaire.—¿Qué prodigio?

Eurídice.—No me va usted a decir que no se ha enterado usted de nada, y que es natural que un hombre, de cuyos pies se quita una silla, se quede suspendido en el aire en lugar de caer.

Chocaire.—¿Suspendido en el aire?

Eurídice.—Hágase usted el sorprendido. Le he visto a usted. Se tenía usted en el aire. Se estaba usted en el aire a cincuenta centímetros del suelo. Alrededor había el vacío.

Chocaire.—Me asombra usted mucho.

Eurídice.—Se ha quedado usted un minuto largo entre tierra y cielo.

Chocaire.—Es imposible.

Eurídice.—Justamente, porque es imposible, me tiene usted que dar una explicación.

Chocaire.—¿Sostiene usted que yo estaba sin apoyo entre el suelo y el techo?

Eurídice.—¡No mienta usted, Chocaire!

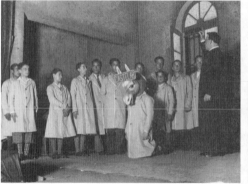

1.8 (a, b, c y d). Lluch, el activista: cuatro fotos en torno a la adaptación teatral de la novela *A.M.D.G.* de Ramón Pérez de Ayala, estrenada en el teatro Beatriz (6 nov. 1931). © Alfonso. VESAP. Madrid 2010.

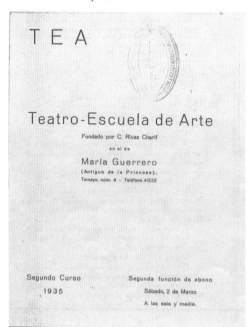

Nota sobre la versión del Teatro Escuela-de Arte

«Gas», obra característica del teatro moderno, perfecta en su confección, técnica y estilo, tiene, para su representación ante un público meridional, el doble inconveniente de su lentitud reiterativa y de la falta de espectáculo y dinamismo de sus escenas.

A subsanar esta ausencia de virtud dramática ha tendido la versión y dirección escénica del *Teatro Escuela de Arte*.

Se han sacrificado las repeticiones de conceptos ya expuestos, y, por lo tanto, de escaso interés dramático; los parlamentos diluidos y desmesurados en perjuicio de su eficacia teatral, de algunas de sus escenas, y especialmente las de los tres últimos actos, sobre todo el quinto, que ha quedado reducido a lo puramente esencial para el desenlace, sin la exposición que en su comienzo vuelve a hacerse de todo el proceso de la obra.

Se ha dotado al lenguaje de la flexibilidad y sencillez necesarias para hacer comprensible el juego de sus imágenes con la sola audición —siempre más rápida que la lectura, y nunca repetida como puede serlo aquella— y se ha procurado, en fin, dar a las expresiones el valor y el calor de prosa viva y original, no traducida, evitando así esa neblina de incomprensión que siempre o casi siempre se establece entre el espectador y la obra no escrita en su idioma original.

Toda la obra se ha envuelto, además, en una música de ritmos y sonoridades que crean el ambiente y la emoción precisos en cada momento, y suplen las soluciones de continuidad que la violenta deshumanización de la obra impone, revalorizando al mismo tiempo la voz y el tono, y contribuyendo a la total expresión del espectáculo.

F. LL. G.

El Jueves, 7 de Marzo, SEGUNDA DE ABONO AL "CICLO DE LOPE"

La corona merecida

Dirigida por Juan Chabás, y en la que, excepcionalmente, tomará parte principal CARMEN MORAGAS.

En breve, CONCIERTO HISTORICO DE CANCIONES DE CÁMARA por Dolores Muñoz de la Riva, para el cual los abonados tendrán reservadas localidades a precio de abono.

Imp. TORERIAS, Bravo Murillo, 39

1.9. (a, b, c y d) Programa de mano del montaje de *Gas* de Georg Kaiser en el Teatro Escuela de Arte, dirigido por Felipe Lluch (M.ª Guerrero, 2 mar. 1935).

"G A S"

drama en cinco actos,
original de **Georg Kaiser**.

traducción de *Alvaro Arauz y Luis Fernández Rica*.

versión espectacular
de *Felipe Lluch Garín*,

música de escena
de *Enrique Casal*.

figurines de *Victorina Durán*.

decorados de *Desmarvil*,
realizados por M. López Fernández.

muebles de Carlos Andrés.

electricista, Eduardo García.

Director de escena: *Felipe Lluch Garín*.

Director de orquesta: *Enrique Casal*.

el terror	Miguel Jara.
el escribiente	Armando Llauradó.
el ingeniero	José Alvarez.
un obrero	Rafael Cores.
el oficial	Antonio Ayora.
el millonario	José Franco.
su hija	María Elena Rodríguez.
un obrero herido	Jesús Moreno.
el primer obrero	Gustavo Bertot.
el segundo obrero	José Jordá.
el tercer obrero	Juan Pereira.
los señores negros	César F. Miguel, Leopoldo Navarro, Pedro Jaume, Manuel Iturralde y Ramón Ledi.
la hermana	Carmen Bonet.
la madre	Josefina de la Torre.
la mujer	Gloria A. Santullano.
el hermano	Gustavo Bertot.
el hijo	José Jordá.
el marido	Juan Pereira,
un obrero	José Flórez.
otro obrero	Emilio de la Rúa.
otro obrero	Rafael Cores.
el representante	Juan de la Torre.
el capitán	Manuel Iturralde.
los soldados	Enrique L. Vidarte y José Luis Viades.
obreras	Emilia Milán, Luisa Jimena, Adela Ayora, Beatris Casal, María Alvarez, Purificación Guerrero y Aurora Rodríguez.
obreros	Eladio Royán, Luciano Martín, Julián Bas, Antonio Mangas, José Cuesta, César F. Miguel, Leopoldo Navarro, Pedro Jaume, Ramón Ledi, Antonio Avila, Antonio Ayora y Miguel Jara.

NOTA: Se representarán sin interrupción los actos segundo y tercero y cuarto y quinto.

1.10. Foto de Felipe Lluch hacia 1935.

1.11. Carnet de la Sociedad Madrileña de Tranvías (1936).

1.12. Lluch, puesto en libertad (9 nov. 1937).

1.13. Lluch, miembro del Comité de Lectura del Consejo Nacional del Teatro (25 ene. 1938). Carnet firmado por el presidente de la Junta de Espectáculos (José Carreño España), vicepresidente de la Junta (M.ª Teresa León) y un ilegible secretario de la Junta.

1.14 (a, b, c y d). Páginas autógrafas del *Diario de guerra y de teatro, 1937-1939*, de Felipe Lluch.

CONSEJO NACIONAL DEL TEATRO
DELEGACION DE MADRID

REDACCION DEL INFORME

COMITE DE LECTURA • INFORME PRIVADO N.°

Título: _____ Materia: _____
Autor: _____ Teatro: _____

INFORME POLITICO:

INFORME LITERARIO:

Madrid, de de 193
EL CENSOR.

1.15 (a y b). Impreso para la redacción de Informes de Censura, para el Consejo del Teatro.

1.16 (a y b). Sobre empleado por Lluch durante la guerra para sus notas de estudio, con el membrete de la Alianza de Intelectuales Antifascistas para la Defensa de la Cultura (AIADC).

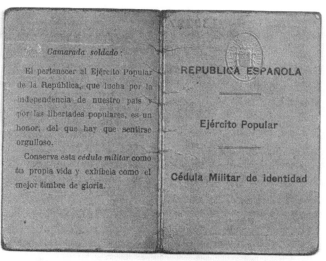

1.17 (a y b). Lluch, soldado del Ejército Popular de la República (16 abr. 1938). Recto y vuelto.

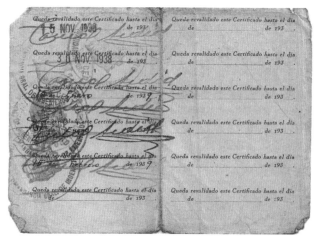

1.18. Destinos de Lluch como soldado del Ejército Popular de la República (15 oct. 1938). Recto y vuelto.

1.19. Carnet del Ateneo de Madrid
(12 ene. 1939).

1.20 (a y b). El 1 de abril de 1939 Felipe Lluch
enterraba a su hijo Rafael.

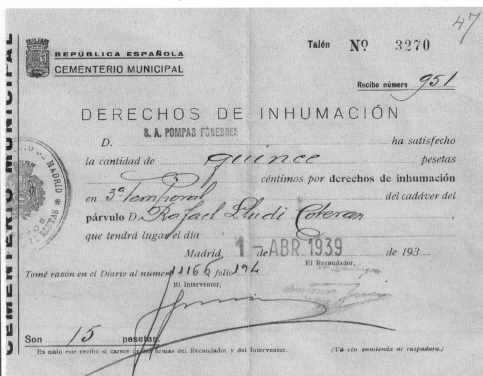

ADMINIS. Nº 2
TELEF. 21090
MADRID

DON JUAN JOSÉ PRADERA Y ORTEGA, Consejero de la Junta
Política de Falange Española Tradicionalista y de las J.O.N.S.,
Jefe del Movimiento en Guipuzcoa y Director de "YA"

C E R T I F I C O : Que el poseedor del presente documento, D. Felipe
Lluch Garín, es persona incondicionalmente adicta a nuestro
glorioso Movimiento, y presta sus servicios actualmente como
Redactor en el periódico "YA".

Y para que conste a efectos de identificación personal,
expido la presente en Madrid a 18 de mayo de 1939, AÑO DE LA
VICTORIA.

1.21. Juan José Pradera avala a Lluch (18 may. 1939).

1.22. "Formaré junto a mis compañeros…". Lluch en el Parque del Retiro en un acto oficial (1939).

1.23. Inscripción en el saloncillo del Teatro Español en memoria de Lluch. Desapareció en un incendio. No fue repuesta.

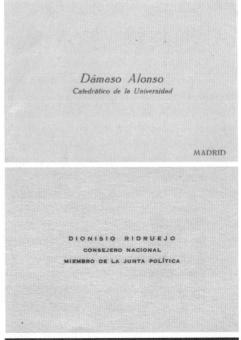

1.24 (a, b y c). Algunas condolencias en la muerte de Lluch.

1.25. El actor José Franco. "A la madre y los hijos de Felipe Lluch que para mí fue un hermano = Cariñosamente, Pepe Franco. 20 julio 1941".

LLUCH Y EL TEATRO ESPAÑOL DE LOS AÑOS TREINTA

EN *SPARTA* Y EN EL *YA,* 1932-1936

Los primeros escritos de Lluch sobe teatro aparecieron publicados en la revista *Sparta*. Esta publicación dependía de una empresa de publicidad del mismo nombre, "Sparta", dedicada a espectáculos. Durante algo menos de un año *Sparta* se publicó al precio de 40 céntimos; estaba francamente bien confeccionada, con buen papel, abundantes fotografías en blanco y negro y a color, e ilustraciones y cubiertas de notable calidad, obra de dibujantes como Palacios, Mas Berger, Sagrera, Adelat, Morgall, Herreros, Oliva y algún otro.

Estaba dirigida por Santiago y Alberto de la Escalera, y el redactor jefe era Eduardo Muñoz del Portillo. Lluch colabora en muchos de los 43 números que se publicaron hasta la desaparición, en noviembre de 1933, de esta revista de la que ha dado detalles Nieva de la Paz. Un mes antes del cierre, ya en crisis previsible, Agustín de Figueroa asumió la dirección y Lluch la jefatura de redacción.

Dos notas destacan en la revista: la primera es la defensa de los intereses económicos de la industria del espectáculo, ya sea teatro, cine, deporte o toros. En el número de muestra (1 de octubre de 1932) se dice que "mientras los poderes públicos [...] no reconozcan que el teatro, en todas sus manifestaciones y en todos sus matices, es el espejo de un pueblo y que la economía de esta manifestación de cultura y de vida nacional –que además sostiene directamente a más de 200.000 familias [*sic*]– bien merece un punto de atención [...]"; a continuación se pasa a hablar de la situación mercantil de los impuestos, los autores y los actores.

La segunda nota destacada es coherente con la anterior: la intensa dedicación al más rentable de los géneros teatrales: la revista, síntoma probable de una nueva situación social más permisiva. Menudean en sus páginas las ilustraciones "descocadas" como el dibujo de un caballero de etiqueta bailando con una señorita que luce un bikini y un llamativo ombligo, o las abundantes fotografías de *vedettes* a medio vestir o que reciben en la bañera, dentro de la sección fija "El despertar de nuestras tiples frívolas".

En principio no parece el lugar más a propósito para el joven Lluch, ya cabeza de familia, ni por la orientación de su carácter ni por sus elevadas aspiraciones teatrales. Pero era su primer empleo y no podía imponer condiciones. La revista *Sparta* parece una empresa efímera, surgida al calor del nuevo régimen y centrada en lo mercantil, pero que también dejaba espacio para otros intereses teatrales menos pecuniarios. Y ahí es donde, seguramente, Lluch vio un hueco para exponer sus ideas teatrales, en los ratos libres que le dejara su otro trabajo como ingeniero.

Como crítico del teatro, Lluch llama la atención por su buen criterio, que conjuga sensatez con una actitud abierta –progresista, diríamos hoy–, y moderna. Escribe con prosa más bien apasionada y maneja una información amplia y concreta sobre el teatro internacional, tanto el europeo como el norteamericano y el soviético. Aunque se centra principalmente en el teatro, también demuestra interés y una buena sensibilidad para lo cinematográfico. En conjunto, sus artículos en *Sparta* suman casi una veintena y arrojan un excelente panorama, por lo completo y equilibrado, de los problemas del teatro español en los años treinta a todos los niveles.

Estas colaboraciones son de dos tipos: unas podrían considerarse "teóricas", otras más de circunstancias, aunque no por eso desprovistas de interés. Entre estas últimas incluyo el incienso dedicado a Eduardo Marquina y su nueva obra, *Teresa de Jesús* (n.º 4, 26 de noviembre de 1932); el breve apunte "Marionetas" (n.º 17, 25 de febrero de 1933) sobre las funciones de títeres de Max Reinhardt en Salzburgo; el comentario a una "charla" españolista de Federico García Sanchiz (n.º 20, 18 de marzo de 1933) y el ficcionalizado relato de su viaje a Mérida para el estreno de *Medea* en versión de Unamuno, Margarita Xirgu y Rivas, relato abundante en elogios (n.º 34, 24 de junio de 1934).[1]

Los artículos "teóricos" o provistos de ideas más de fondo, tienen a su vez dos coordenadas: la renovación de la escena española y la búsqueda de

---

[1] Desde Mérida dirigió a su casa (Fernado el Católico 80) tres telefonemas que reflejan su excitación de periodista novel. El 18 julio: "llegado sin novedad pero tardísimo. Abrazos y besos. Felipe". Al día siguiente: "Espectáculo maravilloso. Llegaremos muy tarde. Auto malísimo. Abrazos. Felipe". El día 20: "Avería auto. Cenamos Trujillo. Llegaré mañana. Abrazos. Felipe".

un público amplio. Quizá lo más destacable de estos textos de Lluch es su reflexión acerca de la esencia del teatro, que surge tanto a propósito de la relación del teatro con el cine, como de sus comentarios a los montajes de los dramas revolucionarios soviéticos y al género de las revistas –estos últimos más bien respetuosos, ya que son sus patronos–. La tesis de Lluch es que al cine pertenece la imagen y al teatro la palabra; de ahí que el espectáculo teatral –tanto el de las coristas como el de las masas obreras– siempre deba actuar en coordinación con un texto coherente.

Partiendo de experiencias del teatro norteamericano Lluch percibe la tendencia a la baja del teatro literario y afirma ("Nuevo teatro"):

> El teatro no responde ya a un criterio de estilo, a una preocupación literaria, sino a la necesidad imperiosa de excitar y sacudir –las más de las veces de un modo orgánico y sensorial– el sistema nervioso del espectador, somnoliento y aletargado por tantos años de fría naturalidad escénica, de conflictos domésticos y juveniles amores contrariados […] Hoy día no se mide la bondad de un texto, de un decorado o de un actor por su belleza literaria, su exactitud de reproducción o su naturalidad y elegancia interpretativa, sino por el mayor o menor efecto que sobre el espectador produzca.

En "Norte y sur" señala la necesidad de un autor –no un director– capaz de combinar espectacularidad y sustancia literaria, actualmente dispersas en los tres polos del teatro social, la comedia burguesa –"la finura de matices, el rango intelectual y el calor de humanidad de la comedia burguesa, ahogada hoy día entre paredes de alcoba y salón"– y el mundo sensual de la revista en la que todo

> es espectáculo, vacío y fastuoso […] como denso y sombrío es el de las obras sociales; en ambas creaciones hace falta un autor, el autor de nuestro siglo, que hasta ahora no ha producido más que directores. Ese autor desconocido y esperado, ha de tomar sobre sí la gigantesca empresa de restablecer la armonía escénica y unir y completar los aciertos parciales de hoy día en un acierto total, que sea norma segura del teatro de mañana.

En "De la comedia francesa a la película rusa" abunda en la oposición entre la impresionante tosquedad del teatro ruso y el juego de arte del mundo liberal.

Lo tópico en la época era cantar el fin del teatro a manos del cine; pero Lluch mantiene un punto de vista menos miope. "Es un tópico vacío e infundado, hablar de rivalidad entre teatro y cine"; es más, "no hay entre

cine y teatro la más leve semejanza [...] porque el cine es la imagen y el teatro la palabra" ("Cine y teatro"). La falsa rivalidad procede de que cierto
teatro intenta locamente competir con el cine en visualidad, en lugar de
seguir una mejor estrategia que consiste en afincarse en su propia esencia;
por su parte, el cine es intruso en lo teatral. El artículo se cierra con la máxima, ya por tercera vez repetida: "el teatro es palabra, palabra, palabra solo. Y
el cine solo imagen". Eugene O'Neill y René Clair dan ejemplo, respectivamente, de fidelidad a una y a otra.

Esta misma búsqueda de lo específicamente teatral genera una dura crítica ("En torno a un estreno") a la farsa de Crommelynck *Le cocu magnifique*,
dirigida por su amigo Rivas Cherif en la Compañía de Arte Moderno: muerto está "este magnífico –que no estupendo– cornudo", como otras farsas
semejantes,

> por falsas y declamatorias, desairadas y perversas; muertas, porque nacidas equi-
> vocadamente para el teatro y no para la novela, el cuento, o el ensayo –donde
> hubieran encontrado una expresión justa y cabal– son esencialmente antiteatra-
> les. Porque les falta la condición indispensable en el teatro: emoción; pero emo-
> ción no postiza, artificial, somera o efectista, sino emoción congénita, espontá-
> nea, racial y verdadera. Es decir, humanidad.

En sintonía con esa búsqueda de la esencia del teatro puede considerarse el
artículo dedicado a "El teatro al aire libre". Consciente de que, al fin y al
cabo, el teatro nació fuera de las salas cerradas, Lluch muestra una actitud
positiva ante los espectáculos al aire libre que proliferan en el extranjero.

Relacionado con su petición de un nuevo autor como pieza clave de una
auténtica renovación teatral está el artículo-entrevista sobre el próximo
estreno de *Bodas de sangre*, que merecería ser mejor conocido. Por un lado,
reproduce palabras tanto del autor como de Eduardo Marquina, director
del montaje; por otro, Lluch confía grandemente en el impacto renovador
que aportará la tragedia lorquiana a la escena española.

Lluch, ayudado por su mentalidad de ingeniero, muestra gran sensibilidad hacia lo escenográfico. En "Escenografía arquitectónica" hace un repaso a la evolución de la escenografía en el mundo y al puesto zaguero que
ocupa España en tal panorama. Desde su actitud antinaturalista, Lluch
valora la contribución inicial, después malograda, del teatro poético a una
visualidad más rica, que ha llevado a la triunfante arquitectura escénica del
momento, en la cual, sin papanatismo alguno, Lluch detecta exageraciones

extranjeras y aplaude un aislado caso local de buena escenografía por lo pura y sencilla: el montaje de *El gran teatro del mundo* a cargo de Margarita Xirgu y Sigfrido Burman.

Otros aspectos a los que atiende son la necesidad de ganarse al público sin caer en elitismos de minorías ("Grandeza y servidumbre del teatro popular"), la promoción del teatro infantil ("Teatro para niños"), la danza española tan en alza entonces ("Música y vestuario"), o el nacimiento del Estudio de Arte Dramático; con ellos ofrece un interesante panorama contemporáneo de la evolución del teatro del siglo XX y la dirección de escena. En relación con este último punto está el artículo que dedica al "Elogio y crítica del teatro de aficionados" en el que pone como modelo a los pequeños grupos de Estados Unidos, con su perfecta gestión cooperativista, realmente vanguardistas e innovadores en lo estético. Dedica, en cambio, poca atención a los clásicos españoles, uno de sus grandes temas del futuro ("El culto de los clásicos"); incluso mantiene una tesis un tanto confusa sobre la relación entre el Estado, las compañías y los grupos de aficionados a la hora de ocuparse de esos autores.

Queda, por último, el Lluch cronista teatral de la temporada. Tanto en "S.O.S." como en "Entre dos temporadas" la actitud coincide. En el primero, parodiando –creo– al Giménez Caballero de *Yo, inspector de alcantarillas* (1928), se imagina tripulante de un velero que surca el panorama de nuestro actual teatro y sólo encuentra atonía y monotonía exasperantes, junto al cine de avanzada y la atracción del deporte de masas: "Yo, borroso, humilde y oscuro tripulante de afición del flamante velero de nuestro actual teatro, contemplo con mirada absorta y dolorida la belleza monótona y efectista –joya falsa o postal iluminada– del paisaje que va revelando este crucero de placer que es la temporada teatral".

En "Entre dos temporadas" exhibe sensatos y modernos planteamientos acerca de cómo programar una temporada, en cuatro pasos:

> Primero elegir el género [...] Y con arreglo al género elegido ir en busca de teatro, autores y compañía [...] cada escenario tiene un matiz diferente [...] hay teatros recogidos, familiares, con tradición de comedia burguesa y sentimental [...] teatros que requieren la música dulzona de la zarzuela o el agrio estrépito de la revista; teatros populares para sainete y melodrama; teatros de público asiduo, constante y encariñado, y teatros que recojan viajeros y desocupados [...] Y con arreglo a él buscar un núcleo de autores –nacionales o extranjeros– que tengan fisonomía propia y estilo definido que encaje en el ambiente del teatro y en los gustos de su público. Y con teatro y autores buscar la compañía; que no deben

escribirse las comedias pensando en las compañías. Son estas las que han de for-
marse teniendo en cuenta las obras que deben representar.

Parece que en agosto del 33, fecha del artículo, el proyecto de Lluch era viable, aunque ignoro a qué proyecto concreto se refiere:

> A base de tres autores –jóvenes, activos, de fuerte expresión y notoria novedad–
> se proponía un negocio acertado y prometedor; tres obras de fina y noble expre-
> sión popular en un teatro ambientado y con una compañía contratada a ese
> efecto. Quizá por vez primera en el teatro español se urdía una temporada con
> orientación segura y unidad de criterio. Y no ha llegado a realidad. Frente a este
> noble intento fracasado se anuncian ya campañas sin norma ni criterio; teatros
> sin historia, compañías incompletas, autores en absurdos maridajes, obras en
> paradójicas mezclas.

Que yo sepa, Lluch no volvió a escribir sobre teatro hasta un año y medio
después, a comienzos de 1935, en el *Ya*, periódico vespertino recién fundado y con una orientación netamente católica. Mientras tanto, había dedicado mucho tiempo a los montajes y a la gestión del Teatro Escuela de Arte
emprendido por Cipriano Rivas Cherif en la primavera del 33.

También seguía en contacto con su fraternal amigo Antonio Ramón
Algorta que, desde Valencia, perseveraba en su entusiasmo por el teatro. Los
dos pretendían ayudarse y desarrollar proyectos teatrales y literarios que, si
no llegaron a dar frutos concretos, sí ayudaron a Lluch a crecer como estudioso del teatro español. Por ejemplo, en abril del 33, contestando a un
encargo de Ramón, Lluch escribe: "obra clásica en un acto apenas conozco
pero [...] Calderón tiene una comedia en un acto famosa y celebrada, *El
dragoncillo*", que –¿casualidad?– grupos como el TEA y luego otros de guerra
pondrán frecuentemente en escena. "El mismo Calderón",[2] continúa, "tiene
otra obra corta, *Juan Rana*, de gran comicidad y finura de matices. En obras
más breves aún, ya conoces los entremeses de Cervantes y yo mismo he montado en el Español uno de Quiñones de Benavente [...] *Don Gaiferos y las
busconas de Madrid*" –parte del repertorio del TEA–. Parece claro que Antonio quiere dirigir teatro en Valencia y acude a su amigo. Éste añade:

> Para algo de más empeño, podríais atreveros con algún auto sacramental. *La
> vida es sueño* es prodigiosa, incomparable, mejor incluso que la comedia del

---

[2] A quien consideraba "el mayor dramaturgo que ha tenido la tierra" (carta a Antonio
Ramón, abril de 1933).

mismo título [...] Conozco además *El Gran Mercado del mundo*, de numeroso reparto y barroca escenificación, *La cena de Baltasar*, excesivamente espectacular y de difícil postura escénica, y *A Dios por razón de estado*, muy filosófica y poco teatral.

Pero Lluch no piensa sólo en materia áurea: "Yo creo, por ejemplo, que no haría mala combinación un auto sacramental y el poema en acción *Orfeo*. Resultaría de muy fina intención y alta calidad literaria".

En otro momento de la misma carta alude a "nuestro proyecto de teatro religioso". Por el contexto, se deduce que los dos amigos había hablado de la creación de un grupo de teatro católico, que no debía colisionar con otras iniciativas parecidas, por tratarse de una "cosa completamente distinta, de arte minoritario y selecto y alejado de todo afán de lucro", es decir, al margen de propagandas y polémicas politizadas.

Catorce meses después, en junio del 34, cuando Lluch empezaba a trabajar en el lanzamiento del *Ya*, escribe de nuevo a Ramón Algorta sobre el proyecto de teatro religioso. Todo indica que la separación de los amigos ha vuelto impracticable la constitución del grupo católico; por eso seguramente, Lluch reconvierte el proyecto hacia lo literario: "Estoy leyendo mucho, con un plan orgánico y meditado [...] e incluso estoy preparando notas, apuntes y fichas para escribir el día de mañana la evolución del teatro religioso español". Enseguida veremos que Lluch no tuvo que esperar mucho para ver publicado el fruto de sus estudios. En el terreno de lo escénico alude a sus planes de desarrollar con el empresario Manuel Herrera Oria una temporada de teatro infantil, género que por fin había obtenido entre nosotros cierto auge en aquellos años.

Creo que, en conjunto, sus escritos en *Ya* revelan que estas tentativas y trabajos han hecho ganar a Lluch en madurez y experiencia respecto a sus meses en *Sparta*. Ahora las colaboraciones son de dos tipos: críticas de cine y teatro, por un lado, en las que da cuenta de los estrenos del momento. Y, por otro, una veintena de artículos en los que se desempeña sobre todo como historiador del teatro.

Es en esta última serie de artículos donde se desarrolla ese interés de Lluch por el pasado teatral español del que hablaba a su amigo: el teatro religioso y el teatro áureo, particularmente Lope de Vega, cuyo tricentenario se cumplía en 1935. Desciende, pues, la atención a la actualidad teatral, que ya tenía su cauce propio en las reseñas que Lluch elaboraba acerca de los estrenos cinematográficos y teatrales de la cartelera madrileña, en general, con notable rigor crítico y buen ojo técnico para la técnica del "cinema", ese "símbolo cultural del nuevo régimen" republicano, según Bécarud/López Campillo (44).

Dejando a un lado las ideas concretas que expone Lluch en estos artículos largos, más o menos acertadas y más o menos rescatables hoy día, lo que quiero destacar ahora es la ausencia de un nacionalismo o un catolicismo agresivos. Hay en ellos un sentimiento patriótico y una sensibilidad claramente católica destinada a los lectores del *Ya*, pero dentro de una moderación y una aproximación que me parece, en primer lugar, la de un profesional del teatro que escribe sobre teatro. Su objetivo fundamental es dar a conocer a sus lectores lo que Lluch considera un enorme patrimonio infravalorado e infrautilizado, cuando no adulterado.

Como luego desarrollaré, la actitud de Lluch en aquellos momentos de creciente convulsión social, contrasta vivamente con otras posturas mucho menos profesionales y moderadas, como las contenidas en la revista falangista *Haz* o en *Acción Española*, de la derecha radical, que emplean el teatro áureo, y sobre todo a Lope, como un puro pretexto ultranacionalista y reaccionario, respectivamente. La posición general de Lluch tiene más que ver con el patriotismo de la tradición liberal que en aquellos momentos representaban las gentes de la Institución Libre de Enseñanza, sin que ello suponga filiación alguna con esta esfera cultural, que suscitaba múltiples recelos en los ambientes católicos.

Lluch dedica cinco artículos a Lope. El primero de ellos ("Tres comedias de Lope sobre san Isidro") marca ya el aludido tono de erudición, valoración literaria y ausencia de sectarismo.

> Toda la comedia [*San Isidro Labrador*] es un prodigio de naturalidad y poesía humana y popular. Especialmente, las escenas villanescas que celebran la boda y el nacimiento del hijo y los amores entre los labriegos, y las de la siega con que termina la parte que pudiéramos llamar real y biográfica de la comedia, son de una belleza incomparable. Y las de los santos esposos, henchidas de ternura, de intimidad hogareña y casto apasionamiento, son de tal perfección, que bien pueden ponerse como ejemplo de lo mucho bueno que Lope escribió.

Sigue lo que podríamos llamar exhortación final:

> Tal es la triple ofrenda que el arte de Lope rindió al patrón de Madrid. Una de ellas, la última, va a ser exhumada de un olvido de siglos, para honra y gloria de san Isidro y del Fénix de los Ingenios y asombro y regalo de sus devotos y admi-

radores. Que el acierto guíe a sus directores de las empresas, para que el público español pueda gustar en toda su maravillosa poesía estas muestras del teatro religioso, humano y popular de Lope que hemos querido dar a conocer en estas líneas.

En "Lope, olvidado por su patria", se queja de la inhibición del Estado que "no ha sabido cumplir su función docente y orientadora" mientras que –nos informa Lluch– los "humildes" del pueblo de Fuente Ovejuna pagan hoy a Lope, con "un homenaje de ternura casi filial la gratitud que desde hace casi tres siglos le debe". Ha habido esfuerzos pero ha faltado el "resorte capital", el apoyo del Estado, entonces gobernado por la coalición radical-cedista. No deja Lluch de aludir al problema que supone crear interés por Lope en el público cuando no hay ediciones populares de sus obras: "*El peregrino en su patria* tituló una de sus novelas, en la que incluyó, precisamente, la lista de sus comedias, y peregrino en su patria sigue siendo su teatro, olvidado en su mayor parte todavía en ediciones eruditas y costosas".

A este propósito Lluch concreta qué significa para él que el teatro de Lope sea intrínsecamente "popular":

Peregrino en su patria sigue siendo su espíritu y su obra, porque su patria no le reconoce como hijo suyo, a pesar de que vivió en toda ella y toda la trasplantó a su teatro, en el que quizás no haya provincia, región o pueblo que no tenga mención especial, y en el que, desde luego, hallan cabida costumbres y refranes, fiestas y romances, leyendas y tradiciones.

El artículo "Lope de Vega: sus obras renuevan la escenografía" es una buena contribución a la historia de la escenografía española y su renovación, justamente a través de la modernidad intrínseca de las comedias áureas:

El tercer centenario de la muerte de Lope de Vega ha traído a los escenarios madrileños un viento de modernidad que ha arrumbado los telones, bambalinas y forillos de una técnica decorativa, improcedente y anticuada [...] el teatro clásico ha impuesto normas de actualidad, y ha bastado volver trescientos años atrás en la dramática española para que se advierta un paso adelante en la escenografía.

El centro de la renovación consiste en la arquitectura escénica: "no se pinta; se construye. El decorado no es ya la reproducción realista y detallada de un lugar, sino la interpretación arquitectónica y simbólica del pensamiento del autor y del espíritu de la obra". Esta interpretación es todo menos restauración arqueológica sino que, como añade al final del artículo, debe hacerse "con toda la libertad que la obra de Lope deja al escenógrafo"; caben, por lo tanto, innovaciones y hasta prólogos pirandellianos:

> Las representaciones populares de los autos y entremeses estarán precedidas de un breve prólogo en acción, para fijar la época y el ambiente. Unos caballeros pelearán por una bella tapada que cruzará el tablado; el choque de las espadas será interrumpido por la llegada de los comediantes, que pedirán licencia al corregidor, asomado a uno de los balcones de las plazuelas, para representar el auto.

En "El teatro religioso de Lope de Vega", Lluch demuestra un buen conocimiento de los textos y cita como fuentes a Valbuena Prat –¿el de *Literatura Dramática Española* de 1930?– y a Eduardo Juliá, a cuyas *Obras dramáticas escogidas* de Lope de Vega se debe de referir Lluch, pues estaban recién publicadas en 1934-1935. Juliá fue el autor de una edición conmemorativa de *La Dorotea* (1935) y, en 1938, de unas *Águilas Imperiales: en las horas heroicas de la Patria*. Más lopista que calderoniano en estos años, Lluch se muestra sensible a los valores que la historiografía contemporánea solía adjudicar al Fénix: sencillez, espontaneidad, intuición. Así, según él, las piezas religiosas lopescas "carecen en general del vigor y la unidad ideológica que había de darles una concepción del mundo moral o una dramatización de la vida del hombre según la teología". La vuelta de aquel teatro y de aquella España –verdadera obsesión del naciente falangismo y de la derecha antiliberal de entonces– la expresa Lluch de esta templada manera: "Bien podrían servir de ejemplo y experiencia –en un posible y necesario retorno a nuestra escena clásica y católica– para comprobar, qué es lo que aún vive en el teatro religioso de Lope y qué lo que todavía no ha muerto en el sentimiento devoto y teatral del pueblo español".

Quizá haya que atribuir a Lluch una anónima información en la que se dan algunas noticias concretas sobre preparativos oficiales y funciones populares de obras de Lope ("Cinco autos de Lope en las plazas de Madrid". *Ya* 16 ago. 1935:9).

Un segundo polo de interés en estos artículos de Lluch es la llamada al Estado para que se implique en el teatro, es decir, la constitución de un Teatro Nacional, a la que dedica una serie de tres artículos seguidos entre el 28 de junio y el 8 de julio del 35. El germen de proyecto que presenta Lluch me parece concreto, sensato y bien trazado. Su concepto de Teatro Nacional coincide con los planteamientos contemporáneos, de signo liberal, que venían reproduciéndose infructuosamente entre nosotros, como ha estudiado exhaustivamente Aguilera (2002), y que insisten en la función educadora del teatro. Según Lluch, "el Estado […] debe salir de su ya vergonzosa inhibición, y velar por la función cultural y educadora del teatro, supliendo con su mecenazgo las deficiencias y olvidos de la iniciativa privada" ("El teatro nacional, museo y laboratorio"). En su primera entrega habla del Teatro Nacional –también contempla que pudiera ser Municipal– como "Museo y laboratorio", capaz de educar al pueblo con versiones vivas y actuales de las obras antiguas tanto españolas como universales; para lo cual propone la creación de "un teatro experimental adjunto al teatro museo", idea que sólo en la década de 1980 llegó a existir con la fundación, dentro del Centro Dramático Nacional, de la Compañía Nacional de Nuevas Tendencias Escénicas, con sede en la sala Olimpia de Madrid, dirigida por Guillermo Heras. Consciente de la "casi inevitable monotonía de las representaciones clásicas" y con notable sentido práctico, propone la existencia de dos compañías permeables, una más dedicada a lo clásico –siempre montado modernamente– y otra más centrada en el teatro reciente. Toda esta actividad, debe entenderse como de suplencia, para no competir con las empresas sino "reparar sus yerros y recoger y cultivar lo que ellas desprecian".

Por otro lado, advierte de una necesidad crucial que coincide, por cierto, con las prácticas de García Lorca al frente de La Barraca: la autoridad suprema del director. Lluch quiere evitar a todo trance las comisiones, donde fueron sepultados los diversos proyectos anteriores de Teatro Nacional: "El teatro necesita para ser regido, no una Comisión, sino una misión, es decir, una vocación. Un solo director con autoridad y responsabilidad total. Y un director que no ha de ser actor, ni autor, ni crítico, ni empresario, y ha de tener un poco de todo ello, es decir, un creador de espectáculos".

La segunda entrega de la serie ("El Teatro Nacional, escuela de buen teatro") concibe el Teatro Nacional como un centro difusor de buen teatro, el cual sólo puede surgir de una nueva estructura teatral: nuevas compañías donde no haya puestos fijos, nuevos actores que se sepan partes de un todo sometido al director, nuevos autores, suficientemente humildes como para dar entrada al director, que también crea. El resultado debería ser la creación de un nuevo público, dispuesto a ver espectáculos concretos de calidad y no a sus autores favoritos. En suma, buen teatro es imponer criterios de arte.

La agudeza práctica y la inteligencia ingenieril de Lluch brillan en el último artículo ("El Teatro Nacional, modelo de austeridad") cuando solicita para el Teatro Nacional unos presupuestos bajos. Por un lado, la austeridad presupone, o lleva a una estética de la estilización. "Unas sencillas cortinas, unos arcos y unas plataformas, con una luz apropiada y un colorido armónico suelen ser de mayor belleza y eficacia que las más costosas y complicadas decoraciones", porque el "arte no depende del dinero, sino de la voluntad de crear y del acierto en la selección". La estilización ayuda a concentrarse en lo que para Lluch es fundamental en el teatro: la palabra y la acción.

Por otro lado, la parquedad presupuestaria espantará a golosos y oportunistas al mismo tiempo que favorecerá la modestia de actores dispuestos a dejarse dirigir. Insiste en el carácter amplio y popular –"es preciso desposeerle de todo aire retrospectivo, de toda pátina erudita, de toda intención de minoría"– y en la autonomía de su director, que equivale a unidad de mando: "El Teatro Nacional no podrá existir hasta que no se encuentre a su director".

Como complemento, encontramos una defensa del montaje moderno de los clásicos en "La representación de las obras clásicas"(*Ya* 27 mar. 1935:8), que salió anónimo y quizá se deba a Lluch.

El teatro religioso constituye un tercer polo de atención en estos artículos de *Ya*. Coincidiendo seguramente con la Semana Santa, en "La Pasión en el teatro clásico" (18 de abril de 1935), Lluch hace un repaso del que saca en conclusión que el "drama de la Pasión apenas si ha florecido en el teatro religioso español". Sólo "las ingenuas y patéticas narraciones de algunos misterios primitivos", como los de Gómez Manrique, Juan del Encina o Lucas Fernández, presentan directamente los padecimientos de Cristo, aunque dando relieve más al "cortejo de lamentos, de narraciones patéticas, de recuerdos o de augurios que mueven emotivamente la compasión del espectador y le hacen ver, más que la Redención, el tormento; más que el fin, los medios". Aparecen "testigos presenciales de la tragedia o reliquias de la misma. Nunca el Protagonista". Ya en clave simbólica, localiza una recóndita conexión en el *Auto de los Cantares* de Lope y se centra en los autos de Calderón, "el poeta de la Redención" con "cuyo arte maravilloso muere el teatro religioso español". Sigue una alusión a la abolición de los autos por los "ministros volterianos de Carlos III", en nombre del "buen gusto" y de "la moralidad de las costumbres".

En la siguiente Semana Santa, Lluch ahonda en el tema ("El drama de la Pasión en el teatro español", 9 de abril de 1936) centrándose en Gómez Manrique y Lucas Fernández, con un nivel de conocimiento que, para la época y tratándose de un ingeniero metido a periodista, es más que notable.

La fiesta de la Inmaculada fue la ocasión para dos artículos en esa misma línea del repaso temático, acotado esta vez a los autos de Calderón, autor del que hasta el momento Lluch ha tratado más bien poco. A pesar de que la defensa de la Inmaculada es un tema que daba pie a la exaltación nacionalista, Lluch se limita en el primero y más breve artículo de 7 de diciembre del 35, a narrar la postura española en este asunto –"Alejandro VII, movido de las repetidas instancias de los católicos monarcas españoles, que recababan de la Santa Sede la definición dogmática del misterio de la Inmaculada Concepción, expidió la bula que prohibía defender públicamente la opinión contraria"–, pero sin mayores alharacas; el segundo artículo, más extenso, de 13 de diciembre, consiste en una exposición del contenido mariano de varios autos sacramentales, sin especiales glosas.

Una vez más la liturgia determina el tema de un artículo teatral. Corresponde ahora hacer la síntesis del tema de la Navidad en nuestra historia teatral, que en eso consiste "El Nacimiento en el teatro español" (24 de diciembre de 1935). El tratamiento que hace Lluch, tanto en este artículo como en los demás, es fundamentalmente literario; es también ortodoxo y hasta devoto pero no clerical. Cierra su recorrido lanzando una conexión con el carácter nacional:

> A fines del siglo XVIII la nefasta influencia de la ópera italiana y el virtuosismo vocal, hicieron degenerar los villancicos hasta la vulgaridad, perdiéndose esta manifestación tan característica del arte nacional, que tan alto habían puesto los grandes artistas de los siglos anteriores al transformar y depurar la inspiración del pueblo.
>
> Aunque hoy en día haya degenerado el villancico y se ve utilizado en los pueblos como copla para sacar el consabido aguinaldo, su gracia popular y el espíritu sacro e ingenuo de sus textos, perfuman de tomillo e incienso hasta el último rincón de nuestra España.

Me parece muy interesante "El misterio medieval" (7 de abril de 1936) no tanto por el tema como por la referencia que hace Lluch a los intentos llevados a cabo en Francia de resucitar los misterios medievales. Concretamente, Henri Ghéon, ese autor católico que Rivas Cherif quiso presentar en Madrid, "fundó la Congregación de los Compañeros de Nuestra Señora para representar viejos misterios 'en loor de Dios y de sus Santos' y para ser a un tiempo poderosa fuerza de renovación en las caducas normas escénicas".

La escena, asegura Lluch, "si ha de pervivir, se ha de acoger a las claras fuentes de tradición, religiosidad y belleza". Leída en su contexto, no creo que deba sorprendernos una afirmación como ésta. Es cierto que de esos elementos podría sacarse toda una teoría del teatro del Imperio, un teatro litúrgico-popular u otras utopías, pero Lluch no da esos pasos todavía, mientras que alguno a su alrededor –Giménez Caballero en *Arte y Estado*, de 1935– los da con rotundidad fascista. En este momento, Lluch me parece un español amante de su tradición pero no un hombre de pensamiento tradicionalista en el sentido ideológico del término; si acaso, un tradicionalista cultural, como tantos otros españoles de pensamiento liberal.

A los autos sacramentales solo dedicó Lluch un artículo completo (20 de junio de 1935), coincidiendo con la fiesta del Corpus. Una vez más el tono es erudito-divulgador, informativo y ortodoxo pero no católicamente combativo.

En "Don Juan en el teatro" aprovecha Lluch el trabajo realizado para la "fantasía teatral" que montó en enero del 34 para la TEA, titulada *La leyenda de don Juan*. Hay una escueta referencia a Ramiro de Maeztu, que había escrito no mucho antes su *Don Quijote, Don Juan y la Celestina: ensayos en simpatía* (1926) y consideraba ser el lema de don Juan "'Yo y mis sentidos', y orgullo y sensibilidad las dos alas que le impelen".

Los otros tres ensayos teatrales que Lluch publicó en el *Ya* van dirigidos a la actualidad. Uno ("La muerte del teatro") reelabora ideas ya expuestas en *Sparta* sobre la relación entre cine y teatro, y la necesidad de que éste insista en la fuerza de su propia esencia, que es literaria. Ahora incluye Lluch ciertas reflexiones sobre las nociones de masa, liturgia y eco social del teatro a las que asocia tanto los nombres de Giménez Caballero y Eugenio Montes como el de Piscator. Como ejemplos concretos de lo que debería ser el teatro cita *La sirena varada* de Casona y *Siegfried* de Jean Giraudoux, obra de la que Lluch había escrito un comentario cuya publicación no me consta. Concluye que "en verdad, variedad y suntuosidad nunca podrá vencer" el teatro al cine; por eso es mejor cederle los géneros inferiores del teatro. Pero a éste le queda "la poesía, la motivación, la humanidad [...] nada podrá reemplazar la palabra, la presencia, el color y el relieve, vivos y palpitantes, acabados de nacer, coexistentes y ordenados a un solo fin armónico y supremo".

"Indecisión y mediocridad en el teatro español" (1 de enero de 1936) es un buen informe sobre la situación del teatro madrileño al borde de la Guerra Civil, en el año 1935; incluye una primera sección de "buen teatro, fina literatura y afán renovador": diez comedias de éxito entre los estrenos poco interesantes de los consagrados Benavente, Arniches y Marquina, y los aciertos de noveles como Jardiel Poncela, Casona, Lorca –de quien Lluch prefiere *Bodas de sangre* a *Yerma*– o Sánchez Neyra. Una segunda sección cubre el resto del teatro habitual, perdido en "lo anodino y vulgar, en lo manido y decadente", y divisible en tres grandes ramas: el teatro flamenco –que no es invento de posguerra–, la comedia blanca y el juguete cómico. Según Lluch, el primero encanalla el gusto popular y hace competencia a los intentos cultos de hacer un teatro auténticamente popular. El folclore

> ha invadido de tal manera la escena española que amenaza todo intento de redimir al público popular. Cantaores y versificadores –que no poetas– han dado vida ruidosa –aunque efímera– a un sinnúmero de estampas gitanas y melodramas pasionales, de cuyo contenido puede juzgarse por unos cuantos títulos: *La serrana más serrana, En el altar de tu reja, La niña de los corales, Contigo y siempre contigo, Los hijos de nadie* y *En España manda el sol*.

Las comedias blancas cumplen su modesta misión con "ese público que va a admirar el vestido de la dama joven y la elegancia y simpatía del galán o a buscar en la postura escénica el modo de arreglar un rincón del gabinete". En cuanto al juguete cómico, el fracaso de dos obras parece indicar "bien a las claras que el disparate escénico, la pura bufonada, el astracán sin sentido, está, afortunadamente para el teatro, agotando ya el crédito que un mal día hubo de concederle el público".

En el teatro de 1935 pueden señalarse aún el "teatro alegre y sencillo de los cuentos infantiles, y el espectáculo interesante y atractivo del drama policíaco".

Quedan, por último, el "teatro poético e histórico, en franca decadencia", y Lope que, por el contrario, "ha traído a los escenarios madrileños un viento de poesía y buen teatro, e incluso selectas normas de modernidad y brillantez" gracias a la conmemoración –"no tan brillante como debiera haber sido"– del tricentenario de la muerte del Fénix. Un último epígrafe va dedicado al escaso apoyo del Estado a la acción teatral.

Esta radiografía se completa ("El teatro como hace cien años", 6 de febrero de 1936) con el repaso a la situación, vergonzante y primitiva, de la escenografía en los coliseos madrileños, varados todavía en las estrecheces técnicas de la estética clasicista, incapaces por tanto de montar un buen Shakespeare o un buen Lope: "nuestros escenarios, pequeños y mal acondicionados, faltos de luz y de tramoya, vacíos de todo adelanto escénico, viven confinados en la edad, ya muerta en los escenarios europeos, del papel y las cruces y ensambladuras de la madera de envarillar".

Las reseñas teatrales que escribió Lluch para *Ya*, a pie de estreno, entre enero del 35 y mayo del 36 insisten en algunos de los aspectos ya señalados y aportan otros distintos y más concretos. Entre los primeros, desde luego, las estomagantes rutinas del teatro cómico y la moda imparable de las comedias andaluzas, "ese género de imposible redención artística" (*En España manda el sol. Ya* 13 de febrero de 1935: 8). Así, *Los sandovales* –con decorados de Burman, por cierto– es un "juguete cómico burdo y viejo" en el que intervienen todos los tipos conocidos: "el hombre pusilánime, la mujer dominante, la solterona histérica, el zafio, el tartamudo y los inevitables *frescos*, que con un lenguaje chabacano y retorcido destrozan el idioma y el buen gusto" (*Ya* 19 de enero de 1935: 8).

En cuanto al género andaluz, "nada gana el teatro y mucho pierde el *cante* en la absurda mezcla que se denomina comedia flamenca" ("La serrana más serrana". *Ya* 13 de marzo de 1935: 8); es decir, sólo la música redime melodramas como *En España manda el sol*, compuestos "con los tres tipos esenciales a toda novela de la torería: el torerillo que llega a ser famoso, la condesa que lo exhibe como un capricho y la gitana que le quiere en silencio y por él llora, y por él mata". En tal cañamazo se tejen "las filigranas del *cante* y del baile flamenco, verdadera razón de ser de este género". Al final, cantaores y autores, todos salieron a escena, y "caído el telón, al terminar la obra, todavía aplaudía el público, pidiendo cante y más cante, como comprendiendo que él es la única justificación de las comedias flamencas" (*Ya* 13 de febrero de 1935: 8).

No obstante, Lluch, gran trabajador e irremisible enamorado del teatro, dedica tiempo y esfuerzo a cuantos espectáculos asiste, por deleznables que le parezcan, y es capaz de apreciar destellos de valor allá donde se encuentren. Por ejemplo, de esta ya citada *En España manda el sol*, afirma:

> Todo está hecho en la obra, con una ingenuidad primitiva e infantil, con tipos de una pieza, sin relieve y sin profundidad. Pero existe, contrapesando esta par-

tida, un sentido tan exacto y tan preciso de la acción, del dinamismo, que, sin querer, se recuerda la técnica briosa de nuestra dramaturgia clásica, hecha sin artificio, directamente, cara a todas las escenas (*Ya* 13 de febrero de 1935: 8).

Las variedades, la revista, el género frívolo proliferan en estas reseñas. De estos géneros predominantes, Lluch aprecia, cuando es el caso, ocasionales valores musicales y plásticos, pero lo más corriente es la denuncia del mal gusto y la facilonería de los recursos asociados a la exhibición del cuerpo femenino. Así, de *Los padres de la patria*, revista de los ignotos Emilio Gebas Ginés y José Luis Chiappi, con música del igualmente ignoto maestro Antonio de la Osa Gálvez, se dice que "la compañía, notable en algunas de sus figuras femeninas, contribuyó no poco, por parte especialmente de los actores, a acentuar el bajo nivel moral, artístico e ingenioso de la revista". El público, no obstante, "bien guiado por los mercenarios del aplauso, no sólo [no] protestó, sino que ovacionó complacido al finalizar algunos cuadros" (*Ya* 18 de mayo de 1935: 8). La crónica de *Los maridos de Lydia* se adelanta a los trenos que lanzará María Teresa León durante la guerra contra esta batería de recursos destinados a la soldadesca:

> Sería difícil encontrar en el campo de la revista –ya de por sí inconveniente y vergonzoso, tal como lo conciben los autores actuales– algo de tan baja calidad literaria, de tan ruin contextura moral, de tan zafia grosería y procacidad como la obra estrenada anoche. Olvida el autor, lamentablemente, las más someras normas de la educación y el buen gusto; e incluso los actores, contaminados por esta bajeza de expresión, se lanzan a los más groseros ademanes, gestos y sugerencias que cabe imaginar (*Ya* 29 de junio de 1935: 8).

Pero no siempre eran tan dóciles los adictos a la revista. Sigue la crónica: "el público aplaudió complacido, en un principio, para terminar con la protesta indignada y ruidosa contra la indignidad de la obra y la falta de respeto que supuso la actuación de alguno de los actores", con sus procacidades. Una vez más, la variedad de recursos propia del género salvó la obra: "de no haber mediado la simpatía y el buen arte de Murillo –excelente actor y extraordinario bailarín– y el lujo y buen gusto de algunos de los cuadros, no hubiera podido salir con bien obra tan mal intencionada y tan bajamente escrita" (*Ya* 29 de junio de 1935: 8). Hay, sin embargo, alguna excepción, como *Las siete en punto*, del Colisevm (18 de diciembre de 1935: 7), que revela "una noble preocupación por dignificar y rescatar de la plebeyez y grosería en que hoy está encenagado el espectáculo de la revista". En este "reportaje escénico" no hay nada, por lo menos en lo que a la letra se refiere, que ofenda a la moral y el buen gusto". La presentación, en cambio, ofrece flacos en cuanto a vestuario y decorados, "pésimos de dibujo y colorido".

La zarzuela todavía se mantenía con decoro como género vivo y popular, y Lluch, con su buen oído, parece disfrutar de ella: *Un pueblecito andaluz*, de Rafael Fernández Shaw, tiene en su "partitura densa y apretada, copiosa y rica, excelente en algunos momentos, y siempre noble e inspirada" su mejor virtud (*Ya* 21 de noviembre de 1935: 7). Menos afortunadas fueron, en conjunto, *La Españolita* y *El diablo rojo*.

También le tocó asistir a obras pertenecientes al popular género "de aparato", efectismo y espectacularidad. *Sin novedad en el frente* se reduce a "un amasijo de escenas, trucos y latiguillos que sirven de pretexto a las espectaculares destrucciones de decorados en que Rambal se ha especializado. Literatura, emoción, teatralidad e interés humano brillan por su ausencia en el diálogo" (*Ya* 9 de septiembre de 1935: 9). Por su parte, *La vuelta al mundo en ochenta días* no va más allá de un conjunto de "estampas de una técnica anticuada":

> Nada tiene que ver lo que dicen los personajes con la situación en que se encuentran; no hay una escena verdadera ni una frase acertada. Todo es confuso y caótico, y todo está plagado de los más fáciles recursos cómicos; y son los más fáciles recursos cómicos y escénicos de una infantilidad y una ingenuidad primitivas (*Ya* 21 de septiembre de 1935: 7).

El "parateatro" de las "charlas" de Federico García Sanchiz, género entonces nuevo, parece atraer a Lluch, e incluso levanta en él una cierta vena nacionalista ante el relato escenificado que hace el "charlista" de sus viajes por el mundo y las ex colonias españolas, por ejemplo el 12 de octubre o el 5 de noviembre del 35. El cómo de estas funciones puede entreverse en este comentario a propósito del tema, también muy patriótico, de Santiago: "Federico García Sanchiz ha vestido los arreos militares, se ha apoyado en el bordón del peregrino, y en esa doble traza guerrera y apostólica se ha asomado al escenario de la Comedia para evangelizar, conmover e incluso herir a un auditorio que respondió con entusiasmo fervoroso al fuego oratorio de su poema jacobeo" ("El poema de Santiago. Una charla patriótica y exaltada de Federico García Sanchiz". *Ya* 11 de enero de 1936: 7).

Como contrapunto, veamos los comentarios de Lluch a un drama social en plena primavera del 36, cuando los ánimos y el clima político en España eran ya claramente prebélicos. *Por los siglos de los siglos* "plantea la lucha honda y tenaz entre comunismo y cristianismo". El lector del *Ya* no percibirá el tono contrarrevolucionario y exaltado de Renovación Española o el desplante retador de Falange, sino el tono inequívocamente católico y moderado que Herrera Oria deseaba para sus empresas periodísticas. El tema, dice Lluch, "está tratado con honradez y buena fe, aunque con un concepto excesivamente benévolo para las doctrinas revolucionarias"; no obstante, "en toda la acción existe visible simpatía por los principios eternos de la fe y la caridad, y en algunas escenas aparecen encarnados con respeto y dignidad personajes representativos de la tradición española" (*Ya* 13 de abril de 1936: 7).

Para terminar esta glosa, destaco la atención de Lluch al teatro infantil y su inteligente percepción de un aspecto central del género, que no es tanto la puesta en escena como "la colaboración que los niños prestan a la obra, avisando a Pipo de los peligros que corren, llamándole la atención cuando está desorientado o distraído, denostando y gritando a los traidores y malvados". En realidad, "esa es la gran virtud de este teatro infantil, que el niño asiste a él como protagonista de la obra" ("Pipo y Pipa en el fondo del mar". *Ya* 25 de marzo de 1935: 7). De la visita de los *Piccoli* de Vittorio Podrecca (22 de abril de 1935) destaca, sobre todo, al pianista, "prodigio de agilidad, perfección y gracia, que cierra con un maravilloso concierto el más bello espectáculo teatral que hoy puede concebirse" (*Ya* 22 de abril de 1935: 9).

Como crítico teatral, Lluch me parece cualquier cosa menos rutinario, venenoso –por ejemplo, salva al novel Casas Bricio (16 de noviembre de 1935)– o acomodaticio. Al contrario, destaca su pasión por todos los aspectos de lo teatral. Es un crítico exigente, que escribe con vigor y claridad, pero justo e incluso generoso, con un buen bagaje y gusto tanto plásticos como musicales. Tiene ojo y tiene oído, tanto para la palabra como para la música, factor este último capaz de hacer olvidar al público la mediocridad de casi cualquier obra; aunque no a este Felipe Lluch que, por ejemplo, encuentra la música de Moreno Torroba "bastante inferior al libro de Ramos de Castro [,] y Carreño" (*Ya* 4 de mayo de 1936: 6), raro fenómeno en una obra al parecer digna pero de título ramplón a más no poder: *La boda del señor Bringas o si te casas la pringas*.

En las reseñas cinematográficas de Lluch –a veces, casi gacetillas– no suele faltar alguna indicación acerca de la "limpieza" del filme, es decir, una orientación de tipo moral para un público que, de forma masiva, sólo veía en el cine un medio de entretenimiento, más rotundamente quizá que en el teatro. Hay que decir que, para el paladar actual, tanta guía moral resulta irritante. Además de al argumento, Lluch atiende a ese flanco pero también intenta ir más allá, desarrollando una cierta labor de educación estética y visual para los lectores y lectoras de *Ya*. No puede escapar a cierta dicotomía en que lo técnico queda sometido a lo moral. Por ejemplo, en *Dama de cabaret* de Kim Vidor se dedica mucho más espacio al "atrevimiento e impudicia" de su realización, "la crudeza de su argumento", la obsesión de Vidor por el desnudo y el suicidio del aviador, que a "la parte técnica y cinematográfica, [que] es perfecta; la cámara se mueve con agilidad y precisión, recogiendo bellas fotografías y los más pequeños detalles de una interpretación justa, sobria, excelente" (*Ya* 30 de enero de 1935: 8).[3]

Pero no siempre es así. En *Gente de arriba*, "excelente película" que "constituye una lección acabada y ejemplar de lo que ha de ser el *cine* y de cómo ha de realizarse el montaje de una película", lo técnico predomina sobre lo moral. Destaca "el acierto de la fotografía y del montaje. Todo está apuntado, iniciado en breves y rápidas escenas cuyo ritmo y velocidad se gradúan a la perfección. Nada falta ni sobra; todo está realizado con puro concepto cinematográfico, con verdadero alarde de modernidad y dinamismo" (*Ya* 2 de abril de 1935: 8). En *Basta de mujeres*, por el contrario, "fotografía e interpretación son grises y monótonas, salvo en la lucha sostenida sobre una vagoneta de una montaña rusa, únicos momentos de emoción y visualidad cinematográfica" (*Ya* 26 de marzo de 1935: 8). Menudean otras muestras de la sensibilidad de Lluch por la imagen, el montaje y el ángulo de las tomas. A modo de resumen, destaco sus comentarios acerca de *Vivamos de nuevo*, de Rouben Mamoulian:

> Mamoulian ha conseguido con una sencillez extraordinaria una magnífica versión de la difusa novela de León Tolstoi *Resurrección*. Todo en ella está resuelto con acierto incomparable, con precisión maravillosa, con técnica pura y esencialmente cinematográfica.
>
> Ese es su mérito capital. Todo es cinematógrafo. Desde los bellos paisajes

---

[3] Para establecer diferencias, sépase que a fines de marzo del 35, el Círculo Cultural Católico –era la congregación jesuita de los Luises funcionando con cierto aire de catacumba en Los Madrazo 38, tras la incautación de su sede– puso en marcha una sección Contra El Film Inmoral (CEFI), que sacaba semanalmente una calificación moral a base colores (blanca, azul, rosa, verde, negra) y ofrecía información por teléfono. Desde CEFI se boicotearon algunas salas con películas *verdes* y *negras* (véase *Estrella del Mar* 407 [24 de diciembre de 1935]: s. p.).

con que se inicia el *film* hasta los primeros planos dolorosos y expresivos con que finaliza, pasando por la escena prodigiosa de la redención moral del príncipe protagonista, todo está realizado pensando en su valor cinematográfico [...] Especialmente el momento en que Dimitri reacciona ante su caída y decide abandonarlo todo y seguir a la muchacha que perdió, es de una belleza y una perfección incomparables, en el que sólo la música sugiere y aclara el proceso psicológico del príncipe (*Ya* 24 de agosto de 1935: 9).

Dadas las circunstancias y el estado de infancia en que se encontraba la crítica cinematográfica para el gran público entre nosotros, es de agradecer que Lluch preste atención a lo específicamente cinematográfico, yendo más allá de la calificación moral, la peripecia y el *glamour* de los intérpretes y de espacios selectos como hoteles de lujo y barcos con piscina –de esos que deslumbraban a Enrique Jardiel Poncela y que luego fagocitaba para sus comedias.

Las películas que Lluch comenta pertenecen a los inicios de la industria y sólo los especialistas sentirán el deseo de verlas. El predominio del cine de origen norteamericano es casi absoluto. La otra gran industria, la alemana, no está presente. El tímido avance de la industria nacional se hace notar a propósito de *Una de miedo*, cortometraje cómico español, que acompañó la exhibición de *En lo profundo del mar* (*Ya* 29 de mayo de 1935: 8). Este predominio americano implica una exposición a los modelos o iconos culturales de lo estadounidense, frente a los que Lluch se muestra discretamente crítico, como en *El dictador*: "operaciones de Bolsa, quiebras instantáneas, deportes y divorcios, hombres fríos y muchachas apasionadas. Tales son los ingredientes de esta comedia dramática" cuyo protagonista es el "único tipo humano, vivo y simpático del frío y convencional mundo de las películas norteamericanas" (*Ya* 14 de mayo de 1935: s. p.). Ese predominio también implica un aspecto técnico propio del cine sonoro, todavía reciente: los rótulos de la traducción castellana, de los que se queja Lluch con insistencia –dichoso él, que no conoció algo aún peor: el doblaje–.

FALANGE ESPAÑOLA Y DERECHA RADICAL: *HAZ* Y *ACCIÓN ESPAÑOLA*

Tanto *Haz*, el breve "Semanario Deportivo Universitario" de Falange Española, como la revista *Acción Española*, la revista de la derecha radical, incluyeron durante los años republicanos unos pocos artículos sobre literatura y teatro que tienen algo en común: su sectarismo y su lenguaje violento. Mi objetivo ahora es llamar la atención sobre la notoria distancia entre los textos de estas dos publicaciones y los escritos contemporáneos de Felipe Lluch que acabo de analizar.

En los catorce números de *Haz* que se publicaron entre el primero (26 de marzo de 1935) y el último (14 de febrero de 1936), encontramos una decena de colaboraciones relacionadas con temas teatrales. Lo que más destaca en *Haz* es la prosa concisa de forma pero vaga de contenido, bravía y pendenciera de tono, sobre todo en los sueltos, que tan pronto escarnecen al enemigo comunista como exaltan la virilidad de los jóvenes fascistas: "No queremos en nuestras filas ni afeminados ni cobardes. Somos jóvenes nacionales y revolucionarios", "Nos da pena ver cómo algunos desgraciados luchan aún por ideales marxistas. Ningún español puede dormir tranquilo mientras haya otro español que no sepa que Marx era un repugnante judío, traficante de carne obrera", "Si crees que es cierto lo que defendemos no nos aplaudas; ven a nuestras filas. Los aplausos satisfacen a los necios. A nosotros nos satisfacen más las bofetadas"; etcétera. Abunda la exaltación de lo físico y del depen las reseñas cinamtoorte, como cosa inherente a una juventud sana de cuerpo y espíritu a la que se dirige este "Semanario Deportivo". Un número extraordinario (n.º 9, 12 de octubre de 1935) con motivo de la Hispanidad muestra a unos jóvenes de torso desnudo desfilando entre columnas y figuras de vasija griega, ante una deportiva muchacha con falda-pantalón. La misma estética de las filmaciones nazis de Leni Riefenstahl. En otro número se define la Olimpiada de Berlín como "la lucha del café y del antro, contra el *stadium* y el bosque" (14 [14 de febrero de 1936]: 11). Incluso hay su poco de crítica literaria –se tenían por poetas, no se olvide–: "Su prosa [la del intelectual del 98, Azorín mayormente], detallista e inútil, destila aburrimiento, dejadez, pereza" (2 [2 de abril de 1935]: 4).[4] En cambio, la de José Antonio es todo vigor: "Nuestra época no es ya para la soberbia de esteticistas solitarios, ni para la mugrienta pereza, disfrazada de idealismo, de aquellos perniciosos gandules que se ufanaban en llamarse rebeldes. [...] Os llamamos a la labor ascética de encontrar bajo los escombros de una España detestable la clave soterrada de una España exacta y difícil". Contra "intelectuales" y líderes de la revolución obrera, remacha

---

[4] Para el fascismo literario español baste con el pionero trabajo de Mainer 1971 (perfectamente útil hoy), Rodríguez Puértolas, las puestas al día de Albert, los trabajos de Wahnón, Linares y los hermanos Carbajosa, y el citado *Arte y Estado* de Giménez Caballero.

José Luis Arrese en 1945, tomen nota los universitarios: "Ni solitarios ni gandules, ni nada que nos mueva a hacer concesiones a la mediocridad" (Arrese 2; cito a José Antonio por Arrese 2).

La manipulación del centenario de Lope centra la mayor parte de esas colaboraciones relacionadas con el teatro en las que se hace una exhibición de ignorancia e irracionalismo, a partes iguales. Ya dejó escrito Mainer que "no encontramos en *Haz* ninguna altura literaria" (1971, 36).

"Ante el centenario de Lope" (*Haz* 1 [26 de marzo de 1935]: 2-3), se ocupa de la versión de *Fuenteovejuna* hecha por Lorca para La Barraca en estos términos:

> su labor, movida por elementos indeseables del más repugnante tipo comunista, que operaban detrás de él, fue el transformar un drama auténticamente español, con las características tan españolas de odio a lo injusto y sometimiento incondicional ante lo justo —los reyes, en este caso—, en un mezquino drama rusófilo. Muy sencilla ha sido la operación: ha cortado aquí y allá los nombres de Isabel y de Fernando. Ya el pueblo no obra contra un tirano para entregarse al voluntario y deseado sometimiento a sus reyes […] Ahora, en el tercer centenario de Lope, pedimos un público desagravio al Fénix, para que aquellos que le agraviaron enrojezcan de vergüenza y para que no pueda volverse a especular con [su] teatro.

Al terminar el año 1935, F. Ortega Mesa (12 [5 de diciembre de 1935]: 3), tras hacer una crónica del enfrentamiento de Falange y la F.U.E., (Federación Universitaria Escolar, sindicato estudiantil marcadamente republicano), vuelve sobre la *Fuenteovejuna* de Lorca, exactamente con la misma nota que se tocó en la primavera: "*Fuenteovejuna* se transforma, por obra y desgracia de García Lorca, de un drama que simboliza el ideal de unidad y expansión, en un motín popular". Y termina: "Nosotros, que creemos en un teatro nacional universitario, misionero por los pueblos de España, aplaudimos la representación, pero profetizamos que seguirán sin resultado mientras falte el espíritu de España UNA, GRANDE Y LIBRE". Conste también que, en uno de los primeros números de *Haz*, uno de estos fogosos escribió: "Exigimos la no desaparición de *La Barraca* y las *Misiones Pedagógicas*" (*Haz* 2 [2 de abril de 1935]: 6).

"Máscaras" (*Haz* 3 [9 de abril de 1935]: 2) podría confrontarse con la citada panorámica de Lluch en *Ya* sobre el teatro de 1935. Aparte de estar la columna de *Haz* escrita en abril del 35 y no en diciembre, lo único que certifica es que su autor. L.B.L. lo ignora casi todo sobre el teatro. Dice, en cambio, cosas puramente retóricas como que con "la ausencia de la juventud del Teatro actual, queremos ayudarlo a morir para que nazca el Teatro nuevo con la regeneración de España. Entonces gritaremos: el Teatro ha muerto. ¡Viva el Teatro!". Y añade:

Todo menos esas comedias de la estupidez 1935, o esas reconstrucciones históricas al servicio de un partido, en que se falsean los caracteres por suponerles preocupaciones a cuatro o cinco siglos fecha. Ni Isabel de Castilla, afiliada al Bloque, ni Cisneros rebatiendo a los socialistas, ni santos a las órdenes de *El Debate*. Habrá un Teatro político: de masas, no de diputados. Y un Teatro social: no de niños peras, sino de individuos que sufren las angustias de esta humanidad, áspera e insociable. Claro es que en una escena nacional-sindicalista no podrán darse las comedias que ahora tiene la suerte de no ver la juventud, que busca en el Deporte y en el Cine la emoción y la fantasía, ausentes del Teatro.

En "Lope de Vega, artesano" el mismo L. B. L. templa un tanto su lenguaje y echa mano de cierta erudición, aunque sin una tesis clara, para rematar así: "Lope de Vega, símbolo de la España de su tiempo, simboliza la unidad de destino de la España de siempre, militar, católica, universitaria, doctoral y artesana. En este año 1935, tricentenario de su muerte, ¡arriba *Lope de Vega!* ¡Arriba *España!*" (*Haz* 4 [30 de abril de 1935]: 2). Como era de prever, Lope representa todo aquello que le parece bien al voluntarioso redactor de *Haz*.

Eduardo Ródenas ("Lope, alma del Imperio". *Haz* 9 [12 de octubre de 1935]: 17-18) hace de Lope un imperialista por su participación en la Invencible; y fabula de esta guisa: "De seguro que una sonrisa de orgullo, y hasta de vanidad, iluminó su rostro al pisar el galeón *San Juan*". Y, ya lanzado: "Su sonrisa –de orgullo racial español– sería la misma que tuvo cuando conquistó a Filis, o que había de tener más adelante, cuando apabullara a Góngora. Y es que lo español es igual en el amor, en la sátira y en la guerra: realista, orgulloso y magnífico".

Un último escrito sobre Lope ("El genio del teatro español, Lope de Vega. El hombre". *Haz* 14 [14 de febrero de 1936]: 7), firmado por G. Sánchez-Puertas, traza un paralelismo con Cervantes que no se sabe a dónde va a parar.

Al margen de Lope, *Haz* publica un comentario de "Otra vez el diablo" de Casona (L.B.L. *Haz* 5 [28 de mayo de 1935]: 2) cuyo autor aprecia la obra por ser "buena y bella" y, además, de un autor joven. Dista, sin embargo, "de ser una obra perfecta", principalmente por su poco españolismo:

contestamos con nuestro comentario a quienes han visto en la comedia de Casona una obra tradicional y españolísima. No lo es.

[…] ¿En qué se parecen el diablo de Casona y los demonios de Calderón, Moreto y Tirso? […] El diablo de Casona es más bien […] un diablo moderno que ha leído a Nietzsche, a Marx, a Eça de Queiroz, a Keiserling y a Spengler. Pesimista y escéptico como la época en que fue concebido.

Por eso el diablo casoniano es anacrónico, "atrasadillo ya en la [época] que sale a escena, en la que, gracias a Dios, diablos y estudiantes empiezan a tener fe en su destino".

El anónimo autor de "Teatro del pueblo y Teatro político" (*Haz* 6 [15 de julio de 1935]: 2) pretende deslindar ambos conceptos, con la tosquedad que exhibe en su párrafo final:

El Teatro político es perfectamente lícito. Pero no tiene derecho a apropiarse del título de Teatro del pueblo porque no tiene su raíz en el pueblo. No puede tolerarse que nadie diga "hago teatro del pueblo", porque eso lo tiene que decir el pueblo yendo durante varias generaciones a ver la obra y a sentir exactamente la misma emoción estética. Claro está que los dramas que ahora anuncian en Madrid los que se llamaron a sí mismos "poetas del pueblo" y escribían sus versos, no en el taller o en la era, sino en la burguesa biblioteca del Círculo de Bellas Artes […], no han de alcanzar más éxito y más memoria que los que también hicieron representar los pobres currinches Marcelino Domingo, Manuel Azaña y Rafael Alberti, quienes también afirmaban que hacían "Teatro del pueblo".

El comentario de L.B.L. (11 [17 de noviembre de 1935]: 2) a dos prometedores estrenos –¿*Quién soy yo?*, comedia pirandelliana de Juan Ignacio Luca de Tena y *En el nombre del Padre* de Marquina– es el único que cabría calificar de normal por el tono, aunque no muy competente ni agudo como crítico teatral; señala como obras importantes de la anterior temporada *Yerma* y *Otra vez el diablo*.

Acción Española fue un grupo en torno a una revista monárquica reaccionaria, liderada intelectualmente por Ramiro de Maeztu y animada por Eugenio Vegas Latapié, que junto al *ABC* y *La Época* aglutinó a la derecha radical antirrepublicana.[5] En lo político hay que señalar la fuerte presencia de

---

[5] Véase, a todos los efectos, el estudio de González Cuevas.

José Calvo Sotelo, un deficiente orador pero consumado provocador. Como es sabido, la aristocracia terrateniente y financiera, más cierta derecha, reaccionaron vehementemente contra la II República, también en lo cultural, que es lo que nos interesa ahora. Refiriéndose a *Acción Española*, Luis Araquistáin decía en 1935, bajo el somero anonimato de editorialista: "El tradicionalismo, que desde el siglo XVIII fue mal negocio en España, ha vuelto a ser una industria floreciente" (5). Para el entorno de *Acción Española*, España es una regresión histórica –a diferencia del fascismo, que contempla España como una proyección de futuro–, un artículo de teología política según el cual nuestro pueblo alcanzó su esencia en los Siglos de Oro, a los que hay que volver. En aquellos tiempos se daba una constitución tan "natural" e inamovible de la sociedad como el cuerpo humano, que se basaba en la familia y desembocaba inexorablemente en la monarquía, tan natural e indiscutible como aquella. *Acción Española*, verdadero nido de conspiradores antirrepublicanos, proclamaba haber nacido para imponer una Verdad política, con "la intolerancia de quien se sabe en posesión de la verdad" (n.º 46 [febrero de 1934]: 1063). Para ellos, la Institución Libre de Enseñanza era una herejía nacional, al igual que los hombres del 98. Así se explica que, nada más ganar la guerra, se publicara un innoble volumen colectivo titulado, en venganza, *Una poderosa fuerza secreta: la Institución Libre de Enseñanza* (1940).

Tan tosco ideario, sustento del posterior franquismo, sólo pudo desarrollar un igualmente tosco armamento estético que todo lo resume en un retorno a los cánones de la idealizada tradición barroca –la regla de oro–, una condena en pleno del extranjerizante siglo XVIII y una visión moralista del arte que lleva a la censura como la forma, íntegramente "natural", de velar por los valores morales de la sociedad.

Digamos brevemente que no toda la derecha española reaccionó de esta manera, ni tan tempranamente. Tanto los sectores conservadores como la Iglesia registraron dos posturas: la reaccionaria e integrista del grupo Acción Española y el cardenal Segura, por un lado; y, por otro, tras la inicial sorpresa, la postura llamada "accidentalista" del nuncio Tedeschini, el cardenal Vidal, *El Debate*, la Asociación Católica Nacional de Propagandistas (ACNDP), Ángel Herrera Oria o José María Gil Robles, los cuales pidieron obediencia al poder legalmente constituido, en oposición a los contrarrevolucionarios. Al final, la radicalización de las posturas llevó a que se asfixiara y se olvidara un posible germen demócrata-cristiano, a lo Jacques Maritain (1882-1973). Aprovecho para recordar que el filósofo francés, converso del protestantismo, expone en unas conferencias de 1934 en la Universidad Menéndez Pelayo de Santander lo que dos años más tarde será su libro *Humanismo integral*, un texto con una imagen del pasado y, concretamente, de la Edad Media cristiana bastante apartada de la apetecida por el catolicismo tradicional. El ministro de Agricultura Manuel Giménez Fernández, o el de Obras Públicas, Luis Lucia, son dos buenos ejemplos de católicos republicanos. Quizá sea este pequeño espacio de catolicismo y legalidad republicana el factor que pueda explicarnos la postura de Lluch hasta su crisis en agosto del 37, como desarrollaré más adelante.

"Acción Española" y el teatro áureo. El número 89 que la revista publicó en Burgos en marzo del 37 consistió en una antología de sus colaboraciones desde el primer número de 16 de diciembre del 31. Es todo un síntoma del escaso interés de la redacción por el arte, el hecho de que solo se antologara un artículo supuestamente relacionado con lo literario. Se trata de "Lope ecuménico" (310-328), firmado, en México, por Alfonso del Junco y publicado inicialmente (80 [octubre de 1935]: 54-76) durante el tricentenario. En este artículo sucede lo mismo que en los demás que comentaré (brevemente, pues no dan más de sí): no importa Lope ni el teatro áureo, sólo importa España. La tesis ha de ser que el pecador Lope es "¡Católico y español, y de su siglo por los cuatro costados!" (73), "Si el hombre Lope de Vega no es toda España, el creador Lope de Vega sí" (74), espejo por tanto de Hispanidad. "El Santo Oficio […] no oprimía sino encarnaba el espontáneo sentir ortodoxo de los españoles todos [sin estorbarles una] libérrima actividad pensadora, reformadora y crítica" (75).

En "Una influencia española en el teatro universal", Jorge de la Cueva (*Acción Española* 6 [marzo de 1932]: 646-52) disparataba al identificar la "nueva manera yanqui" de Eugene O'Neill y Elmer Rice (652) que triunfa en el mundo, como de origen español; el imperialismo cultural español se concreta en el sainete, género esencialmente nacional y popular.

Maeztu (*Acción Española* 12 [junio de 1932]: 663-64) hace una delirante reseña del libro de José María Ruano *Apología del cristianismo en la literatura española*, cuyo fin es "cotejar el saber y la hermosura literaria de nuestros sabios creyentes con la insustancialidad y pobreza de los arrogantes impíos".

Francisco Valdés considera a Baroja negador de España (n.º 15 [agosto de 1932]: 321-24) y poco después, en "Homenaje a un hispanista" (n.º 35 [agosto de 1933]: 532-33), Carlos Fernández Cuenca, más reseñador que articulista, hace una recensión al *Festgabe* de los 60 años de Karl Vossler, que había dado un curso sobre Metodología Filológica en la Universidad Central en 1929.

El benedictino Rafael Alcocer parece escribir por encargo un incoloro artículo sobre "El sentido cristiano de Lope de Vega" (n.º 75 [mayo de 1935]: 295-310) que sólo aporta biografía y lirismo, al contrario que Nicolás González Ruiz para quien "este exuberante español reunía en sí todos los dones de la raza", de donde se deduce que "Lope es España y Don Juan no" ("Lope de Vega y las mujeres". *Acción Española* 74 [abril de 1935]: 36-50; citas en 36 y 39).

José Pemartín, por su parte, se explaya largamente en "La idea monárquica de Lope de Vega" (n.º 79 [septiembre de 1935]: 417-59) sobre el tema favorito de estas gentes: la viga maestra que sostiene y explica la grandeza de Lope es su sentido totalitario,

el haber sido la expresión, en su vida y en su obra, de una época y de una nación […] aquella unidad y totalitarismo de sentimientos y de ideas […] habían llegado en España a su mayor perfección y apogeo. Lope de Vega es ante todo, un poeta popular, no plebeyo, sino popular, que comprende a todos (418).

Según Pemartín (439), Lope es el arquetipo y portavoz hispánico en sus dos elementos fundamentales: la religión y la monarquía. Toda sociedad sana necesita unos valores políticos –unidad de poder, jerarquía, optimismo– que aparecen subrayados en toda la obra de Lope.

La futura tirsista Blanca de los Ríos se ocupa de "Lope de Vega y la creación del Teatro Nacional" (n.º 81 [noviembre de 1935]: 285-322). Según ella, los autores de nuestro Siglo de Oro fueron llevando a la escena o a la novela no sólo la España de entonces, sino la España de siempre, sacándola del fondo étnico de nuestra españolidad "que en parte alguna se volcó y se fundió tan entera como en el teatro" (287). Lope, creador, junto con Tirso, del Teatro Nacional español, desempeña un gran papel en ese proceso.

Me parece significativo que en el siguiente número (82 [diciembre de 1935]:609-10), Francisco Valdés, reseñador de *Las cien mejores poesías de Lope de Vega* seleccionadas por Manuel Hidalgo, se permita corregir la visión demasiado prorrenacentista y poco barroca del antólogo. El mismo Valdés (n.º 87 [mayo de 1936]: 415-16) en otra reseña divulga una vez más el tópico de Lope como símbolo de nuestro pueblo en su condición de pertinaz pecador carnal que se arrepiente.

En conclusión: en estos artículos campea una flagrante y sectaria manipulación de la literatura áurea que se diría que fue escrita sólo para que este
grupo pudiera justificar sus tesis políticas trescientos años después. Parece
evidente lo que señala Beyrie (216) cuando afirma que el concepto de literatura nacional está vinculado a lo político, al imaginario colectivo y, sobre
todo, al uso que se hace de la lengua. Por otro lado, aparte lo farragoso de
su estilo, todo este idealismo voluntarista no tiene más base científica que
un Marcelino Menéndez Pelayo mutilado a su antojo. De Menéndez Pidal
no hay la menor noticia. Por eso Eugenio Montes no tiene empacho en
afirmar que don Marcelino, "rico en erudición pero falto de rapto místico,
unitario", no supo "percibir el secreto del sino español", una alta tarea reservada a Ramiro de Maeztu ("Rehaciendo España". *Acción Española* 43
[diciembre de 1933]: 681-86; cita en 684-85).

Diablo Mundo y los liberales españoles

No es mi intención trazar ahora un panorama sobre el "tema de España"
pero es notorio que existió también un fuerte sentimiento nacionalista en la
tradición liberal, que desembocó en la preocupación por temas como la
literatura nacional o el teatro popular. Sin ir más lejos, podemos leer un
moderado pero firme tono hispanista en el Manifiesto que publicó la Agrupación al Servicio de la República en *El Sol* (10 de marzo de 1931). Como
mi objetivo consiste en crear un contexto que explique la evolución de Felipe Lluch, me limitaré a aislar dos rasgos que distinguen esta tradición liberal de la otra tradición de los reaccionarios.

El primer rasgo tiene que ver con las relaciones entre Estado y nación.
La tradición liberal tiende a criticar al Estado en nombre de la nación porque ve en ésta una suma de individuos libres; antepone, por tanto, un concepto humanista de nación al Estado. En cambio, el autoritarismo somete
el cuerpo social y los individuos al Estado –o a la monarquía–, porque
entiende que ese Estado sustantivo encarna providencialmente el espíritu
de la nación, al margen de los individuos.

Los liberales españoles, por tanto, también hablan, y mucho, de España,
pero –segundo rasgo– precisamente porque privilegian al individuo, lo
hacen dentro del espíritu racional del liberalismo que, en resumidas cuentas
y de cara a Lope, Lluch y el teatro áureo, quiero concretar en la profesionalidad filológica del respeto a los textos, propia de la escuela de don Ramón

Menéndez Pidal. No es de extrañar que hacia 1912 Castillejo se refiera a las "admirables campañas contra el menendezpelayismo" de Francisco Giner y Bartolomé Cossío (Castillejo 1998, 544).

Hemos visto cómo a *Haz* y a *Acción Española* no les interesan los textos áureos, que no leen por amor a los textos mismos; sencillamente los manipulan y emplean como pretexto para sus preconcebidas ideas acerca de España. Semejante actitud sólo puede desarrollar ceguera, obstinación e intransigencia cuando una rigurosa investigación histórica o filológica revela que la realidad española disuena con estridencia de tanto idealismo. Es el caso de Marcel Bataillon (1895-1977) y su *Erasmo en España*, preparado precisamente durante los años 1920 y 1930 en la madrileña Casa de Velázquez, a base de archivos y bibliotecas. Este gran libro, publicado en 1937, contiene toda una visión de la cultura hispánica del siglo XVI, con sus profundos intentos de renovación espiritual y de apertura, sus conflictos religiosos y sociales, sus manifestaciones místicas y literarias. A pesar de posteriores matizaciones del autor, las orientaciones en la percepción del humanismo cristiano que aportaba Bataillon revelaban otra faz de la historia española del siglo XVI, mucho más compleja y mucho más problemática que la rotunda imagen que quisieron ver en el entorno de *Acción Española*, que es la que heredó el franquismo. De ahí que ni el respeto exterior y ni la presidencia perpetua de la Academia Española libraran a don Ramón Menéndez Pidal de un sostenido fastidio cuyos detalles dio Pérez Villanueva; de ahí también los nichos y purgatorios de la filología –la expresión es de Mainer (2003)– en que se alojaron los Yndurain, Blecua, o Alarcos, así como la *Ínsula* de José Luis Cano y otras disidencias más o menos insonorizadas.

La versión española del libro clásico de Bataillon se hizo en México en 1950 y una segunda edición, corregida y aumentada, apareció en 1966; pero ya en 1952 Eugenio Asensio sabía que *Erasmo y España* suponía una "auténtica cima en la historia del hispanismo". De todas maneras, algo del ingente trabajo erasmiano de Bataillon pudo verse ya en 1936, al filo de la Guerra Civil. El Centro de Estudios Históricos decidió publicar una edición, a cargo de Dámaso Alonso, de *El Enquiridión* y el *Paráclesis o exhortación al estudio de las letras divinas*, con prólogo del hispanista francés. Se publicó como anejo de la *Revista de Filología Española*.

El "caso Pfandl" nos permite concretar un poco más, partiendo de un caso relacionado con el teatro áureo español. El hispanista alemán Ludwig Pfandl (1881-1940) publicó su *Historia de la Literatura Nacional Española en la Edad de Oro* en 1929; la primera versión española apareció en 1933 y suscitó hasta tres reseñas adversas en el ámbito de los estudios filológicos, dos en la *Revista de Filología Española* dependiente del Centro de Estudios Históricos de la Junta para la Ampliación de Estudios, y otra firmada por José Fernández Montesinos en *Diablo Mundo*, un fugaz semanario republicano que ha estudiado Nigel Dennis. Dirigido por Corpus Barga, *Diablo Mundo* nació en la primavera de 1934 para oponerse a la triunfante CEDA y al nuevo gobierno. Duró solo nueve semanas.

Tras el breve y adverso comentario de Harry Meier en el número 18 de la *Revista de Filología*, un Américo Castro mucho más potente se emplea a fondo en el número 21 acusando a Pfandl, no sin motivo, de fanatismo hispánico y de patentes lagunas de información: "El pasado español interesa a Pfandl mediocremente cuando en él no aflora la ascética, la mística u otras formas de lo religioso" (Castro 67), "el goce que le produce la España del Siglo de Oro, tal como él se la ha imaginado" (68); Pfandl no es "un católico estrecho y tenebroso" pero está "obnubilado del peculiarismo español, de lo religioso ibérico" (68) y lo negativo que existe en nuestro Siglo de Oro lo es por no ser genuinamente español, por haber admitido fuentes extranjeras (68-69). En suma, para Castro el libro de Pfandl es una obra importante, llena de amor y entusiasmo por España, pero "viciada por una falsa, estrecha e ingenua idea de la historia de la civilización española" (77).

Más que una reseña, José Fernández Montesinos hace de altavoz a Castro centrando el tema justamente en la hispanidad y en el del rigor filológico, que son los asuntos que vengo persiguiendo.

> Existe hoy en Europa un tipo humano a cuya actividad se debe en gran parte que sea difícil entenderse sobre lo que la hispanidad misma y sus modalidades significan. El caso es, psicológicamente, del máximo interés. Se trata de hombres que a disgusto en un ambiente determinado, estrechados de algún modo por un medio hostil […] huyen a refugiarse en un ámbito imaginario, cuya existencia postulan en un punto cualquiera del planeta y en cualquier época histórica. El caso se parece bastante al de los románticos, anhelosos de Edad Media y de color local; se diferencia, sin embargo, por notas características considerables. Estos modernos románticos no son artistas […] Sus paraísos imaginarios no son creación poética, creación en que el espíritu cristaliza sus soledades: tienen que ser, son, realidad. A que lo sean se endereza la labor científica. La obra de tales hombres es justificación de orden especial; es prueba plenaria, porque es "científica", fruto de conocimiento.

Poco más abajo se refiere al "problema cruciante [*sic*] de nuestra hispanidad, el doloroso debatirse de la España secular en busca de su ser moral y de su ser estético" (cito por Dennis 1988, 107). El sendero "maravilloso hacia el ser moral de España" (110) ha de ser el arte, la poesía y la literatura pero no al modo de Pfandl sino con "seriedad y desinterés" (109).[6]

"Protestamos de que se nos utilice en cualquier forma, de que una gran cultura […] sólo sirva de pretexto a añoranzas pueriles". Para Pfandl "las calidades estéticas son algo accesorio, con frecuencia perturbador", "lo esencial es que libros y autores se plieguen al sueño que se quiere soñar" (108). La fórmula de Pfandl "es: incapacidad de contemplación desinteresada", a diferencia del abate Brémond "que por cierto no era menos católico que Pfandl, pero tenía más sentido literario" (109). Para rematar, "quisiéramos que la lectura de la *Historia* de Pfandl, que para la mentalidad de muchas gentes será de efectos deletéros, impulsara a los mejores a esa tarea magnífica de reconquistar a España" (110).

Montesinos sabe lo que dice cuando se refiere a la influencia de un medio hostil en el romanticismo de ciertos amigos de España, porque fue exactamente lo que ocurrió después de la primera guerra mundial en el hispanismo alemán, un hispanismo que había surgido en el entorno católico de la ciudad de Munich en el siglo XIX, y en buena medida como reacción a las invasiones napoleónicas. El fenómeno volvió a producirse después del Armisticio. El caso de Karl Vossler es paradigmático: dedicado principalmente a la cultura italiana y francesa hasta 1918, Vossler, que había formado parte del ejército alemán, se sintió ofendido por los aliados en su orgullo patriótico. El romanista se vuelve hispanista, no por exclusión simplemente, sino convencido de que España, como pueblo, contiene "un ejemplo

---

[6] Mainer 1981, refiriéndose a los famosos prólogos de Menéndez Pidal a la *Historia de España* (1947) y a la *Historia General de las Literaturas Hispánicas* (1949), ha dejado claro el "origen tardío de un nacionalismo literario" (457) junto a la "rapidez y rotundidad de su arraigo" (457). Portolés, por su parte, destaca la mezcla de tradicionalismo y evolucionismo que siempre marcaron el trabajo de Menéndez Pidal. Como es sabido, Américo Castro aportó al Centro de Estudios Históricos un planteamiento más idealista y menos positivista, más siglodorista y menos medieval; es decir, una especie de segunda etapa, oscurecida por el inmenso prestigio del longevo Menéndez Pidal. En su misión de "hacer ciencia literaria", Castro mantuvo un doble enfrentamiento desde la *Revista de Filología Hispánica*: contra la crítica impresionista de los periódicos y contra la erudición sin síntesis ni visión del menéndezpelayismo de los Cejador, Cotarelo, Rodríguez Marín o Amezúa. En este segundo campo de batalla es donde hay que situar sus críticas a Pfandl.

moral para Alemania" (Portolés 152). Ernst Robert Curtius o el austriaco Leo Spitzer ejecutan también entonces un marcado giro hacia España.

De Pfandl no se saben demasiadas cosas,[7] pero todo parece indicar que no necesitó tal giro hispánico porque desde el principio estuvo firmemente, tenazmente orientado hacia España. La caótica Alemania de la República de Weimar –época de redacción de su *Historia*– no haría más que agudizar las dosis de terapia hispanófila; pero la hispanofilia le venía de lejos. Bávaro, profesor no universitario del Instituto de Filología Moderna y después investigador independiente, Pfandl todo lo leyó en la Biblioteca Nacional Bávara de Munich, rica en material hispánico desde el siglo XVI. Detalle importante es que este hispanista nunca pisó España; quizá eso explique el ardor polemista que le llevó a defender a España como encarnación de su ideal conservador, depósito de la tradición cultural occidental acosada por prejuicios protestantes. Esa idealización de España por parte de Pfandl explica también el desdén que se le ha dedicado en los ámbitos universitarios germanos –como destaca Niedermayer rehabilitándolo mínimamente, aunque sin ocultar sus limitaciones–.

Por su parte, *Acción Española* publicó una reseña (n.º 60-61 [septiembre de 1934]: 654-60) de la *Historia* de Pfandl, a cargo del menendezpelayano José Luis Vázquez Dodero –fallecido en 2001 con 92 años–, donde se confirma, punto por punto, el diagnóstico de Montesinos. Dodero recurre a Menéndez Pelayo, defiende a Pfandl y a España, y ataca a los liberales, cuyas adversas reseñas son execradas; en fin, habla de casi todo menos del libro en cuestión.

Al cabo de unos pocos años, la lectura de la *Historia* de Pfandl será para Lluch "de efectos deletéros", tal y como anticipaba agudamente Montesinos. No obstante, hemos visto que sus escritos sobre teatro en los años treinta exhiben bastante de la "seriedad y desinterés" que Montesinos recomendaba en *Diablo Mundo* y que, sin embargo, no terminaron de practicar Antonio Espina y Antonio Morón, colegas teatrales en ese mismo semanario republicano y autores de varios artículos, tres de los cuales son más bien decepcionantes. Y poco aporta el cuarto y aparentemente más interesante, firmado por Antonio Espina sobre "Representaciones de la T.E.A." (*Diablo Mundo* 2 (5 de mayo de 1934): 9).

---

[7] Ver Niedermayer y la necrológica anónima que le dedica *Revista de Filología Española* en 1942.

TRAUMA Y CONVERSIÓN

UNA SITUACIÓN COMPLICADA: CATÓLICOS E INTELECTUALES EN 1936

El excelente trabajo de Aguilera (1993b) abrió camino sobre Felipe Lluch, pero contiene algún punto oscuro que reclama mayores explicaciones; concretamente, la relación entre lo avanzado de sus posturas teatrales y su conservadurismo ideológico.

> Frente al vanguardismo de sus ideas teatrales y su práctica en la TEA, Felipe Lluch mantuvo a lo largo de su vida concepciones ideológicas netamente conservadoras, lastradas, sin duda por un catolicismo tradicionalista profunda y fervientemente vivido. La creciente polarización ideológica y política de la vida republicana le condujo, irremediablemente, a opciones cada vez más identificadas con la derecha reaccionaria, que tantos recelos oponía al régimen republicano. Consecuencia coherente de este posicionamiento fue, primero, su colaboración con el diario *Ya* y, más tarde, su afiliación al partido Acción Popular, inspirado por Ángel Herrera Oria y dirigido por José María Gil Robles, que se transformó en el núcleo aglutinante de la CEDA. Sin embargo, su militancia política fue breve, desde diciembre de 1935 hasta febrero de 1936, fecha en que abandonó el partido por disconformidad con su funcionamiento y sus actividades (1993b, 43-44).

Hay cosas que no entiendo del todo en estas palabras de Aguilera. Además, creo que ofrece una visión demasiado simplista de la situación histórica y del problema del Lluch, que fue el de muchos españoles. La presencia de conservadurismo ideológico y vanguardismo teatral en la misma persona no es mayor problema; pero sí lo es identificar directamente catolicismo con derecha reaccionaria y, a continuación, extender esa identificación, a su vez, al *Ya*, Acción Popular y la Confederación Española de Derechas Autónomas

(CEDA). La CEDA no se vio arrastrada a la radicalización hasta después de las elecciones de febrero del 36, que es justamente la causa de que Lluch se dé de baja en ese partido. Si además recordamos que en agosto del 36 Lluch dirige a un republicano tan significado como Cipriano Rivas Cherif una carta de lealtad en la que se declara "apartado de todo partido político, ajeno a toda concepción fascista del Estado, contrario a toda violencia y fiel al poder legítimamente constituido", entonces entiendo que la explicación de la conducta de Lluch hay que buscarla por otro lado.

Si se miran las cosas con cierto rigor histórico, cabe una explicación que juzgo satisfactoria. La derecha reaccionaria y conspiradora de *Acción Española*, lo mismo que los falangistas, pesaron poco en términos numéricos y electorales durante la República. El núcleo de los votantes conservadores y católicos lo aglutinaba la CEDA, una coalición de partidos que mantenía tirantes relaciones con falangistas y contrarrevolucionarios, precisamente porque uno de sus principios constitutivos era la aceptación de la República como régimen legítimo, con el consiguiente olvido del dogma monárquico y el consiguiente desinterés por una nueva España nacional-sindicalista. La inspiración original de la CEDA, compartida por los líderes católicos españoles y por el Vaticano, no aspiraba a ningún tipo de restauración monárquica ni de revolución nacional-fascista, sino a una acción católica sobre una sociedad legalmente constituida sobre principios políticos modernos que no se cuestionaban; en conjunto, algo parecido a lo que más tarde se llamaría democracia cristiana. Por qué y cómo no ocurrió nada de eso es asunto que desborda mis objetivos aquí.[1]

---

[1] Desisto de cualquier intento de aportación o referencia bibliográfica sobre el hundimiento de la República. La información concerniente a la derecha republicana, que es la pertinente aquí y la única que me interesa ahora, es ampliamente conocida. Me limitaré a aportar testimonios como el del futuro marqués Luis Escobar (68-69) que se había matriculado en la Escuela de Periodismo de *El Debate*: "me recibieron muy bien. Les halagó que siendo hijo del propietario de otro periódico [el monárquico *La Época*] hubiera elegido el suyo para empezar mis andanzas periodísticas [...] Todo el resto de la derecha y especialmente *Acción Española* y *La Época*, dirigida por mi hermano José Ignacio, clamaron contra esta política de la CEDA, orientada desde *El Debate* [la alianza con los radicales tras la victoria electoral del 34]. Este periódico, en cuya casa estaba, no contestaba nunca a los ataques de *La Época*. Fingía ignorarlos. Pero la procesión iba por dentro. Desde entonces noté que había caído en desgracia". Le contrataron, sin embargo, como cronista social del *Ya*; "la cosa no duró. Un día el director del periódico [Vicente Gállego] me llamó a su despacho y visiblemente avergonzado me dijo que dada mi relación familiar con *La Época* y los ataques de esta a la política de la CEDA y al *El Debate*, no me podía mantener en aquella casa". Sobre los partidos republicanos de derechas aclaraba un "duro", Joaquín de Entrambasaguas: "entre

Lo que yo pretendo ahora es sugerir que, cuando Lluch se afilia a Acción Popular en diciembre del 35, lo hace con la intención de fortalecer el voto cedista, es decir, un voto republicano; y que cuando se da de baja en febrero del 36 lo hace por desacuerdo con la reacción ante la derrota electoral de sus correligionarios, que abandonan la doctrina accidentalista de las formas de gobierno y se van pasando a las tesis subversivas que la derecha radical venía promoviendo especialmente desde los sucesos de Asturias en el 34: cuanto peor, mejor. Calvo Sotelo desbanca a Gil Robles como cabeza visible de la derecha, pero precisamente Lluch pertenece al número de los que no siguen esa deriva y se mantienen en el principio original del respeto a la legalidad.[2]

Lluch me parece en todo momento un católico sincero y sin el menor asomo de hipocresía. Tanto en sus cartas como en su Diario se manifiesta como un creyente que reacciona con esperanza ante el dolor y las dificultades. Su temperamento apasionado no le induce al rencor ni a la destemplanza. En junio del 34 anima a su amigo Antonio Ramón: "Yo procuraré ayudarte con palabras de aliento y con pobres oraciones –pobres por ser mías– que te procuren otra ayuda más alta y eficaz". Lluch no parece haber tenido preocupaciones de tipo intelectual acerca de su fe; no fue un católico intelectual –o un intelectual católico–. Aunque, ¿quién sabe? Antonio Ramón le escribía, hacia enero del 32, con una lista de lecturas que abarca un amplio espectro dentro del catolicismo y que, en cualquier caso, hace ver que la formación católica de los dos amigos no era cosa acartonada:

He leído, y estudiado en algunos puntos, la *Sociología cristiana*, de Llovera; un folleto muy interesante de Maura sobre la cuestión social; unas nueve o diez conferencias de varios autores –Ossorio y Gallardo, Goicoechea [y Cosculluela], Vázquez Mella [*sic*], Cambó...– acerca del mismo problema; algunas encíclicas de León XIII, entre ellas la *Rerum novarum*; unos artículos sobre el socialismo y, lo que más me ha impresionado, los sermones de Lacordaire, amén de los escritos políticos de Balmes. La actuación política del primero, y sobre todo su actuación en las cortes constituyentes francesas, es algo ejemplar y en extremo maravilloso.

ellos, dominante por *técnica* ya que no por espíritu, el nefasto de la *Ceda*, culpable, por su blandura, de tantas cosas" (Entrambasaguas/Borrás 1960, 1276-77). La afilada lengua de Entrambasaguas tenía pedigrí, como autor de un libelo delirante y vengativo contra la Institución Libre de Enseñanza, titulado *Pérdida de la universidad española* y publicado en plena guerra, en 1938; ahí se ensaña con Pedro Salinas y Jorge Guillén (70-71).

[2] En 1922 José María Gil Robles (1898-1980), congregante de los Luises como Lluch, había publicado en la revista nacional de las Congregaciones Marianas un artículo muy crítico contra Mussolini y el fascismo, un sistema del que sólo esperaba males en el futuro (*Estrella del Mar* 68 [8 de noviembre de 1922]: s. p.).

Ni con el golpe de Estado del 18 de julio ni con los primeros cruentos meses de la guerra en Madrid parecen tambalearse sus convicciones, a pesar de que era "indeed extremely difficult" para los católicos hacer otra cosa que alinearse con la Cruzada en contra de quienes destrozaban la Iglesia (Lannon 210). El descontrol callejero y los atentados contra la vida de derechistas, gente burguesa de alguna significación y miembros del clero fueron diarios en esas semanas hasta la constitución del primer gobierno de Largo Caballero en septiembre del 36. Pero estos sucesos no parecen afectar su fe republicana ni su fe religiosa. Es justamente el 24 de agosto del 36, en circunstancias de severa violencia anticatólica, cuando Lluch envía a Rivas su carta de adhesión, en la que no percibo indignidad ni oportunismo. Ahí se decía: "Mantengo, como siempre, mi fe católica, apartado de todo partido político, ajeno a toda concepción fascista del Estado, contrario a toda violencia y fiel al poder legítimamente constituido". Recordaba también el por qué de su afiliación y baja en un partido de la derecha: "En los días que precedieron a las elecciones del 16 de febrero me afilié a Acción Popular, mas bien pronto, disgustado de su actuación, me di de baja en dicho partido". Nada parece indicar que vaya a producirse un cambio: "Con la misma lealtad de ayer estoy a su lado en los momentos actuales y lo estaré en el futuro". Imposible saber cómo afectó a su sentimiento político el asesinato de su hermano y ahijado Rafael el 15 de octubre del 36 en Picasent (Valencia).

Lo que sí sabemos es que, hasta el momento de su detención, un año después, Lluch siguió en Madrid, quizá con algún trabajo como ingeniero, y desde luego vinculado al viejo grupo teatral procedente de la TEA, como responsable de los montajes. En julio del 37 el grupo es incorporado a la Alianza de Intelectuales Antifascistas. Todo cambiará para él a partir de ese momento. Pero lo que procede ahora es preguntarse si hasta agosto del 37 su situación es tan extraordinaria. Lluch era un hombre medio, sin relieve público ni notoriedad; precisamente por eso su caso puede ser ilustrativo de una experiencia compartida por un cierto número de personas. Esta extrapolación de una biografía individual nos lleva a examinar la situación convergente, al borde del 36, de dos grupos prosopográficos españoles que se quedan entre las dos partes del conflicto: los intelectuales y los católicos accidentalistas.

El tipo de católicos que nos interesa ahora hay que ir a buscarlo en el entorno de la Editorial Católica y en *Cruz y Raya*. El caso de Luis Lucia (1888-1943) es paralelo en varios sentidos al de Lluch e ilustra bien los problemas a que se vio abocado un pequeño sector de la derecha española. Lucia fue un dirigente político valenciano, presidente de la Derecha Regional Valenciana, partido integrado en la CEDA. Como ministro de Obras Públicas (1935), impulsó un proyecto social que llamó "gran plan de obras pequeñas" y que consistía en muchas actuaciones de poco coste localizadas en los pueblos pequeños, que además daban alguna solución al problema del paro en una línea keynesiana. Todos los sectores del Parlamento respaldaron el proyecto pero la disolución de la cámara a finales del 35 impidió su puesta en marcha. Sólo estuvo siete meses al frente del Ministerio. Su otro gran objetivo como ministro fue también frustrado por el cierre del Parlamento: la aprobación del Estatut Valencià, que él mismo había reclamado en 1930 en su libro *En estas horas de transición* y confirmó después con el voto positivo de Derecha Valenciana al Estatuto Vasco en 1934. Estos intentos reformistas tienen un paralelo en los del otro ministro procedente de este entorno católico, el sevillano Manuel Giménez Fernández, ministro de Agricultura que quiso aplicar la reforma agraria; pero lo impidió la intransigencia vengativa de los terratenientes –miembros, como él, de la CEDA–. Sus proyectos quedaron tan frustrados como los de Lucia. Tanto éste como Giménez Fernández fueron pieza importante en los varios intentos de formar un gobierno moderado y conjunto de la derecha y la izquierda tanto a finales del 35 como en la primavera del 36, tras la victoria del Frente Popular. Esta actitud le costó a Lucia enfrentamientos con su grupo, que ya había dado entrada al Partido Agrario, claramente caciquil, y con el resto de la CEDA, digamos que "capitaneada" por Calvo Sotelo. La moderación no funcionó: el 31 de marzo Giménez Fernández anuncia que la CEDA se retira del Parlamento por no lograr un entendimiento con la mayoría (*Ya* 31 de marzo de 1936: 1, 3).

El 18 de julio del 36 Lucia envió desde Valencia un telegrama de inequívoca adhesión al gobierno republicano. No obstante, Negrín forzó su procesamiento, contra el criterio de la Comisión de Suplicatorios del Parlamento que, sin embargo, negó el suplicatorio para procesar a otro diputado, el comunista Cayetano Bolívar. Lucia pasó casi dos años en una cárcel republicana. "He aquí una injusticia imputable a la República", escribió Indalecio Prieto (1968, 252); injusticia tanto más flagrante cuanto que casi puede afirmarse que a Lucia se debió la misma posibilidad de que el gobierno, fugitivo del Madrid asediado, se pudiera instalar en Valencia durante bastantes meses. Bennassar ha recordado que si el ejército no salió a la calle en la capital levantina fue porque el general de división Martínez Monje se mantuvo fiel, "ayudado por el hecho de que Luis Lucia, uno de los jefes más respetados de la derecha valenciana, no quiso adherirse al Movimiento" (83), aunque, por otro lado, el general estaba al tanto de lo ocurrido en Barcelona.[3]

Allí fue clave también la postura de otro católico de esta laya, el coronel de la Guardia Civil Antonio Escobar, cuya significativa historia mereció una novela, *La guerra del general Escobar*, de José Luis Olaizola, ganadora del Premio Planeta en 1983. Escobar se mantuvo a las órdenes de Lluis Companys en Barcelona, combatió con el Ejército del Centro en la batalla de Madrid, donde fue herido; fue director general de Seguridad de Cataluña y luchó en Brunete y Teruel con el Ejército de Levante. Católico sincero y con una hija religiosa, sufrió con la intensa persecución religiosa en Cataluña; a pesar de todo, su conciencia le llevó a hacer honor a su juramento civil y militar. Cuando se rindió en Ciudad Real ante el general Yagüe en marzo de 1939, Escobar era general en jefe del Ejército de Extremadura, el único general republicano que quedaba en suelo español en ese momento. Yagüe le facilitó una avioneta para huir, pero Escobar decidió quedarse con sus tropas. Una muestra más de su lealtad republicana había sido reincorporarse a su puesto tras una estancia en el santuario de Lourdes mientras se recuperaba de sus heridas de guerra. Fue condenado a muerte, y fusilado en los fosos de Montjuich el 8 de febrero de 1940. Franco no atendió las peticiones de indulto que se hicieron en su favor. Tampoco se admitió a Escobar en el Valle de los Caídos, donde sí está enterrado su hijo, teniente falangista muerto en la batalla de Belchite. Parece pues que, en alguna medida, la República debe a dos católicos como Escobar y Lucia que Barcelona y Valencia, dos ciudades que fueron capital republicana, no cayeran del lado franquista en julio del 36. Se podría sumar Madrid, defendida por otro católico, el general Miaja.

Ya vimos que a Luis Lucia le fue mal con los republicanos. Aunque no tan mal como a Escobar, le fue bastante peor con los vencedores que, lejos de liberarle, lo mantuvieron en la cárcel. En 1939 también Lucia fue condenado a muerte por un tribunal franquista. Según la argumentación jurídica, "es enemigo de todo procedimiento de violencia, es defensor de la democracia y de las vías legales, es de respeto absoluto al poder constituido". La prueba de cargo fue su telegrama de 18 de julio del 36,[4] no muy distinto,

---

[3] En junio de 1941, su hijo, el futuro cineasta Luis Lucia Mingarro (vecino de los Lluch en Modesto Lafuente 10), daba el pésame a la familia por la muerte de Felipe.

[4] Ricardo Suárez y López-Altamirano, camisa vieja de la Falange, delegado provincial de la Hermandad de Cautivos por España y gestor provincial de la Diputación de Valencia,

después de todo, de la carta en que Lluch manifestaba su lealtad republicana a Rivas Cherif. La pena le fue conmutada a Lucia por cadena perpetua y, tras casi tres años de prisión, fue confinado en Mallorca, con prohibición de ejercer su profesión de abogado. Murió poco después, en 1943, a los 55 años. El silencio cayó sobre él, sobre su viuda y sus hijos. Prácticamente hasta el año 2003, fecha en que Juan Pablo Fusi, Javier Tusell y Paul Preston presentaron en la Residencia de Estudiantes el libro de Vicent Comes *En el filo de la navaja*, una biografía política de Lucia. Ignacio Sols, matemático de la Universidad Complutense y nieto de Lucia, destacó en la sección de opinión de *El País* (1 de julio de 2003) la difícil situación de los hombres como su abuelo, "entre las dos Españas"; también recordó que "algunos militantes de su partido estuvieron implicados en la conjura. Como declaró públicamente hace unos años uno de los organizadores del golpe en Valencia: 'Le ocultamos todos los preparativos a Lucia porque nunca lo hubiera aprobado. Él acertó. Nosotros nos equivocamos'".

Lucia y Giménez Fernández no podían ser dos elementos totalmente aislados en su entorno; aunque minoritario a la altura de julio del 36, tenía que haber en la Editorial Católica un pequeño grupo de republicanos. En la posguerra *El Debate*, que era el periódico doctrinal, a diferencia del vespertino *Ya*, no fue autorizado a publicarse, precisamente por haber colaborado con la República. *Ya* sí pudo salir, pero con un director impuesto, Juan José Pradera, próximo a Serrano Suñer; durante trece años las tensiones entre la empresa y la dirección fueron la característica del diario. De todos modos, aunque, fieles a su divisa, los hombres de *Ya* también fueron posibilistas en tiempos de Franco, los hubo que lo fueron más como Martín Artajo, otros que lo fueron menos, como José María García Escudero y alguno que no lo fue en absoluto, como Francisco de Luis, que abandonó la empresa.

La revista mensual *Cruz y Raya* nació y se mantuvo en todas sus salidas con un declarado signo católico, aunque ferozmente no confesional, entre su

hizo constar en un escrito de 6 de junio del 40 que "he convivido con D. Luis Lucia Lucia en las cárceles [...] por un espacio aproximado de doce meses [...] pudiendo asegurar que constantemente ha deseado el triunfo de la Causa Nacional [...] le he oído explicar el motivo de su telegrama de adhesión al Gobierno del Frente Popular [...] basándolo en su ignorancia de la situación, por encontrarse aislado en el pueblo de Benasal, que le llevó a dar crédito a las radios rojas, por lo que deseoso de evitar represalias a los elementos de derechas creyó lo más acertado obrar como lo hizo".

primer número el 15 de abril de 1933 y julio de 1936, a pesar de la crisis entre sus filas posterior a la revolución de octubre del 34. En la Presentación, José Bergamín y Manuel de Falla escribían: "Esta revista de colaboración abierta, libre, independiente, se propone actuar sobre todos los valores del espíritu, sin mediatización que los desvirtúe". Tomás Borrás, que vivía encima de la redacción, consideraba *Cruz y Raya* "uno de los nidos de la Revolución Roja" (Entrambasaguas/Borrás 1960, 1278). Con una cierta mirada de reojo a *Revista de Occidente* perceptible en el cuidado diseño, y a *Leviatán* –que no era barata, por cierto: 15 pesetas la suscripción anual para España y América– su objetivo era formar católicos al margen tanto del clericalismo como del laicismo o, dicho de otra manera, reformar el catolicismo español, para lo que *Cruz y Raya* se inspira básicamente en el catolicismo francés, tanto en la vertiente personalista de Emmanuel Mounier –cuya revista *Esprit* emula en cierto modo–, la social de los dominicos de *La Vie Intellectuelle* o la democrática y secular de Jacques Maritain, Étienne Gilson o Gabriel Marcel. *Cruz y Raya*, que destaca en más de una ocasión la incompatibilidad entre la doctrina cristiana y los totalitarismos fascista y nazi, se mete en atolladeros de la mano de su director y factótum, el vario hombre de letras José Bergamín, al relacionar cristianismo y revolución, siguiendo también en esto a un católico francés un tanto iluminado y ferozmente antiburgués, Léon Bloy (1846-1917).

En realidad, *Cruz y Raya* nació un tanto de rebote. Un grupo de católicos quiso hacer un colegio para resolver el candente problema de la enseñanza religiosa, haciendo que ésta fuera materia opcional. Decidieron comprar el colegio de los marianistas pero el proyecto no fue adelante y acordaron destinar el millón de pesetas que habían reunido a promover una publicación católica, que encargaron a Bergamín. Ellos eran Miguel Maura, Gregorio Marañón, Valentín Ruiz Senén y la mayor parte de los que luego figuraron como fundadores de la revista; es decir, gentes como Miguel Artigas, Alfonso García Valdecasas, Emilio García Gómez, Antonio Garrigues, Carlos Jiménez Díaz, Juan Lladó, Alfredo Mendizábal, José María Pardo, José María Semprún Gurrea o Antonio Luna, el cual formará parte también, como Bergamín, del grupo fundador de *El Mono Azul*. En carta de 20 de octubre de 1933 a Falla, Bergamín le cuenta que los lectores de Francia, Alemania e Inglaterra "encuentran nuestra católica revista –que no revista católica– estupendamente española" (Bergamín/Falla 104). No es mal aforismo para definir el sello que su director, tan conceptista, imprimió a la empresa. Con tan magnánima donación, se pudo diseñar –cubierta de Benjamín Palencia– e imprimir con esplendidez la revista, además de pagar generosamente a los colaboradores. No obstante, siempre hubo déficit.[5]

Aparte de la nómina de sus gentes, en *Cruz y Raya* hay dos puntos de interés para mí en este momento. En primer lugar, que en su deseo de revalorizar la cultura española, la revista –es decir, Bergamín– acude, como casi todos en esos años, a los autores del Siglo de Oro, "ese admirable mundo submarino de nuestro XVII español" (Bergamín/Falla 103). Dámaso Alonso publica allí su "Escila y Caribdis en la Literatura Española" (*Cruz y Raya* 7 [octubre de 1933]: 77-102), trabajo en el que, más que una reivindicación de Góngora, podemos ver hoy la reclamación de un acercamiento riguroso a nuestro patrimonio literario, sin saquearlo ideológicamente ni reducirlo a Lope y a ciertas características supuestamente invariables. Así pues, a los casos de *Acción Española*, *Haz* y la reseña de Montesinos en *Diablo Mundo*, podemos añadir ahora *Cruz y Raya*, a pesar del "'españolismo' barroco y vibrante" que Bécarud (1969, 14) adjudica a Bergamín. Síntoma de esto último tanto como del eclecticismo desconcertante –afirmación y negación, más y menos, cruz y raya– de quien también sería director de *El Mono Azul*, es la inclusión de un trabajo de Luis Rosales, adverso al decadente Góngora, donde se contiene ya la teoría del garcilasismo; su título, "La figuración y la voluntad de morir en la poesía española" (*Cruz y Raya* 38 [mayo de 1936]: 67-109).

El segundo punto, de tipo estratégico, es una de las limitaciones que percibe Bécarud en su estudio de *Cruz y Raya* –publicado, por cierto, con afán

[5] Las tarifas, escribe Bergamín a un Falla escandalizado de lo mucho que le pagan (30 de enero de 1934), eran: "de 250 a 300 pts, el ensayo; 100, las antologías; 50, las notas críticas o 25, según su extensión" (Bergamín/Falla 114). El impacto del número uno fue de "una franca acogida favorable": unos trescientos ejemplares vendidos, unas ciento cincuenta suscripciones, y mil ejemplares repartidos como propaganda, "[q]ue en nuestra España son, para empezar, cifras fabulosas", según Bergamín (Bergamín/Falla 72). La tirada se mantuvo en dos mil ejemplares y piensa Dennis que ninguno llegó a agotarse. Una firma anónima de *El Sol* ("Debates". 26 abril de 1933: 2), algo condescendiente, lo veía así: "Acojamos con los honores que le son debidos a *Cruz y Raya* […] Esta libertad en una revista católica sorprende, pero agrada. Cuantos admiten que esta vida trasciende de sí hacia finalidades últimas para buscar su justificación más allá de la muerte, son para *Cruz Raya* amigos". Por su parte, Antonio Sánchez Barbudo, en el número de junio del 33, declaraba a *Hoja Literaria* (junio 1933: 10): "desde ahora por el refinamiento odioso, la hipocresía y catolicismo de *Cruz y Raya*, enemiga de este engendro" y consideraba a ésta "una publicación fascista", sin ahorrar ataques a "Sepepito" Bergamín, "típico devoto católico de santos jesuitas. Manitas blancas, pañitos azules (en el pecho la medallita) […] en una palabra: [es un] canalla". Para ampliar detalles y para un análisis global que contrarresta en muchos puntos la interpretación de Bécarud, es imprescindible ver "'Ni más ni menos': Bergamín and *Cruz y Raya*" (Dennis 1986, 136-80).

reivindicatorio, en los Cuadernos Taurus del padre Jesús Aguirre–: el afán de
restaurar la pureza del catolicismo llevó a Bergamín no sólo a distanciarse del
catolicismo español de los años treinta en su realidad concreta sino, más
exactamente, a ensañarse con quienes, al menos en parte, hubieran podido
ser su público: "a los amigos de Gil Robles y a la agrupación política realizada
por mediación de la CEDA; pues bien", añade con sensatez Bécarud

> ahí había una clientela en potencia, un público virtual para una revista que
> hubiese sentido verdadera preocupación por el porvenir y que hubiese sabido
> abstraerse de ciertas querellas harto vanas a veces. Podían parecerles discutibles
> determinados aspectos de la agrupación católica centrada en torno a Gil Robles
> y *El Debate*; pero el esfuerzo de un hombre como Giménez Fernández para lle-
> var a cabo útiles y necesarias reformas agrarias debería haber sido apreciado en
> su justo valor (1969, 57).

Para tomar la medida a ese desencuentro, veamos la postura de Bergamín a
6 de marzo de 1935:

> [Q]uiero que V. [Falla] también conozca, expresamente, toda mi repugnancia
> íntima y veraz por todo ese mundo español de católicos oficiales (Gilson diría:
> institucionistas); por toda esa hipocresía y baratería o botaratería, politiquera,
> que viene haciendo de nuestra santa Iglesia, bandería o mercado de las más
> indignas ganancias. Por la descomposición corrompida y corruptora del clerica-
> lismo. Por toda esa sucia mascarada de intereses y pasiones viles que se disfraza
> de religión católica [...] Por todo, en fin, lo que trafica vergonzosamente con la
> cruz de Cristo, desde el escaparate a la solapa o a la papeleta de la urna electo-
> ral. Para todo eso pido yo a Dios su ira [...] templando mis nervios con la espe-
> ranza y con la desesperación de ver tanta mentira, tanta ignominiosa y nausea-
> bunda podredumbre que se moteja cínicamente entre nosotros de catolicismo.
> ¿Tengo que nombrarle a V. todo eso que se llama, justamente, CEDA, porque es
> lo último a que podía llegar, efectivamente, en España, el alfabetismo [*sic*] posi-
> tivista, con sus confluencias de cloaca en el lerrouxismo, masonería, etc., etc...?
> (Bergamín/Falla 135-136).[6]

---

[6] La postura de Falla fue bien distinta: en 1935 ruega a Bergamín que le desvincule
completamente de la revista y en mayo del 36 escribe así a Azaña, presidente de la República: "quiero manifestarle mi vivísimo anhelo [...]: que veamos el final de esta etapa de amargura que sufrimos los cristianos de España a causa de la destrucción de nuestros templos, de
las inmundas blasfemias públicas y colectivas –comenzando por los ultrajes más horrendos
al Santo Nombre de Dios [...] y del martirio de personas que han consagrado su vida a la
caridad" (Bergamín/Falla 140, n. 154).

Hay tres momentos que ayudan a calibrar la manera en que Bergamín quiere romper la tradicional alianza de lo espiritual y lo político: su adhesión en marzo de 1934 al manifiesto de Maritain, Mounier, Roland Manuel y otros contra el presidente de Austria, república confesionalmente católica; la Revolución de Asturias (octubre del 34), que abrió a Bergamín la posibilidad de ser católico y revolucionario, y causó una desbandada en el seno de *Cruz y Raya*; y, en tercer lugar, su polémica con Arturo Serrano Plaja a propósito del discurso de André Gide en el Congreso Internacional de Escritores de París (junio de 1935) sobre el papel del artista en la sociedad y su actitud ante las injusticias (véase Dennis 1986, 164-76).[7]

El perfil netamente intelectual de *Cruz y Raya* se aprecia en sus colaboradores, empezando por el propio Bergamín, y por el secretario, el filósofo profesional Eugenio Imaz. Bajo el epígrafe "La editan" aparecen, entre otros cinco, los nombres de Alfredo Mendizábal y del gran músico Manuel de Falla. Las peripecias del católico Bergamín son en exceso singulares, pero las de Imaz, Mendizábal y Falla son más emparentables con las de nuestro hombre medio Felipe Lluch, en el sentido de que muestran que el problema en 1936 no era el catolicismo en sí, sino el mayoritario catolicismo español. Tanto Imaz como Mendizábal y Falla se exiliaron, cosa que no hizo Lluch. Pero no me parece mucho fabular la hipótesis de un Lluch en el exilio; en el caso, claro está, de que su trabajo al frente del Teatro de Arte y Propaganda se hubiera desarrollado con normalidad hasta el fin de la guerra.

Alfredo Mendizábal, catedrático de Filosofía del Derecho en Oviedo, no sólo no viró tras los sucesos de Asturias, como otros colaboradores de la revista, sino que, tras pasar varios días encarcelado por mineros en octubre del 34, publicó un artículo en la revista dominica francesa *La Vie Intellectuelle*, en el que hablaba con comprensión y generosidad de esta experiencia revolucionaria. Bergamín celebró el artículo de Mendizábal como un ejemplo del "verdadero espíritu cristiano en medio del concierto de odio y de injurias que se había desencadenado en todo el país" (Bécarud/López Campillo 1978, 23). Tradujo al español *Humanismo integral*, de Jacques Maritain, y escribió un estudio para la edición española (1936) de *Por un orden católico* de Étienne Gilson; el subtítulo de aquél, *Problemas temporales y espirituales de una nueva cristiandad*, y el título de éste indican que

---

[7] Por seguir en el ámbito francés, la trayectoria de Bergamín hace pensar en otro católico como François Mauriac (1885-1970), bien conocido por su postura ante nuestra Guerra Civil y los fascismos, la descolonización de Argelia o la evolución política del gaullismo en los sesenta.

Mendizábal aspiraba a una forma moderna de ser católico. Salió de España y en 1939, en París, fue el primer secretario de la recién organizada Unión de Profesores Universitarios Españoles en el Extranjero, presidida por el catedrático de Medicina Gustavo Pittaluga.

Eugenio Imaz (1900-1951), el secretario de *Cruz y Raya*, filósofo de formación alemana, salió hacia México; murió en Veracruz en 1951, en trágicas circunstancias, posiblemente suicidas. Pedro Salinas se lo comunicaba así a su amigo Ferrater Mora: "Guillén me escribe que se suicidó hace unos días, en Veracruz, Eugenio Imaz. Triste noticia. Había trabajado mucho en el Fondo de Cultura, sin el debido reconocimiento" (1428). Y a otro corresponsal: "Sí, lo de Eugenio Imaz es terrible. Precio tremendo que se toma ese 'mal destierro' en personas valiosas, como ayer en Iglesias y en Sánchez Trincado. Me escribe, desde Madison, Sánchez Barbudo, sobre el proyecto de publicación de los ensayos de Imaz; excelente idea" (1443) –se refiere, probablemente, a *Luz en la caverna: introducción a la psicología y otros ensayos*, que publicó el Fondo de Cultura ese mismo año en México–. Con motivo de su centenario, se le recordó en un Congreso Internacional celebrado en su natal San Sebastián, cuyas actas editaron Ascunce y Zabala.

Manuel de Falla (1876-1946), hombre de honda piedad, no pudo soportar las tensiones de la posguerra y prefirió salir de Granada en 1939 hacia Argentina, donde se instaló en una casa de la sierra cordobesa, en la que murió en 1946. Ya en enero de 1934 empleaba un papel de cartas encabezado por las palabras "PAX" sobre una cruz. En la dedicatoria de *Mangas y capirotes*, Bergamín le llama "maestro en la música y en la fe". Enrique Franco, en el suplemento dominical de *El País* (5 de enero de 1996) recordaba que

> al responder a cierta encuesta oficial sobre una hipotética mediación entre las partes en lucha, mientras otras personalidades clamaban por la victoria, don Manuel escribió estas pocas palabras: "No contribuiré con mi palabra o con mi pluma a que se vierta una gota más de sangre española". Teniendo en cuenta las circunstancias, esta actitud no sólo ha de tenerse como ética, sino, también, como valerosa.

José María Semprún Gurrea (1893-1966), otro fundador de *Cruz y Raya*, catedrático de Filosofía del Derecho en Madrid, acabó su vida en Roma, después de ser embajador de la República durante la guerra y de formar parte de varios gobiernos en el exilio. Tan republicano como católico, tradujo

para Cruz y Raya *El movimiento Esprit y la revolución espiritual* de Emmanuel Mounier (Madrid: Cruz y Raya, 1934), publicó *República, libertad,
estatismo* (Madrid: Galo Sáez, 1931) y, ya en el exilio, un largo artículo en la
revista *Esprit* ("La question d'Espagne inconnue". 1 de noviembre de 1936:
291-319) escrito en Lestelle-Bétharram, cerca de Lourdes, y fechado en
octubre del 36. Se publicó también como folleto con el elocuente título de *A
Catholic looks at Spain* (London: The Press Department of The Spanish
Embassy in London, s. a. 40 pp.). El vigoroso alegato de Semprún se dirige a
romper la férrea alianza de lo político-social y lo religioso, del catolicismo y
el Alzamiento. De varias maneras, Semprún afirma su convicción de que el
golpe militar no tenía justificación, razonándola a continuación, no sin múltiples matices: "Yo afirmo, con conocimiento absoluto de lo que estoy
diciendo, que no existían motivos o razones de índole religiosa en España
que pudieran inducir a sacerdotes, religiosos y fieles católicos en general a
creerse con derecho a iniciar esta espantosa conflagración nacional" (13;
véase 13-18).

En cuanto a la secular confusión, tan española, a que aludía Semprún
antes y el anticlericalismo consiguiente:

> Hay entre los dos campos una antipatía *de clase*, una oposición *social* [...] La
> burguesía [...] siente por los obreros una verdadera aversión moral [...] El
> obrero desconfía igualmente del *señorito*, aunque éste pertenezca a un partido
> proletario. Al intentar explicar los conflictos religiosos en España, no debemos
> olvidar que el *señorito* es una persona 'que va a Misa' [...] no podemos hablar
> de sacerdotes y católicos que, *como tales*, se han unido a la rebelión. Creo que
> es más justo –desde luego, más justo con ellos– decir que es un problema de
> personas asustadas [...]. Y coincide que estas gentes y estos sacerdotes son
> católicos; en esta coincidencia está la fuente de una confusión tan penosa [...]
> Son burgueses, que además son católicos –al menos, externamente (21-23).

Sobre el peligro de anarquía tras la victoria del Frente Popular en febrero del
36: "Yo afirmo con convicción que en el momento de la rebelión el peligro
de anarquía en España era un mito o, más bien, un tópico argumento de la
derecha para justificar su actitud" (30). Tras afirmar que los escasos comunistas españoles representaron una fuerza política estabilizadora (28-29),
"[d]igo, y desafío a cualquiera a que presente pruebas en contrario, que estas
cosas [los disturbios] ocurrieron *a pesar* de los poderes públicos y del régimen, y sin participación alguna, por su parte, en absoluto, en su expresión o
acción" (31). "A la vista de todos estos hechos, yo, católico, he decidido

mantenerme firme junto a los que apoyan al Gobierno contra los rebeldes militares y fascistas. [...] Ahora, y solo para aquellos espíritus honrados que realmente quieren saber las razones, intentaré explicarlas [...] Por decirlo en una palabra y con toda franqueza: he elegido el pueblo [...] el pueblo de España" (36-37).[8] En suma, para Semprún la Guerra Civil fue una guerra social, no religiosa.

Yerno de don Antonio Maura, el primer duque de Maura, y padre de siete hijos –entre ellos Jorge Semprún o "Federico Sánchez"–, Semprún Gurrea perseveró en su fidelidad republicana con libros como *España en la encrucijada* (Nueva York: Ibérica, 1956), *España, llamada a ser una república* (Nueva York: Ibérica, 1956) y *Una República para España* (Nueva York: Ibérica, 1961).

Los intentos de un catolicismo moderno tenían raíces en el XIX, con nombres, más o menos traumáticos en su relación con la jerarquía católica, como Félicité de Lamennais (1782-1854), el hoy beato Antonio Rosmini (1797-1855), Ignaz von Döllinger (1799-1890) y su discípulo inglés, el gran historiador Lord Acton (1834-1902), el pre-fenomenólogo alemán Franz Brentano (1838-1917), o el tractariano, converso del anglicanismo y después cardenal, John Henry Newman (1801-1890), el cual escribió sobre "La caída de Lamennais", a propósito del periódico católico liberal *L'Avenir*, que Lammenais publicó junto con el dominico Henri Lacordaire y el conde Montalembert, los cuales, en cambio, no "cayeron". Más tarde, Newman se ganó las antipatías del integrismo católico inglés por su *Carta al Duque de Norfolk*, en la que puntualizaba determinados aspectos de la infalibilidad papal y del "*Syllabus* de los errores modernos" de Pío IX. *Cruz y Raya* publicó una antología de textos newmanianos en su número uno, por ser 1933 el primer centenario del Movimiento de Oxford, al que Newman había contribuido enor-

---

[8] Cito por el texto inglés; las traducciones son mías. Tengo noticia de otra edición inglesa (London: The Labour Publications Department, 1937), muestra probable del esfuerzo de propaganda exterior por contrarrestar la imagen católica que el bando franquista exhibía como exclusiva suya. El texto de Semprún es vibrante y en algún momento amargamente ibérico y *ad hominem*, como cuando reconoce que en su elección por el pueblo habita su propio miedo "a *los otros*. Miedo a la soberbia y la terrible dureza de las clases altas, miedo a su rigidez y frialdad insoportables, miedo a sus desdenes y sus mofas, a sus sonrisas altaneras y despectivas, su absoluta falta de cordialidad, humanidad y caridad; miedo a sus instituciones y normas, sus cajas fuertes y sus mansiones, sus profesiones, burlonamente denominadas 'liberales', su forma de vivir y sus maneras hipócritamente corteses (todo tan rigurosamente cerrado a cal y canto); miedo a la silenciosa amenaza de las torres y muros de la ciudadela burguesa, donde yo, sin embargo –¡ay!–, había nacido y era ciudadano..." (39).

memente.[9] De Brentano se tradujeron por aquellos años dos libros: *El origen del conocimiento moral*, a cargo de Manuel García Morente para la Revista de Occidente (1927) y, ya al borde de la guerra, *El porvenir de la Filosofía*, en versión de Javier Zubiri (Madrid: Galo Sáez, 1936).

Rafael Sánchez-Guerra, hijo de un político conservador, fue concejal del Ayuntamiento de Madrid por Derecha Liberal Republicana y manifestó su adhesión a la República el 18 de julio, protegió a gentes de derecha y condenó los extremismos de ambos bandos. Se quedó junto a Julián Besteiro hasta la entrega de la capital a los franquistas, que lo apresaron y condenaron a ocho años de prisión. Indultado en 1941, huyó a Francia donde tuvo una modesta agencia periodística. Narró sus experiencias en *Mis prisiones*, publicado en Buenos Aires. Muerta su mujer en 1959, previo permiso del gobierno de Madrid, ingresó en el Císter de Santa María de Huerta, en Soria. Como también hizo con Lucia, Indalecio Prieto le rindió homenaje en sus *Convulsiones de España* (1969).

La peripecia del filósofo Julián Marías es sobradamente conocida. Su hijo Javier se ocupado últimamente de homenajear y ficcionalizar extensamente la figura de su padre en su vertiente política, social y vital; que eso es, en parte, la trilogía *Tu rostro mañana* (2002-2007). A mí me interesa destacar ahora que el filósofo orteguiano, el joven soldado republicano que también permaneció en Madrid junto a Besteiro para hacer entrega de la ciudad, el que estuvo encarcelado y a punto de ser condenado, el que padeció un obstinado ostracismo en la posguerra, era un conocido católico. Sus memorias, *Una vida presente*, dan fe de esto y muchas otras cosas. Entre ellas, del intento de Arturo Soria, el nieto, de organizar en Valencia un grupo de gentes que contrarrestaran "la espesa cortina de mentiras que procedían, bien organizadas, del campo 'faccioso' y tenían amplio curso internacional". De las personas, como Marías, a las que acudió Soria "la mayoría éramos sinceros católicos, adictos a la República pero muy críticos y descontentos" (Marías 1: 211).

Que el problema, más que con el catolicismo en general, tenía que ver con la modalidad histórica y española del catolicismo lo certifica Hilari Raguer –desde 2008 'Bernardo Boil', *ambassador* de la corte de Redonda *at* Montserrat Abbey– en su libro de 2001 *La pólvora y el incienso*. Mucho antes, en un clásico estudio sobre *El reformismo español* de 1969, Gil Cremades había llamado la atención sobre la solidaridad existente entre el pueblo

---

[9] También *El Debate*, en número dominical (16 de julio de 1933), daba cuenta del aniversario.

español, por un lado, y el clero bajo y las órdenes religiosas, por otro; unión que se perdió con las guerras carlistas y las desamortizaciones, que arruinaron a la Iglesia. Tras referirse a las hipótesis de Vicens Vives sobre el anticlericalismo español en su *Historia social,* que lo relacionan con la descristianización y la formación de ideologías, Cremades sacaba una conclusión sorprendente, escueta y en nota: "sobre las causas del proceso apenas se sabe nada" (154).[10]

Raguer abona ampliamente la idea que estoy persiguiendo aquí sobre la existencia de un sector de católicos, y también del clero, que quisieron mantenerse del lado de la República o se opusieron a Franco. Narra, por ejemplo, la historia del católico catalanista Manuel Carrasco i Formiguera que, según Raguer, fue fusilado por orden de Franco como represalia contra el Vaticano por la información y la pública protesta de *L'Osservatore Romano* contra los bombardeos sobre Barcelona llevados a cabo por la aviación italiana en marzo del 38, en que murieron numerosos civiles (297-301, 229), entre ellos la madre de José Agustín, Juan y Luis Goytisolo, familia católica y conservadora a más no poder; por si fuera poco, Carrasco había participado en el Pacto de San Sebastián (1930). También explica Raguer (52-58) cómo fue malinterpretada una torpe frase de Azaña que llegaría a hacerse célebre: "España ha dejado de ser católica". Trata también, porque es tema paralelo al catalán, de las dificultades de todo tipo –pero especialmente de propaganda en el exterior– que provocaba a Franco la actitud de los vascos, católicos y defensores de la República.

Y, lo más importante, el sensible tema de la cruzada y la pastoral colectiva de los obispos, del que, en conclusión, afirma Raguer (151-74) lo siguiente: Pío XII no apoyó la cruzada sino que una alocución suya en que hablaba de guerra fratricida fue troceada y manipulada con ese fin. No sólo no puede decirse que el Vaticano apoyara a los sublevados sino que lo cierto es que se oponía expresamente a que Franco y los suyos convirtieran en una guerra de religión lo que era una guerra política: nadie se levantó en nombre de la Iglesia ni de la religión. Justamente para obtener ese fin, Franco

---

[10] Alberti, más concreto, pone simbólicamente las raíces del anticlericalismo en la negativa del obispo Pedro de Quevedo a rubricar la Constitución de 1812 –aunque un tercio de las Cortes eran eclesiásticos– y enumera hasta once factores que lo cebaron en el siglo XIX (15, 27-34). Andrés-Gallego y Pazos traen a colación la "secularización del lenguaje" (80-85). Lannon me resulta un tanto unilateral en su idea de fondo de que la "apostasía de las masas" y su odio hacia la Iglesia surgen de la connivencia de ésta con los poderosos (212).

pidió un documento de apoyo al cardenal Gomá, el gran dirigente de la
Iglesia española entre 1936 y 1939, que era un tradicionalista como la mayoría de los demás obispos españoles, nombrados durante la dictadura de
Primo de Rivera. Se trataba de contrarrestar los efectos de "las plumas y los
cañones de los católicos republicanos" (Lannon 214). Ese documento fue la
Pastoral colectiva, que Gomá se apresuró a redactar a petición de Franco,
no de los demás obispos y menos aún del Vaticano. Franco pidió esa carta a
Gomá por motivos políticos, no religiosos: para ganar una guerra que estaba indecisa cuando no perdida, en las cancillerías y en la prensa católica
internacional. El impacto de la Pastoral fue enorme en el episcopado mundial, pero el Vaticano mantuvo silencio, lo cual irritó profundamente al
gobierno de Burgos. Por cierto, que "contra lo que suelen decir muchos de
los que la alaban o la critican sin haberla leído, la carta colectiva no declara
que la Guerra Civil sea una cruzada, sino que expresamente dice que no lo
es" (Raguer 161). El ex jesuita J. Vilar i Costa escribió una refutación,
párrafo a párrafo, de la carta pastoral,[11] y otros clérigos como José Manuel
Gallegos Rocafull, Maximiliano Arboleya o Carles Cardó tomaron partido
antifranquista, por escrito, antes o después.

Pasaron pocos años antes de que Gomá lamentara su docilidad a Franco, cuyo gobierno, después, le prohibió una pastoral. Con la amargura de
saberse utilizado con la Pastoral colectiva, más comprensivo con las tesis del
cardenal de Tarragona Vidal i Barraquer, al que el dictador prohibió impla-
cablemente volver a su sede, Gomá murió en 1940, dejando vacante la sede
primada de Toledo, que ocupó Plá y Deniel. En cuanto a la persecución
religiosa, Raguer rebaja cifras hinchadas y se atiene al único estudio sistemático y serio "que cita por sus nombres a 12 obispos, 4.184 sacerdotes
seculares, 2.635 religiosos y 283 religiosas", y afirma que "en toda la historia de la Iglesia universal no se encuentra ni un solo precedente […] de un
sacrificio tan sangriento en poco más de un semestre" (176). Entre otros
hechos sorprendentes, está la reacción de Negrín cuando en 1951 murió en
Toulouse el doctor Jesús María Bellido, que había sido comisario de Cultos
de su gobierno. Negrín asistió al funeral y oyó que las hermanas no encon-
traban quien dijera las misas gregorianas. Poco después, éstas recibieron
carta de un hermano de Negrín, sacerdote residente en Pau, diciéndoles que
por encargo de su hermano Juan, estaba él celebrando las misas por el doctor Bellido (Raguer 357-58).

---

[11] *Glosas a la Carta Colectiva de los Obispos Españoles.* Barcelona: Instituto Católico de
Estudios Religiosos, 1938; 389 pp.

Los intelectuales españoles se constituyen como grupo en la década de los años veinte favorecidos, paradójicamente, por la hostilidad institucional de la dictadura primorriverista, aunque ya en 1907, la Semana Trágica había provocado una primera escisión entre los más inclinados a entrar en política y los partidarios de permanecer exclusivamente en el campo de la cultura. Su presencia en la prensa es constante ahora y, aunque carecen de responsabilidades políticas, alcanzan un notable nivel de popularidad e influencia social. Se comprende, pues, que los intelectuales estuvieran a la cabeza del cambio cuando tuvo lugar la proclamación de la República en 1931. De hecho, en los ministerios, las Cortes y las embajadas del primer bienio hay abundancia de catedráticos, periodistas y abogados del grupo de los intelectuales. La conclusión del clásico estudio de Bécarud y López Campillo sobre *Los intelectuales españoles durante la II República* es que quienes comenzaron la década de los treinta como catalizadores de las aspiraciones populares acabaron en 1936 siendo comparsas de los líderes sindicales, los militares y los conspiradores (135). La función legislativa y administrativa que al principio desempeñaron fue disminuyendo poco a poco; fueron desplazados por los "hombres de la organización". Intelectuales "puros" y militantes se acusan mutuamente de obstrucción política o de radicalización. El demorado análisis del pensamiento liberal en el que se dejó la vida el hispanista canadiense Victor Ouimette, concluye más o menos lo mismo: en el desprestigio de los intelectuales como grupo y en el descalabro de su imagen ante la sociedad republicana; o, por decirlo con sus mismas palabras, "el maléfico destino del liberalismo español" (xvii), ya sea el que Ouimette llama eterno liberalismo español de Unamuno, el liberalismo cordial de Antonio Machado, el instintivo de Azorín, el ilusorio de Baroja, el imperativo de Ortega, el inquieto de Marañón o el liberalismo de la racionalidad de Pérez de Ayala.

En la base de la misma existencia de ese grupo de intelectuales, más que la presión de la censura primorriverista, está la influencia de una iniciativa pedagógica nacida en el siglo XIX como escuela de niños, que había logrado desarrollarse y constituir un fuerte espíritu propio: la Institución Libre de Enseñanza (ILE). Cacho Viu, gran conocedor de la Institución, no se prodigó en exceso pero acertó con lo esencial siempre que escribió sobre los institucionistas. En su prólogo al libro de Margarita Sáenz de la Calzada, Cacho aporta en primer lugar un diagnóstico que apoya la tesis a la que yo apunto aquí, el aislamiento de los intelectuales liberales como fenómeno paralelo al aislamiento de los católicos republicanos:

[Quizá] una reflexión sobre el cometido y desarrollo de la entidad, aun a riesgo de resultar polémica, pueda arrojar alguna luz sobre ese fracaso, con frecuencia denunciado y no sólo por los enemigos de aquel ensayo pedagógico […] Algunos gobiernos conservadores y, después la dictadura de Primo de Rivera, crearon momentos de incertidumbre [para las instituciones de la ILE] […] aunque al fin las respetaran. Quedó sin embargo frenado, entre esos ataques y la inconsecuencia y la debilidad de los liberales, su desarrollo lógico, que hubiera sido la transformación generalizada del sistema estatal de educación; no hay otra finalidad que pueda justificar la situación, en principio privilegiada, de centros experimentales. La mera tolerancia, acompañada de limitaciones presupuestarias, venía a perpetuar el aislamiento de "pequeños grupos selectos que llevan una existencia marginal" a los que Ortega se refería un año antes de la Dictadura (18-19).

El marcado *ethos* institucionista provocaba reproches hasta en "los socialistas moderados […] por el ambiente de burguesía acomodada que prevalecía en [la calle] Pinar [sede de la Residencia de Estudiantes]" (Cacho 19). La anglofilia era perceptible entre los institucionistas, particularmente Jiménez Fraud, que vivió en Londres, y Castillejo. Éste, germanófilo al principio como el maestro Giner y los krausistas, fue dejándose convencer por el potencial formador que percibió en el sistema educativo y en las costumbres británicas. Las alabanzas a los ingleses son constantes en el epistolario de Castillejo, no por espíritu de imitación o de inferioridad sino, al contrario, por la patriótica ilusión de haber dado con un modelo realmente útil para el mejoramiento de lo español. Si en lo intelectual y lo científico Alemania es un destino inmejorable, Castillejo piensa que, para formar hombres y ciudadanos, el lugar ideal es Inglaterra; primero porque las garantías morales son absolutas por encima de todos los demás países –se refiere, claro está, a las invencibles dificultades que encontrará allí el estudiante asiduo a burdeles–; pero, más importante aún, por el sentimiento de dignidad personal que infunden el respeto y la libertad de que goza uno en el trato con los demás. En sus primeras visitas a la isla, Castillejo se asombraba de que bastara con escribir unas letras corteses para ser recibido y agasajado en los ambientes intelectuales y distinguidos de la sociedad.

La cosa, pues, va mucho más allá de detalles como que, por ejemplo, Bartolomé Cossío le pida al amigo Castillejo que le traiga, por 50 chelines, un traje de una determinada sastrería del Strand donde guardan sus medidas. No es dandismo sino todo lo contrario, austeridad: la tela es mejor, dura más y se le saca más partido al dinero. De Giner de los Ríos, que era un educador a todas horas, se cuenta que decía: "Yo, cada día más radical y con la camisa más blanca". Para asombro de residentes novatos, el desayuno en la Residencia, contraviniendo toda española costumbre, se servía no sólo con cubiertos, sino con mantel blanco sustituido a diario. José de Orbaneja (31-32), que llegó a la Residencia procedente de otra residencia de estudiantes católicos existente en la zona de Cuatro Caminos, destaca la enorme diferencia en cuanto a ambiente e instalaciones higiénicas entre una y otra. Francis Bartolozzi ha recordado que en el Instituto Escuela la religión era optativa, los cursos superiores eran mixtos, había unas monitoras americanas que les enseñaban deportes (tenis, béisbol, baloncesto) y que a menudo salían del aula tanto a museos como al monte o a los pueblos (Lozano 26c). La coeducación del Instituto Escuela, por su parte, se entendía como una manera más de refinar a la gente, un medio para "suavizar esa grosería atroz de la *caza*" (Castillejo 1999, 358). No era raro que los coeducados recibieran burlas al llegar a la universidad, precisamente por la naturalidad con que trataban a las compañeras, naturalidad sospechosamente asexuada a los ojos de los depredadores procedentes de los colegios de religiosos. En 1909 un pensionado en Londres escribe a Castillejo, que está en Berlín, y traza un iluminador sumario de sus experiencias en el trato de gentes, cursi, impertinente o áspero entre españoles, sencillo y digno con los ingleses (Castillejo 1997, 580-83): el muchacho se refiere a "la franqueza, la sencillez de costumbres, la libertad y la confianza que unos tienen hasta en las personas que no conocen"; le llama la atención "el poco reparo que tienen en decir las cosas más delicadas", como lo referente a las maneras en la mesa. "De la sencillez de costumbres también hay pruebas, el ir sin gorra por las calles", o el que señores de sombrero de copa y selecto club londinense se pongan a hacer de jardinero o empuñen la brocha en su propia casa. "En los saludos, un *good-bye* es suficiente para despedir a las personas más estiradas cuando nosotros estamos dos horas ofreciéndonos e interesándonos por la salud de su familia". Para los ingleses, "la conciencia es suficiente tribunal, eso de que se meta uno en el metro sin billete y al llegar diga usted 'vengo de tal parte', y se lo crean, vale mucho; en Alemania [...] hubieran hecho una historia sobre eso y en España a la cárcel derecho". En cuanto a educación, el pensionado destaca el cariño que los ingleses tienen a su escuela, que "es como una pequeña patria que rara vez cambian y cuyo honor llevan unido al suyo", y resume que "tres cosas principales me han llamado la atención [...], la libertad, el compañerismo y la tradición".

No todos en la Institución eran tan solidarios con estos gustos. En cierta ocasión, la selección de profesores para el Instituto Escuela planteó un cierto dilema entre los conocimientos del candidato y su afinidad con el "espíritu y la unidad" de la casa, que Castillejo valoraba en extremo. A la consulta que le hicieron, Américo Castro contestó: "Aunque tenga uñas negras y no juegue fútbol, si sabe, tráigasele" (Castillejo 1999, 387-91). El propio Castillejo no fue profeta en su tierra y fracasó en su intento de airear a sus hermanas; ni siquiera con la menor, que pasó un tiempo en Inglaterra con una familia inglesa amiga de José. Las Castillejo permanecieron como lo que eran, señoritas terratenientes de familia rural manchega, impacientes ante las "originalidades" de su hermano.

Es del todo verosímil, pues, lo que comenta Cacho: "A los ataques cruzados que concitaba la Residencia, venía a sumarse inevitablemente el recelo de la España rural o asilvestrada ante tanto refinamiento importado de fuera" (20). Y no sólo eso. A la altura de 1937, Manuel Azaña, por boca de Pastrana en *La velada en Benicarló*, emitía sarcasmos a propósito del personaje Morales: "es de los que afectan distinción y finura y, por exquisitos, rehúsan ponerse a prueba, a reserva de encontrar malo, plebeyo cuanto hacen los demás. Soñaban probablemente con una República de gentes finas". Y apuntando más finamente: "Hay muchos ejemplares de estos republicanos de la cátedra. Hablar bajito, sorber tazas de té, la cosa inglesa [...] Han contribuido a rehabilitar en política el señoritismo" (196-97). Sobre las altas esferas, "Alberto Jiménez se refiere muy comedidamente en *Ocaso y restauración*, a la desconfianza regia hacia la Residencia, pese a que la visitara en más de una ocasión" (Cacho 19).

También afirma Cacho (15) que las cuatro personas clave para la Residencia de Estudiantes, la institución más representativa y legendaria de la ILE,[12] fueron José Ortega y Gasset (1883-1955), el director Alberto Jiménez Fraud (1883-1964), el secretario de la Junta para Ampliación de Estudios –órgano estatal gestionado por la ILE– José Castillejo, y María de Maeztu, directora de la Residencia de Señoritas. Del repaso de Jiménez en *Ocaso y restauración* a la evolución de la institución universitaria en nuestro país lo

---

[12] Conviene complementar el mito de la bullanguera *Resi* con el dato de que más de la mitad de sus 150 residentes hacia 1929 eran de medicina (24%), escuelas técnicas de ingenieros o arquitectura (25%) y farmacia o química (7%); solo el 6% estudiaba Derecho (y Letras, supongo) y había un 29% "de profesión desconocida" (Margarita Sáenz de la Calzada 133-34). Es decir, que el tono que prevalece en las evocaciones de la Residencia procede en realidad de una minoría algo excéntrica al espíritu de la casa, por su bohemia, que Jiménez Fraud toleraba como podía; son los Lorca, Buñuel, Bello, Dalí. Lo confirma el testimonio nada convencional del fiel ex residente José de Orbaneja.

que procede ahora es destacar las "Normas" finales (264-86), que son un canto en favor de la orientación educativa que imprimieron los iniciadores de la Institución: la "educación liberal", es decir, la que se propone formar "hombres educados, no especialistas entrenados" (271). Sobre ese modelo de educación, de orientación más bien británica,[13] el propósito era "rotundamente, formar minorías directoras" (264) y la Residencia, el instrumento más apto para conseguirlo.

El caso de estos cuatro notorios institucionistas enseña concretamente cómo el progresivo aislamiento de los intelectuales desembocó en una doble tanda de peligros para ellos: en primer lugar, peligro para sus vidas a partir de julio del 36; después, a partir del 39, sin que desapareciera del todo aquella amenaza, peligro más bien para sus honras. Jiménez Fraud, aprovechando la presencia de estudiantes del Reino Unido, recurrió a la protección de un dudoso pabellón británico para preservar la Residencia de asaltos y violencias. Ortega prefirió abandonar su domicilio e instalarse también en la calle Pinar. José Moreno Villa, el decano de los residentes –vivió allí desde 1917 hasta 1937–, cuenta cómo nada más estallar la rebelión militar

> inmediatamente se produce un cambio de actitud en la servidumbre de la Residencia de Estudiantes: unas cuantas mujeres aleccionan a las demás y comienzan a mirarnos como a burgueses dignos de ser arrastrados. Un escribiente de la oficina se enfrenta con la Dirección y pide que se le entregue el dinero de aquella casa. Jiménez Fraud puede escribir sobre aquellos levantamientos internos de gentes que se respaldaban con la amenaza del "paseo" (211).

Los casos de Castillejo y María de Maeztu tienen aún más color. José Castillejo (1877-1945), catedrático de Derecho Romano, fue el hombre práctico y emprendedor en la ILE, capaz de concretar, desarrollar y sostener durante decenios los proyectos reformadores de Giner y Bartolomé Cossío. Con astucia cazurra y manchega, Castillejo logró sortear las inevitables hostilidades y rivalidades en el solar hispano al tiempo que tendía redes universitarias internacionales para los pensionados de la Junta para Ampliación de Estudios, primero en Alemania y Reino Unido, a partir de la guerra del 14 en Estados Unidos. Tanto su personalidad como el espíritu de la

---

[13] Un texto clásico sobre estos asuntos de la "Liberal Education" es *Idea of a University* (1873) de John Henry Newman.

ILE están maravillosamente retratados, a medida que se iban desenvolviendo, en los tres volúmenes de epistolario que ha reunido hace no mucho su hijo David Castillejo Claremont. La masa de datos y noticias que van surgiendo aquí y allá, en pleno contexto, es fascinante. Esas redes que fueron la salvación para tantos intelectuales a su salida de España se deben casi enteramente a Castillejo, que las fue tejiendo en sus múltiples viajes, realizados con la proverbial austeridad institucionista.

Castillejo, que se había mantenido deliberadamente al margen de la política, publicó durante los últimos diez meses de la República una nutrida serie de artículos en *El Sol* de los que Palacios (105-55) extrajo su posible pensamiento político y en los que Castillejo describe un panorama crítico con los efectos sociales del período republicano. Entre esos efectos nocivos destaca Castillejo el divorcio entre la clase media y los obreros, la alianza de políticos e intelectuales, el alza en el prestigio político de la Iglesia, el empobrecimiento del país, el deseo de cambio compatible con el miedo al cambio, y la tendencia al autoritarismo y el centralismo. El romanista profesional se agrupa con el terrateniente manchego que había en Castillejo cuando censura con dureza diversas medidas de la reforma agraria. Las juventudes, para él, "no han sido culpables sino víctimas"; así lo afirmó en 1945, ya en Londres, desde la BBC, en su "Mensaje a las juventudes" (cito por Palacios 171). En suma, para Castillejo, la II República fue una combinación de excelentes intenciones con pésimos resultados que culminaron en el hundimiento del Estado. Castillejo identifica este hundimiento con el colapso del sistema legal de los contratos, la propiedad y las herencias, instituciones milenarias intocadas desde el derecho romano –diagnóstico que, por cierto, coincide con el de Santos Juliá en 1999 (11-54, especialmente 20)–. En su epistolario correspondiente a los años 1935-1937 estos mismos puntos de vista se expresan con la mayor rotundidad propia de la correspondencia amistosa y familiar (David Castillejo 1999).

El 18 de julio le sorprendió en Ginebra. Logró reunirse con su familia, que estaba en Benidorm, y enviarla hacia Inglaterra pero él, patrióticamente, decide ir a Madrid. Como relata su esposa Irene Claremont en *I married a Stranger [Respaldada por el viento]*, un brillante libro biográfico, a las dos semanas Castillejo apareció por sorpresa en Londres, horrorizado y envejecido. Su nombre había aparecido en las listas anarquistas que publicó *Claridad*, fue detenido, se le exigió que entregara la caja de la Junta para Ampliación de Estudios y sólo un golpe de azar le libró de la muerte. Logró salir del país pero su desaliento sobre España fue enorme al ver destruida la labor de toda su vida. Se animó, sin embargo, a dar una serie de charlas radiofónicas en la BBC sobre la situación de España, pero su tono era tan templado y conciliador que su esposa recuerda que muchos le decían: "¿pero de qué lado está usted?" (114). Desde luego, algunas de sus propuestas, como la que hizo en la primavera de 1938 de dividir España en dos zonas, sonaban más bien pintorescas. Desde los Estados Unidos, Pedro Salinas se opuso a semejante iniciativa y, años más tarde, en carta a Jorge Guillén de noviembre de 1943, echaba pestes contra su antiguo colega y correligionario institucionista –nunca amigo, creo– incluyéndole en el grupo de los *mesopotámicos* "o nadadores entre dos aguas", junto a Madariaga (1021), por su escasa indignación frente a la España de Franco.

María de Maeztu (1881-1948), cuarta columna de la ILE, no había recibido la típica educación de la mujer de clase media española, en parte por la nacionalidad inglesa de su madre –que, no obstante, era francoparlante–, en parte por el arraigo cubano de su familia paterna, en parte por la pensión que recibió de la Junta para estudiar en Alemania, y su licenciatura en Letras por la Universidad Central. Prolongando en cierto modo la academia para niñas que abrió su madre en Bilbao tras la ruina familiar, en 1915 María empezó a dirigir la Residencia de Señoritas en locales anejos a la de Estudiantes, ayudada por Rafaela Ortega, hermana soltera del filósofo, que estuvo en la Residencia de Señoritas junto a María hasta que en los años treinta marchó para hacer catequesis y trabajar en sindicatos católicos. Bajo la cercana tutela de Jiménez Fraud y Castillejo, que no le daban excesiva autonomía, María, con sus ojos azules y su pelo rubio grisáceo, se dedicó a enseñar y a pulir a las señoritas de la tierra –una media de casi doscientas por curso entre 1928 y 1932– con las costumbres y las maneras del mundo anglosajón que ella conocía por familia y por el tiempo vivido en los *colleges* de Smith (Massachusetts) y Bryn Mawr (Pennsylvania), selectas universidades femeninas del Este norteamericano: luz, ventilación, ejercicio físico, té a media tarde, tres bailes al año, y otras formas de *rendez-vous comme il faut* –a despecho del subtítulo del libro de Carmen de Zulueta y Alicia Moreno, *La Residencia de Señoritas*, que proclama *ni convento ni college*. María, que se mantuvo siempre como abiertamente católica, cuidaba muy de cerca la conducta de las residentes y se preocupó de que hubiera un capellán y enseñanza religiosa en la Residencia. Por otro lado, en 1920 fundó la Asociación Universitaria Femenina y en 1926 presidió el Lyceum Club, primer club de mujeres en España, compuesto por amigas suyas y de la Residencia como Victoria Kent, Clara Campoamor, Margarita Nelken, Magda Donato –mal avenida hermana de la anterior–, Isabel Oyarzábal, María Lejárraga o María Martos de Baeza. En 1932, cuando la Escuela Superior del Magisterio se convirtió en la Sección de Pedagogía de la Facultad de Filosofía y Letras, María desempeñó el puesto de auxiliar y en junio del 36 se le adjudica la cátedra, para sustituir a Luis de Zulueta, enviado a Roma por el gobierno como embajador ante la Santa Sede.

Enseguida, el comienzo de la guerra y el asesinato de su hermano Ramiro la llevaron a identificarse con el lado franquista, a pesar de que para éstos, su pasado la dejaría marcada como ideológicamente dudosa. Pasó a Burgos y desde allí a Buenos Aires. Rechazó un puesto en Vassar College (Nueva York), otra de las *seven sisters* –al igual que Smith y Bryn Mawr–, el equivalente femenino de la "Ivy League", las universidades norteamericanas de mayor prestigio académico y social. También declinó la oferta de una cátedra en la Universidad de Buenos Aires, donde sólo dio algunas conferencias. En 1945 decidió regresar a Madrid con idea de continuar su labor al frente de la Residencia de Señoritas. Pero su pasado liberal se interpuso. La decepción fue terrible y determinó un segundo exilio, antifranquista ahora como fue antirrepublicano el de 1936. La Residencia había sido convertida en Colegio Mayor Santa Teresa y al mando estaba firmemente situada Matilde Marquina, falangista y antigua residente –aunque sólo lo fue durante un año–. La indignación de María por la incautación de la ILE –que nunca llegó a consumarse legalmente dada la titularidad extranjera de algunos bienes– y la imposibilidad de recuperar la dirección de la Residencia extinguieron una simpatía por los vencedores que ya había empezado a menguar desde 1939. Regresó a Buenos Aires y en el verano de Mar del Plata murió, a comienzos de 1949. Recuerdan Zulueta/Moreno (57) que en diciembre del 47 había redactado su testamento; tras afirmar su fe católica de toda la vida, María lanza una especie de maldición lapidaria: "No considero como enemigos míos más que a los que impidieron y estorbaron que yo volviese a ocupar mi puesto en España; que hacen a España, fomentando la incultura, el mal irreparable que a mí me hicieron impidiendo la prosecución de mi obra educativa".

El tema es amplísimo y yo no pretendo agotarlo, enumerar más casos –el capitán sublevado y fusilado, Ángel García Hernández, era católico, los generales José Miaja y Vicente Rojo, o el político Ángel Ossorio y Gallardo, también– ni convertirlo en el centro de mi trabajo. En lo anterior he querido subrayar la buena medida en que el grupo de los intelectuales, al igual que el de los católicos republicanos, constituye un conjunto de gentes que quedan desconcertadas y aisladas, en una posición difícil, entre dos frentes decididos a aniquilarse.[14]

DIARIO Y CONVERSIÓN

De los escritos que dejó Lluch el diario es seguramente el más interesante, tanto por el testimonio estrictamente memorialístico, como por sus dimensiones autobiográficas. Y también por el período que cubre. Entre la abundantísima documentación recogida por Bertrand de Muñoz en su *Bibliografía de la guerra civil española de 1936-1939*, existe toda una sección dedicada a "Diarios, memorias, recuerdos, cuadernos de viaje, etc." donde se cuentan por cientos los relatos, de muy diverso tipo, referidos a estos años de la Guerra Civil: españoles, anglo-norteamericanos, italianos, rusos, alemanes; textos escritos tempranamente o muy posteriores; de autores conocidos y desconocidos; hay, incluso, un *Diario de amor y de guerra: 1936-1939*, de Catalina Llompart (Palma: la autora, 2002. 200 pp.) que casi me arrebata el título que he elegido para el diario de Lluch.

Por supuesto, existe además una plétora de novelas sobre el tema, incluido el *Campo del moro* de Max Aub, que narra a manera de diario, coincidente por cierto con las fechas en que escribe Lluch. El título que le he impuesto, *Diario de guerra y de teatro, 1937-1939*, pretende recoger esa doble cara: la consignación de hechos concretos y exteriores durante la guerra, en los que destaco en primer lugar los relativos a teatro; y el impacto en el ánimo del diarista de la detención y condena judicial de agosto y octubre de 1937. Esta crisis vital dispara en Lluch un proceso de transformación interior que podemos seguir con alguna precisión y que desembocará en una conversión de varias facetas, que incluyen el teatro áureo, el retorno a la antigua fe religiosa y la adquisición de una nueva fe en la España nacional-sindicalista.

El texto se presenta estrictamente como un diario. Su estructura de entradas fechadas, la libérrima estructura, la ausencia de principio y de fin y, sobre todo, la vinculación de la escritura al instante o a la circunstancia concreta de un acaecer que se renueva, son rasgos propios de ese modo de escritura sin más armazón que el presente y el fluir temporal, y, en principio, sin otro destinatario que el propio redactor.

---

[14] Lannon concluye: "Catholic republicans were few, isolated, lacking in established tradition and in institutional solidity" (197).

Si aceptamos los cuatro motivos que Lejeune (105-08) identifica como inductores de la escritura diarística, comenzamos a aproximarnos al dominio de lo autobiográfico porque la expresión, la reflexión, la memoria y la creación –así traduzco "the pleasure of writing" (105)– están presentes en este "Diario de guerra y de teatro". Las conversaciones con José María Sánchez Silva y Carlos Fernández Cuenca de noviembre del 38 suponen, tras la experiencia de la denuncia, una segunda crisis vital que le descubre el sentido de su futuro. Su pasado se ilumina y las piezas de su vida, hasta entonces dispersas, parecen encajar: su pasión por el teatro, su pericia como director, su espíritu vehemente, su vieja fe religiosa y el ideal de esa nueva España fascista de la que hasta ahora se había mantenido conscientemente al margen. Las autobiografías canónicas abarcan una existencia completa, están presididas por un propósito retórico de persuasión y unificadas por una imagen del propio yo que remite al momento de la escritura, un proyecto que el escritor decide emprender deliberadamente. Esa necesidad de explicarse ante los demás implica una crisis vital o el descubrimiento de la propia identidad. Esta especie de revelación entusiasmada es algo que podemos percibir también en la última parte del "Diario de guerra y de teatro".

Lluch había llevado, a temporadas, el diario discontinuo y autocontemplativo de tantos jóvenes sensibles. La experiencia carcelaria de 1937 supuso una primera crisis que le empujó a retomar aquella vieja costumbre del diario, movido ahora por una urgente necesidad de comunicación, consigo mismo al menos, como una terapia para su abatimiento de recluso y reo inocente. Así, escribe el 14 de octubre del 37:

> Había que enterrar la voluntad, quedarse como muerto, sin albedrío, sin vida, a merced de lo que venir quisiera […] Y entonces concebí el propósito de fijar mis impresiones, de apresar esta realidad fugitiva y cambiante para que al menos quedara el recuerdo de lo vivido, ya que no podía gozar con el anticipo del porvenir.

La concentración en una tarea creativa le redime de la miserable experiencia que está viviendo mientras sus apuntaciones van formando una azarosa red de sucesos, buenos y malos, sin otra unidad que la del sujeto que los sufre. Creo que desde finales del 38 la dispersión empieza a ceder en favor de una tendencia centrípeta, de rango autobiográfico: el ideal patriótico falangista ha puesto orden en su renacimiento religioso y en su vocación teatral.

Dada la pulcritud del original, debemos pensar que el diario fue reelaborado sobre una colección de notas procedentes del día a día, como pronto, en la primavera de 1939, cuando ya su conversión había tenido lugar. No parece, sin embargo, que el converso de 1939 haya alterado en exceso el sombrío tono de las notas tomadas a lo largo de 1937 y 1938.

Algunos rastros de la enunciación son elocuentes, como los titulillos de los cuadernos 2 y 3, o la citada anotación sobre el porqué del diario. Otras veces, como a comienzos de noviembre del 37, se nos indica más el cuándo de la redacción: "Apenas si recuerdo ya nada de estos tres días, los últimos que pasé en el castillo. Escribo estas memorias quince días después, en la tibieza acogedora del hogar". Sabemos que el diario se escribía en la cárcel: "Para ahuyentar el mal humor que amenazaba ahogarnos leí a Cayetano [Luca de Tena] las últimas cuartillas de mi diario" (9 de noviembre de 1937). Pero no siempre cuenta con notas frescas: "de las cuales [conversaciones] ya siento no haber recogido la impresión fiel y detallada que en mi alma produjeron" (1 de diciembre de 1938). El 17 de octubre del 37, Lluch es más explícito:

> Desde este día se pierden ya mis memorias íntimas y confidenciales. La acumulación de pequeños hechos exteriores; la intrusión tumultuosa de las novedades; el ambiente, los tipos y el paisaje suplantan a los sentimientos, al análisis minucioso de los estados de ánimo… Escribo este diario ya con gran retraso –cinco días casi– y no hay memoria que retenga durante tan largo tiempo los sutilísimos matices cambiantes e inefables del sentimiento humano. Y sobre todo, si la monotonía los tiñe de igualdad, y se ha limado ya –por fortuna o por desgracia– la agudeza punzante que tenían en un principio. He entrado ya en la monótona y abrumadora inercia de los días grises e iguales, en ese marasmo que es la normalidad, de la que únicamente descuellan, como los árboles de un valle inundado, los detalles anecdóticos que pueden resumirse en dos palabras: hechos concretos y externos, meros jalones de efemérides…

Como suele ocurrir, a veces el diarista desconfía de la empresa: "en su redacción, falsa y contenida las más de las veces, no es posible reflejar con claridad y precisión los encontrados y múltiples afectos que conmueven mi espíritu" (22-30 de enero de 1939). El Resumen del año 1938 ofrece un apunte netamente autobiográfico:

> Lo empecé, transido de frío y de tristeza, en el teatro de la Zarzuela, vigilando las cansadas representaciones de la *Numancia* ante la sala vacía. La nieve llenaba las calles, y el hambre y el cansancio me deprimían y aplastaban. Por aquellos días traduje en el camarín del teatro algunos capítulos de la *Historia general del teatro* de Lucien Dubech.

Nacía la primavera cuando, tras las representaciones de *El talego niño, El Agricultor de Chicago* y *Château Margaux*, que yo dirigí, se cerró con estrépito, al que no fui ajeno, el escenario de la Zarzuela. Desde hacía meses andaba ya dirigiendo La Guerrilla del Teatro y malcomiendo en el Hotel Regina tres días a la semana.

Invierno y primavera tardé en redactar, pulir y fijar el proyecto de Instituto Dramático Nacional, base y fundamento de mi porvenir, raíz y fruto de mi vocación teatral española, máxima gloria a la que aspiro, sueño de toda mi vida.

Y el último día de abril sentaba plaza como voluntario; hasta el de hoy –Dios quiera que no se prolongue mucho– sigo perteneciendo al Ejército Popular. Mi vida está, más o menos, resumida en las impresiones que anteceden. Pero quizás convenga fijarla en una breve –brevísima, por desgracia– estadística de trabajos.

Versiones espectaculares:

–*El pleito matrimonial del alma y el cuerpo*, de Calderón.

–El *Auto de los Reyes Magos* y la *Representación del Nacimiento de N. S. Jesucristo*, hecha por Gómez Manrique.

Trabajos de crítica o investigación: *Catálogo de autores y obras del teatro anterior a Lope de Vega* y estudios o extractos sobre el mismo sacados de Schack y Hurtado.

Y esto es cuanto da de sí el año de desgracia de 1938.

La prosa me resulta en general algo ingenua, amplificatoria, proclive a la antítesis y con una adjetivación en la que no faltan aciertos pero que con frecuencia se descontrola y vuelve prolija; se diría que lleva la pluma un aspirante a escritor literario, ducho quizá en redacciones escolares y habituado a modelos tardomodernistas, pero poco rozado con el mundo de la literatura profesional de su tiempo. En fin, como los cuentos que le publicó *El Debate*. Me llama la atención lo mucho que le atraen las reticencias. Le atraen también los contrastes dramáticos a lo "paz en la guerra". Demuestra, sin embargo, un buen talento descriptivo, buen ojo para la luz y buen oído para la música. Cuando habla de montajes teatrales es sumamente concreto e iluminador. Sus melancolías reciben con frecuencia una expresión punzantemente sincera, casi hiperestésica, y en alguna ocasión se recrea en la evocación un *état d'âme*.

La paz del campo y el amigo ciego. 7 de enero de 1939

La tarde tibia y soleada convidaba a pasear y a gozar de la dulce paz del campo. Y me fui por los alrededores de la ciudad, más allá del Retiro desierto y mutilado, atravesando los campos yermos que van cayendo en declive hacia los arrabales sucios y neblinosos del sureste de Madrid. Al fondo, en el horizonte limpio y cándido, se recortaba la silueta del Cerro de los Ángeles; a mis pies se extendía una barriada de hotelitos pretenciosos, y más allá el turbio y pardo montón de tejados del pueblo de Vallecas. Y perdido en la hondonada, cubierto y borrado por la niebla y por el vaho luminoso del río, el campo de batalla de esta guerra cruel que ensangrienta a España, cuyo recuerdo llegaba hasta mí en el inútil y pueril zigzagueo de las trincheras abiertas hace más de un año en los campos que pisaba, campos baldíos cubiertos por una hierbecilla humilde y tierna.

Dulcemente fatigado, descansé un rato sentado en un banco del jardín de un sanatorio al que había ido en busca de Fernando Vida. Pero el amigo no estaba; hacía casi un mes que había vuelto a su casa. Así me dijeron unos enfermos que en el corralillo de uno de los pabellones jugaban a las cartas, gozando del sol y de la paz de la tarde. Al verles allí sosegados y tranquilos, al escuchar el dulce son de las campanadas del reloj, un reloj de colegio o de convento; al mirar por las ventanas abiertas las camas recién hechas, las paredes de azulejos, los pisos abrillantados, casi envidié su enfermedad que les permitía vivir allí perdidos, olvidados de todo y de todos, presos y libres a un tiempo como religiosos de un tranquilo monasterio.

El tiempo cobraba categoría de eternidad; tan manso y quieto era su fluir. Se acordaba uno sin querer del ermitaño que estuvo escuchando durante cien años el canto de un pajarillo y creyó que sólo había transcurrido una hora. Y soñaba con quedarme allí para siempre, en gustoso olvido de todo, con vida serena y plácida regulada por el blanco y lírico son de la campana del reloj… Me costó trabajo sustraerme al encanto que me rodeaba y abandoné con pena el banco del jardín verdinoso y tranquilo donde había pasado uno de los ratos más agradables de mi vida.

Ya a la noche, cuando me despedía del pobre amigo ciego, una honda emoción fluía de las palabras y se apretaba en los abrazos y en el largo y efusivo estrechar las manos. En los ojos ciegos y en la voz quebrada del pobre Fernando había un temblor de lágrimas; su alegría infantil se nublaba de tristeza amarga y honda, y en la raíz de su alma se ahincaba el dolor de su ceguera y el agradecimiento por mi visita. Al bajar las pinas escaleras de su sotabanco, me cantaba en el pecho una fervorosa oración y un ansia infinita de caridad y ternura… La paz del campo y la voz del amigo ciego me habían aromado de belleza y suavidad el alma reseca y sucia.

La visión de la guerra y de la cárcel no es truculenta ni heroica sino más bien cotidiana; como mucho, un espacio propicio al vaivén de los sentimientos y a las paradojas del corazón, dócil a estímulos elementales como el tabaco o un racho abundante (17 de octubre de 1937):

En la franja dorada y luminosa que el sol ponía junto a la muralla se alineaban bancos y silletas, y en ellos los reclusos, formando tertulia o leyendo apaciblemente, daban una clara sensación de bienestar... Tras la comida sana y abundante, que tuvo como regalado aditamento una ensalada de tomate y cebolla, bajé de nuevo al patio, y mientras mi compañero de dormitorio –un hombre noble, sencillo y honrado– fregaba los platos en el lavadero, me dediqué a huronear por la biblioteca. Lo primero que descubrí fueron cinco tomos de comedias escogidas de Lope de Vega, cuyo hallazgo me llenó de alegría. Podría trabajar, leer, seguir por algún tiempo mis trabajos iniciados en Madrid, olvidarme durante las horas de trabajo de mi permanencia en el presidio e incluso crearme la ilusión mientras leyera de que, como en el jardín de casa, estaba Mariana a mi lado sonriéndome con sus dulces ojos tristes...

Esta esperanza de continuidad en mi labor, esta ilusión de conservar vivo mi afán de lectura e investigación, esta posibilidad de alimentar mi espíritu con algo más bello y noble que las banales aventuras del protagonista de *Amadeo I*, uno de los *Episodios Nacionales* de Pérez Galdós cuya lectura ya me cansaba, me acarició el alma con una ternura suave y regalada... El sol claro y vivo me llenaba de vida y de tibieza... El cielo azul, claro y limpio me inundaba de esperanza y de alegría... Un optimismo sano y hondo, un optimismo consciente y fecundo nació en lo más íntimo de mi alma... Casi por vez primera desde que había salido de Madrid respiré con satisfacción y hartura... Sentí que me libraba de la opresión de amargura que hasta entonces me ahogara... Y me subió del corazón a los labios una oración dulce y regalada en acción de gracias por aquellas mercedes que se me deparaban... Y descansé, abandonado a la paz de la tarde...

Al volver al dormitorio nos esperaba una sorpresa agradable: estaban repartiendo tabaco. Y este pequeño regalo material, la satisfacción de una necesidad tan imperiosa como la de fumar, bastó para colmar nuestra felicidad. ¡Era tan poco...! Y, sin embargo, nos bastaba. La pobre bestezuela humana estaba satisfecha... A la noche, la cena tuvo el regalo de un pedazo de bacalao frito. El pan negro y agrio, correoso y sin cocer apenas, nos supo a candeal con el pescado... Con la sonrisa en los labios y un vago y leve cantar de esperanza en el corazón nos dormimos blandamente.

Prevalece un diapasón de resignación y dolor, especialmente en la primera parte. Como narrador, Lluch puede crear escenas de cierto vigor como la del entierro de un niño en medio de un destartalado campamento gitano en Albacete (13 de octubre de 1937), la antiheroica despedida de su carcelero en Alicante (9 de noviembre de 1937), la visión de la cobradora del tranvía madrileño –heraldo de la derrota– (17-18 de junio de 1938), la conversación con la camarada Sofía en el Altavoz del Frente (31 de diciembre de 1938), la deprimente visita a los almacenes SEPU –"Todo se desmorona, todo se cae" (24 de septiembre de 1938)–, la frustrada compra de regalos de Reyes para sus hijos (3 de enero de 1939) o el ambiguo relato de las reacciones en el cuartel después de que "la aviación *enemiga* [bombardeara] Madrid con pan y tabaco" (5 de octubre de 1938; cursiva mía) precisamente en el primer aniversario de su condena por desafección al régimen.

En cuanto a noticias referentes a teatro y cine, mencionemos en primer lugar su intimidad creciente con Cayetano Luca de Tena, un sevillano, estudiante de medicina, con quien coincide tanto en la prisión madrileña como luego en la de Alicante. El apunte del 6-7 de noviembre del 37 habla del "encanto de soledad, íntima y regalada que Cayetano y yo habíamos creado ya en torno nuestro". Luca de Tena será su discípulo en la dirección del Teatro Español y después su continuador a partir de 1941.

Hay noticias concretas, aunque no demasiado abundantes ni sistemáticas, sobre las actividades teatrales que Lluch dirige en los frentes de La Alcarria o Nuevo Baztán en la primavera del 38. El 6 de junio (1938) escribe:

> Nuestra actuación en Tórtola se ha desarrollado con perfecta normalidad; más aún, con absoluta frialdad e indiferencia. Todo se ha hecho con tal precisión, con tal facilidad, con tan frío y exacto clasicismo que no ha podido florecer la duda romántica, el interés del desorden, la inquietud de lo imprevisto… […] El tablado se levantó en las eras ante la amplitud luminosa y abierta del campo primaveral… Mientras se sucedían los cantos y bailes populares, cuyo eco me llegaba asordado por la distancia, yo recogía, en la penumbra grata de una vieja cocina ennegrecida y maloliente, los datos bibliográficos de un libro sobre Shakespeare que el azar puso en mis manos…
>
> El viaje de retorno fue silencioso y grave. Se había puesto el sol y la luz era intensamente azul y blanca. La lejanía se llenaba de malvas y verdes tiernos, de amarillos luminosos, de profundos cárdenos, de suaves rosas, de azules tibios. Una paz infinita y cándida llenaba el campo impregnado de dulzura y mansedumbre. Y a mi corazón le brotaban imaginarias alas en un vehemente deseo de volar sobre los trigos con mayor velocidad aun que la del camión que nos llevaba a Marchamalo.

Al día siguiente, en Marchamalo, las cosas casi se tuercen:

> Nos vestimos nuestros trajes de comediantes en un pajar cercano; subimos al tablado y cuando íbamos a comenzar la representación, la banda militar arrastró al auditorio que desde hacía horas solo quería bailotear en la plaza. Quedamos solos en la anchurosa explanada. […] Era más de medianoche cuando empezaba la representación que como despedida ofrecíamos al pueblo de Mar-

chamalo reunido en la plaza desde dos horas antes. La luna plateaba las blancas fachadas de las casas, espejeaba rompiéndose en el agua bulliciosa de la fuente, y prendía reflejos fugaces casi inexistentes, en las hojas de los plátanos.

Las voces de los actores, claras voces juveniles, se abrían a la noche callada, se ahilaban en el silencio expectante... Parecían el eco de viejas voces olvidadas, de las voces de nuestro antiguo teatro ambulante y popular. Y me prometí en mi alma, como lo hice en Ciruelas, volver un día –¿cuándo puede ser, Dios mío?– para representar algunos de los pasos y actos primitivos, para iniciar en nuestra gloriosa tradición teatral a estas pobres aldeas de España tan olvidadas siempre...

La convivencia con los campesinos de la España rural pulsa la nota regeneracionista:

Así viven los hombres en las aldeas de España... Oscura, estrecha, amargamente hacinados en las cocinas, sin más aire ni más luz que el aire recalentado y agrio, que la luz cernida y triste que baja, como de otro mundo, por el cañón de la chimenea. Apagado el fuego, tiene la cocina una frialdad, una rudeza de viejo cráter lunar, una oscura y repulsiva soledad de tumba abandonada, una lechosa y mustia claridad de agua turbia y cenagosa... Y así es de amarga, quieta y sola el alma del campesino de estas tierras feraces de la Alcarria.

Sobre las actividades de la Alianza, tenemos algunas noticias referentes a montajes, documentales y conferencias. Por ejemplo, esta del 1 de septiembre (1938) sobre la puesta en escena de *Don Perlimplín*:

Al llegar esta tarde a la Alianza me ha sorprendido el revuelo de los habituales y sonámbulos contertulios, vagos fantasmas de un muerto pasado de grandezas que hoy intenta resucitar. Las conferencias organizadas por iniciativa de María Teresa, más locuaz, más risueña, más disparatada que nunca, han galvanizado el cadáver de la casa de los intelectuales. En la sala de cine se levanta ya un tabladillo improvisado. La escena está formada por unos ricos cortinajes de raso gris, una galera dorada con guardamalleta de ostentosa pasamanería que finge un balcón y un fondo arbitrario que con un marco dorado, con visillo blanco y un enorme lazo rosa representa la ventana de la casa frontera; la casa de Belisa, "blanca como el azúcar", de la desvergonzada y altísima y profunda farsa de Federico García Lorca: *Amor de don Perlimplín con Belisa en su jardín*.

Los actores-tramoyistas –Ontañón, Barbero, Franco, María Teresa y hasta Miñana– están colocando en escena un delicioso velador, vestido todo de encajes y puntillas como una tarta de chantilly, con una cinta rosa, ondulante y florecida en lazos apretados y menudos, y una cama disparatada y absurda; la misma que yo inventé, hace ya casi diez años, para el malogrado estreno de la farsa de

Lorca en el teatrillo del "Caracol". Con esta coincidencia, que me ha llenado de un pueril y justificado orgullo, se me han venido a la memoria como un enjambre cien recuerdos pequeñitos, fragmentarios, anecdóticos, de aquellas mis primeras aventuras teatrales de vanguardia. Recuerdo las ingenuas decoraciones que, sobre infantiles y graciosos bocetos de Federico, pintamos y construimos para el pequeño escenario de la "Sala Rex".

Al día siguiente, habla Alberti sobre García Lorca:

> Nada nuevo ha dicho acerca de él su amigo, rival y víctima, Rafael Alberti. Pero su voz, henchida de honradez, de verdad y de emoción ha llegado a subyugar al auditorio, y ha cumplido con tino y eficacia la misión que se le había encomendado. No era fácil la empresa de Alberti. Patente y pública es su enemiga a Federico, acrecida en estos últimos tiempos, ya que la muerte prematura y trágica –pero... ¿es cierta?– del poeta granadino ha agigantado la figura de éste casi hasta lo infinito. Palpable y clara es la diferencia entre los autores del *Romancero Gitano* y *El burro explosivo*. Diametralmente opuestos eran en su aspecto y en su trato, en su hablar y en su pensar... Y sin embargo, Alberti, ha sabido encontrar el tono exacto para hablar del vencedor –sin adulación, sin amargura– y ha logrado mantenerse en un segundo término discreto –difícil éxito y raro acierto el suyo– sirviendo incluso de locutor ante la radio.

Tenemos un relato (31 de diciembre de 1938) de la inauguración del Cine-Teatro-Club, con la puesta en escena de *El enfermo de aprensión* de Molière:

> Hoy ha inaugurado sus sesiones el Cine-Teatro-Club de la Alianza de Intelectuales Antifascistas. En el "Auditorium", ante un público heterogéneo de jefes militares, viejos críticos y jóvenes intelectuales, obreros y militantes del partido comunista, se ha representado *El enfermo de aprensión* de Molière, traducido por Juan Ignacio Alberti. Precedió a la representación una breve y enjundiosa conferencia de María Teresa León acerca del propósito del c.t.c. y de la obra del clásico francés. El Cine-Teatro-Club pretende ser en la hora actual el exponente de la cultura dramática del pueblo español y la escuela donde aprenda el buen arte de la escena universal. En realidad, aspira a resucitar las representaciones íntimas de tanto y tanto teatro experimental como floreció en los últimos años anteriores a la revolución.

Lluch se muestra poco amigo de la estética panfletaria que impone el teatro de urgencia:

> La Alianza de Intelectuales Antifascistas –mejor dicho, María Teresa León– ha ido poco a poco librándose de la híbrida y monstruosa unión que en los pri-

meros meses mantuvo con hombres sin inteligencia ni cultura, y pasa de la propaganda utilitaria y política, del pasquín grosero y actualista, al cultivo intelectual del arte puro, a la estética decadente del novecientos, a la reunión selecta y aristocrática.

También da cuenta de la inevitable transformación de las relaciones personales:

El abono a las representaciones cuesta diez pesetas por sesión. Las primeras filas de butacas se reservan para los abonados e invitados de honor. El resto del teatro se regala a los amigos y a las organizaciones obreras. Ya ha desaparecido todo ideal de camaradería, todo confusionismo de hermandad, todo entusiasmo colectivo. Ya hay de nuevo jerarquías, privilegios, separaciones y terrenos vedados. Ya hay una nueva aristocracia nacida de la revolución. Y su primer fruto es el C.T.C.

Lluch hace una reseña del texto y, con su precisión de ingeniero, otra más interesante, sobre el montaje:

La traza argumental se reduce a los amores contrariados de la hija del enfermo y a las maniobras que para apoderarse de la hacienda del mismo pone en práctica su segunda mujer, fría y calculadora. La obra carece de la intensidad emotiva de un *Tartufo* y de la humana caracterización de un *Avaro*. No es más que una divertida sucesión de caricaturas; pero qué gracia, qué desenfado, qué alegría rebosan esas figuras del viejo médico cascarrabias, del docto y pedante maestro padre del estúpido doctorzuelo que pretende la mano de la hija del enfermo; de la criada audaz y marrullera –el mejor tipo de la comedia–, de la esposa intrigante y falsa, del estúpido enfermo lleno de telarañas mentales... […]
    La postura escénica de la obra fue perfecta en todo, salvo algún detalle excesivamente caricatural y el error de no cambiar la luz para el primer baile o entreacto. La decoración, suaves cortinas color crema, con dos puertas formadas por galerías doradas y cortinas de encaje recogidas, y dos espejitos-cornucopias en primer término, era de un acierto insuperable, completado por la finura y delicadeza del cuadro escogido para presidir la escena y el encanto del arpa colocada a la izquierda. Los trajes –deliciosas caricaturas del XVIII–, un primor de gracia y de colorido; la música –excepto las ilustraciones musicales de Leoz– un canto de filigrana y elegancia. Todo, hasta el anacronismo, estaba perfectamente de acuerdo con el espíritu ligero, mordaz y alegre de la farsa. Si las luces hubieran ayudado un poco más a la ilusión del espectador, el espectáculo hubiera sido perfecto, acabado.

La interpretación fue deliciosa, sobre todo en el primer acto. Había en ella un ligero aire de ballet, de pantomima, que, de haber seguido en los dos restantes, hubiera llevado la obra a su más perfecta expresión escénica. Sobresalieron en su labor Barbero, en el enfermo; Juana Cáceres, en la criada, [Modesto] Blanch en el estúpido doctorcillo, [Antonio] Soto en el viejo médico cascarrabias y Emilia Ardanny en su delicioso primer baile. Pero todos, hasta la última bailarina se condujeron con gracia y acierto en su difícil cometido. En conjunto, una velada deliciosa que me trajo el nostálgico recuerdo de aquellas triunfales representaciones de la T.E.A. y me avivó el deseo de reanudar, cuanto antes mejor, mis tareas de director de escena. Y, además, una prueba fehaciente y definitiva de que puede y debe representarse buen teatro en la seguridad de encontrar en el público el aplauso y la asistencia indispensables para el espectáculo teatral. ¡Qué lejos estamos ya, por fortuna, de aquellas desagradables, polvorientas y tumultuarias representaciones en Chinchón y Aranjuez! El retroceso adquiere ya caracteres de restauración. ¡Dios sea loado!

Lluch se había sentido progresivamente menos comprometido con ese mundo que tanto amaba antes, hasta que se produce la ruptura interior y las salidas de las Guerrillas del Teatro se convierten en una pesadilla, no por motivos políticos sino personales y familiares, como relataba el 17-18 junio del 38:

Dos días de confusión, de amargura, de inquietud. Al mediar el primero recibí como un mazazo la noticia: la Guerrilla del Teatro se iba a Valencia. En vano intenté resistirme; inútilmente inventé pretextos y acumulé dificultades... Por fuerza, había que ir. [...] Volví a casa acongojado y mustio. A todas las preocupaciones del momento vencía la perentoria y agobiadora necesidad de encontrar dinero... Yo no podía marchar dejando a Mariana en tan grave apuro. Y me negué a salir de Madrid. Urdí unas largas y ambiguas disculpas, medias palabras y oscuras razones sin sentido, que de nada me sirvieron, porque mediada la noche llegó a mis manos la orden oficial de partir para Valencia...

Hay también un buen boceto de la vida socio-literaria en el entorno de la Alianza, por ejemplo en la excelente reseña de la sesión cinematográfica de 21 de junio del 38:

Hoy me he vestido mi negro traje particular, y así disfrazado –ni yo mismo me conocía– he ido al cine a admirar –iba predispuesto a ello– la película de Eiseinstein, *Tempestad sobre Méjico*. La entrada en el cine Bellas Artes fue desconcertante, absurda. En la sala reducida y mal alumbrada, roja y negra como una cámara de legendarias torturas, había ya algunos espectadores que escuchaban aburridos, la música del cuarteto: piano, jazz y dos violines. El pianista alto, fino, serio, casi doctoral, aporreaba concienzudamente las teclas, pretendiendo en vano poner de acuerdo a sus compañeros en el ritmo y la velocidad. El primer violín era una muchacha, casi una niña, trigueña y pequeñita, vestida modesta y sencillamente, peinada con dos pequeños rodetes a ambos lados de la nuca. Tocaba dulce y tranquila, casi inconscientemente, pero con facilidad y soltura de juego infantil. En cambio el percutor del jazz tenía un vago y distraído aire de profesor de lógica metido a músico por Dios sabe qué absurdas complicaciones. Serio; más que serio, grave, meditabundo; inverosímilmente inmóvil; fija la mirada en el platillo bamboleante; preso en una americana de rígido corte inglés; ahogado por un cuello duro y alto y por unos puños que casi le llegaban a los dedos, manejaba sus palillos con una impavidez, con una serenidad, con una exactitud de silogismo escolástico, que crispaban los nervios de indignación. Las luces de los atriles comenzaron a hacer guiños en demanda de silencio. Pero era inútil. Los músicos habían iniciado un fox y continuaban imperturbables. Al parecer querían justificar su sueldo y no cesaron de tocar hasta que la luz de la sala fue decreciendo rápidamente… Primero vi un reportaje sobre las canciones del bajo negro Paul Roberson [*sic* por Robeson]; después una estúpida película en colores; más tarde una maravillosa caricatura de ópera italiana según el lápiz grotesco y agudo de Walt Disney –¡que graciosa la gallina tiple y qué magnífico el pato tenor!– y por último *Tempestad sobre Méjico*.

Esta grandiosa película de S. M. Eiseinstein no es, en realidad más que un soberbio documental de las plantaciones de pulque, con un sobrio, violento y subversivo argumento revolucionario. Pero, ¡qué belleza en las imágenes! ¡qué espléndida riqueza de filosofía, de ángulos, de ritmo, de montaje! Plásticamente es quizás de lo más logrado que he visto. Las escenas del patio del rancho, lentas, minuciosas, agobiadoras; las de la boda en la plantación, ruda, sencilla y primitiva ceremonia; las preliminares al suplicio de los caballos, de hondo patetismo y bárbara corporeidad; la fantástica iluminación del calabozo cuadriculado por la sombra gigantesca de la reja (maravilloso y genial acierto) y los fondos de nubes, son de una belleza impresionante, magnífica. Todo en la película es duro, granítico, corpóreo, brillante y violento. Una obra maestra de realismo cinematográfico… Un verdadero portento de exactitud, de claridad, de precisión. Se dijera que es escultura y no pintura, talla y no grabado. Tal es en resumen esta prodigiosa *Tempestad sobre Méjico*.

El 26 de agosto del 38 hubo un *party* en los salones de la Alianza, que

rebosaban hoy de bullicio y de gentío. Lo más florido que en letras, artes, milicia, jerarquías, belleza y juventud nos ha dejado en Madrid esta larga y dura guerra, aparecía allí reunido en una vaga y frívola camaradería que casi sonaba a inconsciencia de agonizante o a aturdimiento de suicida. Los viejos salones tristes y oscuros, recargados de muebles macizos y cortinajes pesados, cuadros sombríos y luces amarillas y opacas, resonaban con el eco de cien conversaciones entreveradas de risas de mujer y tintineos de copas de cristal. Parecía mentira que a dos kilómetros escasos estuvieran los barrizales de las trincheras, las mantas plagadas de piojos; las troneras lívidas y ese espanto de la tierra de nadie lleno del dulce y apestoso hedor de los hombres que mueren [¿?] los días de *Sin novedad en el frente*.

La reunión era la preliminar para una serie de conferencias que organizaban conjuntamente la Alianza y la Delegación de Propaganda y Prensa. Y en la amplia sala acristalada, tibia y clara a la caída de la tarde como una estufa o invernadero, llena de plantas, de columnas, de libros, de fotografías, de rótulos y pasquines cuyo conjunto formaba una exposición de las actividades culturales y guerreras de la Alianza —exposición que algún día he de comentar—, se dio una representación del *Entremés del dragoncillo* de Calderón de la Barca, por las Guerrillas del Teatro. Yo que tantas veces hube de trabajar con ellas, precisamente en esa miniatura delicada y jugosa de nuestro teatro clásico, hube de contentarme por esta vez con mirar los toros desde la barrera. Y desde una ventana, entre las afiladas hojas de una palmera enana, vislumbrar el garboso movimiento de las figuras que hace ya dos años —¡cómo pasa el tiempo!— fue brotando de los lentos, calurosos y agobiadores ensayos del Teatro Escuela de Arte.

En julio del 38 debió de intentar ganar algún dinero con una comedia, género muy apto para el verano de la cartelera madrileña. La indiscreción de un colega lenguaraz que, sin saberlo, descalifica esa comedia, coescrita con Sánchez Silva, le reafirma amargamente en su vocación de director escénico (26 de agosto de 1938):

> Y me convencí una vez más de que mi verdadera vocación, mi camino auténtico, mi destino y mi ilusión no son otro que el de la dirección escénica. Porque allí mismo, Pedro Sánchez Neyra —ancho rostro abobado y burlón, viejo sapo escéptico de ojos saltones y reidores, boca sensual y cínica, hombros levantados en un ya eterno y congénito, ¿para qué?— me dijo con su voz rota y áspera, con su decir reticente y desengañado, que la comedia de "mi amigo" no era nada... Él había leído *Siete fantasmas* sin saber que era, también, obra mía. Y pudo, con brutal sinceridad, afirmar rotundamente que su representación sería intolerable.

El buen crítico de cine que hay en Lluch asoma una vez más en su relato de una interesante sesión del Cine Teatro Club —a la que acude en circunstancias dramáticas— sobre documentales de la Guerra Civil (17 de enero de 1939); quizá sea el suyo el único testimonio existente:

Esta tarde se han proyectado en el Cine-Teatro-Club de la Alianza algunos documentales de la guerra civil en España. La tarde estaba lluviosa y fría; el comentarista –Julio Angulo– era un pobre y veterano aprendiz de literato de la escuela de Jarnés y Antonio Espina; el tema resultaba ingrato, seguramente, a esta nueva y estúpida aristocracia que reniega de lo que la ha encumbrado –la guerra, precisamente; la guerra y la revolución–, y así, la pequeña sala de proyecciones estaba casi vacía, a pesar del interés, de la belleza y de la emotividad de las películas anunciadas. Sólo una de ellas es un verdadero documental, es decir, un documento gráfico, animado y patético, de la actualidad española: *Obuses sobre Madrid*. En ella hay escenas callejeras, impresionadas durante los bombardeos, de verdadera intensidad trágica. Y planos como el de la Gran Vía desierta, o el del estallido de los obuses sobre los tejados de Madrid, que dejan un recuerdo imborrable. El conjunto es pobre y repetido, monótono y gris –incluso de fotografía–; pero no hay que olvidar la dificultad y los riesgos de su impresión, y la imposibilidad de repetir en el estudio las escenas que recoge.

18 de julio y *Guerra en la nieve*, dos reportajes cinematográficos de [Arturo] Ruiz Castillo,[15] están hechos con discreta habilidad y con no pequeño acierto en la obtención de vistas. La fotografía es siempre espléndida, magnífica; cada fotograma está cuidado como si fuera una obra completa en sí mismo, y el conjunto da una agradable impresión de novedad, audacia y juventud en su realizador. ¡Pero qué contraste en su contenido! ¡Qué lamentable caída desde aquella despreocupada alegría bullanguera y despilfarradora de julio del 36, a esta amarga y dura lucha contra todo y contra todos del crudo invierno del 38! En el primer documental citado se ven los trenes y camiones repletos de mercancías; los mercados y comercios abastecidos y concurridos; las terrazas de los cafés llenas de alegres desocupados; las aceras rebosantes de hombres y muchachos… ¡Qué amarga ironía, qué fino derrotismo, qué torcida intención encierra su exhibición actual, en este Madrid sin luz, sin comida, sin tabaco, sin vino y sin café; en este sucio Madrid sin trenes, sin hombres, sin tranvías; en este acre y molesto Madrid sórdido y deshecho, mísero y desagradable, podrido y caduco, verdadero desperdicio de arrabal, pobre montón de basuras en el que hozan con hambriento desasosiego pobres mujeres con la muerte pintada en el rostro!

Yo había llegado a la sala tras una difícil travesía por las calles encharcadas y tenebrosas, después de haber salido medio asfixiado del tranvía que hube de asaltar antes de que llegara al término de su trayecto. Estaba mojado y rendido, triste y casi lloroso, llena el alma de una mansa y amarga desesperación. Mariana está enferma, decaída y casi agotada. El análisis de sangre que se le ha hecho

---

[15] No encuentro información acerca de *Obuses sobre Madrid*. Ruiz-Castillo dirigió en 1936 un documental titulado *18 de Julio (n.º 2. Madrid)*; no he localizado un posible *18 de Julio n.º 1*. Ver Obras citadas.

revela la existencia de una tara hereditaria que, de ser cierta, exigirá un doloroso y largo tratamiento… Al saberlo a mediodía quedé estupefacto, anonadado, confuso… vergonzosamente acobardado. Sólo la fe me mantuvo sereno; la fe y el amor a esta pobre criatura cuya cruz es el padecimiento físico. Me invadió el alma un desaliento infinito, pero al mismo tiempo una ternura sin límites y un propósito firme y decidido de colmar de atenciones y de cariño a mi mujer y compensar así sus tristezas y dolores. […] En este difícil y turbio estado de espíritu llegué a la Alianza, obligado casi por una orden del comandante Molero, que deseaba tener una entrevista con el coronel Ardid para la creación de una guerrilla teatral, a cuya entrevista habíamos de estar presentes María Teresa León y yo.

Poco a poco, el interés y la belleza de las películas proyectadas fueron ganando mi atención, y al ver los magníficos documentales de Rafael Gil, titulados *Soldados campesinos* y *¡Salvad la cosecha!*, había olvidado por completo las íntimas preocupaciones familiares y el descontento y la desazón que el proyecto de la guerrilla me había producido. Y ajeno ya a toda mi vida actual gocé plenamente de la belleza de esos dos poemas del campo y de la guerra. Las dos películas son un prodigio de ritmo, de fotografía, de imagen y de intención poemática y artística. Hay planos que son maravillosos, sorprendentes, geniales. El cielo y la luz de España adquieren un valor extraordinario y se transforman, casi, en el protagonista de estas bellas creaciones cinematográficas. Parece mentira que sean obra de ese muchacho alegre y reidor, sencillo y niño, que parece no saber nada… Parece mentira, porque estas obras me recuerdan –incluso mejorándolas no pocas veces– algunos fragmentos de *La línea general*, de Einsenstein, que es lo más bello y atrevido que en documental de campo había llegado a ver.

El comentario final del ya converso Lluch es significativo: "Y aquí está este jovenzuelo de la nueva España, superando con su fe y su hispanidad alegre y confiada la lenta y oscura labor del pesado oso de la URSS".

En cuanto a estructura y soporte material, el diario se compone de tres secciones, correspondientes a tres grupos de cuartillas sueltas y manuscritas. El primero, sin título, consta de 24 hojas escritas pulcramente a lápiz por una cara, sin tachaduras y con mínimas enmiendas. Cubre un mes de cautiverio entre octubre y noviembre de 1937, con una sencilla estructura lineal en cuatro pasos: el traslado a Alicante desde la madrileña cárcel de Porlier, los internamientos en el Reformatorio y en el castillo de Santa Bárbara, y la liberación el 9 de noviembre. De la tensión inicial pasamos a la rutinaria placidez de las cárceles y por último a la extraña y purificadora sensación de libertad recobrada.

La segunda parte, que Lluch titula ya "Impresiones" –"concebí el propósito de fijar mis impresiones", había escrito (14 de octubre de 1937)–, es la más larga. Ocupa treinta y cinco cuartillas por ambas caras, al principio a lápiz, después a pluma. Las entradas tienen sendos encabezamientos que recopila un índice antepuesto a las cuartillas. Los hechos externos comprenden ahora sus actividades de dirección teatral en el frente y casi de comparsa en la Alianza de Intelectuales, su vida de soldado, padre de familia y estudioso del teatro áureo, más los escarceos de comediógrafo crudamente comercial que comparte con Sánchez Silva.

Esta segunda parte cubre irregularmente los meses entre junio y diciembre del 38. La primera entrada corresponde al 4 de junio; falta, por tanto, todo el primer semestre, mínimamente recuperado en el Resumen del año. Este Resumen incluye un breve apunte sobre la deprimente *Numancia* y el final del Teatro de Arte y Propaganda; nos informa de su alistamiento voluntario en el Ejército y también de algo muy importante para Lluch: la redacción de su proyecto de Instituto Dramático Nacional, primera redacción que hay que situar, por tanto, en la época previa a sus contactos con los falangistas de Madrid. La anotación del Resumen, redactada por el ya nuevo y ardiente Lluch, dice:

> Invierno y primavera tardé en redactar, pulir y fijar el proyecto de Instituto Dramático Nacional, base y fundamento de mi porvenir, raíz y fruto de mi vocación teatral española, máxima gloria a la que aspiro, sueño de toda mi vida.

La segunda parte del diario arranca en un pueblo alcarreño con ese toque regeneracionista sobre el mundo rural que he señalado antes. Las emociones, al igual que en la primera sección, prosiguen con su tono todavía íntimo, privado y más bien estético.

A la altura de junio del 38, con la fiesta del Corpus, su entusiasmo con el teatro religioso áureo parece empezar a producir una subida en la temperatura religiosa de Lluch, a la espera de la conversión política que tendrá lugar en el otoño –siempre en la medida en que es posible marcar etapas claras en un proceso interior como éste–. El 21 junio del 38, haciendo para su coleto crítica literaria de un "misterio sacramental" de Manuel Abril, y buscando obras para su Instituto Dramático, piensa en lo de Abril como "una obra digna de estudio detenido y en cuya representación habrá que ir pensando para un día, quizás lejano, pero de cuya llegada no se puede dudar, ni un momento". No habla de la victoria sino de "la paz", "esa paz perdida cuya proximidad no se anuncia todavía en el horizonte negro y cerrado" (8, 9, 10 de julio de 1938).

El 10 de septiembre del 38 anota una experiencia claramente religiosa:

> Esta noche he sentido una pura y profunda emoción de cristiano que me ha estremecido, con un escalofrío de grandeza y sencillez. Hojeando por vez primera el maravilloso libro de Wells *Breve historia del mundo*, he encontrado en su tabla cronológica esta escueta anotación: "año 30 después de J.C. – Jesús de Nazareth muere crucificado". ¿No está aquí, apretada y fecunda como una semilla, toda la grandeza, toda la sublimidad de esta fecha gloriosa de nuestra redención? ¿Qué acontecimiento tan extraordinario es que muera crucificado un hombre para que aparezca entre los grandes hechos de la humanidad? Y es que Jesús no era solo un hombre; era, también, Dios. Y esta concisa anotación que parece querer olvidar el carácter divino de Jesús lo revela más claramente que las más encendidas apologías o los más intrincados argumentos.

La conversión política está registrada el 1 de diciembre de 1938 y concretada en "las dos emociones más fuertes, más vibrantes y duraderas de estos meses de vida estúpida y artificial". La primera,

> unas conversaciones con [José María] Sánchez Silva –nuevo y viejo amigo de este vivir atormentado y vacío– y con [Carlos Fernández] Cuenca… En ellas se me reveló de pronto el abismo de la vida que me espera el día en que las claras trompetas de la paz rasguen el aire de la primavera que España aguarda. En ellas, además, se me abrió el horizonte en [ilegible] y difíciles perspectivas. En ellas vi, en resumen, cuanto valgo y cuanto puedo; la responsabilidad que sobre mí pesa y la función que la Providencia me designa para el porvenir.

La segunda emoción es una significativa anécdota de tipo social, que casa bien con las aspiraciones igualitarias y anticlasistas de Falange. El ingeniero Lluch había dado una serie de charlas a los hombres del taller en su cuartel en las que "soslayando toda cuestión política accidental, [procuré] desarrollar en la medida de lo posible, los postulados eternos de la verdad, de la belleza, de la cultura y del patriotismo". Al ser trasladado a la Comandancia General de Ingenieros, aquellos hombres le despidieron con afecto y agradecimiento.

> Un hombre sencillo, rudo, todo corazón […] me decía mientras estrechaba mi mano con la suya sucia de hollín y de grasa: "Nadie me ha hablado como tú.

Nadie nos ha tratado con la educación, el cariño, la simpatía y el amor con que tú nos has tratado. Todos estamos contigo. Donde tú vayas, donde tú estés, estaremos todos".

Lluch reconduce a lo religioso esta emoción humana:

he pensado que dentro de mí hay algo que está por encima de todo lo convencional de los hombres y de las sociedades; que por encima de mi ignorancia, de mi ineptitud, de mi nulidad, hay algo en mi alma que es reflejo de Dios, espíritu de su verdad y de su belleza; que, a pesar de mi insignificancia, hay algo en mí que Dios bendice y protege: el amar a Dios sobre todas las cosas y a mi prójimo como a mí mismo.

El 15 de diciembre, un ilusionado Lluch habla del trabajo literario que realiza "cuando ya toda la casa estaba hundida en el silencio de una paz que es sólo tranquilidad de conciencia y fe en Dios y en el porvenir de España".

La tercera parte del "Diario de guerra y de teatro" arranca puntualmente el 1 de enero del 39 pero abarca poco más de un mes, hasta el 6 de febrero. Son 19 hojas rosas, impresos reutilizados como cuartillas, a pluma. Este ingeniero casi exasperantemente meticuloso adjunta un "Diario de Trabajos" donde consigna sus ocupaciones y movimientos hasta primeros de marzo. En enero este Lluch renovado se ha convertido en un fiel diarista. Pero lo más destacable en esta parte final es el tono de entusiasmo renacido, que da lugar a muestras sobre su estado interior en el que me parece que lo religioso envuelve a lo nacionalista. Véase la solemne declaración de 6 de enero:

Mariana me ha pedido que recemos la misa litúrgica con todas sus oraciones, en lugar de leer como antes las que figuran en su devocionario... Poco a poco ha ido renaciendo en mí una devoción que creía perdida para siempre... poco a poco me ha transido el corazón el sentimiento religioso que en mi vida era ya, apenas, un vago y esfumante sentimentalismo, y he resuelto cuidar de nuevo de mi espíritu, ocuparme de mi salvación, volver mis ojos al cielo y abrir mi corazón a la gracia, librándolo de la sucia costra materialista que iba ahogándolo poquito a poco. En esta hora meridiana de mi vida, en este amanecer de eternidad que ya presiento, me prometo a mí mismo una renovación total, una depuración a fondo, una resurrección completa... Quiero ser nuevo y firme, rebosante y vivo; lleno de Dios y de verdad, de bondad y de belleza... Y asentándome en la firme base del amor a Dios y a España mirar fijamente a las estrellas y orear mi frente con vientos de eternidad.

> Leyendo la Santa Misa en la quietud y en el silencio familiar de la alcoba, me he hecho el firme propósito de disciplinar mi vida. Y para ello he de henchirla de Dios y de España, las dos únicas verdades absolutas en quien creo, a quien amo, en quien espero con todas las fuerzas de mi alma. ¡Que Dios haga fructífero este propósito para que los hombres vean en mis obras un reflejo de su luz y glorifiquen por ellas al Padre que está en los cielos!

Su mujer –personaje mudo y secundario de este diario, pero con toda probabilidad parte importante en todo este proceso religioso– será enseguida ocasión para certificar lo sincero y nada oportunista de la conversión de Lluch, cuando se sepa que el nuevo hijo que esperan trae taras congénitas (17 de enero de 1939). En el plazo de pocos meses la madre y la criatura habrán muerto.

En cuanto a trabajos literarios y teatrales, Lluch lee ahora la *Defensa de la Hispanidad* de Maeztu, e intensifica el contacto con Sánchez Silva, Cuenca y el círculo de escritores, todos francamente menores, que se reúne, y también reza, en la casa del arquitecto Luis Feduchi, con el que había entrado en contacto ya en junio del 38. Insiste en escribir teatro y ahora proyecta una "tragedia sombría" sobre "los comienzos románticos de las luchas sociales", que probablemente tituló *La rebelión de las masas*, tragedia en cinco actos de la que solo existen unos apuntes pero no texto. Le atrae el "fermento anárquico y disolvente, esa levadura monstruosa y turbia de la clandestinidad, la persecución y la violencia". Lo más interesante, sin embargo, es que, más que en el texto, piensa en el espectáculo, que concibe con moderna sencillez escenográfica:

> Y me ilusiona pensar cómo llegaría a tomar expresión plástica todo esto en un escenario simultáneo, desprovisto de todo detalle realista, reducido a una simple arquitectura neutra, casi invisible. Sólo los personajes se verían, iluminados por luces intensas y aisladas, falsas luces de estudio de cine, cuya rapidez y dinamismo habría de imitar esta supuesta tragedia (31 de enero de 1939).

Sus ambiciones de historiador teatral le conducen a un interesante vislumbre de la Estética de la Recepción cuando comenta (2 de enero de 1939) "se podría hacer –y quizás lo haga yo– un curioso estudio acerca de las preferencias del espíritu español sobre las tragedias y comedias de Shakespeare y de cómo influye el espíritu y el tono de la época en las obras que se escogen para su traducción y crítica". Pero sus ilusiones están depositadas en su Instituto Dramático –por consejo de Sánchez Silva (22 de enero de 1939), reelabora el proyecto escrito antes de sus cambios interiores–, en sus lecturas y en el nuevo proyecto de una magna *Historia del Teatro* (4 de enero de 1939). A sugerencia esta vez del camarada Fernández Cuenca, Lluch empieza a preparar "un espectáculo excepcional que condense el espíritu heroico del pueblo español en su lucha por la libertad y la independencia de España". Con la técnica aprendida de Rivas y la experiencia del TEA, Lluch encadena textos áureos y concibe inmediatamente la escena, centrada en el gran mito nacional español de la Reconquista:

> un fondo azul, que en la última jornada –cuando la horrible matanza de Roncesvalles– habrá de tornarse rojizo y sangrante, y dos rampas encontradas por las que suban y bajen Roldán y Bernardo. A un lado, un alto bastidor de piedra caliente y ruda, con un tapiz que finja un solio, para las escenas en palacio, y al otro lado una cortina recogida para que sirva de fondo a la figura del ciego que ha de ligar con sus romances heroicos las deshilvanadas escenas de la obra del poeta sevillano [Juan de la Cueva]. Un coro invisible cantará tristes y ásperas polifonías, mientras en pantomima esquemática y convencional se representa en la escena el tumulto patriótico de los que se alzan en defensa de la libertad de España (4 de febrero de 1939).

También imagina interpolaciones deliberadamente políticas: el texto en su "versión actual habrá de ser mucho más libre, político y audaz, intercalando en los versos de la obra claras alusiones al momento". El texto se cierra con los planes para este espectáculo en el que ya sólo faltan "unas rápidas escenas llenas de patetismo y delirio [que resuman] todo el fervor patriótico, toda la honda tragedia y todo el bello amanecer de estas horas mágicas y aterradoras. 4 a 6 de febrero de 1939".

El *Diario de guerra y de teatro* deja la imagen de un hombre apasionado e influenciable, dotado de gran corazón, "un soñador torpe e ilusionado" (30 de junio de 1938).

Puesto que tanta influencia tuvieron sobre Lluch, no estará de más aportar algunas noticias sobre ese círculo de personas en que empezó a moverse durante la primavera de 1938. El dueño de la casa en que se reunían, Luis Feduchi (1901-1975) –en realidad, Luis Martínez-Feduchi Ruiz– era un notable arquitecto, coautor con Vicente Eced del Edificio Carrión –Cine Capitol– en la Gran Vía (1931-1933), su obra más conocida y uno de los mejores ejemplos de la arquitectura moderna española. Tuvo tal éxito el edificio que Feduchi se vinculó personalmente a la firma de mobiliario ROLACO-MAC, que fue la encargada de realizar los muebles y las decoraciones *art déco* del Carrión, además de fabricar las piezas más vanguardistas de Marcel Breuer y Mies van der Rohe, así como algunos productos del propio Feduchi y otros arquitectos del momento, que amueblaron los espacios más emblemáticos del nuevo racionalismo madrileño; entre ellos, la flamante Facultad de Filosofía y Letras en la Ciudad Universitaria. Estos diseños del arquitecto Agustín Aguirre tuvieron tal éxito que, en octubre del 33, los rectores de Salamanca y de Valladolid intentaron que la casa Rolaco les suministrara los mismos pupitres, pizarras móviles y el moderno mobiliario de las salas y despachos de sus afortunados colegas madrileños (carta reproducida en Feduchi Canosa 150). Para desarrollar su faceta de diseñador moderno, en 1936 creó la Sociedad Santamaría y Feduchi de Muebles y Decoración. A diferencia de Eced, su amigo de la infancia, Feduchi no sufrió inhabilitación ni cárcel tras la guerra, a pesar de que trabajaba como arquitecto conservador del Patrimonio de la República.

Otras de sus facetas fue el cine: entre 1933 y 1942 Feduchi trabajó en nueve películas como decorador, dos de ellas en 1937; en 1942 fue el decorador, junto con Burman, de *Raza*, la película que dirigió José Luis Sáenz de Heredia sobre un guión del propio Francisco Franco, que usó "Jaime de Andrade" como seudónimo. En la posguerra Feduchi trabajó como arquitecto, con total normalidad. No es de extrañar que fuera profesor de Escenografía y Decoración del Instituto de Investigaciones y Experiencias Cinematográficas entre 1946 y 1955, mundillo, oficial entonces, en el que bullía Carlos Fernández Cuenca. Antes de pasar a éste, convendrá subrayar el hecho, que refleja Lluch en su diario (11 de enero de 1939), de que, en enero del 39, Feduchi tuviera en el piso alto de su vivienda unifamiliar un oratorio con la Eucaristía reservada, lo cual implica la visita regular de un sacerdote; es decir, culto católico, aunque privado. Es sabido, y lo refiere Raguer (349-50), que en Madrid la Iglesia logró organizar una red clandestina de atención sacerdotal a sus fieles.

A Fernández Cuenca lo llama Gubern "ideólogo del cine franquista" (82). Cuenca (1904-?), que se inició como ultraísta, fue de los pioneros del cine en España tanto en la faceta de realizador –*Es mi hombre*, 1927– como en la de crítico y animador. Colaboró en *La Gaceta Literaria* y otras revistas, y estaba presente en esos ambientes y cine-clubs de finales de los años veinte en que cine y vanguardismo se identificaban. En 1925 publica *Fotogenia y arte*, y en 1930, *Panorama del cinema en Rusia* (Madrid: C.I.A.P.), libro valioso aún hoy, abundantemente citado por Gubern (99), en el que hace gala de una actitud abierta hacia la Unión Soviética:

> El cinema en la URSS no es como en el mundo capitalista, un negocio, una industria [...] Los soviets [...] acordaron hacer realmente del cinema, en manos de la clase obrera, un instrumento para la orientación de la educación y la organización de las masas [...] se dispuso el plan para reclutar colaboradores capaces de ofrecer garantías de la exactitud ideológica y del valor artístico de las películas, tendiendo siempre al acercamiento mutuo del cine y los obreros y campesinos (72-73).

A pesar de estar "profundamente alejado en política de los ideales y procedimientos del comunismo", Cuenca declara: "no puedo ocultar [...] mi admiración por el cinema soviético" (75). Téngase en cuenta que la primera película rusa que se pudo ver en Madrid se proyectó el 20 de enero del 30 en un salón del Hotel Ritz. *Acorazado Potemkin* se proyectó en mayo del 31. La caída de la monarquía disolvió la amistosa camaradería vanguardista de los cinéfilos, en la versión estridente de Ernesto Giménez Caballero o en la más discreta alineación conservadora de Fernández Cuenca o Eugenio Montes. Cineastas republicanos como Arturo Ruiz Castillo, Rafael Gil o Edgar Neville hicieron cine en la España de Franco. Cuenca colabora pronto en *Acción Española* y en 1935 escribe sobre cine en *Ya*, espacio en el que sin duda coincidiría con Lluch y le instruiría sobre cine, como hombre más experto y "bohemio impenitente" (Diario 1 de diciembre de 1938).

Cuenta Regina García en su relato de conversión falangista, *Yo he sido marxista* (303), que durante la guerra en Madrid, Cuenca pudo sobrevivir a una denuncia parecida a la de Lluch.[16] En la época de sus contactos con Lluch, Cuenca es jefe de Prensa y Propaganda de la Falange clandestina –a la que Regina García (249-80) da cobijo en su propia casa– y fundador del Sindicato del Espectáculo en la clandestinidad, tal como informa en 1942 la revista cinematográfica *Primer Plano* (n.º 73, 8 de marzo de 1942). Cuenca dirigió la primera película hecha en la España nacional –*Leyenda rota*, sep-

---

[16] Circunstancias que me traen al recuerdo una comedia no muy buena de José María Pemán, *Hay siete pecados* (Fontalba, 13 de diciembre de 1943), donde se denuncian rasgos vengativos en la sociedad de posguerra española para con los vencidos. La comedia trata de un eminente doctor y una subordinada que fue su amante y que le salvó la vida en la guerra haciéndose pasar por "roja"; pero ahora ella es acosada por pecadores de las otras seis pasiones capitales, hipócritas y rencorosos de medio pelo.

tiembre de 1939– y ocupó puestos propios de un jerarca menor del régimen: primer director de *Primer Plano* (1941), que fue la portavoz de la política cinematográfica del Estado; director de la Filmoteca Nacional desde su fundación (1953) y de la Escuela Oficial de Cinematografía. Inauguró los Cuadernos de Documentación Cinematográfica con uno sobre *René Clair* (Madrid: Ministerio de Educación Nacional, 1951. 49 pp. + ilustraciones).

José María Sánchez-Silva (1911-2002), periodista, cuentista infantil y cristiano, conocido ampliamente por su *Aventura en el cielo de Marcelino Pan y Vino: cuento de padres a hijos* (1954), fue subdirector del órgano falangista por antonomasia, el diario *Arriba*, y coautor con José Luis Sáenz de Heredia del guión de la película hagiográfica *Franco, ese hombre* (Hapalo Films, 1964). En febrero de 1940 escribió un texto sobre el "Día de los Estudiantes Caídos" donde rendía culto a la muerte, muy en la retórica exaltada de la primera Falange. Concluía así "como siempre, la Falange en diálogo con la muerte. Como siempre en la lucha por España, la Falange, brazo en alto, sigue al ataúd" (*Vértice* 29 [febrero de 1940]: s. p.). Pocos meses antes de su muerte, le entrevisté en su casa y le pregunté por qué gentes como él se habían hecho falangistas. Silva, que había tenido una difícil infancia de huérfano en un orfanato, tras dudar brevemente, me contestó: "Era la única opción decente".

El mundo de los conversos y los defraudados por la experiencia republicana, podría llevarnos lejos, aun descontando el caso espectacular, que ha reexaminado Mainer (2005), de Ernesto Giménez Caballero, nacionalista republicano y orteguiano que, a poco de iniciarse nuestra República, se vuelve, hasta el lejano fin de sus días, un revolucionario fascista y un idólatra de España, sin apearse de la pirueta brillante y moderna de la vanguardia.[17] Pienso, más bien, en casos como los de Manuel García Morente, Salvador de Madariaga –autor de *Anarquía o jerarquía*, 1935, intento de democracia no liberal y más bien orgánica–, el miembro de la f.u.e., residente de Pinar y hombre de familia aristocrática José de Orbaneja; o la ya citada Regina García, falangista, autora de *Yo he sido comunista: el cómo y el*

[17] Puede leerse una buena síntesis del pensamiento nacionalista de Ortega en De Blas Guerrero 59-75. Entre otros aspectos, que incluyen un amplio nivel de autonomía periférica, Ortega se hace eco de la idea de Castilla como propulsora de la existencia de España, entiende nación como la "unión hipostática del poder público y la colectividad por él regida", y habla de la existencia de "un dogma nacional, un proyecto sugestivo de vida en común".

porqué de una conversión –y también regente de un *meublé* en el devastado Madrid de la inmediata posguerra, que suena muy celiano.[18]

José Antonio Maravall que, invitado por Bergamín, tradujo *Por un orden católico* de Étienne Gilson en 1936, es autor de un importante estudio que analiza la estructura histórica de *La cultura del Barroco*. Al predominar, según Maravall, el ojo –la pintura, los emblemas– en esa cultura, surge una clave, lo visual, que es útil, tanto para el barroco propiamente como para el fascismo español, tan amigo de lo áureo. También concreta Maravall unos "Objetivos sociopolíticos del empleo de medios visuales" (501-24). El médico Eduardo Ortiz de Landázuri (1910-1985), vicepresidente de la F.U.E. en 1931, afiliado al Partido Socialista ese mismo año e hijo de militar republicano, se significó con un discurso en la inauguración de una estatua de Ramón y Cajal en el patio de la Facultad de San Carlos, texto que recogió íntegro al día siguiente *El Sol* (21 de mayo de 1931). Después de la guerra tuvo que someterse a un proceso de depuración para lavar su pasado, a pesar de que en abril del 37 ingresó en la Falange clandestina de Madrid, ayudó a formar una bandera en el Hospital del Rey donde trabajaba e incluso se implicó en un complot contra la Telefónica.[19]

Pero dejemos aquí este panorama, originado en el análisis de su "Diario de guerra y de teatro",[20] con el que he pretendido rodear la trayectoria teatral y humana de Felipe Lluch.

---

[18] Para conversos europeos y españoles véanse Mainer 2004 y 2008, 25-26. Me permito añadir al hispanista oxoniense sir Peter Russell (1913-2006) a la lista. Su colega Ian Michael cuenta que "[estuvo] en un campamento de las Juventudes Hitlerianas en Baviera en 1935" ("Hispanista y espía británico". *El País* [15 de julio de 2006] <http://www.javiermarias.es/2006/07/en-memoria-de-peter-russell-duke-of.html> [26 enero 2009]). Yo mismo escuché en su servicio fúnebre, celebrado en la capilla de Exeter College (Oxford) el 4 de julio de 2006, cómo Russell abandonó su admiración por el nazismo al ser testigo en la vía pública de un acto de crueldad sobre un invidente.

[19] Estos y otros hechos de la vida de Ortiz los cuentan con candidez casi familiar López-Escobar/Lozano (51-98).

[20] Sobre el diario como escritura autobiográfica véase en Cedena (21-169) una buena síntesis teórica a la altura de 2004; para un panorama general de la diarística en España, véase Romera.

UN TEATRO FASCISTA PARA ESPAÑA

Sobre la definición de fascismo y sus visiones míticas

No pretendo aquí una caracterización exhaustiva de un fenómeno como el fascismo, aunque desde luego sí creo necesario establecer ciertas precisiones que nos permitan evitar equívocos y establecer cierto rigor semántico.[1]

[1] Me limitaré a algunos comentarios para ilustrar la, por otro lado, obvia dificultad de definir un fenómeno complejo como el fascismo. Rodríguez Puértolas partió de la amplia definición de fascismo que le proporcionaba Payne y que éste, o la editorial, incluía en una extraña nota de la página 16 (1986). Payne empleaba "fascismo" "en su sentido más amplio para calificar la adhesión al sistema de gobierno autoritario, corporativo y nacionalista"; tal amplitud hizo del libro de Puértolas un indiscriminado almacén de textos donde lo realmente fascista convivía con el tradicionalismo nacional-católico. En sus posteriores estudios sobre el tema, Payne ha preferido evitar definiciones y encaminarse por el análisis descriptivo de los fascismos concretos. Emilio Gentile (2004, 15) cita esta afirmación de Payne: "Fascismo es quizá el más vago entre los términos políticos más importantes". En cambio, en ese mismo libro, poco más abajo, el propio Gentile (2004, 19) sí se atreve con una definición; pero lo hace menos por exigencias científicas que por cierto imperativo moral, para evitar que en su país se olvide algo más que patente: que sí existió el fascismo. Así, su omnicomprensiva definición queda en realidad cortada a la medida tanto de la Italia fascista como de la actual. Dice así: "El fascismo es un fenómeno político moderno, nacionalista y revolucionario, antiliberal y antimarxista, organizado en un partido milicia, con una concepción totalitaria de la política y del Estado, con una ideología activista y antiteórica, con fundamento mítico, viril y antihedonista, sacralizada como religión laica que afirma la primacía absoluta de la nación a la que entiende como una comunidad orgánica étnicamente homogénea y jerárquicamente organizada en un Estado corporativo con una vocación belicista a favor de una política de grandeza, de poder y de conquista encaminada a la creación de un nuevo orden y de una nueva civilización". Los estudios reunidos por Tusell/Gentile/Di Febo ofrecen una reciente, y un tanto abigarrada, comparación entre fascismo y franquismo que no afecta sustancialmente a lo ya conocido: que el franquismo es franquismo y el fascismo es fascismo.

El fascismo ha recibido de sus distintos teóricos definiciones que no ago-
tan la interpretación de tal fenómeno histórico. Uno de sus más autoriza-
dos y persistentes teóricos, Roger Griffin, lo definió como "a palingenetic
form of populist ultra-nationalism [una forma palingenética de ultranacionalismo populista]" (1991, 44) o un "ultranacionalismo palingenético"
(1996, 13). La idea de 'vuelta al origen' o *palingénesis*, concepto y acuña-
ción verbal clave en Griffin, es un rasgo que no todos comparten, pero
que, en conjunto, me resulta válido para mis objetivos en este estudio.
Según esta idea, el fascismo es connatural a la idea de regeneración, de
revolución social que lleva a una nueva era. En principio, pues, parece no
tener nada que ver con la derecha tradicional conservadora. La literatura
da testimonio de la mutua fascinación entre el fascismo y los jóvenes, que
se nos presentan como rebeldes hacia la burguesa generación de los padres;
desubicados y un tanto haraganes; como Alessio Mainardi, el "camisa
negra" que retrata Elio Vittorini en *El clavel rojo* (1934-1948), que al final
opta por la camaradería hacia el amigo antes que por el amor, solución ésta
que hubiera sido demasiado timorata y pequeño-burguesa. Me resulta
curioso que, al igual que en *El clavel rojo*, la desnortada peripecia del protagonista de *Viaje hacia el fin de la noche* (1932), de Louis-Ferdinand Céli-
ne, arranque en un café, que en ambos casos sirve a los personajes como
despreocupado observatorio de una vida que se mira como ajena.

Por otro lado, ese nacionalismo a ultranza genera una propuesta populista y totalitaria, tan radicalmente antisocialista como antiliberal. Otras
consecuencias que extrae Griffin son su talante modernizador, la necesidad
de un líder carismático capaz de aglutinar, y la fusión de elitismo y populismo. Pero por encima de estos rasgos, a nosotros nos interesa ahora la posición central que en este complejo ideológico ocupa el mito. Y en concreto
el mito fundamental del fascismo: el renacimiento de la comunidad nacional, la *palingénesis*.

De forma natural, el fascismo (*fasces*) ejerció su naturaleza integradora a
través de ritos: es decir, mecanismos de cohesión social que permiten al
individuo integrarse en algo mayor y superar tanto sus crisis individuales
como las colectivas, que en este caso apuntan a la crisis del Estado liberal,
como en otros tiempos fueron la caída del mundo romano, el feudalismo,
la Reforma, la Revolución Francesa o los nacionalismos decimonónicos.
Según Berghaus (1996), esa relegación del individuo es una de las marcas
profundamente anti-ilustradas del fascismo; de ahí su definición del fascismo como una "ill advised cure for a deep crisis [un mal diagnóstico y un

mal tratamiento para una crisis profunda]" (40). Por su parte, Kühnl acuña para el fascismo la máxima "movilización sin participación" (33). Por ahora me interesa destacar que este énfasis en lo ritual como elemento de cohesión social de las masas crea un gran interés en la propaganda y ofrece inmediatas vinculaciones con el teatro que luego recogeré.

Quiero ahora detenerme en la indagación en los orígenes históricos del fascismo que llevó a cabo el autor judío Zeev Sternhell, junto con Mario Sznajder y Maia Asheri,[2] y que me parece singularmente brillante. Según Sternhell, notorio experto en el tema, la auténtica cuna del fascismo es Francia, tanto la Francia del revisionismo socialista soreliano como la del nacionalismo integral revolucionario. La persona clave en el inicio del proceso que desemboca en el fascismo es el sindicalista Georges Sorel (1847-1921), quien lleva a cabo –junto con sus seguidores franceses e italianos– un vaciamiento de la dimensión científica y materialista del marxismo para quedarse sólo con la dimensión de lucha y violencia rebelde. Para los sorelianos, Marx fue un pésimo economista cuyas predicciones no se cumplieron ni se cumplirán, pero un certero sociólogo porque, sí, la violencia *es* el motor de la historia. Sorel, cuyas *Reflexiones sobre la violencia* son de 1905-1906, desnaturaliza el marxismo al aceptar la economía de mercado, que sí funciona, y al suplirla en su fuerza motriz por una psicología de corte irracionalista. El motor de la revolución ya no es la economía sino un sistema de mitos e imágenes destinado a mantener un estado de guerra larvado y permanente contra el orden establecido.

Desde los poco flexibles esquemas del marxismo, César Muñoz Arconada había llegado a detectar en 1936 algo muy semejante cuando trataba de explicar en la revista de ideas socialista *Leviatán* por qué "El fascismo no puede crear una cultura": porque "quieren hacer una cultura por los mismos procedimientos mágicos con los cuales han creado una psicología" (48), porque quieren "apoyar sobre bases psicológicas la dictadura del capitalismo descompuesto" (49); pero "un movimiento que niega al hombre […] que va dirigido contra el hombre […] no puede crear una cultura; tiene que ser el enemigo de la cultura, el ataque organizado a la cultura" (54).

Es notable que esta desnaturalización del marxismo se elabora en la primera década del siglo XX, coincidiendo temporalmente con los movimientos

---

[2] Los capítulos sobre "El sindicalismo revolucionario en Italia" y "La síntesis socialista-nacional" se deben a Sznajder y la parte esencial de los materiales del capítulo "De la crítica del marxismo al socialismo nacional y el fascismo" los facilitaron Sznajder y Asheri. Así lo declara Sternhell (xi); no obstante, me referiré sólo a Sternhell como autor del libro.

modernistas de la teología católica, con los que yo veo algún que otro paralelismo. Incluso plantearía la hipótesis del fascismo como un "modernismo político", no en el sentido de la "vanguardia" o modernidad política sino en el sentido de que vacía de contenido los dogmas deterministas del marxismo para sustituirlos por una orientación voluntarista, afectiva, activa e irracionalista, lo mismo que los teólogos del modernismo católico –muy crudamente dicho– reemplazan lo dogmático por el sentimiento religioso. Sorel confiesa que Henri Bergson es uno de sus apoyos filosóficos: "con el espiritualismo bergsoniano es posible liberarse de los obstáculos de la escolástica socialdemócrata [...] y perfeccionar el marxismo" (Sternhell 90). Freud y Nietzsche están también a la vuelta de la esquina; aquél con su exploración de lo inconsciente, éste con su culto a la violencia creadora –o superadora– de la moral.

Los elementos irracionales desplazan a los análisis racionales. Los mitos son abstracciones con un enorme potencial movilizador e ideológico para la revolución social. Ya no se piensa, se actúa. La visión dicotómica de la sociedad no es expresión de una realidad social sino una necesidad de método. La violencia proletaria, la huelga o la revolución son mitos que se yerguen y contrarrestan la diaria constatación de que la clase obrera, en realidad, no está tan unida ni los patronos son todos tan reaccionarios. Pero, además, la violencia no es sólo un instrumento; adquiere un valor moral en sí misma que, al vincularse con lo heroico, lo sublime y el sacrificio, genera otra cadena de mitos: el héroe, el caído, el líder y la nación, por quienes es hermoso dar la vida.

Pero el revisionismo antimaterialista del marxismo constituye sólo una primera fase, que se completa a partir de 1909 aproximadamente con una segunda, cuando los sorelianos confluyen poco a poco con las tesis nacionalistas de Action Française. Era natural esa convergencia; en el fondo, se apoyan en el mito fundamental antirracionalista de la nación como solidaridad orgánica –no simple agregado de individuos con derechos humanos– y fuente de energía primitiva; un mito que no hubiera podido forjarse sin el repudio de la herencia ilustrada unido a un cierto darwinismo social. En cierto modo, la nación termina sustituyendo al proletariado. "Los obreros no tienen patria", había escrito Marx en el *Manifiesto comunista*; el nacionalismo fascista será extremadamente alérgico a semejante internacionalismo apátrida.

La convergencia de sindicalismo y nacionalismo terminará siendo síntesis operativa cuando se produzca la Gran Guerra, que no hace más que confirmar el fascismo en el panorama político e ideológico, pero sin crearlo, ya que sus raíces preceden a la enorme crisis de 1914. El fascismo europeo, pues, según Sternhell, no es sólo una respuesta de las clases medias castigadas por la crisis del 14. Es un rechazo a la cultura política de comienzos de siglo y al materialismo, marxista o liberal, del XIX.

Como en historia las causas nunca son únicas, el fascismo es *también* una respuesta de las clases medias y altas a la guerra del 14 y, más aún, a la Revolución Rusa. Del belicoso Winston Churchill, insobornable y aislado frente al fascismo en los años treinta, se ha llegado a escribir lo siguiente en una síntesis histórico-periodística:

> Irónicamente, veinte años después, el papel histórico y el destino de Churchill iba a consistir precisamente en la aniquilación de ese fascismo europeo en un combate a vida o muerte. Pero cualquiera que en los años veinte hubiera pronosticado algo parecido se habría convertido, y con razón, en objeto de toda clase de burlas. Antes bien, al Churchill de entonces cabría imaginárselo convertido en el mayor *Führer* internacional del fascismo europeo, al que habría sido capaz de llevar a una sangrienta victoria. Desde luego no se puede negar que Churchill resultaba mucho más adecuado para este papel que el renegado socialista Mussolini o que el esnob plebeyo que era Hitler. No es ninguna exageración ni ninguna imputación injustificada: se puede afirmar que, tal y como estaban las cosas, el Churchill de los años veinte era un fascista. Únicamente su nacionalidad impidió que lo fuese de verdad (Haffner 113-14).

Al fin, el numantino orador fértil en frases célebres, el quijote del *no apeacement*, alcanzó la gloria durante unos pocos días de mayo del 40 que han marcado la historia de Occidente y que ha relatado John Lukacs con sumo detalle. La peripecia de Churchill se puede seguir con todo rigor histórico en Gilbert,[3] donde se percibe con claridad que en los años de la primera posguerra el político inglés, tan *single-minded*, tenía un sólo objetivo en lo internacional: frenar a la Unión Soviética. En la campaña electoral de 1924, hizo hincapié en la poca importancia de que un miembro del partido liberal como él se presentara por el partido conservador: la amenaza era el socialismo, que les estaban metiendo en casa gentes como el laborista Ramsay MacDonald, que no sólo pretendía dar un préstamo a la Unión Soviética,

---

[3] Uso la edición compacta; los ocho abrumadores volúmenes de *Churchill: a life*, de los que sólo dos se deben a su hijo Randolph Churchill –los otros seis, a Martin Gilbert, contratado en 1962 como ayudante–, superan mis necesidades en este punto.

sino establecer un tratado anglo-soviético; todo lo cual "must be resisted" (Gilbert 315-16). Es este firme anticomunismo lo que explica sus palabras tras dos breves encuentros con Mussolini en Roma en 1926, siendo Chancellor of the Exchequer: "si yo fuera italiano, habría estado con ustedes de todo corazón desde el principio hasta el final en su lucha triunfante contra los bestiales apetitos y pasiones del leninismo. Pero en Inglaterra, todavía no hemos tenido que enfrentarnos a ese peligro de forma tan terrible. Tenemos nuestro modo de hacer las cosas" (326). También nos informa Gilbert (343) de que en 1932 Churchill superó su oposición al antisemitismo nazi y puso mucho interés en verse con Hitler; pero éste no se presentó a la cita y rechazó después un segundo intento alegando que Churchill ahora "está en la oposición y nadie le hace caso" –aunque también lo estaba el propio Hitler en ese momento–. En la primavera del 37 las cosas aún no habían cambiado lo suficiente; de ahí que Churchill, refiriéndose a la situación en España, recurriera al *understatement*: "no voy a fingir que, si tuviera que elegir entre comunismo y nazismo, elegiría el comunismo" (378).

Sternhell distingue ligeramente fascismo de nazismo al precisar que el primero no insiste en algo tan central en el segundo como el racismo antisemita; el fascismo tampoco enfatiza la querencia paganizante y anticristiana. Pero tanto el uno como el otro no fueron fenómenos aislados, incidentales, "totalmente ajenos al contexto cultural general" (Sternhell 382); marginarlos soluciona fácilmente los problemas de la historia intelectual europea de los últimos cien años, una historia cultural que engendró nazismo y fascismo y que no siempre fue tan liberal como se ha visto a sí misma retrospectivamente. Lo cierto, a juicio de Sternhell (383) y en coincidencia de fondo con Emilio Gentile, es que se formó toda una cultura política alternativa que intentó rescatar a Europa del legado de la Ilustración. Pero, concluye Sternhell, "hasta hoy no se ha encontrado base mejor para un orden humano digno de este nombre que el universalismo y humanismo de la Ilustración" (394).

Fascismo y fascismo genérico

Hasta el momento he ceñido mi empleo del concepto de fascismo a mi necesidad de contextualizar el caso de Felipe Lluch, uno más entre los miles de deslumbrados por la nueva ideología en la España de la guerra. Pero, tal como insinúa el comentario final de Sternhell, parece que, hoy por hoy, cualquier intento de definición del fascismo, por mínimo que sea –como el presente–, no puede dejar de plantearse una cuestión que de forma inevitable es siempre doble: la historiografía del fascismo y su posteridad, que unos niegan y otros perciben ubicua. Lo cual me obliga a, brevemente, ampliar la mirada hacia un espacio algo más internacional y diacrónico; operación que nos llevará a considerar la distinción entre fascismo y fascismo genérico –"el que tiene como destino reeditarse periódicamente" (Bosworth 209)–, paralela a la que es corriente en las artes plásticas entre, respectivamente, las vanguardias históricas y la vanguardia.

Allardyce escribió en 1979 algo por lo demás obvio: "las cambiantes interpretaciones del fascismo reflejan las ilusiones intelectuales de los períodos que las producen" (370).[4] Veinte años después, en 1998, un italianista australiano como Bosworth, en el contexto de la crisis política de la primera república italiana, se aplicaba a una completa revisión de los intentos de explicar el fascismo y hablaba (234-38) de las diversas fases en la interpretación del fascismo italiano: tras la guerra y hasta 1960 predominó el silencio, el olvido y el oscurecimiento de los desastres del régimen tanto en la historia académica, como en el cine, la literatura y demás instituciones sociales dedicadas a la narración del pasado; el anticomunismo se llevaba todas las energías. Pero el silencio mayoritario se fue rompiendo en los sesenta para dar paso a un frente claramente antifascista que acusaba a aquel régimen de corrupto e ineficiente, y a su *duce* de ser un ramplón césar de opereta. Pero ese incómodo pasado en el que algunos veían una revelación de la historia nacional, generó una nueva fase historiográfica cuando halló vigorosa respuesta en otro robusto frente, encabezado por el historiador Renzo De Felice: el frente del anti-antifascismo aplaudido por los políticos conservadores. El fascismo, después de todo, significó una época en la que Italia dio pasos hacia la modernización y las masas se agitaron con un poco de patriotismo. En realidad, en el anti-antifascismo podrían verse reeditadas viejas posturas liberales como la de Benedetto Croce, que veía en el fascismo una reacción a la Primera Guerra Mundial; como una enfermedad que, una vez curada, no iba a reproducirse. Bosworth, en cambio, estaba convencido de que "Fascism mattered, matters and will go on mattering [el fascismo importó, es importante y seguirá siendo importante]" (237). Espoleado por la caída del muro de Berlín, el supuesto predominio absoluto del mercado y el

---

[4] Su artículo se publicó dentro de la sección "Forum" de la *American Historical Review* y fue comentado por Stanley G. Payne y Ernst Nolte; Allardyce tuvo la última palabra en su "Reply".

consecuente "fin de la historia", siente su deber ético recalcar que entre 1922 y 1945 la política en Italia "abandonó lo que hay de mejor en la humanidad" y que "el régimen fascista fue brutal, y su crueldad y su fracaso no deben caer en el olvido" (5). El fascismo, pues, no puede irse de rositas por haber instaurado la seguridad social o invertido muchos recursos en mejorar el teatro; tampoco puede simplemente objetivarse, a base de escribir su historia. Del pasado de Italia, tanto como de Auschwitz, debemos sacar lecciones permanentes sobre la condición humana. En cuanto a los historiadores, a quienes se esfuerzan por "construir modelos de fascismo" habrá que animarlos a continuar; "los que prefieran hacer de 'rata de biblioteca' y limitarse a describir 'lo que de hecho pasó' necesitarán el estímulo y la iluminación que a veces surge de ahí" (Bosworth 229-30).[5]

Pocos años depués, en 2002, Passmore, a pesar de lo sucinto de su aspecto y de la serie de alta divulgación en que se integra su libro, hizo todo un repaso de la situación historiográfica del fascismo internacional. Partiendo de la naturaleza contradictoria del fenómeno —encarnada, por cierto, en una cita de 1927 de Ortega y Gasset que Passmore coloca como lema-pórtico de su libro y que afirma que el fascismo "is simultaneously one thing and the contrary, it is A and not A…"–, admite preliminarmente el "nuevo consenso" según el cual el fascismo es "una forma de ideología y práctica ultranacionalista" (25), para terminar añadiendo, a los factores tradicionales de clase (el antisocialismo), los de género (el antifeminismo). Sobre éstos, así como sobre los étnicos, ya había llamado la atención Bosworth (7). La oceánica definición de Passmore (31) intenta no dejar nada fuera. España le merece la poca atención de sólo dos páginas tituladas "Clerical fascism?" (77-78), pero incluye una rara ilustración de 1937, procedente de la Mary Evans Picture Galery, en la que un obrero saluda brazo en alto, desde su puesto en la fábrica, al paso de unas tropas falangistas (142).

El nuevo consenso al que se refiere Passmore se basaba en la definición *palingenética* de Roger Griffin, que en 2006 fue duramente puesta a prueba, especialmente por A. James Gregor, en un coloquio convocado por la revista *Erwägen Wissen Ethik* para reexaminar la definición del fascismo genérico en el mundo anglo-germano (Griffin/Loh/Umland). Gregor ataca con severidad tanto la noción de ultranacionalismo palingenético como el núcleo mítico de la definición que patrocina Griffin, por considerar ambas

---

[5] Para más detalles no tanto sobre el fascismo italiano sino sobre el fascismo genérico conviene ver su capítulo "Italian Fascism and the Models of Fascism" (205-30).

vagas y mutables, abstracciones teóricas e idealistas, poco útiles a la hora de discriminar, por ejemplo, si el bolchevismo o los Jemeres Rojos fueron o no fascistas; o si se puede hablar hoy de islamofascismo o neofascismo.

Solo un año después, animado quizá por acometidas tan radicales, Griffin ha vuelto sobre el tema en un largo estudio en el que se decide a repensar la relación entre fascismo y modernismo –lo que en España llamamos, más bien, modernidad. Sin renunciar a la idea original de la palingénesis, Griffin pretende ahondar en ella dando prioridad, sobre lo histórico-político, a las vertientes culturales, estéticas y socio-sicológicas del fascismo; entre estas últimas desempeña un papel decisivo la divulgación de una nueva experiencia mítica del tiempo "cargada de una capacidad extraordinariamente estimulante para renovar y purificar" (3). Los casos de escritores modernistas que abrazan el fascismo no son raros ni difíciles de señalar; lo difícil es explicarlos. Y eso –por ejemplo, con el apóstol del renacimiento celta, William B. Yeats–, es a lo que aspira ahora Griffin. Toda la primera sección ("The Sense of a Beginning in Modernism") parte del Frank Kermode de *The Sense of an Ending* –resultado de unas conferencias en Bryn Mawr College en 1965– y de la sociología religiosa de Peter Berger en *The Sacred Canopy*, para desarrollar con detalle algo que, en realidad, ya estaba en su primitivo libro de 1991: la *palingénesis*, la mirada atrás, entraña una irrenunciable vocación de futuro, la construcción de un hombre y una nación enteramente nuevas.[6] Sustituida la experiencia religiosa por la política, el fascismo fue un mesianismo que ha tenido consecuencias catastróficas sobre la historia moderna. El fascismo, tanto en su versión alemana como italiana, sería, pues, una forma política del modernismo intelectual y artístico, en pie de igualdad con la Revolución soviética. Bien mediante el "horizonte enmarcado por el mito", bien por el "mito complejo" que propone, el

---

[6] La idea de que todo un mundo terminaba y otro nuevo empezaba caló en Julius Petersen (1878-1941), el teórico de las generaciones literarias, que publicó *Die Sehnsucht nach dem Dritten Reich in deutscher Sage und Dichtung* [*El ansia por el III Reich en la leyenda y la poesía alemana*] en 1934, el mismo año en que Pedro Salinas daba en la Universidad Central su curso basado en ese método, de donde saldría un archicitado artículo sobre el concepto de generación literaria aplicado al 98; curso que repitió, al menos en la primavera del 36 ("Apuntes de clase, fechados el 29 de abril de 1936". Exposición *La Facultad de Filosofía y Letras de Madrid en la Segunda República* [Conde Duque, Madrid. 18 diciembre 2008-15 febrero 2009]). Y a Katherine Reding-Whitmore, Salinas le dirigió una tesis titulada *El espíritu del 98 y los personajes de las novelas de época*, defendida en abril del 35 (Roca/López-Ríos 363). Según Petersen (1), "toda la fe en los milagros se emplea ahora en la activa transformación del presente", frase que Griffin (2007, 1) cita como uno de los lemas de su Introduction.

fascismo busca una solución radical que conduzca a la comunidad nacional, purgada ya de su decadencia, a una nueva era (180-81).[7] La lógica del mito palingenético funcionó en Italia en 1935 con la conquista de Abisinia: renacía una nación que estaba muerta. Y en Alemania, más radicalmente aún, se abrió camino al renacimiento nacional a base de eliminar, físicamente, cuanto oliera a decadencia: arte, libros, razas enteras.[8]

Cuando se lleva a cabo toda una *Enciclopedia histórica sobre el Fascismo mundial*, como hizo Blamires en 2006, quiere decirse que el concepto de "fascismo genérico" es todo un hecho. En la cubierta de los dos volúmenes figura Hitler en una de sus concentraciones y una manifestación de nostálgicos franquistas en el vigésimo aniversario de la muerte del dictador. Los cientos de entradas de la *Enciclopedia* cubren no sólo conceptos más o

---

[7] Contagiado de la moda, también Griffin ofrece su oceánica definición de fascismo (2007, 181-82), que comienza así: "A revolutionary species of political modernism originating in the early twentieth century whose mission is to combat the allegedly degenerative forces of contemporary history (decadence) by bringing about an alternative modernity and temporality (a 'new order' and a 'new era') based on the rebirth, or palingenesis, of the nation. [Forma revolucionaria de modernismo político originada a comienzos del siglo XX, cuya misión es combatir las fuerzas supuestamente degeneradoras de la historia contemporánea (decadencia) mediante la imposición de una modernidad y una temporalidad alternativas (un 'nuevo orden', una 'nueva era') basadas en el renacimiento, o palingénesis, nacional o étnico]". A final, como "shorthand definition", ofrece esta: "a form of programmatic modernism that seeks to conquer political power in order to realize a totalizing vision of national or ethnic rebirth. Its ultimate end is to overcome the decadence that has destroyed a sense of communal belonging and drained modernity of meaning and transcedence and usher in a new era of cultural homogeneity and health. [Forma de modernismo programático que pretende conquistar el poder político para llevar a cabo una visión totalizadora del renacimiento nacional o étnico. Su fin último es superar la decadencia que ha destruido el sentido de pertenencia comunitaria y vaciado a la modernidad de sentido y trascendencia, y llevar hacia una nueva era de homogeneidad cultural y salud]". La segunda parte del libro es una minuciosa aplicación de este planteamiento culturalista a las iniciativas y logros concretos del fascismo italiano y el nazismo, no en el terreno de lo político sino del arte, lo intelectual, lo sicológico, lo sociológico.

[8] Jonathan Littell nos ha dado hace poco en *Les Bienveillantes* la aplastante (¡900 páginas!) y escalofriante autobiografía ficcional "d'[un] ancien fasciste à demi repenti" (24), un oficial de las SS y concienzudo exterminador de judíos y todo tipo de minusválidos, que logra camuflarse en la Francia de posguerra. Aunque con menos discreción, lo mismo hizo en la España franquista el fascista belga Léon Degrelle, cuyo *La campagne de Russie* el mismo Littell disecciona con enfoque postmoderno y postfreudiano en *Lo seco y lo húmedo: una breve incursión en territorio fascista* (Barcelona: RBA, 2008); en especial desde el punto de la capacidad del lenguaje fascista para "generar realidad" —es decir, una especie de giro lingüístico *avant la lettre*.

menos obvios como autoritarismo, arianismo, artes como la arquitectura o el teatro, figuras como Hannah Arendt o el conde Ciano, sino aspectos como las autopistas alemanas, la ciudad de Bayreuth, el *black metal* (género musical de los neonazis), el calendario fascista, o el ciberfascismo –y no voy más allá de la c.

Su bibliografía, con un planteamiento igualmente omniabarcante, es toda una topografía mental de la cuestión, que incluye: a) fuentes secundarias importantes sobre el fascismo genérico; b) fuentes secundarias importantes sobre los regímenes fascistas de entreguerras; c) fuentes secundarias importantes sobre movimientos fascistas (los Balcanes, Europa Central, Reino Unido, Península Ibérica, etcétera); d) fuentes secundarias importantes sobre el fascismo fuera de Europa (Asia, África, Australia, ee. uu., América Central y del Sur); e) fuentes secundarias importantes sobre el fascismo en la posguerra mundial.

A mi juicio, hay una simple cuestión de fondo: ¿es el fascismo algo siniestro que ya pasó felizmente o tenemos que seguir en guardia para que no renazca –como, al parecer, tanto le gusta–? Y, suponiendo que nos interese contemplarlo en su aspecto de realidad histórica en Italia, Alemania o España, ¿llegó, efectivamente, a crear algo, forjó una cultura, una literatura, o un teatro, que pudieran heredarse? O ¿fueron vanos esos intentos, cosa de unos cuantos iluminados, que se disiparon sin dejar nada sólido, disueltos en el aire con la misma falta de posteridad con que los fascistas desaparecieron de la noche a la mañana en Italia, Alemania o España? Por mi parte, reconozco que en el presente trabajo doy más bien el tipo de la "rata de biblioteca" de que hablaba Bosworth; confieso que me interesa saber "lo que de hecho pasó" con Lluch, y con el teatro fascista en España. Aunque, desde luego, no he renunciado "al estímulo y a la iluminación" que surgen de considerar esas realidades dentro de un contexto amplio.

Un protofascismo en Argentina

Un caso interesante por varios motivos es el de Argentina. Se trata de un país afín a España en diversos puntos que, con el golpe antirradical del general José Félix Uriburu en 1930, vivió una experiencia fascista temprana, breve y casi piloto. La política autoritaria y nacionalista de Uriburu fracasó dejando paso a su enemigo y sucesor en 1932. El general marchó a París, donde murió a los pocos meses; pero sus seguidores lograron dar vida a todo un imaginario de argentinidad en torno a Uriburu y a la Revolución de Septiembre. El comienzo de la guerra española en 1936 enfrió ese escenario y hacia 1940 esa mitología nacionalista argentina prácticamente había desaparecido. En 1943 hubo un nuevo golpe militar contra el gobierno civil. Dos años más tarde, Juan Domingo Perón, que había servido en Italia durante los últimos años treinta como observador militar de fascistas y nazis, pone en marcha el peronismo, donde no es difícil percibir una forma peculiar y algo extravagante de fascismo a destiempo –como se ha dicho tantas veces: en Buenos Aires, Kafka hubiera sido un escritor costumbrista–.

La política de Uriburu se concentraba en eliminar a los enemigos de dentro –la anti-Argentina–, identificados con el parlamentarismo de los "viejos chochos" radicales, por un lado, y con judíos, socialistas, anarquistas y comunistas, por otro. Roberto Arlt retrató alucinadamente, en *Los siete locos* (1929), conflictos como éstos y todo un clima de amenazas sociales. Finchelstein (2002) ha analizado las dimensiones simbólicas del fenómeno nacionalista argentino mediante las actividades de asociaciones como la Liga Republicana (1929-1936), la Legión Cívica Argentina y la Legión de Mayo (1931-1936), la Asociación Nacionalista Argentina y Afirmación de una Nueva Argentina (ANA-ADUNA, 1932-1936) o el Partido Fascista Argentino (1932-1935), que no compartían una ideología o un aparato doctrinario concreto sino más bien "el mito del general Uriburu y su revolución". La mezcla de catolicismo y autoritarismo nacionalista resulta especialmente próxima al caso de España, aunque entre nosotros la inmigración no fue un factor clave, como sí lo fue en Argentina. El catolicismo proporciona de forma natural una imaginería para el devoto general Uriburu, cuyo providencial golpe militar rompe con el pasado e inaugura una nueva y auténtica Argentina, católica y unida. Su caída y su muerte prematura se asocian a una pasión y a una cruz que dan pie al concepto de cruzada; aunque también se le vincula con el héroe griego o el arquetipo heroico de Carlyle, cuya gesta consistiría en una segunda fundación de la Argentina, acto que también lo empareja con el general San Martín. Los enemigos, personificados en el depuesto Yrigoyen, también tenían su linaje en el "tirano" Juan Manuel de Rosas. Por su parte, los "Mártires de Septiembre" recibieron un culto que exaltaba la violencia desde el punto de vista ético y estético en monumentos, marchas o procesiones con antorchas.

Se constituyó toda una galería de la memoria uriburista, con calendarios nacionalistas que la mantuvieran viva, y dedicación de espacios en museos como el Histórico de Luján, monumentos, tumbas, estatuas, calles, puentes, colegios, carreteras, e incluso ciudades, como Cuidad Uriburu (antes Zárate –y también después–) o Ciudad Seis de Septiembre (antes Morón –y también después–).

También se desarrolló un estereotipo masculino, sano y enérgico, identificado con el difunto general que, por contra, encerraba a sus enemigos en el modelo de lo afeminado, lo caduco y lo viciado. Su espada, que reposaba en una parroquia de la Capital Federal, llegó a ser un símbolo esencial del imaginario uriburista, que representaba un "sueño irrealizado" y pendiente. La belleza de sus ojos penetrantes y su sonrisa eran muestras de su sinceridad frente a los enemigos de su causa. La revista *La Fronda* recordaba el 29 de abril del 33 que "sus gestos y ademanes inconfundibles continúan emocionando a las masas por la franqueza y la varonil espontaneidad que trascendían" (cito por Finchelstein 2002, 123). Todo llevaba a la imagen del héroe, al paso ordenado y al atuendo uniformado y militarizado de los desfiles, donde se corporeizaban tales virtudes masculinas. La placa colocada en 1933 en la tumba de Uriburu permite un doble acercamiento: la interpretación de unos hechos, por un lado, en la dedicatoria "Al glorioso teniente general José F. Uriburu que salvó a la patria del caos social. Homenaje de sus soldados de la comisión Popular Argentina contra el Comunismo en su primer aniversario"; por otro, su proyección estética: en la placa se podía observar, según *La Fronda* (25 de abril de 1933: 1) "una alegoría artística cuyo motivo es el siguiente: el nacionalismo representado por un hombre joven tiene en alto la bandera y bajo sus pies aplasta unas cabezas dispersas de extremistas rojos envueltos en su emblema destrozado".

En suma, el proyecto protofascista de Uriburu, que fracasó en 1932, funcionó, sin embargo, como principio unificador para una serie de grupos que intentaron una alternativa antidemocrática en la Argentina de los años treinta. Durante poco tiempo, entre 1932 y 1936, éstos pretendieron apiñarse en torno a un nuevo "jefe", Juan P. Ramos, y desarrollar la idea de que "era posible un proyecto político nacional que, teniendo en cuenta al Ejército y a la Iglesia, fuera conducido por el nacionalismo" (Finchelstein 2002, 141). Pero las cosas no salieron exactamente así. El propio Finchelstein (2008) se ha encargado de explorar las ramificaciones de tales aspiraciones al estudiar la conexión entre fascismo y fascismo genérico en Argentina, y precisar las relaciones con el fascismo de los grupos nacionalistas, los de extrema derecha, el antisemitismo y el peronismo, hasta llegar a la dictadura militar de los setenta, que él llama "procesista", y sus campos de concentración.

TEATRO Y FASCISMO EN EUROPA

Los nuevos Estados fascistas o parafascistas de Europa intentaron crear teatros políticos que fueran auténticos correlatos escénicos de su revolución social. Pero lo cierto es que fracasaron. Como ha descrito Griffin (1996), todos acabaron convencidos de que el lugar para la propaganda fascista no era el teatro; el teatro no logró funcionar como medio de propaganda, pero sí lo hizo la calle. Puede decirse que, en sentido estricto, no hubo teatros fascistas en Europa. Lo que sí hubo fue una teatralización de la vida pública, como confirma Gentile (1996, 72-73; 2003, 109-10), entre otros.

Stanley Payne, historiador tanto del fascismo español como del fascismo internacional, además de recalcar la función central de los mitos y los símbolos, coincide con otros historiadores y teóricos en que sólo existieron dos Estados que se puedan llamar plenamente fascistas: la Alemania nazi y la Italia de Mussolini.[9] A los otros Estados que surgieron en Europa y América se les puede llamar Estados parafascistas, fascistizados o autocrático-conservadores con asimilaciones fascistas, como los de la Francia de Vichy, Austria, Portugal, Grecia, Eslovaquia, Hungría, Bulgaria, Rumania, Noruega –cuyo *Forer*, Vidkung Quisling, (1887-1945), proporcionó al idioma inglés un nueva palabra para 'traidor': *quisling*–, países bálticos, Chile, Brasil, la Argentina peronista. En cuanto a España, se diría que Payne se ha vuelto mihurano al subtitular su libro de 1997 como "el extraño caso del fascismo español". Y es que Falange fue el partido fascista más longevo de la historia –no se liquidó hasta 1977–; gracias, precisamente, a que fue "fascista pero poco".

En un país como Gran Bretaña, donde el desempleo era muy alto, se dieron las condiciones para el surgimiento de un movimiento fascista. Sin embargo, sostiene Pugh que el factor determinante para el fracaso de los fascistas británicos fue la cultura política, más que la ausencia de una amenaza comunista con visos de verosimilitud. La huelga general de mayo del 26 conmocionó a las clases acomodadas y también las movilizó en su contra. Es conocido –lo recuerda Evelyn Waugh en *Brideshead Revisited* (1945)– cómo ciertos jóvenes de buena familia y estudiantes de *Oxbridge* se ponían al volante del transporte público o sustituían a los huelguistas en sus puestos de trabajo. También destaca Waugh el clasismo de ese tipo de jóve-

---

[9] Al respecto, puede verse también Ellwood 1984 y 1987.

nes, que él retrata mofándose de las inquietudes sociales de estudiantes de izquierda menos privilegiados en lo económico –en el terreno de lo intelectual las cosas eran justo al revés.

Mussolini inspiró a Sir Oswald Mosley la creación de la British Union of Fascists, que Lord Rothermore apoyó con su dinero y con su periódico, el *Daily Mail*. Mosley había tenido una fuerte decepción en las elecciones generales del 31, en las que su New Party no obtuvo un solo diputado; visitó a Mussolini, que le impresionó por sus logros en Italia, y enseguida puso en marcha la BUF en 1932, que logró un bastión en la zona proletaria del East End y llegó a alcanzar 36.000 miembros –Falange difícilmente llegaba a los 20.000 antes de febrero del 36–. A lo largo de los años treinta el auge de Hitler inspiró allí la creación de otros grupos, de diverso pelaje y capacidad de convocatoria, como el January Club en 1934, la Anglo German Fellowship en 1935, The Link y The Nordic League en 1937 o The Right Club en 1939. El *Blitz* de Londres y las ciudades del sur de Inglaterra (1940-1941) sepultaron aquellos entusiasmos que el novelista anglonipón Kazuo Ishiguro evocará con embarazo en *The Remains of the Day* (1989), popularizada por el cine. En mayo del 40, Sir Oswald fue arrestado y su partido disuelto por la fuerza.

En España hubo alguna noticia de las actividades de Mosley a través de la revista falangista *Vértice* en sus primeras entregas, las más fascistoides. Concretamente, una colaboración en el número 2 (mayo de 1937: s. p.) titulada "Jefe del fascismo en Inglaterra" con un texto de lenguaje igualmente violento hacia la "ponzoña judaica" y el bolchevismo. A final de año, *Vértice* (n.º 7-8 [diciembre de 1937-enero de 1938]: s. p.) insiste en el antisemitismo en la colaboración de A.A. "Los fascistas ingleses"; el texto va escoltado por fotografías de Mosley, muy en su papel de nuevo *leader* del pueblo inglés, y una cierta masa de seguidores uniformados.

De la órbita europea los más cercanos al caso español fueron Austria, Portugal y, sobre todo, por lo relacionado con el teatro, nos interesa el caso de la Francia de Vichy. En estos países parafascistas se reprimió la revolución social y lo paganizante, aspectos que chocaban con la tradición conservadora y católica.

En Alemania, sin duda el Estado más totalitario y más industrializado, se decretó una ruptura radical con la tradición del teatro anterior y todo el teatro se plegó al aparato de control del régimen, que ejerció una censura brutal y positiva. Más de 4.000 profesionales del teatro tuvieron que exiliarse. Enseguida, tras una ley de 1934, el *Reichsdramaturg* y censor principal, Rainer Schlösser, se encargó de "purificar" el repertorio, cebándose en especial con el teatro de la decadente era de Weimar. El 50% de las obras anteriores a 1933 fueron prohibidas por motivos políticos o raciales, y se promovió un nuevo teatro dedicado a temas y personajes histórico-nacionales que dieran expresión a los objetivos políticos de los nazis: antiparlamentarismo, militarismo, racismo, nacionalismo, glorificación de la guerra o de la figura del *Führer*. Los autores escribieron y reescribieron sus textos para hacerlos aceptables a los censores. En 1936 se prohibió la crítica teatral, sustituida por la mera descripción informativa. Estas noticias, aportadas por Barbara Panse, han sido ampliadas y profundizadas por London, aunque sin modificar en lo sustancial la visión del teatro en la época del nazismo, del que puede decirse que se vio seriamente afectado pero no llegó a generar un cuerpo de dramas que podamos denominar con propiedad como teatro nacional-socialista. Además de las obras histórico-nazistas que autores como Hanns Johst o Eberhard Wolfgang estrenaron en los teatros convencionales, lo más cercano a un teatro nacional-socialista fueron las *Thingspiele* (obras "Thing"), un intento fracasado que enseguida comento. De todas las actividades del Ministerio de Propaganda, el teatro fue la más beneficiada. En septiembre del 44, como contribución al esfuerzo bélico, Goebbels decidió cerrar los teatros, que habían estado siempre llenos, incluso durante la guerra.

En su Introducción (2000, 1-53) a *Theatre under the Nazis*, el editor del volumen, John London, que ha estudiado diversos aspectos de la cultura fascista, advierte contra los dos extremos tanto de la indiscriminada condenación como de una visión simplista según la cual el teatro a partir de 1933 habría permanecido al margen del nazismo. Hubo múltiples contradicciones entre la teoría y la práctica. La teoría era que la propaganda nazi, con Joseph Goebbels al timón, tenía un gran interés por el teatro y abominaba del teatro expresionista –lo mismo que del atonalismo musical–, pero en la práctica los nazis se estrellaron contra el eterno problema del repertorio. Un resultado no apetecido de tanta atención fue que el teatro profesional mejoró en técnica y posibilidades artísticas, pero la masa proletaria no se incorporó.

Las *Thingspiele* fueron un nuevo género de teatro cúltico y ritual para las masas, promocionado con mucho interés pero pronto abandonado, según Niven. Lo primero fue construir 16 teatros al aire libre en un programa semejante al de las autopistas, en espera de que surgiera la nueva forma nacional de drama. El nombre procedía del *Germanicus* de Tácito, que menciona unas reuniones de los clanes germanos en las que se tomaban decisiones políticas sobre la guerra y la paz, se elegían jefes y se hacían leyes. *Thingspiel* significaba algo así como 'lugar de juicio' y pretendía reconectar con esos antiguos ritos germánicos, sin la mediación del cristianismo.

A pesar de ser "Nazionalsocialism in stone" (Niven 73), a la altura de 1936 estas obras, de las que, al parecer, hubo cientos de manuscritos, empezaron a ser obstaculizadas, e incluso prohibidas (Niven 83), por las mismas autoridades, tanto por causas técnicas –se oía mal, el tiempo no acompañaba la mayor parte del año– como por motivos estéticos: en la mayoría de los casos, la calidad pedestre de las obras produjo desilusión y cierto sonrojo. Las críticas de teatro –prohibidas, como toda crítica de arte, en 1936– percibían el estatismo, la inacción y lo antidramático de unas piezas que en realidad se reducían siempre al mismo asunto, la recuperación nacional, lema bien recibido en 1933 pero tedioso al poco tiempo.

En cambio, las obras que valían algo acusaban evidentes conexiones o con la raíz católica de las Pasiones y los misterios medievales o, cosa aún peor, con el teatro de estética expresionista y fondo socialista revolucionario de la época de Weimar.[10] Los préstamos, todo lo involuntarios que se quiera, eran de tipo temático, conceptual, lingüístico y estructural. Donde antes había clase obrera se colocaba ahora al pueblo alemán, que también ocupaba el espacio dedicado antes al proletariado internacional. El tránsito de dramaturgos expresionistas hacia el *Thing* fue fenómeno corriente. Por ejemplo, incluso después de la prohibición de estas obras, *El juego de dados de Frankenburg (Das Frankenbuger Würfelspiel)* de Wolfgang Möller se representó en Berlín el 2 de agosto del 36, en un inmenso teatro al aire libre recién terminado, con 20.450 asientos prácticamente llenos, coincidiendo con los Juegos Olímpicos berlineses para, naturalmente, demostrar al mundo la superioridad cultural alemana. La obra consistía en la reescritura de un episodio de la Guerra de los Treinta Años, con poco de alegórico y sin la dinámica revolucionaria que patrocinaba la propaganda nazi de Goebbels; más bien se trataba de un drama histórico germánico que enfatizaba lo colectivo pero no el principio de autoridad. El énfasis en lo colectivo llevaba a privilegiar todo lo coral y a quitar importancia a los personajes individuales, con la obvia intención de atenuar el valor y el poder de la libertad del individuo y promover su integración totalitaria. Pero en términos teatrales,

---

[10] Para la relación entre el teatro socialista y el nazi, véase Eichberg.

de cara al espectador, las consecuencias de tan intensa coralidad eran terribles, pues implicaban aburrimiento y falta de atractivo.

Esta antinatural relegación de lo individual a favor de lo colectivo no se logra compensar en la más famosa de las obras nazis, la *Pasión Germana 1933* de Richard Euringer, obra que fue inicialmente escrita para la radio como alternativa a la Pascua cristiana (véanse ilustraciones). Tampoco se logra en *El fin de la miseria de Alemania* de Julius Maria Becker ni en *El camino hacia el Reich* de Kurt Heynicke o *La larga marcha* de Kurt Eggers –obras cuyos elocuentes títulos no será preciso ponderar.

Los nuevos teatros al aire libre o *Thingpläze* se acabaron usando para óperas, oratorios, concentraciones nazis y el repertorio de obras históricas y clásicas que terminó imponiéndose de forma más o menos natural. A la hora de establecer un teatro nacional, resultó que los clásicos eran terreno más seguro que los contemporáneos, tanto en lo estético como en lo ideológico. Así, Schiller (1759-1805) fue el autor más representado durante el III Reich –aunque Hitler prohibió el *Guillermo Tell*–, seguido, curiosamente, por Shakespeare que, aunque inglés, pudo ser asimilado como portador de comunes raíces germánicas y constructor de un teatro nacional. Se entendía, por ejemplo, que el conjunto megalítico de Stonehenge al sur de Inglaterra, era un templo astrológico germánico. El antisemitismo de *El mercader de Venecia* fue intensificado y el final de *Ricardo III* tergiversado, pero lo curioso es que en conjunto, durante el III Reich, Shakespeare no fue un autor político sino más bien de entretenimiento cuya obra más representada fue *Twelfth Night*. George Bernard Shaw fue también muy apreciado, precisamente por lo que tenía de corrosiva crítica antibritánica. Heinrich von Kleist (1777-1811) conoció una popularidad renovada y el *Fausto* de Goethe hubo que reconstruirlo y hacerlo antisemita.

Lope de Vega y Calderón tuvieron notable presencia en la Alemania nazi; interesaba de ellos el aliento de unidad nacional y el antisemitismo; estorbaban, en cambio, el catolicismo y los temas de honor. El triunfo popular de *El alcalde de Zalamea* y la menor complejidad de Lope lo hacían preferible frente al alegorismo de *El gran teatro del mundo* calderoniano. En mayor o menor medida, todos los clásicos fueron distorsionados por los nazis, tanto en los textos como en los montajes que deliberadamente se quisieron hacer al margen de las estéticas modernizadoras anteriores.

London es bien consciente de la contradictoria complejidad del panorama, en el que habría que incluir el paradójico florecimiento de teatros reprimidos como el de los cabarets, donde prevalecía la sátira política, el de los guetos judíos –lo recuerda vivamente Marcel Reich-Ranicky en su espléndida autobiografía *Mi vida* (2000)– o el de los grupos que surgieron en los campos de concentración. Como salida, London decide esquivar generalizaciones y aportar evidencias de tipo estadístico, consciente de que "only details can provide answers" (2000, 39). No obstante, poco después, el mismo London (2004) ha planteado una serie de contradicciones en ese "teatro de la Shoah": ¿reflejaba un pueblo estimulado por su sufrimiento, el poder de la ilusión interior, la "normalidad" de la vida en los campos?; o ¿era propaganda y manipulación al servicio de los nazis? ¿Aquello era arte o parte de una historia mal contada? Este análisis podría iluminar otras experiencias teatrales surgidas en condiciones extremas.

La reedición del clásico libro de Siegfried Kracauer sobre el cine alemán de los años veinte y primeros treinta ha servido también para recordar las pocas cosas concretas que se saben acerca del cine nazi. Kracauer, que compartía la preocupación de su amigo Walter Benjamin sobre el sentido de la obra de arte y del nuevo espectador dentro de la cultura de masas, vio en aquel cine –*El gabinete del doctor Caligari* de 1920, *Golem* de 1920, *Sigfrido* de 1924– un corpus de proféticas pesadillas que anticipaban el ascenso de Hitler. Pero el cine que hicieron los nazis es casi una Atlántida, avistada sólo a base de los fotogramas y fotografías que se han conservado, y que permiten, sin embargo, deducir que la mayor parte de ese cine era ligero, espumoso y sentimental, con actrices cuyos vestidos querían claramente llamar la atención, cuando no se trataba de dramas costumbristas. Los *apparatchikí* –Joseph Goebbels y Fritz Hippler fueron los más importantes– no eran muy entusiastas de películas sobre locos criminales que quieren dominar el mundo o asesinos de masas circulando por las calles de Berlín, como en el cine de Weimar. Se hicieron algunas películas propagandísticas, antisemitas y de mala calidad pero, en general, Goebbels –que era un apasionado de *Lo que el viento se llevó* y de *Blancanieves y los siete enanitos*– prefirió cebar al público alemán con cintas escapistas sobre el amor, la esperanza y una vida sin cartillas de racionamiento ni bombardeos. "No queremos –dijo alguna vez– que nuestros *storm troopers* salgan en las pantallas o en los escenarios; donde tienen que salir es en las calles".

En Italia, el 28 de abril de 1933, un autor de obras históricas y gran amante del teatro llamado Benito Mussolini, en un discurso a la Sociedad Italiana de Autores, solucionaba así la eterna crisis del teatro: "¡Fuera el teatro de adulterio! [...] Dejad que las pasiones colectivas logren expresión dramática y veréis los teatros llenos de gente otra vez". E iba más allá: "Tenemos que hacer planes para un teatro de masas, un teatro con capacidad para 15.000 o 20.000 espectadores" (Cavallo 113-14).[11]

En este terreno hubo mucho más que palabras. El Estado fascista se implicó a fondo en una auténtica reorganización del teatro, hasta entonces completamente liberal. Las consecuencias fundamentales de este nuevo ordenamiento fueron: la introducción de la figura del *regista* o director de escena, frente a la tradicional organización actoral de las compañías; la introducción de un sistema de subvenciones regulares a las compañías para sus temporadas, y giras nacionales e internacionales, empezando por el Teatro d'Arte del gran Pirandello o el prolongado apoyo al Teatro dei Piccoli de Vittorio Podrecca; la creación de organismos oficiales dedicados a la formación de actores y profesionales, el ejercicio de la censura y la inspección de los teatros; el intento de un teatro de masas populista y propagandista, y el fomento de textos de contenido estrictamente fascista.

Un hombre importante dentro de este panorama fue Silvio d'Amico, un crítico teatral e intelectual católico, muy cercano a los planteamientos de Jacques Copeau basados en la primacía del texto sobre el espectáculo; sin ser estrictamente fascista, d'Amico no le hizo ascos al régimen. A él se debe el proyecto en 1931 de un Istituto Nazionale del Teatro Drammatico que finalmente se creó en Roma, dependiente del Ministerio de las Corporaciones y del de Educación, entre otros organismos, y que tenía previsto gestionar dos grandes teatros en Roma y Milán, con temporadas regulares y compañías estables. Estaba prevista también la existencia de un *studio* de teatro experimental, un museo, una biblioteca y una revista teatrales. D'Amico no

---

[11] En España contamos con un temprano "informe" sobre el fascismo italiano, la *Italia fascista: política y cultura* (1928) de Juan Chabás (1900-1954). Chabás, que enseñó español en Génova desde 1924 hasta que fue expulsado en 1926 por las crónicas antifascistas que publicaba en la prensa española, sintió cierta simpatía hacia el nuevo régimen, congelada por el asesinato de Giacomo Matteotti (1924). En su libro habla del fascismo como "una actitud ante la vida. Hay una manera de ser fascista" (11) y dedica toda una sección al tema (52-154), donde comenta la primera impresión de juventud, teatralidad y arrogancia que suscita en el recién llegado. La "ciega voluntad" subyacente en esa Italia "crea un mito compuesto de múltiples exaltaciones" (75) entre las que enumera el imperialismo, las grandes industrias nacionales, el estado corporativo con sus organizaciones sindicales, su previsión social, su educación, y las relaciones con el Vaticano y los católicos. Atiende también al teatro italiano de los últimos veinte años (213-27), y destaca a Pirandello y Bragaglia, cuyo Teatro de los Independientes le parece una imitación más bien fallida del Vieux Colombier (227).

veía crisis en el público ni en los autores, sino en los actores: en su mentalidad y su formación, fijadas en torno al divo; quería directores modernos de compañías modernas. Finalmente el amplio proyecto desembocó en la creación de la Accademia d'Arte Drammatica en 1935, dedicada a escuela de actores y directores y dirigida por él. Las demás ideas de d'Amico acerca de la renovación del teatro italiano encontraron otros cauces, como la revista *Scenario* que él dirigió, y fueron predominantes en los años treinta. Las opciones de d'Amico se orientaban hacia un "teatro de arte", moderadamente modernizador, pero lejos de lenguajes formales y contenidos más vanguardistas que ya existían por Europa. Lo cual no fue problema para que el Estado fascista también apoyara generosamente las diversas compañías de Anton Giulio Bragaglia –Teatro degli Indipendenti primero, Teatro delle Arti después–, hombre muy comprometido con el régimen, cuyas tendencias eran más innovadoras y abiertas; en especial se subvencionaron sus largas giras por el extranjero, que daban una imagen moderna y pujante de la nueva Italia.

El intervencionismo en el teatro no fue sólo estatal sino también personal. El propio Mussolini se dirigió repetidamente a los dramaturgos para pedirles textos nuevos donde se expresaran dramáticamente las pasiones colectivas, un teatro explícitamente fascista en forma y contenidos. Muchos militantes se lanzaron a escribir originales y el teatro *amateur* floreció. En 1937 había censadas 2.066 asociaciones de ese tipo en la Opera Nazionale Dopolavoro (la OND, organización fascista de recreo) que dieron en total unas 25.000 funciones recreativas a las que asistieron unos dos millones de espectadores (Pendulà 212). Entre 1932 y 1943, esos textos reflejan la absorción de los mitos y el lenguaje fascista a través de cinco temas predominantes: el culto a los orígenes, la figura del jefe o nuevo César, la invasión de Etiopía, la Guerra Civil española y la guerra mundial. No puede decirse que la experiencia no fuera popular en cuanto a público o temática, pero la calidad de los textos –y probablemente también la actuación– era baja, la técnica del todo decimonónica, y en realidad toda la experiencia venía a sumarse a la tradición del teatro de parroquia, sin auténtica capacidad de transformación. El propio Mussolini se lanzó a escribir una trilogía (cuyo tema era él mismo), *Campo di Maggio* (1929), *Villafranca* (1931) y *Cesare* (1939), que el director y dramaturgo Giovacchino Forzano completó, montó, estrenó y distribuyó por el circuito nacional.

Sin embargo, sentencia Pendullà (216-17), "a pesar de la copiosa dramaturgia popular de carácter netamente fascista y de episodios aislados

como los grandes montajes de *18 BL* o *Simma*, en el momento del estallido de la guerra mundial, aún no había nacido un teatro fascista reconoci-
ble en los contenidos y en las formas expresivas"; el objetivo no era un teatro de camisas negras sino un "teatro italiano de nuestro tiempo [...] que
remita esencialmente al sentido de los valores eternos restaurados por el
Fascismo: Familia, Nación, Humanidad, Dios". El teatro profesional, pues,
a pesar del enorme cambio organizativo que experimentó, palpable en la
elección del repertorio, fue incapaz de producir textos que encerraran
metafóricamente el tiempo del fascismo. "Las directrices fascistas se encontraron con la imposibilidad de inventar una tradición teatral dentro de una
sociedad de masas que empezaba a exigir propuestas fácilmente consumi-
bles" (218); es decir, que en la escena media de entreguerras predominó el
entretenimiento, las comedias de Aldo de Benedetti –el cual, acosado por
las leyes raciales se vio obligado a esconderse como escenógrafo cinematográfico.

La obra *18 BL*, a imitación de *Tormenta en el Palacio de Invierno*, el
gran montaje que dirigió Nikolai Evreinov en Leningrado en 1920, pretendió cumplir los criterios del teatro de masas, como ha estudiado ampliamente Schnapp. Se montó sobre un escenario de 250 metros en el parque
Cascine de Florencia en abril del 34 y reunió entre 2.000 y 3.000 actores
aficionados, un escuadrón de aviación, una brigada de infantería, otra de
caballería, 50 camiones, 8 tractores, 4 baterías ametralladoras, 10 estaciones portátiles de radio y 6 unidades fotoeléctricas, para una "estilizada
representación al estilo soviético del pasado, presente y futuro de la revolución fascista" (Schnapp 7; ficha técnica del espectáculo en 139-40). Constaba de tres actos, escritos por ocho jóvenes escritores y dirigidos por Ales-
sandro Blasetti, en que se narraba la historia de un camión militar, un FIAT
modelo 18 BL, que primero hacía posible la victoria del ejército italiano,
luego servía para dominar la sublevación comunista en una fábrica y, por
último, se unía a la marcha sobre Roma. Al final, tras el triunfo mussolinia-
no, el viejo camión participaba en la idílica estampa de la vida y el trabajo
en los campos de la nueva Italia fascista. La masa italiana, sin embargo,
mostró poco entusiasmo ante un montaje tan ambicioso como expresiva-
mente ineficaz y la prensa fascista la criticó duramente.

Hubo otras obras, como *Simma* (1935), drama de Francesco Pastonchi,
o los ofrecimientos que se hicieron a Gordon Craig de montar un *Quo
vadis?* en el Colosseo de Roma, con el púgil Primo Carnera como protagonista –siempre que no hablara en escena–, y *L'Artide*, un espectáculo, con

texto de Fabrizio Colamussi, exaltador de los tiempos modernos, las ondas herzianas y las expediciones con dirigible de Umberto Nobile en el océano Ártico. Se habían previsto entre ocho y diez mil espectadores para estos montajes, que no se realizaron.

Dentro de la aspiración a un teatro de masas, se impulsó el teatro radiofónico y llegó a consolidarse la modalidad itinerante de los Carri di Tespi, que ya desde 1929 recorrían la península, así como la modalidad comercial del Sábado Teatral, iniciativa que desde enero del 36 ofrecía entradas de temporada del teatro dramático y lírico a precios de entre media lira y dos liras.

Los Carros de Tespis funcionaron al margen de los circuitos habituales y constituyeron una original forma de teatro al aire libre, ideada por el ecléctico Gioacchino Forzano a finales de los años veinte, deudora a su vez del Teatro Ambulante que promovió Firmin Gémier en Francia antes de la Gran Guerra. Se trataba de cuatro enormes estructuras, tres para el teatro "de verso" y una para el lírico, que viajaban por toda Italia en largas giras veraniegas que lograban reunir públicos numerosos. Los Carros llegaban a las localidades más remotas, aisladas de cualquier experiencia teatral, y allí se preparaba una gran platea capaz de sentar a 5.000 espectadores y un escenario de tamaño acorde, sobrevolado por una cúpula Fortuny que permitía efectos luminotécnicos. Un contemporáneo subrayaba con orgullo que en estos espectáculos se expresaba "l'ambizione del moderno" connatural al fascismo, que llevaba el teatro "al popolo con tutti i suoi mezzi tecnici più nuovi e sicuri ed efficaci" (Orano 17). En cuanto a datos de espectadores, Pendulà (205) habla, en general, de centenares de miles, de más de un millón en total a lo largo de 1936 entre los cuatro carros, y de una media de entre 190 y 200 funciones anuales entre 1930 y 1935. Sin embargo, esta y otras fórmulas populistas evidenciaron el fracaso en la creación de una nueva forma de teatro: "Dal punto di vista strettamente creativo l'idea di un *teatro di massa* non suscitò alcun risultato rilevante ed innovativo" (Pendulà 207). Thompson (109) cree muy dudoso que tal propaganda llegara a calar en los niveles populares a que iba dirigida, principalmente por los endémicos problemas de repertorio que tuvieron. En consecuencia, el propagandismo teatral dejó de promover la escritura de textos y se centró en reunir públicos numerosos ante obras de repertorio en los más de treinta espacios al aire libre disponibles en el país. Hubo grandes experiencias de este estilo en Milán, Roma, Venecia, Florencia, Verona, los grandes teatros sicilianos de Siracusa, Taormina, Agrigento y Palermo, y también en lugares de Libia como Pola y Sabratha.[12] El resultado fue muy parecido al de los Carros líricos: "non era questo *il teatro dei ventimila* richiesto da Mussolini, ma una ripresa, segnata da un ambiguo significato politico, della tradizione melodrammatica italiana" (Pendulà 210). Las enfáticas expectativas forjadas tras el Convegno Volta quedaron atrapadas en unas fórmulas dramáticas tradicionales, trufadas con contenidos más o menos explícitos de propaganda fascista.[13]

El editorial de la revista teatral *Scenario*, en el momento de la caída del fascismo, observaba: "[el teatro] ha sido [...] el único sector donde la tremenda presión política se ha ejercido sin obtener los resultados previstos" (Thompson 109-10). No obstante, Pendulà ve las cosas de otra manera. Según él, el fascismo reorganizó por completo la estructura teatral italiana, y la república, que heredó y conservó intacta esa estructura y esas instituciones hasta los años sesenta y setenta, pretendió tapar semejante legado construyendo –a base de editoriales como el citado– una "storiografia separata dalla società" (Pendulà 26), como si se estuviera hablando tan sólo de poesía, estética y arte. El teatro, no obstante, implica un rito, un "senso comune" y una identidad cultural que sí se vieron comprometidos por el fascismo.

En cualquier caso, puede decirse que "durante el fascismo se hizo por el teatro más que en ningún otro momento de Italia" (Thompson 110), dato que nos acerca al caso español. Porque la impresión general de este panorama es que en Italia se llegó a hacer mucho de lo que Felipe Lluch quiso hacer en España y no pudo. Esa refundación administrativa, esos proyectos institucionales, ese Istituto Nazionale del Teatro Drammatico que proyectó Silvio d'Amico, esa Accademia d'Arte Drammatica que dirigió, eran exactamente lo mismo que pretendió Lluch con su Instituto Dramático Nacional. Tanto que no me parece improbable que Lluch hubiera recibido noticias a través de sus amigos falangistas acerca de toda aquella actividad. La respuesta al por qué de la diferencia de logros aquí y allí es parte de lo que este libro intenta explorar. Pero, preliminarmente, adelantemos como factores determinantes para la inoperancia teatral del franquismo estos dos: la mayor ruralidad y pobreza del país, recién salido además de una guerra, y la menor densidad y pureza fascista del franquismo. Mussolini fue todo un *duce* con pasión por el teatro y hasta implicación personal, mientras que Franco fue

---

[12] Más detalles y elencos completos, en Pirro.

[13] Véase Pendulá (200-11), Cavallo, que emplea documentación de archivos y de censura, y Verdone. Schnapp estudia el teatro de masas partiendo del montaje de *18 BL*.

un autócrata personalista y filisteo a quien el teatro le traía sin cuidado. En suma, el fascismo se tomó en serio el teatro y el franquismo no. Tiene razón Juan Goytisolo cuando dice, haciéndole eco a Italo Calvino: "los regímenes autoritarios y represivos son los únicos que toman en serio a la literatura [o al teatro, añado yo] al atribuirle unos poderes subversivos que desdichadamente no tiene" (Goytisolo 169). El fascismo intentó pero no logró apropiarse del teatro porque una ideología, por mucha presión que ejerza, es incapaz de transformar extrínsecamente cualquier forma de arte. El franquismo, menos totalitario y más panzudamente burgués, se esforzó mucho menos, como veremos.

El caso de Jacques Copeau en la Francia de Vichy tiene también singulares paralelismos con el caso español. En 1941 Copeau era un ya un histórico pionero en la renovación escénica, fundador del Théâtre du Vieux Colombier en 1913 y de la Escuela Profesional del Vieux Colombier (1920), católico, antinazi pero también antiliberal. Su doctrina como director teatral enfatizaba la palabra y el actor al servicio de la obra literaria, rechazando tanto el naturalismo como el simbolismo. Ésta es la línea que siguieron en los años veinte y treinta influyentes hombres de teatro franceses como Louis Jouvet, Georges Pitoëff, Charles Dullin o Gaston Baty, que son discípulos de Copeau en buena medida.

En la primavera de 1941, con Francia ocupada desde la primavera anterior, Copeau escribió *El Teatro Popular*. Este librito, en realidad un folleto de solo 64 páginas, coincide temporal y mentalmente con el petainismo pero, según Serge Added (254-55), de él no puede afirmarse sin más que contenga la teoría teatral del petainismo, aunque dedica un capítulo a la intervención del Estado en el teatro.[14]

Por "teatro popular" entendía Copeau el teatro de la entera comunidad social, el rito de un "pueblo" en sentido premoderno, sin clases, un teatro

---

[14] Spotts, en *The shameful peace*, hace una evaluación del papel de los artistas en la Francia ocupada. El embajador alemán durante la ocupación afirmó más tarde que "it would be extremely difficult to name any notable French artist who had not supported collaboration" (4); partiendo de esta afirmación, Spotts descata lo problemático de conceptos como "colaboración" y "resistencia", y sostiene que, quizá, estos *collabos* —desde Paul Morand, Sacha Guitry o Jean Cocteau a Simone de Beauvoir o Jean-Paul Sartre—, al colaborar, lo que hacían era resistir: "Defending the cultural patrimony was, moreover, the one instance where Vichy adamantly resisted the Invader instead of collaborating" (5).

rescatado del secuestro de la burguesía. Copeau creó un teatro de tonos
litúrgico-religiosos y acentos medievalizantes, un teatro con función y raíz
social y religiosa. Según Copeau, el montaje de *El milagro del pan dorado* en
1943 fue el mejor de su vida. Esta especie de misterio medieval se representó al aire libre, en el Hospital de Beaune, al sur de Dijon, con participación
del clero, tañido de campanas y canto final del *Te Deum*.[15]

Este y otro espectáculo semejante que Copeau escribió en 1946, *El pobre-
cito de Asís*, conectan con una tradición francesa de teatro católico que inte-
resó a Cipriano Rivas Cherif en los años treinta. Ya sabemos que Rivas, promotor del Teatro Estudio de Arte (TEA), el mejor grupo experimental de los
años treinta, montó en el María Guerrero una obra, *Patrón de España*, del
dramaturgo católico Henri Ghéon, y *Sor Mariana*, de Julio Dantas (7 de
junio de 1934). No olvidemos tampoco que el interés teatral tanto de Rivas
como de su cuñado Manuel Azaña tenía marcadas raíces francesas.

El petainismo, con su programa de unidad nacional, atrajo a los hombres de teatro; como resume Added (253), éstos "vieron en él una posibilidad de poner en práctica viejos sueños de un teatro reformado y democráti-
co". El discurso de Vichy, comunitarista y contrario a lo individual, tenía
que despertar esperanzas en quienes buscaban liberar al teatro de sus condi-
cionamientos mercantiles y dotarlo de una dimensión auténticamente
social.

Teatro y fascismo en España

En España hubo fascistas y un partido fascista, Falange Española. El Estado, sin embargo, no llegó a ser larga y plenamente fascista. Stanley Payne
(1997), asiduo historiador del tema, vincula la debilidad del fascismo español a la debilidad del sentimiento nacionalista en nuestro país y a su peculiar carácter que lo vincula inmediatamente a lo clerical y religioso, factor
que en otros países como Alemania, Reino Unido o Francia constituye un
elemento más dentro de un sentimiento fundamentalmente civil. A pesar
del debate intelectual en torno al tema de España y el regeneracionismo
noventayochista, si se ven las cosas desde el contexto europeo, España care-

---

[15] Otra cosa es cómo fueran las cosas en realidad. Al estudiar el caso de Arras en el
siglo XIII, Symes hace notar que ese idealizado *common stage* del teatro incluía otros "repertorios" como promulgación de leyes, celebración de la Misa, castigo de malhechores, recitaciones de poesía épica y debates tanto líricos como políticos (277-78).

ce de los factores que originaron el nazismo o los fascismos italiano o francés: España era un país unificado políticamente desde hacía siglos; cultura y religión estaban profundamente identificadas; el ritmo de modernización industrial era lento y la capacidad expansionista escasa. Y, sobre todo, no había participado en la traumática experiencia de la Primera Guerra Mundial, auténtico catalizador de los nacionalismos radicales y las violencias interclasistas. Según Payne, solo a partir de 1936 se desarrolló en la derecha española un sentimiento hondamente nacionalista. Fue entonces cuando Falange Española, hasta entonces un exiguo partido, empezó a contar en el nuevo Estado. Hasta entonces había sido notoria su debilidad social y económica. Financiada por monárquicos y con aportaciones de Mussolini, Falange obtuvo el 0,7 de los votos en las elecciones de febrero del 36. En Cádiz, la circunscripción de José Antonio, obtuvo el 4,6% y en la Valladolid de Onésimo Redondo, el 4,19%; en Madrid sacó un 1,2%. A partir de febrero y, sobre todo, de julio del 36, la afiliación aumenta; según Bennassar (294) "eran unos 37.000 en abril de 1937". El propio José Antonio no era un líder fascista en toda la extensión de la palabra sino una mezcla de fascismo exterior y neotradicionalismo que, para desesperación de Ramiro Ledesma, que sí era un bien leído y estricto fascista, visitaba las aldeas del agro en busca del "pueblo no corrupto" en vez de dirigirse a los obreros de los suburbios industriales de Madrid.

El fascismo español no llegó a serlo propiamente ni a prosperar. Bennassar (289-99) lo resume llamando a Falange "fascismo inconcluso". Tras una efímera hegemonía entre 1936 y 1943,[16] únicamente logró retener bajo su control un sector del nuevo Estado, que en su conjunto estaba controlado políticamente por los militares y culturalmente por el tradicionalismo, otro grupo que interesa perfilar. Sin formar un núcleo compacto, los tradicionalistas compartían, por un lado, un concepto de España como Estado unido, confesional católico, corporativista y conservador. Por otro, una desconfianza hacia la potencial dimensión revolucionaria de Falange. El tradicionalismo integraba a la gran mayoría de los obispos, a gentes procedentes de la CEDA, monárquicos de Acción Popular y, con menor peso, carlistas.

Rodríguez Puértolas en su *Literatura fascista española* no hace mayores distingos entre lo estrictamente fascista y lo tradicionalista.[17] Partiendo de

---

[16] Pike, tras examinar la prensa española y los archivos del "almirantazgo" alemán, piensa que Franco deseó la victoria del Eje hasta el último momento.

[17] Se ha reeditado como *Historia de la literatura fascista española* (2 vols. Madrid: Akal, 2008).

aquella primera y amplia definición que Payne adoptó de fascismo –"sistema de gobierno autoritario, corporativo y nacionalista"– incluye literatura ideológicamente tradicionalista como si fuera fascista, lo cual genera, cuando menos, un notable abigarramiento en el tomo dedicado a *Antología*. Con mayor rigor hizo su análisis y selección José-Carlos Mainer en su ya lejano e impecable estudio y antología de *Falange y literatura*; y, más recientemente, Jordi Gracia (1996) rastreó el descontento falangista ante la estructura burguesa del franquismo y hace de él la raíz de la transición democrática.

El teatro fascista en España, como reconoce Puértolas, tiene una magra historia a la que voy a intentar contribuir. Para ello partiré de dos distinciones. En primer lugar, habría que distinguir entre los intentos teóricos y los prácticos, es decir, entre los escritos sobre teatro fascista y los espectáculos teatrales fascistas. La segunda distinción separa teatro fascista y teatralización de la vida pública.

La teoría del teatro fascista en España empieza –y casi acaba– con las páginas que Giménez Caballero dedicó al teatro en *Arte y Estado*, libro de 1935 donde teoriza sobre las diversas artes dentro del Estado fascista.[18] Partiendo de la premisa de que "el arte es propaganda", tanto la música como el teatro o la arquitectura tienen como fin integrarse en la proyección de los valores del Estado. No más artistas geniales e independientes. En poco más de diez páginas, Giménez Caballero, el único intelectual fascista español –junto con el marginado Ledesma, que lo era más riguroso y menos dado a lo artístico–, aplica al teatro su pensamiento irracionalista y nacionalista. Por un lado, rechaza el teatro experimental por su individualismo burgués pero absorbe su herencia técnica, es decir, la de Lorca y Rivas Cherif, la estilización como estética, y la función del director de escena. Lo que propone GC –así llamaban a Giménez Caballero– es que el teatro vuelva al misterio sacral, al fondo litúrgico (1935, 172-76), capaz de aglutinar socialmente al pueblo, como lo hizo Lope y como lo hicieron los autos sacramentales. En concreto, Caballero sueña con un teatro fascista que combine los efectos del

---

[18] Wahnón 1996 repasa la estética teatral de Falange; en su libro de 1998, pese al título abarcador, se ocupa de la lírica de posguerra. Sobre la tendencia retórica y estética más que práctica de los escritores falangistas, sigue siendo útil el lejano "Aesthetics and Politics in Falangist Culture" de Mermall, recogido en su libro de 1976.

teatro social ruso con la presencia de un Héroe, un Santo, un Salvador (1935, 175). Es decir, la conciliación de masas y minorías, obtenida ya en los modelos nacionales y normativos de El Escorial y el teatro áureo.

Torrente Ballester reincidió en ideas semejantes en un artículo-manifiesto, publicado en 1937 en la revista falangista *Jerarquía*, "Razón y ser de la dramática futura". Para Torrente "el teatro no servirá *para* –criterio de utilidad. El teatro *sirve a* –criterio de sentido. Procuraremos hacer del teatro de mañana la liturgia del Imperio" (75-76). La frase final es rotunda y pudo servir de lema a los dramaturgos falangistas. El problema es cómo hacerlo. El propio Torrente pronto bajará a la tierra a mostrar su desencanto desde *Escorial* al analizar la realidad teatral en agosto del 41 –"Cincuenta años de teatro español y algunas cosas más"– o mayo del 42 –"¿Qué pasa con el público?".[19]

Aparte de los artículos de *Haz* sobre Lope de Vega en 1935 que ya conocemos, tan combativos como inanes, existe un artículo de Tomás Borrás, ya de 1943, sobre "¿Cómo debe ser el teatro falangista?". Debe ser, según él, un Teatro de Protagonista, un teatro que exprese el alma nacional y no las artificiosidades del teatro individualista burgués. Después de nuestro recorrido por las tentativas contemporáneas de levantar un teatro fascista o popular en Europa, las vaporosidades de Giménez Caballero o de Torrente saben más bien a recuelo.

Finalmente, la aportación más notable y menos utópica que conozco a la constitución de una teoría teatral falangista es la de Felipe Lluch, que ha permanecido inédita.

Ya en el terreno de lo práctico, este teatro destinado a altas misiones en relación con el nuevo Estado tuvo que aceptar la herencia que le entregaba la industria del teatro; tuvo que conformarse con poco más que proponer el teatro áureo como un modelo de teatro nacional. Durante la guerra lo más interesante fue la representación de autos sacramentales y un concurso para autos sacramentales nuevos, convocado por el Departamento de Propaganda de Falange. La Tarumba, compañía teatral de Luis Escobar que actuaba en la zona nacional, se transformó en Teatro Oficial de la Falange y comenzó a dar funciones de autos sacramentales. El más recordado fue *El Hospital de los locos*, de Valdivieso, que tuvo lugar en la plaza de la catedral de Segovia el día de Corpus de 1938. Ésta fue la pequeña contribución española al "teatro de masas". Puede verse en el número 12 de *Vértice* (julio de 1938: s. p.)

---

[19] Pérez Bowie ha analizado el resto de su vida de crítico teatral en *Arriba*.

un texto evocador de Agustín de Foxá además de unos figurines del pintor Pedro Pruna, y en el 16 (noviembre de 1938: s. p.) unas fotografías de los actores caracterizados, pero no en vivo durante el montaje, sino de estudio. La información es poco útil hoy pero en su día cumplió una clara función de propaganda y elevación de la moral en la retaguardia.

Si traigo aquí el relato que hace Ridruejo (178-79) del montaje de *El hospital de los locos* es por su coincidencia de tono con el "teatro popular" de la Francia de Vichy.

> El decorado se limitó a una tarima de poca área y a una reja simulada. Lo demás lo daba la catedral de sobra. […] El obispo [de Segovia] accedió a una propuesta mía que parecía algo osada: que el Cabildo mismo participase en la representación, apareciendo procesionalmente desde dentro del templo cuando al final del auto se abrieran las tres puertas de golpe para dar entrada al Alma, libre de la Culpa, vencedora del Demonio. Y así se hizo. Abiertas las puertas canónigos, beneficiados, clérigos simples, pertigueros y monaguillos avanzaron desde el nivel del trascoro con las capas pluviales y las dalmáticas más fastuosas y los roquetes de encaje más aéreo, portando las cruces de procesión más espléndidas del tesoro catedralicio. El público –un público más bien de clase media con algún veteado popular– que llenaba las graderías levantadas en el "enlosado" y había seguido con extraña seriedad todo el fraseo barroco de la obra, llegado ese momento se levantó de los asientos y se puso de rodillas. El teatro y la función religiosa se habían hecho una misma cosa *como si estuviésemos en el siglo XVII*. Y esto sucedía a tiro de cañón del frente (la cursiva es mía).

Linares, que se enfrenta con la escasa realidad del teatro falangista, avanza un poco sobre el planteamiento abarcador de Rodríguez Puértolas, al distinguir algunas modalidades como las pocas obras de teatro político montadas durante la guerra, algún intento de teatro simbólico o algunos dramas históricos; se refiere también a los pocos espectáculos de masas, no literarios, que llegaron a convocarse a imitación de Alemania e Italia.

London (2007) yendo contra la doctrina clásica de que el bando rebelde no mostró interés en las dimensiones movilizadoras del teatro, ha aislado y sacado conclusiones de la existencia de un teatro de urgencia también entre los franquistas. También a ellos –y no sólo a los falangistas– les interesaba la cultura, y no sólo como escaparate de la España que defendían sino también como medio para imponer –más que reflejar– una unidad en la lucha que estaba lejos de existir. De hecho, Manuel Iribarren había afirmado muy tempranamente, en 1936, en el primer número de la "revista negra de

Falange" que "el teatro constituye nuestra arma intelectual más poderosa" y, tras hacer notar la enorme influencia anticlerical del teatro de Galdós y hacer de menos al de Benavente, aludía, con ese vapor difuso de la prosa falangista, al "Teatro de masas nacionales y teatro de minorías selectas dentro del pensamiento universal, para bien de España que formará parte del bien del mundo" (125-26).[20] Lo cual no quiere decir que el entusiasmo por el teatro de urgencia cundiera entre los "azules". Tomás Borrás, recordando las peripecias de Lluch durante la guerra como responsable de guerrillas del teatro, las definía así en 1968 (348): "otro furcio [sic] comunistoide. Se trata de proporcionar a los milicianos de trinchera raciones de odio en grajeas seudoliterarias semiescénicas".

Respecto al teatro franquista en la guerra, hay que tener en cuenta que existe un agudo problema de información y de fuentes, y que quizá se hayan perdido manifestaciones que serían de interés. Los tres principales centros de producción teatral, Madrid, Barcelona y Valencia, con sus locales, compañías, actores, continuaron en poder de la República casi hasta el final, lo cual dejaba a disposición del bando franquista sólo teatros provincianos, con sus proverbiales carencias y un contingente de actores mucho menor, aunque también se formaron algunas compañías nuevas de signo político, pero con pocos recursos, como el Teatro Ambulante de Campaña, la Comedia del la Central Obrera Nacional-Sindicalista y el Teatro Nacional de la Falange. El avance de las tropas, la toma de ciudades, la trashumancia y la provisionalidad dificultaba la estabilidad teatral. Tomás Borras (1968, 329), se hace eco de estas dificultades cuando recuerda que "[p]ocos grupos contaba la zona de Franco. Estaban algunos cantantes, la magnífica Tina Gascó, y pare usted de contar". En este contexto se refiere a Luis Escobar, que "se propuso exaltar el teatro, según la norma tradicional, a las cimas que merecía el Estado Nuevo"; pero Borrás hace también una referencia desdeñosa hacia el concepto mismo de teatro de urgencia: "a Luis le encuentra curtido veterano [sic] el propósito de ir a los frentes y a las ciudades de retaguardia, a regalar teatro. No cosas y cositas de así como así: teatro".

---

[20] Con su tipografía y diseño tan augusto como engorroso, *Jerarqvía* [así, con "v" romana] incluía el siguiente colofón: "[en tinta roja:] AÑO DE CRISTO MCMXXXVI. XV DE LA NVEVA ROMA, EN LA VISPERA DE LA FALANGE. [abajo, en negro:] LAVS DEO". El colofón del número 3 es más discreto: "[en tinta roja:] AÑO DE CRISTO MCMXXXVI. II AÑO TRIUNFAL DE ESPAÑA Y DEL NACIONAL-SINDICALISMO. [abajo, en negro:] LAVS DEO". Según Chueca (287) *Jerarquía* imitaba una revista homónima italiana.

La cambiante geografía también influyó fuertemente sobre la disponibilidad de editoriales e imprentas, víctimas de la ruptura de la continuidad, la escasez de papel y las demandas del naciente Estado franquista. No era fácil publicar en ciudades pequeñas. La consecuencia para nosotros es doble: ignoramos el volumen real de la actividad dramática ya que no se publicó todo lo que se representó, y que lo publicado no siempre se representó o se conservó, especialmente en el caso de oscuros plumíferos deseosos de contribuir a la causa franquista con un teatro de urgencia que ahora es difícil localizar –el formato de las obrillas podía ser casi volandero, la Biblioteca Nacional no funcionaba entonces como depósito legal y, desgraciadamente, estaba en Madrid, al otro lado del frente–. Porque, contra lo que se suele pensar, en los teatros provincianos del bando nacionalista no sólo se programaban clásicos áureos conectables con la España eterna y el futuro Imperio; hubo interés en un teatro actualista y con moral de guerra, de urgencia.

Me estoy refiriendo a obras como *¡Viva España!* de Antonio Bermejo o *Por aquí sin novedad, mi general* de José de Sautu, que aspiraban a recrear casos de heroísmo individual y colectivo, respectivamente. En la primera, estrenada en el teatro Calderón de Valladolid en diciembre del 36 como regalo navideño para los soldados, un herido de guerra simbólicamente llamado León agoniza, en verso, en un hospital de campaña –como el que había instalado, precisamente, en el bar del Caderón– y muere con un "¡Arriba España!" en los labios, más patriota que cristiano, al parecer. A la bandera ora así: "Respeto, adoro, y venero en ti, / el alma nacional, tu gran historia, / tus cantos, tus amores, / y tu heroísmo de envidiable gloria" (12-13). La entrega a la nación margina cualquier sentimiento o amor personal. La pieza va precedida por una música militar y rematada por un himno entonado por enfermeras, soldados y voluntarios que empuja a sacrificarlo todo por la patria. Un novel como José de Sautu se lanzó a recrear la "gesta" del coronel Moscardó en el Alcázar.[21] La función de *Por aquí sin novedad, mi coronel* se estrenó en algún local de Medina de Pomar (Burgos), el 10 de enero de 1937, a beneficio de los hospitales de campaña. La pieza, en la que se combina realismo y alegoría, consta de tres escenas, precedidas por un prólogo en que se alude a otros asedios famosos como Numancia o Sagunto. Nos interesa la escena

---

[21] El episodio tuvo repercusiones internacionales; en Alemania (febrero de 1937) la radio emitió una pieza sobre el asedio, y en la Italia fascista se estrenaron dos obras dramáticas; al terminar la guerra se rodó un largometraje, *L'assedio dell'Alcazar*, con 10.000 extras, en coproducción ítalo-española.

segunda, la más simbólica, cuando Moscardó al aferrarse a una bandera parece provocar una escena onírica en que surgen unas espirituales doncellas vestidas de blanco portando banderas de las naciones amigas: Alemania con su cruz gamada, Italia, Portugal y algunas naciones hispanoamericanas, incluida Brasil, que representan la América española; la escena se cierra, al modo de un auto sacramental, cuando Moscardó ofrece su bandera a la figura de Roma, elevada, como símbolo de "la Cristiandad entera" (23-25).

La necesidad de cohesión interna, por encima de la defensa internacional de la civilización occidental, es más perceptible en otras dos obrillas: *Espíritu español* (estrenada en Ávila, 7 de abril de 1937) de Valentín García González y *Unificación*, diálogo del periodista de Falange Jacinto Miquelarena, publicado en julio del 37. *Espíritu español* presenta tres visiones de la guerra en su brevísimo texto rimado: el joven Antonio marchando a la guerra, el joven Antonio relatando en una carta desde el frente que allí no cuentan los grupos —JAP o requetés, aunque sí un poco más Falange— pues "todos somos españoles", sino la lucha "contra extranjeros"; la madre del joven Antonio rezando a la Virgen y ofreciéndose como "mujer española" para reemplazar a su hijo muerto en la lucha por España (9-13). Sólo unos pocos días después de esta escenificación, Franco amalgamó por la fuerza en el partido único Falange Española Tradicionalista y de las JONS las diversas identidades que integraban y tensaban el Movimiento. No consta que *Unificación* fuera representada pero sí que se editó cuatro veces durante la guerra. El diálogo se inicia entre un requeté navarro "barbudo y fuerte", llamado Hernandorena, de arraigado espíritu tradicional y familiar, y un falangista castellano, "casi un niño", un novio de la muerte sin familia; los dos "suben por un sendero hacia el monte, en cuya cumbre nacen a cada momento palmeras de metralla. Huele a pólvora y a Patria" (1937a, 3). El requeté y el falangista mueren unidos en abrazo fraternal: "El primer albor de la mañana, hecho todo él de nácar, encuentra dos cadáveres abrazados" (12). Cuatro ilustraciones de Teodoro Delgado dan una versión visual, más bien *kitsch* de los episodios.

El *Romance azul* de Rafael Duyós aporta una cierta dimensión hispanizante, no sólo porque Duyós fuera miembro de Falange en el Marruecos español sino porque su Diálogo se representó en varios lugares de Hispanoamérica durante una gira propagandística y se editó en Buenos Aires con pie de imprenta de Falange. También formaba parte del repertorio de La Tarumba de Luis Escobar antes de convertirse en Teatro Oficial de Falange. El tono es de alegre ultratumba, como corresponde a lo que en el fondo es una proyección del himno "Cara al sol": el Poeta desde el cielo anuncia la llegada de un camarada, muy poéticamente llamado Platero, que es recibido muy falangistamente por el Jefe de Presentes de la batalla del Jarama, para hacer guardia sobre los luceros, dentro de un culto a la muerte no sé si muy católicamente entendido.

Filiberto Díez Pardo –autor de un *Menéndez y Pelayo, teólogo* (Toledo: Católica Toledana, 1942)– también elige la vía de lo irreal en su *Apoteosis de España*, dedicada a versificar sobre el renacimiento en unidad de la crucificada España frente a los poderes extranjeros que la amenazan, en especial "la sierpe de Rusia satánica" (3). España, tocada con la corona de Isabel la Católica, envuelta en una bandera bicolor y sentada en su trono, aparece encarnada además en la América hispana y en sus distintas regiones, las cuales le juran lealtad. No consta que fuera representada esta pieza que tiene tanto de falangista como de auto sacramental católico.

La moral de retaguardia no sólo preocupaba en Madrid, sino también en Salamanca o Burgos. Avanzado 1938, un anónimo "Dr. Dalópio" [*sic*] figura como autor de *En la España que amanece*, obrilla de tono menos idealista, quizá nunca representada, que divide su atención entre, por un lado, el contraste entre las penalidades en "aquel infierno" de Madrid (14) y la intensa fraternidad de las fuerzas franquistas y, por otro, la figura del "tibio de retaguardia": Jacobo se convierte, espoleado por el ardor del valiente camarada Maruso: "Se acabó la cómoda postura, se acabó la indiferencia, se acabó el espectador" (32), palabras enderezadas a levantar malas conciencias en el espacio civil que recrea y al que se dirige, en contraste con la materia directamente bélica de las otras piezas.

Las conclusiones de London (2007, 226-29) son audaces pero no descabelladas: en realidad se trata del mismo género que se alentaba en Madrid desde la Alianza de Intelectuales Antifascistas o el *Boletín de Orientación Teatral*. No es sólo la común intención abiertamente propagandista y de apoyo a la moral de guerra, sino que en unas y otras coinciden tanto las técnicas de presentación escénica como las situaciones dramáticas destinadas a expresar unos mismos sentimientos patrióticos. Los dos dialogantes de *El refugiado* (1937) de Miguel Hernández no se distinguen mucho de los combatientes de *Unificación*. En la anónima *Cuatro batallones de choque* (1936), un miliciano acusa de "fascistas" a los obreros perezosos que no van al frente, y en *Lo Rabadà* (1938) de Joan Oliver es la ley quien envía al frente a un muchacho remiso –el mismo asunto de *En la España que amanece*.

Que lo primero es la patria y luego la familia y los amores, lo afirmaban algunas abnegadas madres y novias en el teatro de urgencia franquista; actitud que reproduce una mujer de *Los miedosos valientes* (1938) de Antonio Aparicio, o el soldado de *Mi puesto está en las trincheras* (1937) de Luis Mussot, cuando convence a un compañero nostálgico. También, como en el *Romance azul* de Duyós, hay un más allá socialista, republicano y hasta catalanista en *El general a l'altre barri* (1939) de Joan Oliver. Rafael Dieste también admite moros en el cielo, siempre que abandonen las filas franquistas (*El moro leal*, 1937).

Defendemos la tierra (anónima, 1938) habla del infierno que soportan los soldados nacionalistas, como si hiciera eco a "aquel infierno de Madrid" que evocaba Dalópio. En cuanto a la necesidad de unidad, Max Aub no es menos insistente en *Las dos hermanas* (escrita en 1936) respecto a la UGT y la CNT.

En cuanto a la estética, tanto el teatro de urgencia socialista como el franquista se limitan a sólo dos elementos: diálogos entre pocos personajes sumamente simples, y música. Las coincidencias alcanzan también al empleo, por parte de autores pro-republicanos, de formas de origen religioso, como cuando La Tierra se aparece para convencer a un soldado nacional de que se pase al otro lado en *Pedro López García* (1936) de Aub, subtitulada auto y estrenada en una iglesia de Valencia, mientras que en la *Cantata de los héroes y la fraternidad de los pueblos* (1938) Rafael Alberti convoca a España, la Fraternidad y las Brigadas en la defensa de la única España verdadera. "A common Catholic heritage, the cantata form, the liturgy of medieval mystery cycles and morality plays, and the revival of the *auto sacramental* in the 1930s had led to some incongruous resemblances" (London 2007, 228). En cuanto a las diferencias, pueden reducirse a la ausencia de imperialismo en el teatro de urgencia republicano y a la de divertimento y buen humor en el franquista. Esta convergencia estética es sumamente lógica y esperable si consideramos que los recursos y el fondo cultural eran comunes a gentes conversas como Miguel Hernández, simpatizante del catolicismo cultural que "se extravió" hacia la causa socialista, o nuestro Felipe Lluch, republicano en retirada que, como veremos enseguida, escribió todo un espectáculo fascista, mucho más elaborado que las obrillas de urgencia, pero con unos planteamientos del todo coincidentes.

La información que recojo a continuación –procedente en su mayoría de Rodríguez Puértolas (1986/2008), que fatigó revistas y bibliotecas en pos de literatura fascista– incluye también los años 1936-1939, se extiende a toda España e incluye textos poéticos representables. Pero reduzco esta nómina a sólo los textos que pueden calificarse, estrictamente, como falangistas, fascistas o imperialistas.

La nueva España, de José Gómez Sánchez-Reyna, se estrenó en Granada (17 de diciembre de 1936). *España inmortal*, de Sotero Otero del Pozo, se estrenó "con éxito clamoroso" en Palencia (12 de diciembre de 1936) por la compañía de Carmen Díez; pasó luego a Valladolid, Zamora y Pamplona. En un tono de sainete cómico, el primer acto presenta a unos revolucionarios preparando bombas; el segundo, en tono de alta comedia, ofrece a una señora rodeada de sus criados que celebra patrióticamente la toma de Oviedo con una larga tirada sobre la España eterna; el tercero exhibe las diversas fuerzas del bando nacional: desde Falange, la Legión y las Milicias hasta "los dos eternos valores adorados / […] la gloriosa bandera roja y gualda / y nuestra amada Virgen del Pilar" que han derrotado a "la raza bolchevique". El verso es pedestre a más no poder. Eduardo Marquina escribió en 1937 *Por el amor de España*, poema representable. Parece ser que se estrenó en Madrid *Boda en el infierno*, sobre una novela de Rosa María Aranda, donde la actividad de personajes soviéticos tiene parte muy principal. Hay noticia de una obra cómica, *El compañero Pérez*, representada durante la guerra, que hace pensar en la futura *¡Ay, Carmela!*; autor, el ex novelista erótico Rafael López de Haro (1876-1967).

Ya en la posguerra, el concienzudo jesuita Ramón Cué contribuyó con un muy citado y soporífero texto, *Y el Imperio volvía…: poema coral-dramático en cinco jornadas*, con el que pretendía aportar sabia nueva al teatro no sólo mediante estos temas imperiales sino también mediante la erudición, concretamente, el regreso al coro griego y al auto sacramental. Los personajes son España, el Poeta, el Coro de la Tradición, que incluye 17 Héroes –desde el Cid hasta Alejandro Farnesio pasando por Isabel la Católica–, tres Artistas y cinco Santos –incluido el padre HOYOS S. J.–, el Coro del Pueblo con hombres, mujeres, doncellas Margaritas y Falangistas, y niños Flechas y Pelayos, y el Coro de Rojos: Rusos y Españoles que se les unen. En el prólogo, titulado El Imperio de Ayer, vemos que "Mientras hablan los Héroes, a los linderos de España se ha asomado Rusia… Escucha atenta nuestras gestas… Un brazo como el de España es el que ella necesita para implantar su doctrina en el mundo…". En Embajada Oriental (jornada 1) se dice: "Ahí están ya los hijos de Rusia […] a la conquista de España […] ¿sabéis cómo acaba la jornada? Como terminó la de aquel trágico 13 de abril de 1931…". Juicio y condenación de España (jornada 2): "Y siguieron aquellos parlamentos indignos donde se llevó a España al banquillo del reo [...] Es una blasfemia gritar ¡Viva España! Se secuestra la gloriosa bandera bicolor [...] El territorio nacional se divide y se vende entre hijos ingratos". Esclavitud de España (jornada 3): "Años fatídicos... Peores que la peste". La Nueva Reconquista (jornada 4): "¡18 de julio! ¡Venid a ver los soldados más bellos que ha visto la historia!... [...] Todos con boina roja [...] y con camisa azul [...] Mío Cid y los viejos capitanes de España –los de América, Flandes e Italia– vienen a armarlos...". Exaltación del Caído (jornada 5): "Venid, no a llorarle... venid a cantarle, a honrarle [...] a rescatar con él la España prisionera y aherrojada...". Finalmente, en El Imperio de hoy (Epílogo) leemos: "Asistid a la Liturgia Imperial y divina de la Consagración de España". Cué, extremadamente aficionado a la reticencia –lo mismo que Lluch, ¿será cosa de los colegios jesuitas?–, para que todo quede claro, incluye en cada una de las siete secuencias un prólogo y un bosquejo de la escena y los movimientos de los actores. Por suerte, esta exhibición de Españolatría no fue representada –que yo sepa– más que en diversos colegios de la orden. Cué es autor también de un *Caudillo Triunfador: poema-exaltación de Franco* (Valladolid, 1939).

Para celebrar el milenario de Castilla, Eduardo Juliá Martínez escribió una buena muestra del "teatro imperial" de la posguerra: *Se ensanchaba Castilla...* (1944), titulo asaz reminiscente del anterior. Como es tópico, ahonda en la idea de que la toma de Granada hace nacer a España, a partir de Castilla, como Imperio europeo y americano, con Isabel la Católica. Los símbolos son el castillo de La Mota, donde vemos a la reina hacer testamento ideológico ante Fernando ("¡Heredamos a Castilla / y dejamos hecha a España!", dice la reina), y el yugo y las flechas. Con cita perfectamente aplicable al Caudillo afirma también Isabel: "Agora, la paz de España / es bendición de los cielos". El verso no destaca por su calidad. *La mejor Reina de España: figuración dramática en verso y prosa*, de Luis Rosales y Luis Felipe Vivanco, publicada por Ediciones Jerarquía, insiste en el ambiente cortesano y popular de los Reyes Católicos.

Marquerie (1942, 209), sin más datos ni comentarios, informa –no lo recoge Puértolas– del estreno de *Por el imperio hacia Dios*, de Luis Felipe Solano y José María Cabezas en 1941. No parece que se editara nunca; existe un guión original con ese título en la Biblioteca Nacional.

Para no dejar piedra sin remover, citemos: Fausto Ezcurra, "¡Navarra en pie!: drama patriótico en siete cuadros y en verso" (*Alma, tierra y guerra.* Bilbao, 1942; escrita en 1939); Francisco Ferrari Billoch, *El hombre que recuperó su alma: comedia dramática en tres actos* (Palma de Mallorca, 1937); el alcañizano Arturo Gil Losilla, *¡Arriba España! ¡Arriba!: comedia lírica-patriótica en seis cuadros* (s. p., s. f.) y *Comunismo baturro y charlas aragonesas* (Zaragoza, 1939); de José Gómez Sánchez-Reina, la ya citada *¡La nueva España!: reportaje patriótico en prosa y verso dividido en nueve estampas, un prólogo, un cuadro final y varios intermedios* (Granada, 1937) y *Cruz y Espada: romance patriótico en cinco retablos* (Granada, 1938); Francisco Quintilla, *Ha despertado el león: canto de paz dividido en tres estampas breves* (s. p., s. f.). Como excepción a la regla de la poca vis cómica del *agit-prop* franquista serviría probablemente *Verrugas Tenorio: drama laico-rojizo en siete actos. Parodia del "Don Juan Tenorio" del inmortal Zorrilla, original del director del bisemanario radiado "Asaúra" […] de Jaca*, de autor anónimo (Huesca, 1937).

No entiendo muy bien por qué suele mencionarse en este contexto *En el otro cuarto*, tragedia en un acto (teatro Alcázar, 23 de noviembre de 1940) de Samuel Ros. Es verdad que Ros (1904-1945) da la clásica estampa del señorito falangista, camisa vieja, adinerado propietario en Valencia, con una vida amorosa propia de un folletín no apto para menores, escritor de cuentos y novelas vanguardistas, educado a los pies de Gómez de la Serna, y breve director de la flamante *Vértice* –revista de F.E.T., importante para ciertos textos novelísticos–. Para la madre de su único hijo, la actriz María Paz Molinero, tradujo *Mujeres*, de Clare Boothe (teatro Alcázar, 12 de septiembre de 1940) y también para ella escribió *En el otro cuarto* cuyo interés radica en tratar el tema del tiempo en sentido cíclico; es decir, como lo hizo Azorín en "Las nubes" y como lo hará algo más tarde Buero Vallejo en *Historia de una escalera* (1949). *En el otro cuarto* pretende ser una pieza poética en lenguaje, sugestión y preocupación plástica pero falla por un exceso de bellas palabras –"la tierra me muerde los pies con asco" (149), dice un personaje que quiere irse lejos, etcétera– y por lo confuso de las poéticas razones que impulsan al joven "Él" a embarcarse y abandonar a "Ella" (150). Esta historia, localizada en el cuarto rosa de la pensión de un puerto de mar, reproduce otra ocurrida veinte años antes al viajero que ocupa el cuarto azul y cuya desgraciada experiencia, finalmente, no aprovecha a los muchachos. La historia se repite fatalmente. En su primer número como director de *Vértice*, Ros publicó un cuento titulado, justamente, "El tiempo" (*Vértice* 28 [enero de 1940]: s. p.).[22]

---

[22] Del epistolario de Dionisio Ridruejo, acaba de rescatar Gracia (2008, 38, 41, 94, 97) otros detalles sobre Samuel Ros.

Más sentido tendría, por sus dimensiones simbólicas de auto sacramental moderno, referirse a *El casamiento engañoso* de Gonzalo Torrente Ballester, que ganó el concurso de piezas sacramentales nuevas convocado por una orden de 14 de junio de 1938 en la que no sólo se restablecía la fiesta religiosa sino que

> siendo gloriosa tradición española conmemorar la festividad del Corpus Christi con espectáculos teatrales que inspirados en el dogma eucarístico brinden al pueblo grave enseñanza, arte depurado y honesto esparcimiento […] se restablece la conmemoración teatral de Corpus Christi.

El artículo cuatro de la orden anunciaba que "[t]odos los años se premiará el mejor Auto Sacramental" presentado a concurso. Bastantes meses después (11 de marzo de 1939) se publicaron las "Bases del concurso de Autos Sacramentales modernos". Parece que la convocatoria despertó interés, puesto que al mes siguiente (24 de abril), a petición de los concursantes, se amplió el plazo de presentación de originales. Habría que ver esos textos para comprobar su posible convergencia con las tesis de London sobre el teatro de urgencia fascista. La idea del concurso se debía al jefe de Propaganda, Dionisio Ridruejo.

El premio se lo llevó *El casamiento engañoso* y el concurso nunca más se volvió a convocar. Como he comentado más arriba, en realidad, *El casamiento* mezcla el expresionismo de su origen –la lectura de Spengler y, quizá, el montaje que de *Gas* hizo Lluch en el TEA en marzo del 35– con el alegorismo que se exigía en el certamen. Torrente propone una parábola pro-humanista, anticapitalista y antimaquinista en que se narra la caída del Hombre, que renuncia a la libertad y a las virtudes espirituales por culpa de Leviathan –el capitalismo–, la Ciencia –servidor de Leviathan en la construcción de un mundo completamente tecnificado– y sobre todo a causa de la Técnica –hija de la Ciencia y mala esposa del Hombre–. Finalmente, un Profeta permite la liberación del Hombre esclavo. Hay demasiada obviedad en el radicalismo del discurso político-económico, lejos de la buena teatralidad de Kaiser en *Gas*; lo mejor, la escena final de la recuperación de las virtudes y el sometimiento a la Iglesia y al Sacramento. De fascista no tiene demasiado, sólo las circunstancias de su nacimiento, pero quizá sirva como ejemplo de la permeabilidad entre los lenguajes de la vanguardia y el falangismo. Su autor solía dar esta pieza como no estrenada, al igual que el resto de su teatro, pero tengo noticia de que se dio al menos una función de *El casamiento engañoso*, dirigida por el TEU de Modesto Higueras, en el María Guerrero en 1943, un 12 de octubre, fiesta del calendario falangista, al parecer para celebrar la inauguración de la Ciudad Universitaria.

El caso más original e interesante de espectáculo teatral falangista tuvo lugar en abril de 1940, primer aniversario de la Victoria, y fue el espectáculo de inspiración áurea compuesto por Felipe Lluch, titulado *España, Una, Grande y Libre*, del que me ocupo más abajo.

La teatralización de la vida pública

En España, como en el resto de Europa, el auténtico "teatro" fascista no tuvo lugar en los recintos dedicados a las representaciones dramáticas sino en el espacio público, en las calles y plazas de pueblos y ciudades, en ciertos ceremoniales civiles, en el deporte, en la arquitectura y el urbanismo. Antes de morir en 1940, Walter Benjamin (241) tuvo tiempo de sobra para percatarse de que una de las novedades del fascismo consistía en introducir la estética en la política. Al mismo tiempo, y a pesar de la identificación general de la estética fascista con cierto clasicismo modernizado y enfático, creo que London está dando una clave nada desdeñable al señalar la "amorphous nature of fascist aesthetics", en virtud de la cual "the avant-garde and the traditional, the revolutionary and the conservative could all be fascist" (1999, 62).

Los ejemplos de Italia y Alemania alentaron en España un tipo de ceremonial que era connatural al fascismo y a su necesidad de mitos y rituales. Un caso muy representativo por su dimensión pública es el del arquitecto alemán Albert Speer que contribuyó poderosamente a la semántica simbólica del nazismo tanto con su arquitectura efímera y teatral de las concentraciones de masas como con sus edificios para el III Reich, de los que no quedó ninguno tras la caída de Berlín.

Speer, arquitecto sin trabajo en 1929, encarna personalmente la tragedia de la sociedad alemana en la época de Weimar y en el tránsito al nazismo. En 1931 se hizo miembro del Partido Nacional-Socialista y en 1933 recibió un primer encargo oficial a través de Goebbels. Ayudado por las veleidades arquitectónicas y plásticas de Hitler, tanto como por el acento que ponía su principal ideólogo, Alfred Rosemberg, en lo simbólico, Speer pronto comprendió que la arquitectura era símbolo de algo; y, con su talento, fue capaz de dar una rotunda expresión arquitectónica al nazismo a través de un lenguaje formal propio y distinto del moderno. Fue una arquitectura simbólica y práctica a la vez, que se canalizaba por dos vías: el colosalismo monumental que busca impresionar e imponerse al pueblo, y la idea de durabilidad que conduce al empleo de materiales permanentes como la piedra, al tiempo que proscribe los modernos y frágiles, como el hierro o el cristal.

Las cuatro aportaciones fundamentales de Speer como escenógrafo del III Reich, fueron: la arquitectura para las concentraciones de masas –montajes efímeros–, el pabellón alemán en la Exposición Internacional de París en 1937 –algo más que efímero–, la nueva Cancillería, que terminó aplanada por los rusos, y la remodelación de Berlín, que no pasó de la fase de proyecto.

Las primeras concentraciones de masas escenificadas por Speer se remontan a 1933, la primera en el aeropuerto de Berlín, el 1 de mayo. En ésta Speer representó la unidad del pueblo alemán en el inmenso espacio del aeropuerto berlinés de Tempelhof, focalizando la atención en la tribuna, donde estaban Hindenburg y otras autoridades, que a su vez semejaba el puesto de mando de una nave, imagen que se correspondía con una multitud de banderas al viento que, como velas de un barco, remitían a la idea de una nueva singladura del pueblo alemán. Por otro lado, un menhir, obelisco o columna, implicaba sacralidad y virilidad. En septiembre de ese año, para el congreso del partido nazi en Nuremberg, Speer hizo una escenografía parecida pero centrada ahora en Hitler, y añadiendo como elemento destacado un águila que agarra una cruz gamada. También proyectó Speer para Nuremberg –importante nudo ferroviario–, unos megalómanos edificios (véanse ilustraciones) con fines rituales e iniciáticos, que llegaron a construirse en parte y fueron más tarde destruidos.

Pero la destrucción no ha sido completa. La reunión del partido nazi –el Nationalsozialistische Deutsche Arbeiterpartei (NSDAP), Partido Nacionalsocialista Obrero Alemán– en esa ciudad el 5 de septiembre de 1934 se organizó en buena medida pensando en la cámara de Leni Riefenstahl (1902-2003), que había recibido el encargo del *Führer* de rodar un documental propagandístico, *El triunfo de la voluntad* (*Triumph des Willens*, 1934), todavía hoy una obra maestra del arte cinematográfico al servicio de una ideología, y uno de los mejores documentales jamás filmados. Al sonido de una música fúnebre y marcial, los primeros planos presentan unos rótulos de tipografía gótica estilizada donde se lee, con cadencia de verso heroico: "20 años después del estallido de la Guerra Mundial / 16 años después del comienzo del sufrimiento alemán / 19 meses después del comienzo del renacimiento de Alemania / Adolf Hitler acudió de nuevo a Nuremberg en avión para pasar revista a sus fieles seguidores". Siguen a continuación las nubes desde las que desciende Hitler como un dios nórdico, su paso erguido en auto descubierto entre las masas en rapto –haciendo el saludo nazi *à la négligé,* en forma casi tan chapucera como el corte de pelo que le ha infligido un peluquero criminal–, las antorchas nocturnas, las escenas de camaradería en el campamento de los jóvenes o las otras escenas de una fiesta campesina militarizada. Todo es de una visualidad de tal potencia que casi no se advierte la ausencia de narrador. Punto culminante es, al día siguiente, el desarrollo ante una cuadriculada masa de unos 200.000 militantes, de la liturgia cívico-militar en el estadio, completamente focalizada en el *Führer* y en la glorificación de Alemania, del triunfante pueblo alemán –"Sieg Heil!"– y de sus caídos, y presidida en todo momento por una gigante águila del Reich. El do de pecho lo da el propio *Führer* en su discurso de clausura. Mientras calla, puede parecer entre tímido, satisfecho y solemne pero cuando toma la palabra se vuelve un iluminado que lanza un discurso escalofriante, delirantemente violento, en el que reclama milenios de supremacía para Alemania, ya para siempre identificada con el partido y con él mismo, como remata Rudolf Hess a continuación. Riefenstahl, con su estética a medio camino entre el orden neoclásico y el dinamismo de la vanguardia, con sus ideas radicalmente nuevas sobre el montaje y el uso de la luz, aportó un lenguaje cinematográfico entonces nuevo, que capta toda la ilusoria y siniestra atracción del nazismo ascendente y la ofrece como solución a las desmoralizadas y encogidas masas de Alemania y del mundo.[23] Lo mismo que Speer con su arquitectura.

Para la gran concentración del 1 de mayo del 36 en el Lustgarten de Berlín, Speer contó con una inmensa plaza rectangular cerrada con bande-

---

[23] Casi otro tanto cabría decir de las demás cintas nazis de Riefenstahl: *La victoria de la fe* (*Der Sieg des Glaubens*, 1933), *Día de libertad: nuestras Fuerzas Armadas* (*Tag der Freiheit. Unsere Wehrmacht*, 1935) que le reclamó el Ejército para no ser menos que el partido, y *Olympia* I y II (1936), sobre los Juegos de Berlín, cuyos primeros planos de torsos femeninos desnudos –la propia Leni, que había estudiado danza clásica en la tradición de Isadora Duncan, es uno de ellos– entre frisos griegos, combina la exaltación de la juventud con las raíces arias de lo clásico. Más tarde, arrepentida de su nazismo, hizo una adaptación de *Terra Baixa* (*Tiefland*, 1954).

ras y una especie de gran tótem o mástil coronado por una cruz gamada; el montaje tendía a simbolizar la unión del partido y el ejército. En estos actos, que con frecuencia tenían lugar durante la noche, el manejo de la luz tenía gran importancia. A base de una multitud de potentes reflectores, se creaban efectos espectaculares que sobrecogían a la masa allí concentrada, al tiempo que la volvían orgullosa de poder sentirse parte de algo realmente grande, algo capaz de vencer el poder de las tinieblas. Las técnicas lumínicas de director escénico judío Max Reinhardt acabaron sirviendo a estos nuevos rituales. Thamer llama la atención sobre la importancia, en estas liturgias políticas, del mar de banderas, el fuego de las antorchas o la luz en la noche, todo un sistema de símbolos que remiten a valores como la purificación, la eterna reencarnación, la lucha como algo inevitable y la hermosa muerte de los caídos por la patria.

Un gran éxito de Speer como arquitecto fue el premio por el pabellón alemán en la exposición de París, compartido con el pabellón ruso. El pabellón italiano también destacó por su diseño. En cambio, la mayoría de los países liberales no lograron tener listos sus pabellones, lo que se interpretó como un nuevo síntoma de su agotamiento nacional. El pabellón español fue obra de un arquitecto con título de conde e ideología filocomunista, fascinado por Le Corbusier, José Luis Sert (1901-1983), muy activo política y culturalmente. Nuestro pabellón, de corte racionalista, funcionó como un grito de auxilio lanzado al mundo, con la *Fuente de mercurio* que Sert pidió al escultor norteamericano Alexander Calder (1898-1976), el *Guernica* picassiano, *La Montserrat* del catalán Julio González (1876-1942), *El segador* de Joan Miró y el gran tótem de "Alberto" (Alberto Sánchez, 1895-1962), situado en el exterior junto a la entrada y titulado *El pueblo español tiene un camino que conduce a una estrella*.[24] Después de la guerra, Sert sentó sus reales en la Universidad de Harvard de cuya escuela de arquitectura fue prestigioso profesor y decano. Quizá fue otro beneficiario de la red institucionista que tejió José Castillejo desde la Junta para la Ampliación de Estudios.

El proyecto de Speer para la Exposición parisina, vertical, proacadémico y antimoderno –tendencia estética que era general en los jurados internacionales desde hacía años, y no exclusiva de los regímenes totalitarios–

---

[24] En 1937 desde El Altavoz del Frente encargaron al matrimonio Lozano-Bartolozzi seis grabados para la Exposición. Las seis planchas (*Guerra, El nuevo dragón, El ogro, Pesadilla, Aviación negra* y *Gases*), violentas, tenebrosas y plagadas de esvásticas, introducen la mirada infantil para resaltar el horror; pueden verse en Lozano 244-47.

connotaba y exaltaba la idea de la fuerza, particularmente en el águila nazi que coronaba un imponente volumen de piedra, evocación de un ancestral menhir.

La nueva Cancillería fue quizá la obra más significativa de Speer. Construida en nueve meses e inaugurada en enero del 39 –aunque hubo ampliaciones entre 1941-1944–, fue el edificio más caro de Europa. Consistía en una sucesión de espacios rectangulares, empleaba sistemáticamente columnas prismáticas acanaladas en número constante de cuatro –símbolo del mundo con sus cuatro estaciones, cuatro puntos cardinales, cuatro elementos–, compuestas por siete bloques y con arquitrabes de siete piezas; había otros detalles del esoterismo que privaba entre los jerarcas nazis. La profusión de escalinatas y el basamento en que se asentaba todo el edificio tenían como fin impresionar y recalcar la idea de elevación. Para ver a Hitler en su descomunal y gélido despacho de 10 metros de altura y 26 por 14 metros de planta, el acomplejado visitante o embajador debía recorrer 220 metros, atravesando luces distintas, patios exteriores y hasta siete espacios interiores de diferentes dimensiones y formas, corredores, salas rectangulares, cuadradas, redondas; pisaba y veía mármoles de varios colores y se enfrentaba a descomunales puertas flanqueadas por guardias. La mezcla de castillo, santuario y palacio transmitía la sensación de un poderío imparable. En 1945, los rusos construyeron un monumento con los restos de tanto poderío.

Con la remodelación de Berlín, prevista para los años cincuenta y de la que sólo se hicieron planos, Hitler quiso emular simultáneamente a Napoleón III, a Georges Haussmann (1809-1891) y al París que éste volvió del revés entre 1858 y 1870. La obsesión de Hitler era la Gran Avenida central de 5 kilómetros y 120 metros de ancho donde se situarían los once ministerios: un eje norte-sur que se cruzaría con otra amplia avenida para formar el nuevo centro del mundo. Una serie de anillos concéntricos irían extendiendo la ciudad hasta un diámetro de 50 kilómetros. Speer se encargó de diseñar los edificios y la ciudad que debía expresar un nuevo modo de vida político. Lo que hizo fue dibujar un significante adecuado para el significado que Hitler atribuía a su autoridad y a su Alemania. En la Gran Plaza y centro del mundo, estaban previstos el mando supremo del ejército, el palacio de Hitler, una nueva Cancillería –los diplomáticos extranjeros caminarían ahora 500 metros hasta el despacho de Hitler– y, especialmente, el nuevo Reichstag, la Gran Sala, el mayor lugar de reunión del mundo, una colosal *basílica* de nave única circular e inmensa cúpula de 290 metros de altura, con capacidad para entre 150.000 y 180.000 personas.

Speer fue el narrador insustituible del momento histórico que atravesaba Alemania, un país "al que se imponía una uniformidad decorativa en sus festividades que tenía por objeto […] la autoidentificación con unas imágenes que se repetían en todas las manifestaciones" (Arizmendi 126).[25]

En España, aparte de los anuales Desfiles de la Victoria con su plástica efímera, de la que fueron responsables hombres como Juan Cabanas, las liturgias civiles no fueron excesivamente numerosas. Las fotos de época, con desfiles y otros actos en calles y lugares familiares, son una gran ayuda para el hombre de hoy, que siente una rara sensación ante la celebración de actividades extrañas en escenarios conocidos y mil veces transitados –véase, por ejemplo, *La España de la posguerra* volumen que publicó, ya en los setenta, la revista *La Actualidad Española*–.

Es sabido que en Italia se organizó todo un "culto lictoriano" que con su disciplina, sus uniformes y su limpieza buscaba, entre otras cosas, el contraste con las desharrapadas y vociferantes masas obreras; se quería provocar en el individuo la satisfacción de pertenecer a "eso", la Nación, algo grande, aunque a él, personalmente, le fueran mal las cosas. Pero había más que una inofensiva ritualidad; en realidad, se trataba de toda una moderna religión política con un sistema de creencias simbólicas y rituales, con su historia sagrada, una visión mística de la comunidad y un nuevo dios con sus fieles. Una fe poética, irracional. Las fechas claves, piezas maestras de la "fábrica del consenso", aparte de la fundación de Roma, eran el renacimiento de Italia al entrar en la Primera Guerra Mundial, la victoria, la Marcha sobre Roma y la proclamación del Imperio Italiano, que trajo consigo la del "nuevo dios de Italia" (Gentile 1996 y 2003; citas en 2003, 118).

Desde la redacción de *Vértice* se quiso promover entre nosotros toda esta dimensión cultural de lo público, a imitación más de los nazis que de los fascistas italianos, creo. En un artículo sin firma titulado "Estética de muchedumbres" (n.º 3 [junio de 1937]: s. p.) se dan cita los tópicos del imaginario fascista en lucha contra Rusia, contra las "disolventes teorías" liberales y "contra la desarticulación de los pueblos". Esa nueva estética, marcada por el

---

[25] El viejo pero excelente libro de Arizmendi, que se entrevistó con Speer y obtuvo de éste planos y fotografías, ha sido completado y actualizado ahora, aunque no superado del todo, por el de Scarrocchia; desde luego, las ilustraciones de éste son mejores. Vale la pena leer también las reeditadas memorias de Speer.

idealismo y el orden, "es el grafismo de los países fuertes, organizados con confianza en un caudillo, conscientes de su historia y de su destino nacional". Así surge una "técnica de modelar efectos con grandes masas de hombres, unidos, enmarcados, sometidos a disciplinas fuertes"; y también toda una escenografía "que se apoya casi siempre sobre amplias gradas o escalones con impulso ascensional […] se depura la línea y el volumen… vuelve el culto de las banderas […] el valor de los símbolos, el rito digno en los procedimientos, la emoción de los uniformes".[26] En suma, vuelve a nosotros "la sabia perdida de la vida heroica". Jalonan el texto impresionantes fotografías de tres estandartes nazis (muy de Speer) y una concentración de masas en Alemania; hay también otras fotografías relativas a Italia y también –extrañamente– a tranquilas masas inglesas que esperan a su nuevo rey en los exteriores del palacio de Buckingham. El reportaje se cierra con una ilustración de la modesta estética de masas que lograba producir la Falange, junto a este remate del empeñoso redactor: "habrá que perseverar en esta trayectoria y dar emoción a conmemoraciones, a desfiles de antorchas, fiestas y guardias junto a mausoleos y túmulos", ya que los actos de masas tienen "valor de gran país unánime que revive, y estilo y estética de multitudes".

Dos números después (5 [agosto de 1937]: s. p.), aparece una fotografía muy efectista de ciento cincuenta reflectores lanzando verticalmente su luz hacia el cielo en plena noche durante un acto en Nuremberg. Cuatro años más tarde, Antonio Quintano Repollés ("Coordinaciones estético-políticas". *Vértice* 44 [mayo de 1941]: s. p.), al comparar los rascacielos de Chicago con los edificios celebrativos nazis, afirmaba que "la línea pura se ha impuesto", una tendencia que implica "juventud" y, al mismo tiempo, una "gran voluntad de orden, de afirmación" propia de la posguerra y de "una voluntad de Imperio" latente en las anteriores generaciones fracasadas.

La información textual y gráfica que proporciona *Vértice* acerca de este tipo de actos en España ofrece una impresión general que va de lo modesto a lo ligeramente indigente, con la excepción de lo relativo al traslado de los restos de José Antonio Primo de Rivera (n.º 27 [noviembre-diciembre de 1939]: s. p.), que incluía fotos nocturnas de las antorchas y mostraba la expectación ante el paso del cortejo por los pueblos. Pero, en general, lo que encontramos son desfiles militares ordinarios más que actos con una cuidada estética de masas. Como mucho, podemos apreciar esa estética en las tri-

---

[26] Al menos los "camisas viejas" de Madrid pudieron ver *El triunfo de la voluntad* de la Riefenstahl, que se proyectó en junio del 35 (Reseña anónima. *Ya* 11 de junio de 1935: 8).

bunas desde donde los jerarcas presiden los desfiles o donde los oradores lucen sus dotes retóricas y sus oscuros uniformes falangistas. Me refiero concretamente a tres fotos del acto de 19 de abril en el Campo de la Victoria de Zaragoza (n.º 10 [mayo de 1938]: s. p.), la foto del desfile-acto en Valladolid por el Día del Alzamiento Nacional (n.º 13 [agosto de 1938]: s. p.), decepcionante como liturgia pública; o las de los diversos desfiles, de escasa estética masiva, incluidos en los números 20 (marzo de 1939) y 22 (mayo de 1939). Lo único alusivo allí a la "línea pura" es –en el número 22– la plástica de la arquitectura efímera de la misa celebrada en Alcocero de Mola, el lugar donde se estrelló el avión del accidentado general Mola. Recoge también *Vértice* la Concentración Nacional de Organizaciones Juveniles del 29 de octubre (n.º 27 [noviembre-diciembre de 1939]: s. p.), el desfile por el Aniversario de la Victoria en Madrid (n.º 29 [febrero de 1940]: s. p., y n.º 30-31 [marzo-abril]: s. p.) y la gran Concentración de Falange en Valencia, "el más importante de los acontecimientos políticos" que han tenido lugar desde la paz (n.º 30-31 [marzo-abril]: s. p.). Hay fotos de Dionisio Ridruejo, Miguel Primo de Rivera y Ramón Serrano Suñer en la tribuna y de tropas en formación, pero, a pesar de la importancia del acto, el valor escenográfico o teatral es prácticamente nulo.

En España el más espectacular de estos actos de culto civil fue el traslado del cuerpo de José Antonio Primo de Rivera desde Alicante hasta su nueva tumba en El Escorial, donde se celebró un solemnísimo entierro. El cortejo cruzó España a hombros de relevos de falangistas en un recorrido de 500 kilómetros durante diez días, del 10 al 20 de noviembre de 1939. Al paso del cortejo se encendían hogueras en los pueblos y las mujeres de la Sección Femenina local cantaban el *De Profundis* desde que avistaban el féretro en la carretera hasta que lo perdían de vista. Con una escenificación muy cuidada que describen prolijamente los cronistas oficiales Samuel Ros y Antonio Bouthelier, aquella marcha fue la expresión de un auténtico culto civil, típicamente fascista, a José Antonio y a la misma muerte, que desagradó a los obispos. Por cierto, que Lluch fue inicialmente nombrado cronista pero luego fue desplazado de esta encomienda parateatral. Los carlistas y requetés navarros, poco inclinados a la seudoreligión fascista, respondieron convocando la Javierada, caminata nocturna, netamente religiosa y hasta penitencial, con destino al castillo y basílica de Javier, de donde procedía san Francisco y de donde los jesuitas habían salido expulsados por orden de la República.

Falange promovió otras ceremonias neobarrocas, entre ellas la anual procesión a la tumba del Ausente, recogidas por Moret Messerli en un calendario-breviario que tituló *Conmemoraciones y fechas de la España Nacional-sindicalista*, vernácula versión del "culto lictoriano" fascista. El *duce* seguramente habría torcido el gesto ante alguna peculiaridad como el nombramiento de la Virgen del Pilar como "gentil madrina de nuestro sueño imperial".[27] También hubo en mayo de 1940 un masivo homenaje a Isabel la Católica en el castillo de la Mota. Durante la guerra, en la zona nacional, los entierros de los caídos tendrían mucho de espontánea teatralidad pública, intensificada en el caso de notables como Onésimo Redondo, muerto en Labajos (Segovia) y enterrado en Valladolid con toda solemnidad (26 de julio de 1936). Más relacionados con la escenografía fija que con la acción teatral, deben contarse aquí también los innumerables muros, civiles y eclesiásticos, inscritos en honor de los caídos, así como los monumentos en ciudades y pueblos.

Hasta tal punto llegó el gusto por la teatralidad civil que ya a finales del 39 los falangistas en Madrid recibieron órdenes de no vestir uniforme en circunstancias ordinarias, como ir de compras o pasar el tiempo en los bares, sino restringir su uso para funciones oficiales, trabajo y ceremonias (Payne 1997, 484).[28]

Esta afición a los uniformes y a la exhibición pública debió de empezar a decaer hacia 1945. Es la impresión que se desprende del relato de Castilla del Pino (403-06) sobre la espontánea toma de la calle por parte de falangistas con motivo del asalto a una sede de FET y asesinato de los bedeles, por parte de comunistas infiltrados. Juan Benet, por su parte, cuenta cómo en un determinado momento un grupo de falangistas podían apoderarse del espacio público en compulsiva emulación de saludos, gritos y cantos; y a uno no le quedaba más opción que levantar el brazo o huir precipitadamente:

> Un día de julio los amigos prolongaban su tertulia en la terraza del Gijón cuando el todavía sordo rugido de la turbamulta brotó por Colón, cuya estatua

---

[27] Las fechas son: 1 de abril, Fiesta de la Victoria. 19 de abril, la Unificación. 2 de mayo, incluida pero sin denominación en el libro de Moret. 18 julio, Glorioso Alzamiento y Exaltación del trabajo. 1 de octubre, día del Caudillo. 12 de octubre, Día de la Hispanidad y Homenaje a la Raza. 29 de octubre, Fiesta Fundacional de la Falange y Día de los Caídos. 20 de noviembre, Luto nacional por José Antonio. Los hermanos Carbajosa dedican páginas (107-29) a la retórica y simbología de la Falange, poco rentables para lo teatral.

[28] Teófilo Ortega había escrito un "Coloquio" sobre la camisa azul y sus exigencias de estilo, en el transcurso del cual hacía notar que "la camisa azul os vigila" (121); lo fechaba en el "Otoño del año I de la Era Azul" [1936].

parecía vacilar contra un cielo de polvo, llevada en volandas. Los más listos pronto adivinaron lo que se avecinaba: filas cerradas, estandartes, camisas azules, boinas rojas, "los gritos de rigor", los himnos y canciones de marcha. "Os dejo, que tengo la mujer enferma", decía uno. "Yo te acompaño", decía otro, al tiempo que dejaba el duro sobre el velador. A nadie apetecía levantarse y saludar brazo en alto el paso de las jerarquías. [...] cuando la ola rojinegra del Movimiento con todo su griterío inundaba ya la Biblioteca Nacional, con su voz entrecortada de ventrílocuo, Carlos [Arniches, hijo] dijo; "Ahí vienen esos, con sus cancioncillas" (57).

Menos conocido pero más importante a nuestros efectos fue el acto de la iglesia de Santa Bárbara el 20 de mayo del 39, recién ganada la guerra. La ceremonia consistió en un *Te Deum* con misa, para dar gracias por la Victoria, al día siguiente del desfile. La organización de la ceremonia estuvo a cargo de la Delegación de Prensa y Propaganda de Falange (Ridruejo, Laín, Tovar), que apostó a un grupo de Flechas con palmas para recibir al Caudillo y entonar el "Cara al sol". Franco entró y salió bajo palio y depositó su espada a los pies del santo Cristo de Lepanto. El Noticiario Español (n.º 20), de la Filmoteca Nacional, de poco más de dos minutos, recoge la ceremonia.

La tarjeta y el programa de invitación ilustran sobre la dimensión civil del acto. La prensa de la época informa del canto de unas antífonas mozárabes del siglo X, con las que se pretendía evocar la liturgia visigótica de recepción a los reyes victoriosos tras sus campañas. Las guerras altomedievales concluían formalmente en el mismo sitio donde habían comenzado: en el templo, de donde partía a la guerra el rey por derecho divino y al que volvía a dar gracias. Ésta debió de ser una de las pocas ocasiones en que Giménez Caballero o Torrente Ballester pudieron disfrutar de ese acercamiento entre teatro y liturgia que habían preconizado y que se demostraba tan poco realizable.

Es conocida la importancia que los regímenes fascistas dieron a los deportes y a la cultura física, y cómo los incluyeron en su imaginería heroico-estética. En el caso de Alemania, ya hemos visto cómo Leni Riefenstahl –que todavía se dejó ver en Sevilla en 2002 (*El País* 1 y 3 de noviembre de 2002) poco antes de fallecer más que centenaria– filmó con estética renovadora y tintes de supremacía racista los cuerpos y los movimientos de los atletas. Es significativo que cuando Theodor Adorno llegó a Los Ángeles huyendo de Alemania, se encontró con que le resultaban fascistas los hábitos de la clase universitaria, adicta al gimnasio, el cuidado de la salud y las competiciones de equipo. London se ha referido brevemente al reflejo en España de la ideología fascista sobre el deporte, que ve reflejada en la asociación entre guerra y deporte, el sentido deportivo con que se hicieron las levas para la División Azul y la serie de partidos de fútbol que se disputaron desde 1940 a 1944 entre los equipos de España, Alemania, Italia y Portugal, la pequeña hermandad fascista. Lejos de un papel despolitizador de las masas, más bien se quiso que el deporte, subsumido en el marco político, funcionara como "a confirmation of unity" (1996, 242).

Quiero referirme brevemente al ámbito de la arquitectura y el urbanismo en España, un ámbito donde hubo intentos de emular las brillantes realizaciones de Albert Speer. Entre nosotros, un arquitecto y un urbanista experimentaron unas experiencias de conversión estética e ideológica coincidentes con la de Felipe Lluch.

El arquitecto Luis Moya (1904-1990) se formó en la Escuela de Arquitectura de Madrid, donde conoció una mezcla de espíritu regeneracionista y movimiento moderno a lo Le Corbusier; también trabajó en el estudio de Pedro Muguruza, arquitecto muy significado después como hombre de Falange[29]. Por otro lado, Moya frecuentaba la Residencia de Estudiantes de la calle Pinar y la compañía del entorno surrealista de Dalí y otros. Hasta 1936 busca dentro de las coordenadas del movimiento moderno y proyecta su Monumento a Pablo Iglesias, el Faro conmemorativo de Colón en Santo Domingo o el Museo de Arte Moderno de Madrid. Tras su experiencia de la guerra tiene un segundo momento definido por su apasionada entrega al clasicismo como lenguaje eterno de la arquitectura, que sólo empezará a ceder en los años sesenta y setenta, cuando de nuevo sustituye el vocabulario clasicista por el moderno, aunque sin renunciar a los principios clásicos.

A nosotros nos interesa ahora el comienzo de su etapa clasicista, la suya más característica, que se inicia con la Guerra Civil. Hay que aclarar que el clasicismo de Moya no fue un puro historicismo nacionalista sino un clasicismo cultural y existencial. Moya sufrió durante la guerra un proceso de conversión estético, ideológico y patriótico similar al de Lluch. En su caso, Moya se sintió llevado a abrazar una especie de tradicionalismo arquitectónico que se concretaba en el clasicismo no como técnica sino como lengua-

---

[29] Sigo aquí a Capitel/García/Gutiérrez; contiene ilustraciones de casi toda la obra de Moya.

je en el que se han ido expresando formalmente precisos contenidos inconscientes decantados por la historia.

El momento en que cuajan en Moya estas convicciones es 1937 y tiene lugar durante el tiempo que permanece escondido en Madrid durante la guerra. Allí, en compañía del escultor Manuel Laviada y del vizconde de Uzqueta, militar, concibe un colosal "Sueño Arquitectónico para una Exaltación Nacional" cuyo texto y diseño publicó la revista *Vértice* en el número 36 (Laviada/Moya/Uzqueta). Con sintaxis vacilante, los autores declaran que el visionario proyecto surgió "de la necesidad de combatir de un modo espiritual por un orden. También, de disciplinar la mente en momento [*sic*] tan fácil de perderla. Y además, de hacerse un refugio interior donde pueda sobrevivir el pensamiento por encima del medio. (El Madrid rojo)". Por otro lado, "el trabajo emprendido se hace de un modo desinteresado, sin propósito de realización ulterior. No por eso menos exacto. Es un sueño, perfectamente razonado, llegando hasta el más mínimo detalle". Para el proyecto concreto,

> se reúnen tres ideas como punto de partida: una exaltación fúnebre, nacida de lo que sucedía alrededor y de lo que amenazaba; la idea triunfal, que producía lo que se oía y lo que se esperaba; una forma militar, reacción contra la indisciplina ambiente. Se concretan estas tres ideas en una ciudadela, que contiene una gran pirámide y un arco triunfal, situados en foros o plazas rodeados por edificios militares y representativos. Como no es bueno cimentar en el aire, se busca un emplazamiento real, aunque elegido con la libertad sin cortapisas que permite un sueño. Y el sitio elegido es el centro que se extiende en Madrid, entre el cementerio de San Martín y el Hospital Clínico, lugar de los más altos dentro de la capital (Laviada/Moya/Uzqueta 7a).

En este terreno de lo fúnebre Luis Moya tenía un ejemplo contemporáneo en que fijarse: el templo-osario que se proyectó en honor de los muertos italianos de la "guerra etíope" en lo alto del Amba-alagi, una montaña de casi 4.000 metros en África, donde se combinaba la estética clasicista con la moderna (*Ya* [27 de junio de 1935]: 3). Por otro lado, llama la atención la semejanza entre su "Sueño arquitectónico" y la pirámide que Giovanni Muzio presentó al concurso internacional de 1942 para el mausoleo del creador de la Turquía moderna, Mustafá Kemal *Atatürk* (1881-1938).[30]

---

[30] El proyecto de Muzio (Scarrocchia 218-19) no fue el elegido para cumplir con el culto civil a Kemal que inició su sucesor, Ismet Inönü. Tanto la República Turca como el Partido Republicano Popular tuvieron hasta 1945 una estrecha relación con el fascismo italiano.

Pero Moya no fue el único emboscado en el Madrid de la guerra que soñaba con proyectos para la nueva España contrarrevolucionaria. Otro arquitecto joven, Pedro Bidagor (1906-1996), amparado junto a otros en el entorno de la CNT,[31] trabajaba en los planes urbanísticos del nuevo Madrid que habría que reconstruir tras la victoria. Y no fue tiempo perdido, porque Bidagor fue el encargado de planear la reconstrucción de Madrid, cosa que hizo dentro de la ortodoxia falangista que se quiso imponer a los profesionales de la arquitectura en la I Asamblea Nacional de Arquitectura organizada por Falange Española y celebrada en el Teatro Español de Madrid del 26 al 29 de junio de 1939 (véase AA. VV. 1939).

El Plan Bidagor –Plan General de Ordenación Urbana, 1939-1946– tenía como objetivo principal organizar, exaltar y representar a Madrid como capital del Imperio en la cornisa del Manzanares, una vez decidido que no se castigaba a la ciudad traidora con el traslado de la capital a Sevilla, como pretendían algunos.[32] Primero, conforme a su jerarquía, la catedral, incompleta desde el siglo XIX, a continuación el Palacio –no se dice que "Real"– y el edificio nacional del Movimiento en el solar del cuartel de la Montaña donde murieron muchos falangistas tras el fracaso de la rebelión militar en Madrid. Seguidamente, ministerios representativos y embajadas de países amigos en el velazqueño Paseo de Rosales que servía ya de enlace con una nueva Ciudad Universitaria, reconstruida sobre la anterior, totalmente machacada por ser frente de guerra durante muchos meses. En la margen derecha del río Manzanares, en el cerro Garabitas, estaban previstos monumentos a los Caídos y a la Victoria, más un "salón abierto de con-

Kemal promovió un nacionalismo extremo mediante el populismo, la cultura y el secularismo. La nueva Turquía se plasmó en la Constitución de 1937.

[31] Tomo la noticia de Sambricio (1999, 155b), bien documentado aunque algo confuso en el manejo de las fuentes. Sambricio 2002 no amplía mucho las noticias pero aporta planos e ilustraciones.

[32] Pudo verse una exposición de la reconstrucción de España en la Biblioteca Nacional, decorada, puesta en escena e iluminada con buen gusto, dentro de la estética fascista, por José Gómez del Collado. De ella informa la revista *Reconstrucción* n.º 3 (mayo-junio de 1940), dependiente del Ministerio de Gobernación cuyo titular era Ramón Serrano Suñer, editada espléndidamente en papel *couché*, con grabados y reproducciones en color. Para completar el panorama, viene bien repasar la *Revista Nacional de Arquitectura* en esos años; hay artículos como el de Marcelo Piacentini, "Visión de la futura Roma" (8 [1941]: 1-6), el "Monumento Nacional a los Caídos" (10-11 [1941]: 55-63), proyecto de Pedro Muguruza que prevé un gigantesco anfiteatro rematado por una cruz visible desde Madrid, con un lago, vía crucis y otras dependencias y accesos; o el de Luis Gutiérrez Soto, "Nuevo Ministerio del Aire en la plaza de la Moncloa" (20 [1943]: 290-95).

centraciones nacionales, emplazado frente a los símbolos urbanos de la capitalidad" (Bidagor *Orientaciones*, 8-9).

La misión representativa de la cornisa del Manzanares se completaría con "una vía representativa que alcance directamente la fachada de Madrid desde Garabitas, y que sea el acceso de honor desde El Escorial y el Monumento Nacional de la Victoria en la Sierra de Guadarrama" (*Orientaciones* 10). Sería la Vía de la Victoria e incluiría un viaducto. De ser posible, se hubiera construido ahí también el nuevo aeropuerto para que la entrada a Madrid por aire se hiciera también de cara a la ciudad. Estaban previstas otras dos vías de acceso con carácter político: la prolongación de la Castellana hacia el norte e Irún, llamada Vía Europa, y la prolongación del paseo del Prado "que reúne todas las rutas de carácter imperial: Portugal, Marruecos, Hispanoamérica" (*Orientaciones* 11), y sería la Vía del Imperio.

Un segundo objetivo del Plan Bidagor consistía en la ordenación urbana de Madrid a base de cerramientos que generaran núcleos jerarquizados según se trate de producción, vida o dirección (23), delimitados por dos grandes anillos verdes continuos y concéntricos "en contraposición a la tendencia de los últimos tiempos de disponer unas manchas verdes en un conjunto edificado" (13-14). No es que se pretenda volver a la ciudad medieval dividida en burgos pero sí se aprovecha la inspiración tradicional y se rechaza el crecimiento indiscriminado de la ciudad abierta moderna.

La otra gran novedad que se planeaba para Madrid era la prolongación de la Castellana, idea ya propuesta en 1929 por el Plan de Jansen-Zuazo. En el Plan Bidagor el crecimiento de Madrid se canalizaba alrededor de la Castellana y tenía tres puntos fuertes: colocar en esa gran avenida embajadas y edificios oficiales representativos; desplazar el centro desde la Puerta del Sol hacia "un centro de nueva planta [...] a la manera de los foros comerciales clásicos de las ciudades romanas" (*Orientaciones* 18) –el futuro AZCA– y la nueva estación de ferrocarril en Chamartín. El tercer gran objetivo del Plan era la construcción de viviendas y la erradicación del chabolismo.

Es interesante comparar estos planes acerca de Madrid con lo que el propio Bidagor describe ese mismo año 1941 en "Reformas urbanas de carácter político en Berlín", porque se diría que el modelo de fondo para las reformas madrileñas es el nuevo Berlín de Hitler, junto a la Roma de Mussolini; el sustrato ideológico, una mezcla española de sindicalismo falangista, corporativismo y tradicionalismo.

Desde el Estado, el urbanista Bidagor reclamaba plenos poderes. Pero existían otras instancias, como el Ayuntamiento de Madrid, el Ministerio de Obras Públicas o la Dirección de Regiones Devastadas, que contribuyeron poderosamente a desbaratar estos proyectos; ellos también tenían sus planes y sus competencias, y menos fervor nacionalista.

La realidad se impuso a los tres soñadores conversos. Ni Luis Moya ni Pedro Bidagor ni Felipe Lluch vieron plasmadas plenamente esas proyecciones ideológicas concebidas al calor de una honda crisis nacional y personal. Moya, que nunca pretendió construir su Sueño, construyó en cambio, una anacrónica Universidad Laboral en Gijón (1946-1956), entre el indisimulado estupor de sus colegas, que para entonces ya estaban mayoritariamente reinstalados en el lenguaje moderno.

De la cornisa del Manzanares, escaparate del Madrid Imperial, sólo quedó lo que ya había: la incompleta catedral y el Palacio Real. La Casa del Partido nunca se construyó y en cambio sí se levantaron el Edificio España y la Torre de Madrid, dos rascacielos debidos a la iniciativa privada –los hermanos Otamendi, constructores del Metro de Madrid– que eliminaron cualquier semántica nacionalista de la ribera del Manzanares. El terreno destinado a los jerarquizantes anillos verdes fue edificado. La planificación simbólica e imperial fue sustituida por la especulación o por la fuerza del negocio inmobiliario. Un hombre de Falange como Bidagor debió de sentir que "los de siempre", la derecha conservadora, el capitalismo, se llevaba el gato al agua y la revolución nacional-sindicalista, interclasista, empezaba ya entonces a quedar pendiente. El nuevo Madrid imperial fracasó al mismo paso que el nuevo teatro fascista que soñó Felipe Lluch.[33]

---

[33] Más detalles en García Ruiz 2004.

2.1. El teatro Dietrich-Eckart, en Berlín, terminado en 1936. Fuente: Colectáneas de Estudios Teatrales, Universidad de Colonia.

2.2. El Mutilado de Guerra pronuncia su parlamento en *Pasión Germana 1933*, de Richard Euringer (patio del castillo de Heidelberg, 1934). Fuente: Colectáneas de Estudios Teatrales, Universidad de Colonia.

2.3. (a, b y c). Vistas de la tribuna principal del Zeppelinfeld, 1938. Fuente: Scarrocchia, 208.

2.4. Pabellón alemán en la Exposición Universal de París 1937, de Albert Speer; recibió la medalla de oro, *ex aequo* con el pabellón ruso. Vista nocturna.
Fuente: Scarrocchia, 90.

2.5. Pabellón italiano en la Exposición Universal de París 1937. Vista nocturna.
Fuente: Scarrocchia, 100.

2.6. Estudio para un centro cívico llamado "Sueño arquitectónico para una exaltación nacional" (1938), de Luis Moya (publicado en *Vértice* 36 [1940]: 7-12 y 61). Perspectiva de la basílica piramidal.
Fuente: Capitel/García-Gutiérrez, 75.

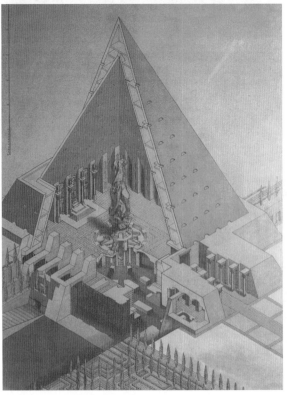

2.7. Estudio para el "Sueño arquitectónico", 1938. Axonométrica seccionada de la basílica piramidal, iluminada por medios puntos desde lo alto y por otras luces desde la cripta. El monumento central arranca desde la cripta y se eleva imitando una llama que arrastra los símbolos de la Pasión de Cristo hasta lo alto de la pirámide hueca.
Fuente: Capitel/García-Gutiérrez, 77.

2.8. Proyecto de Giovanni Muzio en el concurso internacional para el mausoleo de Atatürk en Ankara (1942). Vista exterior. Fuente: Scarrocchia, 219.

2.9. Proyecto de Giovanni Muzio en el concurso internacional para el mausoleo de Atatürk en Ankara (1942). Vista interior. Fuente: Scarrocchia, 218.

LOS CAMINOS FASCISTAS DE FELIPE LLUCH

La contribución de Lluch a la instauración de un teatro fascista en España tiene tres líneas: el compositor y director del espectáculo *Las Fiestas de la Victoria* de abril de 1940, el sindicalista nacionalizador de la industria teatral, y el historiador del teatro español. De tan ambiciosa proyección Lluch no llegó a vivir más que unos pocos meses al frente del Teatro Español de Madrid. Allí por fin hizo, hasta su muerte en junio del 41, el teatro que había aprendido a hacer en los años treinta junto a Rivas Cherif en el Teatro Escuela de Arte.

LAS *FIESTAS DE LA VICTORIA*

Sabemos que Lluch preparó este espectáculo de inspiración áurea en Madrid durante los meses finales de la guerra, como el arquitecto Luis Moya soñaba ciudadelas para la nueva España o el urbanista Bidagor imperiales avenidas para Madrid. Lluch hizo lo posible por que esta función exaltadora se celebrara como bienvenida a Franco en la primavera del 39, pero tuvo que esperar al año siguiente.

Titulado *España, Una, Grande y Libre*, se trata, quizá, del único caso de teatro estrictamente falangista o fascista con algún interés y calidad. Se estrenó en el Teatro Español de Madrid el domingo 7 de abril de 1940, primer aniversario de la Victoria, y da expresión a dos mitos centrales del fascismo: la regeneración nacional tras la decadencia, y la unidad social por encima de las clases, entendida como condición previa para la existencia de un teatro auténticamente Nacional.

El espectáculo consistía en una fiesta teatral al modo barroco, con una loa, una comedia y una farsa final. Los figurines los dibujaron José Caballero,

José Luis López Sánchez y José Escasi (del departamento de Plástica de Falange) y la decoración la proyectó el arquitecto Luis Feduchi en coordinación con el ingeniero Lluch. Los coros los dirigía Pedro Urrestarazu, el mismo que dirigió los de la *Numancia* en diciembre del 37 para el Teatro de Arte y Propaganda. Al frente de la orquesta figura en el programa de mano José María Franco,[1] un músico que por entonces debía de estar pendiente de la creación de la Orquesta Nacional, que se estaba fraguando en abril del 40 y que se estableció oficialmente poco después, el 10 de julio de 1940; Franco la dirigió alguna vez de forma esporádica, en estos primeros años cuarenta.

La loa iba dedicada a glosar la unidad de España partiendo de autos calderonianos y del gusto barroco por la agudeza. En concreto, según el programa de mano, la loa se basaba "sobre fragmentos, temas y artificios dramáticos y espectaculares de las [loas] que acompañan a los autos sacramentales de don Pedro Calderón de la Barca, editados por Pando y Mier", en particular la loa del auto *A María el corazón*, como precisa el Proyecto. La música era la escrita por José Peiró (1629) para la loa de la comedia *El Jardín de Falerina*, más unos cuartetos vocales de inspiración dieciochesca que compuso el maestro Ángel Martín Pompey (1902-2001) para la ocasión.[2]

En esta *Loa famosa de la Unidad de España*, las distintas regiones españolas van compareciendo cada una con un endecasílabo ininteligible. Castilla asu-

---

[1] La música del joven José María Franco Bordons (Irún, 1894-Madrid, 1971) fue incluida en un concierto de la Residencia de Estudiantes (9 y 11 de junio de 1923), "Algunos aspectos de la música española actual", junto a piezas de Juan José Mantecón, Federico Mompou, Adolfo Salazar y Ernesto Halffter, según un programa de mano. Siendo crítico musical del *Ya* y director de la orquesta clásica de Madrid, le nombraron profesor del Conservatorio (*Ya* [25 de julio de 1935]: 9). El actor José Franco (1908-1980) fue componente del TEA y el TAP, más discreto y mejor parado que su amigo Lluch durante la guerra; este José Franco se integró en el grupo formado por Lluch para el Teatro Español y se encargaba de Ignorancia, papel principal en la loa de *España, Una, Grande y Libre* y otro menor en la comedia. En las demás funciones que se dieron de *España, Una, Grande y Libre* la dirección de orquesta corresponde a los maestros Manuel Navarro y Manuel Parada. Por errata, el programa de la función organizada por el Consejo de la Hispanidad el 12 de octubre de 1941 atribuye la puesta en escena a Cayetano "Lluch de Tena", en lugar de a "Luca de Tena"; también se dice "Loas del siglo XVIII".

[2] Pompey, al igual que Lluch, permaneció en Madrid durante la guerra, fue denunciado y encarcelado durante medio año en la cárcel de las Ventas de Madrid, hasta que fue puesto en libertad, movilizado y enviado a Guadalajara con la Brigada 70. Hasta el final de la guerra escribió algunos números musicales para las producciones de la Alianza de Intelectuales en el Teatro de la Zarzuela; ocasionalmente también dirigió los coros (véase Nieto).

me el mando y muestra a las demás una misteriosa frase que reza "Ni guardar el bien". A continuación se entrega una letra a cada región según sus características morales y, ordenadas de nuevo, el enigma se resuelve en anagrama con la consigna falangista: "Una, Grande, Libre". En ese mismo orden, los endecasílabos forman el soneto imperial de Hernando de Acuña a Carlos V: un monarca, un Imperio, una espada. Este juego es lo que toma Lluch de la loa para el auto *A María el corazón*.[3] El resto de la loa era "íntegramente de su pluma" (Programa de mano. *Fiestas del glorioso Alzamiento Nacional. Quinto aniversario. "España Una, Grande y Libre"* [...] 18 de julio de [1941]).

La comedia, titulada *Comedia heroica de la Libertad de España*, cuyo texto está perdido,[4] consistía en una "refundición libre de romances de los ciclos de Bernardo y Roncesvalles, con escenas de la *Comedia famosa de la Libertad de España* de Juan de la Cueva [Sevilla, 1579], y de *Las Mocedades de Bernardo* y *El Casamiento en la Muerte*, de Frey [*sic*] Lope de Vega Carpio".[5] La música incluía textos de Alfonso el Sabio, Juan del Encina (*¿Qué es de ti, desconsolado?*) y un fragmento de un poema celebrativo de la reconquista de Granada, la *Historia Bætica* del dramaturgo y compositor Carlos Verardi (1440-1500). Se incluían también toques militares y tonadas populares de los siglos XVI y XVII. Más que estrictamente áureo, el asunto era medieval, con la Reconquista como mito central del nacionalismo español.

---

[3] En la loa de *A María el corazón*, los siete hombres y siete mujeres de un coro que busca al "Dios ignoto" reciben de la Sibila de Cumas sendas hojas con colores y versos incomprensibles; al dar vuelta los catorce personajes al árbol de Mayo, juntando letras y colores en un orden determinado –que catorce / colores nuestras se truequen / a catorce letras suyas"–, se resuelve el poema y se genera un acróstico: "Pónense todas en ala, de forma que con las primeras letras se pueda leer *María sin pecado*" (Pando y Mier 65-70).

[4] Tampoco forma parte del expediente de censura n.º 852/40 (Archivo de la Administración en Alcalá de Henares, IDD (03)046.000, caja 73/08213), que fue aprobado al día siguiente de su solicitud, presentada sin pólizas pocos días antes del estreno; trámite extraordinariamente rápido al que casi con toda seguridad no acompañó texto ni documentación alguna. De la comedia se conservan tres borradores autógrafos: el plan de comedia con los textos fuente, indicaciones sobre escenografía y acotaciones, y un borrador preliminar del texto; pero en modo alguno aportan acceso al texto.

[5] Véanse, respectivamente, "Romances sobre Bernardo el Carpio" (*Romancero general*. Vol. 1. Ed. Agustín Durán. Biblioteca de Autores Españoles, 10. Madrid: Atlas, 1945. 417-39); *Comedia de la libertad de España por Bernardo del Carpio* (Ed. Anthony Watson. S. l.: University of Exeter, 1974); *Las mocedades de Bernardo del Carpio* (*Obras de Lope de Vega, 17: crónicas y leyendas dramáticas de España*. Ed. Marcelino Menéndez Pelayo. Biblioteca de Autores Españoles, 196. Madrid: Atlas, 1966. 4-48) y *El casamiento en la muerte* (*Obras de Lope de Vega, 17*. 51-93).

La Grandeza de la patria se expresa alegóricamente en la farsa o "fiesta" final, con la elección de un marido digno de España. El texto actualiza la *Farsa sacramental de las Bodas de España*, de autor anónimo, que, según González Pedroso, se representó en la catedral de Toledo en 1570,[6] y que el grupo nacionalista La Tarumba –hubo otra Tarumba, dirigida por Miguel Prieto, guiñol satírico del Subcomisariado republicano de Propaganda– había representado en algún momento previo a la primavera del 38, puesto que el número de abril de la revista falangista *Vértice* reproduce tres fotografías de un montaje de *Las Bodas de España* y la divisa del grupo, absolutamente barraqueña. No hay detalles sobre la representación.[7] En el proyecto de Lluch la música era de la *Españoleta* –"sobre temas de tratados de tañido"– de Felipe Pedrell (1841-1922), uno de los primeros compositores preocupados por el renacer de la música española, y de una zarzuela de Bances Candamo, *Fieras de celos y amor*. El maestro Pompey se encargaba de la instrumentación.

En cuanto al texto, se trata de un verdadero fin de fiesta falangista en el que los candidatos rechazados se identifican con la España vencida. El candidato elegido es el Amor Divino, que lleva capa con el yugo y las flechas, y viene acompañado por la virtud de la Fe, cuyas iniciales, correspondientes a Falange Española, son ampliamente explotadas para dar salida al ritual

---

[6] La datación es de Eduardo González Pedroso (Anónimo. "Farsa sacramental de las Bodas de España". *Autos sacramentales*. Biblioteca de Autores Españoles, 58. Madrid: Hernando, 1930. 71-77), que parte de datos internos al texto: la mención de un reloj de la catedral de Toledo (73, nota 2) combinada con la inexistencia de luto y el anuncio de unas próximas bodas –las de Felipe II con Ana de Austria (12 de noviembre de 1570)– apuntan al Corpus toledano de 1570 (74, nota 2). Esta farsa, "inédita" (71, nota 3), fue reeditada por Léo Rouanet (*Colección de autos, farsas, y coloquios del siglo XVI*. 1901. Vol. 4. Hildesheim/ New York: Georg Olms, 1979. 14-28).

[7] "Teatro. La Tarumba: Teatro de la Falange" (*Vértice* 9 [abril de 1938]: s. p.). La fotografía 1, una toma corta, muestra a un personaje solicitando algo a otro (Europa) situado en una tarima. La 2, una toma general, muestra nueve personajes, todos vestidos de forma claramente simbólica; uno de ellos, en el centro, porta una cruz (Fe o Amor Divino). Sobre un fondo cubierto por un gran cortinaje oscuro, destaca un tapiz o bastidor con un grupo de planetas; también sobre el cortinaje, pero más alto, un disco circundado por otros discos de menor tamaño. Y una esfera armilar sobre una tarima. La 3, una toma media, frente al tapiz de los astros, muestra cinco personajes; uno (la Guerra) se apoya sobre una inmensa ballesta, otro (el Tiempo) ostenta un reloj de arena, otro empuña un cetro y luce un tocado regio. En los tres casos las fotografías son *posadas*, no en vivo. La insignia del grupo consiste en una "T.", con punto, sobre un fondo claro en forma de uña inscrito en una rueda de carro con seis radios. En el paño que cubre la concha del apuntador se añaden las siglas de F. E. al distintivo del grupo. Una cuarta fotografía corresponde al montaje del *Auto de los Reyes Magos*.

falangista. Lluch conserva la estructura básica del texto primitivo, que consta de cinco escenas: 1) Europa decide casar a España y toma al Tiempo como casamentero; 2) Guerra e Ignorancia (que es el *gracioso*) son rechazados; 3) Tristeza y Hambre son también rechazados; 4) en compañía de Fe, Amor Divino es aceptado por España; 5) Amor Divino se transforma en Eucaristía y los otros pretendientes en Paz, Hartura, Alegría y Cordura. Los cambios que introduce Lluch son dos: las referencias históricas del original a guerras, muertes y bodas coetáneas se transforman en *otras* alusiones históricas a las recientes congojas de la población madrileña durante la Guerra Civil, por un lado; por otro, la condición "sacramental" de la farsa pasa a "alegórica", y así, la apoteosis eucarística se convierte en apoteosis falangista, a base de *contrafacta* como éstos:

> *La Fe es una doncella dulce y tímida, vestida toda de blanco. Tiene los ojos vendados y lleva en la mano una palma rubia y un ramo de oliva. El Amor Divino es un galán grave y sereno, vestido de azul y blanco, con una larga capa blanca con el yugo y las flechas bordadas en rojo [...]*

EUROPA.– Vos, Guerra, esperar debéis.
    Fuerte derecho tenéis,
    pues por vos luce esta aurora;
    pero no conviene ahora
    que con España caséis.
    Fuisteis instrumento ciego
    de los designios de Dios,
    y esta España yo no niego
    que naciera a sangre y fuego
    de vos, mas no para vos. […]
HAMBRE.– Soy el Hambre, […]
    Aquellos días sin pan,
    cuando por hallar sustento
    las madres su sangre dan
    pues sus hijos morirán
    sin humano valimiento.
    Y aquel vivir sin tener
    con que calmar hambre y frío;
    y aquel morir sin saber…
    y decidme si hay poder
    que llegue a igualarse al mío. […]
TRISTEZA.– Preguntad a los presentes

si no han vivido estos años
angustiados y dolientes,
si no han muerto muchas gentes
de tristeza y desengaños.
Preguntad quién está exento
de amargura o de dolor.
Ninguno dirá que miento;
todos sufrieron tormento
y me tienen por señor.
Y pues vengo yo enlutado,
bella España, y vos lo estáis,
o ha poco lo habéis estado,
es justo que me admitáis
para vuestro desposado. [...]

AMOR.– La dote que me ha de dar
quien conmigo ha de casar
es un limpio corazón
lleno de fe y contrición
para nunca más pecar.
Quien así lo llegue a hacer
y me ofrezca tales dones,
reina del mundo ha de ser
porque alzada se ha de ver
sobre todas las naciones.
El amor que yo le pido
España dármelo puede,
pues para amarme ha nacido.
Que España diga si accede
a tenerme por marido. [...]
España, grande es tu fe;
hágase como quisieres.
Desde hoy mi esposa eres
y yo tu guarda seré
para que en mí perseveres.
Por la fe serás salvada
y por la fe redimida,
que un día verás cifrada
en sus letras la cruzada
de F. E. de tu nueva vida. [...]
Levanta ya, España mía,
levanta, que ya es llegada
la clara luz de aquel día

de tu grandeza pasada
cuyo sol no se ponía.
¡Arriba España! Que vibre
de ilusión todo tu ser,
porque hoy vuelves a nacer
y a ser Una, Grande y Libre
pues empieza a amanecer.
Hoy pongo en tu corazón
de mi ley el yugo blando,
y las cinco flechas son
las llagas de mi Pasión
que para ti están sangrando,
y que pronto, en las banderas
gallardas y jubilosas
que con alegría esperas,
habrán de ser cinco rosas
que canten tus primaveras.

La idea inicial era explotar el espectáculo por toda España. Pero sólo se lle-vó a Sevilla, al mes siguiente, bajo el rótulo de "Fiestas de Primavera en Sevilla". Se organizó una función de gran gala –es decir, nocturna– en el teatro San Fernando el domingo 5 de mayo, que finalmente se suspendió "según oportunamente anunció la radio". La "función popular", prevista para la tarde del día siguiente, congregó "un público selecto, hallándose en los palcos el alcalde, señor Luca de Tena […] y otras autoridades" (*La Unión: diario gráfico* [Sevilla] 7 de mayo de 1940: 12). Lluch, enfermo, no pudo viajar y dirigió Cayetano Luca de Tena (*ABC* [Sevilla] 7 de mayo de 1940: 14), bien relacionado con los notables de su ciudad natal. Patrocinó la gira el Ayuntamiento sevillano.

Al año siguiente, el espectáculo se representó de nuevo, completo, en Madrid en una fecha falangista: 18 de julio del 41, como homenaje a Feli-pe Lluch que acababa de morir. El programa de mano recogía algunos cambios en el elenco y dedicaba a Lluch un sentido texto de "Homenaje", sin firma, en el que "sus discípulos" recordaban su minuciosa profesionali-dad: "con qué impaciente afán de visionario midió cada palabra, cada ges-to, cada cambio de luz; con qué estilo entusiasta de absorbente atención perfiló cada traje y cada decorado y escogió cada fragmento de música".

También en fecha "nacional", el 12 de octubre del 41, fiesta de la Hispani-dad, se celebró una función de gala en el Teatro Español con la reposición sólo de la *Comedia heroica de la Libertad de España*, dirigida por Luca de Tena, a

continuación del plato fuerte de la noche: el *Concierto de Aranjuez* de Joaquín
Rodrigo, con Regino Sáinz de la Maza como solista, que acababa de estrenarlo en Barcelona el año anterior, y la recién creada Orquesta Nacional.

Las refundiciones que hizo Lluch demuestran una pericia notable para
la taracea de textos clásicos. La técnica de la refundición se ajusta a las prácticas de Rivas Cherif y García Lorca: respeto al original pero con poda y
mitigación del vocabulario arcaizante, con el fin de crear un espectáculo
vivo. Lluch maneja con soltura mecanismos culturales de la estética barroca
como el anagrama, el enigma, el certamen o la flagrante confusión de lo
profano y lo sagrado para destacar el carácter divino de la Cruzada.

La preparación de las Fiestas de la Victoria fue extremadamente minuciosa. Lluch, con mentalidad de ingeniero, controlaba hasta el último detalle de la dirección escénica, sin dejar nada a la improvisación. Se conservan
apuntes manuscritos suyos acerca de la luminotecnia, la utilería y la música.
En concreto, se necesitaban siete cenitales, dos proyectores, seis focos
menores y cuatro series de filtros. Las únicas fotos que se conservan, al contrario que el texto, son de la comedia: el decorado es corpóreo –cosa poco
corriente todavía en los teatros madrileños– y el espacio escénico se concibe
en dos alturas unidas por una rampa, al modo de Max Reinhardt y Sigfrido
Burman. Existen unos monos que corresponden a la comedia e insisten en
esa nota de verticalidad, frente a los efectos de profundidad que proporcio-
naban las habituales escenografías pintadas. Se conservan también algunos
bosquejos, que podrían corresponder tanto a la loa como a la farsa.

El presupuesto fue de 14.000 pesetas y se calculaba una subvención de
6.000. Según los Presupuestos Generales del Estado, el presupuesto total de
FET en 1940 era de 32.000 pesetas (Chueca 203); el espectáculo se llevaba,
por tanto, una proporción apreciable. A partir de los años 1942-1945
Falange llegó a recibir hasta casi un 2% del Presupuesto General de Estado,
pero decayó de nuevo años después.

La nota para prensa y radio insistía en que "la presentación escénica […]
responderá a la tradición gloriosa de nuestra escena, ahora renovada con el
renacer de España". Un "renacimiento" –de nuevo el mito palingenético–
semejante al escenificado el año anterior en la ceremonia medievalizante de
la iglesia de Santa Bárbara, que ya he comentado. Hasta el diseño de los
programas de mano pretendía remedar el aire clásico español con sus cene-
fas, su dicromía en negro y rojo y su mención de "la Villa de Madrid".

En cuanto a la recepción, la prensa, obediente a la consigna, cubrió pro-
fusamente el acto, que se presentó en una función de gala a la que se convo-

có a un selecto público ataviado de uniforme o de etiqueta, tal como exigía la invitación del delegado nacional de Prensa y Propaganda de Falange. Según la nota para la radio, "asistirán el Gobierno en pleno y las Jerarquías Nacionales del Movimiento, las Autoridades Militares y Civiles y distinguidas personalidades de las ciencias y las Artes". La función se cerró con himnos y brazos en alto.

Arriba, diario falangista, publicó semanas antes una larga información (D. Castro Villacañas. "Solemnidad dramática en el aniversario de la liberación de Madrid". *Arriba* 19 de marzo de 1940). Al día siguiente del estreno, la *Hoja Oficial del Lunes* (8 de abril de 1940) muestra un tono falangista militante y habla de "buenos españoles", de "recio pasado racial" y de los "destinos de la Patria"; se asegura que esta realización "nunca podría igualar[la] compañía alguna de profesionales del teatro". Ya el martes, *ABC* (9 de abril de 1940) alaba francamente pero sin hipérboles, y lo mismo otros medios, según su mayor o menor entusiasmo por Falange.

De teatro se dice más bien poco. Solo *Ya* (9 de abril de 1940) comenta el juego de las rampas y de las luces, y nos informa de los efectos del telón transparente, la narración del romance por dos guerreros, y el vestuario "estilizado y bello, *no obstante su modernidad*" (la cursiva es mía). Cristóbal de Castro, en el diario *Madrid*, que salía los lunes (8 de abril de 1940), informa de que intervinieron más de 50 intérpretes, y *Chispero*, en *Informaciones* ("Un teatro de honor y gloria", también el lunes 8 de abril de 1940) alaba la "atrevida y rotunda modernidad" del espectáculo. El seudónimo es el que usaba el castizo Víctor Ruiz Albéniz para escribir sobre temas madrileños.

Se adivina en los reseñistas una sensibilidad adocenada respecto al teatro; de ahí que expresen su sorpresa ante algo que probablemente no les gustaba pero que tenían que alabar forzosamente: los aspectos plásticos que Lluch incorporó, desacostumbrados entonces en la sensibilidad del espectador burgués.

Unos días más tarde Francisco de Cossío –hermano del gran taurómaco José María– destacaba en *ABC* (14 de abril de 1940) la nueva manera de decir el verso, con sentido y sencillez, y no al viejo estilo enfático y de organillo gangoso de los Ricardo Calvo, Enrique Borrás, etcétera.[8] Ésta es otra huella del teatro experimental anterior. Concluye Cossío: "Por de pronto, ya tenemos fórmulas magníficas de realización […] Vendrán después los nuevos poetas

---

[8] Si se tiene paciencia bastante, se puede uno hacer idea de esos caducos estilos actorales soportando los doblajes cinematográficos de los años cuarenta o viendo alguna película de la industria nacional de la inmediata posguerra.

[…] el Teatro Nacional está en marcha". Se engañaba don Francisco porque este espectáculo falangista, montado con la mejor técnica de los teatros renovadores del período republicano, no constituyó el inicio de un Teatro Nacional en ese sentido fascista; o, si lo puso en marcha, también le puso fin.

Felipe Lluch, un sindicalista totalitario

Aparte de su contribución a los servicios de Propaganda con sus Fiestas de la Victoria, Lluch se empleó a fondo también en el mundo del Sindicato, el otro ámbito social en el que el fascismo español ejerció pleno dominio entre 1939 y 1941; a diferencia de aquél, Falange retendría este segundo sector hasta el momento de la liquidación del partido en 1977.

El gran sueño de Lluch no era crear espectáculos fascistas, por muy renovadores que fuesen. Su aspiración era más ambiciosa: aspiraba a crear todo un Instituto Dramático Nacional, para el que preparó diversos informes y memorias donde volcó toda su experiencia anterior, mediatizada ahora por su adhesión al nuevo Estado.[9]

Se conservan algunos documentos de todo este proyecto, que podemos considerar, estrictamente y sin ambages, como un auténtico teatro fascista para España, el paralelo de la acción estatal sobre la industria del teatro que, a esas alturas, se había llevado a cabo en Alemania e Italia. Lo que se conserva no incluye el material completo pero permite explorar los planteamientos totalitarios a que Lluch deseaba someter todo lo relacionado con el teatro en España. El benemérito fin era sacarlo de la crisis que durante décadas todos coincidían en achacar a una estructura puramente capitalista.

Lo más lógico es que hubiera varias versiones del proyecto de Instituto Dramático Nacional (IDN); sabemos que una primera se redactó, al menos en parte, durante la primavera de 1938,[10] y que otra segunda se tramitó para su aprobación en verano del 39. Esta primavera versión podría ser anterior a su conversión falangista, que debería situarse en otoño del 38

---

[9] Ver Instituto Dramático Nacional en obras citadas y Escritos de Felipe Lluch.

[10] En su diario (12 de junio de 1938) escribe Lluch: "no acierto a decidirme por ninguno de los trabajos que a gritos reclaman mi actividad… El estudio de los autos de Lope, el de los entremeses de Quiñones de Benavente, la traducción de la *Historia del Teatro*, la redacción del reglamento orgánico del Instituto Dramático, la rebusca de datos sobre el teatro español anterior a Lope de Vega, la lectura detallada de *La Celestina*… tantas y tantas tareas comenzadas y no continuadas que esperan en vano que mi voluntad se ponga en marcha".

(Diario, 1 de diciembre de 1938). A la vista de las fuentes disponibles, mi hipótesis es que Lluch sencillamente amplió la primera versión, que coincidiría básicamente con la "Ordenación del Teatro como Arte. Proyecto de Instituto Dramático Nacional" que conocemos, una descripción mayormente técnica e integradora de los distintos aspectos del teatro; en suma, allí se condensaba su experiencia como hombre de teatro durante los años treinta. En cierto modo, las dieciocho secciones de esta Ordenación equivalen a los *Apuntes de orientación profesional* que su maestro Rivas Cherif se entretuvo en redactar durante su estancia en diversos penales franquistas en los primeros años cuarenta. En ellos, impulsado por el mismo prurito que Lluch, dedicaba sus ocios a poner por escrito más de un decenio de experiencia teatral. No creo que el inquieto Rivas hubiera escrito esos *Apuntes* si no le hubieran tenido encerrado durante un lustro.[11]

Las "nuevas" ideas teatrales de Lluch pueden leerse en los artículos que, anónimos o firmados, llegó a publicar en las revistas *Vértice* y *Tajo*, y resultan mucho menos interesantes que sus colaboraciones de los años treinta en *Sparta* o *Ya*. Pedro Carreño intentó una recopilación del legado teatral de Lluch en un voluntarioso artículo de homenaje fúnebre, también en *Tajo*.

Creo, pues, que la versión que conocemos (Documento 3, de 26 enero-julio de 1939, 26 cuartillas autógrafas a tinta) consiste seguramente en una ligera reescritura de la Ordenación primitiva, cuyos restos quizá correspondan al Documento 1 bis, el más primitivo. A continuación debió de preparar otros dos documentos, de corte más claramente fascista: la Memoria (Documento 1, 28 de junio de 1939) y el Documento 2, fechado el 18 de julio del 39, dedicado al puesto del teatro como industria, dentro del Sindicato Nacional del Espectáculo. El siguiente paso, que indica que las cosas iban por buen camino, fue la redacción, en agosto del 39, de un Proyecto de Decreto para la constitución del Instituto Dramático Nacional (Documento 3 bis). Por una carta a su madre (6 de octubre de 1939) sabemos que en octubre de ese año las cosas se habían torcido irremediablemente:

> Lozoya [director general de Bellas Artes] encargó a una comisión, de la que yo formé parte, el estudio y realización de mi proyecto. Pero, aunque este ha sido alabado y ponderado a más no poder por mis compañeros de comisión, estos lo

---

[11] Dejando a un lado los intentos para implicar al Estado en el teatro español, cabe preguntarse por qué empezó Lluch a redactar el proyecto de un Instituto dramático estatal. ¿Pura coincidencia?, o ¿recibió noticias, a través del camarada Sánchez Silva, acerca de los flamantes logros del fascismo italiano en el terreno teatral?

han desvirtuado y se han apartado de él de tal manera, que no he tenido más remedio que presentar mi dimisión, porque, en realidad, no se iba a hacer nada de lo que yo quería y proyectaba.

El último paso que nos consta es el Documento 5. Se trata de un incompleto "Informe sobre el Departamento Nacional de Teatro", autógrafo de Felipe Lluch, fechable entre finales de 1940 y principios de 1941. En cualquier caso, posterior a la puesta en marcha de la compañía falangista del Teatro Español (13 de noviembre de 1940, con una *Celestina*) cuya actividad se cita –la muerte de Lluch fue en junio del 41–. En este Informe, Lluch lamenta la situación de confusión burocrática y falta de medios en que trabajan él y sus colegas: "El Departamento de Teatro del Servicio Nacional de Propaganda del Ministerio de la Gobernación es, en realidad, un nombre vacío de sentido, un organismo sin función ni autoridad". Reconoce, por la parte que le toca, que "se ha realizado una labor positiva: la creación de una compañía que, aunque mal orientada por lo que respecta a la propaganda, ha llegado casi a la perfección en la plástica de sus representaciones". En medio de su frustración, Lluch propone las siguientes funciones para el Departamento: revisión de todo el repertorio teatral, censura previa de la nueva producción, protección a la producción nacional, y ordenación del Espectáculo Público considerado como un Servicio Nacional de cultura y propaganda.

La idea fundamental de la Memoria establece que la gestión de lo teatral implica una triple óptica: el teatro como industria, el teatro como arte y el teatro como servicio. Contamos con el texto de la Memoria y el desarrollo de las partes del teatro como industria y como arte. No se ha conservado –o quizá no se redactó– la parte dedicada a desarrollar el teatro como servicio; las ideas de Lluch sobre este punto están resumidas en la exposición de la Memoria. De toda esta documentación, sólo una parte, la dedicada a la constitución del Sindicato del Espectáculo, parece haber alcanzado redacción definitiva. Las demás trascriben borradores.

La Memoria (Documento 1), dirigida al Ministro de la Gobernación, esboza el planteamiento general y los tres aspectos bajo los que Lluch quiere que se contemple la actividad teatral: como industria, como arte y como servicio. También se ocupa de la organización del Departamento Nacional de Teatro. Como industria, el teatro dependería de la Organización Sindical falangista, a través del Sindicato del Espectáculo (Doc. 2). Como arte, el teatro pertenecería a la Dirección General de Bellas Artes y estaría sometido a la tutela del Ministerio de Educación (Doc. 3); estas páginas son el cogollo de su anhelado Instituto Dramático Nacional. Para lo relativo al teatro como servicio tenemos que conformarnos con lo expuesto en la Memoria general, puesto que no sabemos si Lluch llegó a redactar por extenso ese apartado, el más genuinamente fascista de todo el Proyecto.

En la Memoria quedan claras, no obstante, varias cosas: a) el sometimiento jerárquico de la actividad teatral a la doctrina política es completo, como corresponde a un Estado totalitario; b) se instaura una censura que pretende expurgar todas las obras dramáticas; c) se pretende fiscalizar toda la actividad teatral, expropiando para ello la Sociedad General de Autores, entidad privada que funcionaba con eficacia; d) se contempla como positiva una eventual desaparición de la iniciativa privada en el teatro. Es decir, se pretende una verdadera nacionalización, de signo absolutamente antiliberal y fascista como la llevada a cabo con los periodistas, que sólo podían escribir en periódicos si poseían el carnet de periodista, otorgado en exclusiva por Falange.

También se dieron bastantes pasos en esa misma dirección con los arquitectos, reunidos en una temprana Primera Asamblea Nacional, a finales de junio del 39, cuyas sesiones publicó enseguida la Sección de Arquitectura de Falange (AA. VV. 1939). El propio Colegio de Arquitectos se encargó de las depuraciones, como la de Fernando Chueca Goitia, el cual, integrado en el Ejército Popular, había salvado edificios en el Madrid de la guerra; al quedar inhabilitado, tuvo que dedicarse a la historia de la arquitectura, de donde surgió su libro *Invariantes castizos de la arquitectura española* (1947). La misma represalia sufrió Antonio Flórez (1877-1941), arquitecto institucionista, responsable de la construcción de escuelas públicas como director de la Oficina Técnica de Construcción de Escuelas (1920-1937) y autor de los tres pabellones de la Residencia de Estudiantes (1915) en la calle Pinar. Por su parte, la industria del cine, como ha mostrado Emeterio Diez, fue muy intervenida, y con más empeño que el teatro, como espectáculo más de masas que el de los escenarios. También es bien conocido el interés de Falange por controlar la educación; esta batalla, que Falange perdió ante los católicos y los obispos en lo que se refiere a la enseñanza secundaria, fue librada con más ahínco por los falangistas en el ámbito de la universidad.[12]

La parte más interesante y comentable corresponde al Documento 3, dedicado al teatro como arte. Ahí es donde reaparece el Lluch de los artículos

---

[12] Debe verse al respecto el libro editado por Carreras Ares y Ruiz Carnicer; también Ruiz Carnicer 1993 y 1996.

sobre la renovación del teatro publicados en los años treinta, el que trabajaba y aprendía junto a Rivas Cherif o Margarita Xirgu, y reconocemos las
muchas aspiraciones comunes con otros renovadores contemporáneos de la
práctica teatral, tanto en España como fuera: el director de escena, el nuevo
actor formado con profesionalidad y toda una nueva plástica basada en una
sólida preparación de todos los oficios del teatro. Está presente, desde luego, la concepción del teatro como servicio público, un cometido del Estado
en su dimensión educativa –rasgo común a los diversos y frustrados proyectos de Teatro Nacional que se habían discutido entre nosotros–. Lluch dibu-
ja su Instituto como un centro de formación, de actividades –un Teatro
Íntimo, una revista, una editora, un círculo de estudios teatrales, tertulias–
y de educación ciudadana a través del teatro. El punto 17 resume los diez
jalones de esta visión *teatrocéntrica* de la cultura. La ansiedad de Lluch por
no dejar cabo suelto hace un tanto reiterativa su exposición y, a pesar de la
planificación en cinco años, en el lector no termina de despejar cierta confusión ante la copia de escuelas y organismos.

Un punto muy flaco, a mi entender, es la maraña interministerial de todo
el empeño, que implicaba a tres ministerios. El Departamento Nacional de
Teatro, que es de donde partía todo, formaba parte del Servicio Nacional de
Propaganda y, a su vez, del Ministerio de Gobernación, cuyos titulares eran
los falangistas Ridruejo y Serrano Suñer: el teatro se entendía "como servicio"
a la educación política de los españoles. Pero, si lo entiendo bien, el futuro
Instituto Dramático Nacional –que aspiraba a integrarse en el Instituto de
España, como precisa Lluch en su exposición– se asesoraría de un Consejo
Nacional del Teatro que debía crearse, y dependería del Servicio Nacional de
Bellas Artes, dirigido por el marqués de Lozoya, perteneciente al Ministerio
de Educación Nacional; en este ámbito, el IDN tendría como misión educar a
los artistas y oficiales del teatro, al público y estimular el interés popular hacia
el teatro. En tercer lugar, toda la actividad teatral vendría regulada por el Sindicato Nacional de Espectáculos Públicos que Tomás Borrás estaba improvi-
sando dentro del Ministerio de Organización Sindical.[13] Lluch, como jefe
sindical provincial del Espectáculo de Madrid y miembro del Departamento

---

[13] Recibió el encargo de José María Martínez y Sánchez-Arjona (1905-1977), marqués de
Paterna del Campo y delegado nacional de Sindicatos, jonsista como Borrás: "yo conozco,
como el teatro, todos los medios afines, soy el indicado", decía Borrás de sí mismo (Borrás
1968, 333-34). Tomás Borrás (1891-1976) tiene un recorrido que recuerda a Giménez Caballero: procede de una clase media acomodada y luego quebrada, es reportero de guerra en
Marruecos para *El Sol* (1920-1921), asiduo del círculo del café Pombo y, para lo que aquí

Nacional de Teatro parece tener pie firme en dos ministerios falangistas; pero su posición sería más débil en Educación, donde José Ibáñez Martín –cuyo ministerio ocupa ampliamente toda la década (1939-1951)– tenía sus propios objetivos para la educación nacional. Además, el Consejo Nacional del Teatro resulta ambiguo: al principio parece destinado precisamente a coordinar los tres ministerios; luego es un órgano superior asesor del IDN con representación ministerial; después desaparece.

En todo el proyecto de IDN se percibe cómo el apasionado Lluch, que junto a otros muchos había clamado durante años contra la "crisis teatral", la insoportable vulgaridad del teatro madrileño, siente en sus manos el espejismo de un poder capaz de arreglar el teatro español de una vez por todas.

No hay muchos datos para explicar el fracaso de todos estos planes, más allá de la decepcionada carta a su madre de 6 de octubre del 39, que ya conocemos. Me inclino a pensar, por un lado, que Lluch, pese a ser jefe sindical de Espectáculos de Madrid y ejercer otros cargos sindicales, carecía de tonelaje político y también quizá de credenciales, dado que hasta finales del 37 había sido, cuando menos, un tibio. Por otro, y sin contar con factores poderosos como la pobreza del país y la urgencia de otros problemas, la gestión interministerial del IDN, con sus múltiples organismos y dependencias burocráticas, influiría en el fracaso de un proyecto que parece completo y bien articulado sobre el papel. El IDN debió de sufrir el enfrentamiento entre la familia franquista falangista y la nacional-católica. En esos años aquélla dominaba la propaganda y el mundo del trabajo; ésta, la educación nacional. El teatro podía

importa, autor dramático ligero de cierta fama durante la dictadura de Primo de Rivera, con comedias y libretos para zarzuelas y revistas. También escribió pantomimas para el Teatro de Arte de Gregorio Martínez Sierra (Peral 75-88). Escribió para el teatro de revistas Apolo y se casó con la artista "la Goya", *née* Aurora Mañanós, a la que se puede ver en la sección "La vida frívola" de *Nuevo Mundo* (28 de diciembre de 1928: s. p.). De redactor de *ABC* pasó, después de la revolución del 34, a considerarse, junto a "la Goya", "un par de falangistas de veras" que se arriesgaron, se vistieron de lo que hizo falta y guardaron armas en su casa sin levantar sospechas porque los tomaban por gentes de la revista *Cruz y Raya*, que estaba en el mismo inmueble, General Mitre 5, muy cerca del Cuartel de la Montaña; durante el asalto al Cuartel (19-20 de julio de 1936) acudieron a pegar tiros "junto a sus compañeros". Ya en San Sebastián crea *La Ametralladora*, revista de humor para la tropa y recibe diversos encargos sindicales hasta que se retira de la política en 1941 (Entrambasaguas 1960, 1265-86). Durante sus ardores como gestor teatral del nuevo régimen escribió una fantasía sobre el futuro del teatro, que tituló "Joven novela del teatro"; pintoresca y prescindible, como todo lo suyo.

ser visto como un terreno intermedio, al tiempo factor de propaganda y una de las bellas artes. La propuesta acabó salomónicamente, es decir, mal para Lluch, con la entrega a cada partido de un teatro subvencionado. El Ministerio de Educación se encargó de gestionar el María Guerrero, que se estrenó como Teatro Nacional el 27 de abril de 1940 con Luis Escobar como director. Y Falange se hizo cargo del Teatro Español, tras las negociaciones de Tomás Borrás con el Ayuntamiento de Madrid, que era el propietario y que lo concedió en noviembre, con la temporada ya empezada. En realidad, la propuesta original de Borrás al Ayuntamiento equivalía a un Instituto Dramático Nacional en miniatura; pero no obtuvo más que el establecimiento de la compañía sindical en ese teatro, y así se quedó.[14]

Los últimos esfuerzos de Lluch por poner orden en el Departamento Nacional de Teatro, entre el otoño del 40 y la primavera del 41 debieron de naufragar con la ofensiva de los militares que expulsaron al equipo falangista del Ministerio de Gobernación.[15]

Lluch, historiador nacionalista del teatro español

Durante la guerra Lluch pasó muchas horas dedicado a la lectura de estudios y textos del teatro español áureo y prelopista. Hasta que un día, la pregunta del camarada Carlos Fernández Cuenca tiene la virtud inesperada de alinear en la mente de Lluch sus estudios y escritos, pasados y presentes. Aquello cuaja en el intento de construir una historia nacionalista del teatro español. La idea le atrae pero, para no desviarse de la dirección escénica, decide encomendarla a los "especialistas e investigadores que compongan el Círculo de Estudios Teatrales de mi proyectado Instituto Dramático Nacional", según cuenta en su diario (4 de enero de 1939):

---

[14] En *Historillas de Madrid* el infidente Tomás Borrás se explaya sobre las dificultades y zancadillas que logró vencer para que el Español se adjudicara al Sindicato, aunque lo cierto es que aporta detalles y noticias interesantes como el texto de abril del 40 con su solicitud al alcalde de Madrid, Alberto Alcocer, y el presupuesto, que se eleva a 275.000 pts. (1968, 334-44). La aspiración del Sindicato era "transformar el Teatro Español en un organismo vivo al servicio de la educación artística del pueblo y en un instrumento eficaz para el engrandecimiento de España y el triunfo de su Revolución Nacional Sindicalista" (342), con texto que suena mucho a Lluch.

[15] Como consecuencia de toda esa "crisis", a la derrotada Falange se le entregó una Vicesecretaría de Educación Popular donde se mantuvo la "confusión de poderes que tantas rentabilidades había devengado" (Chueca 290).

lo que sí podría escribir [...] es un ensayo o resumen del desarrollo de los géneros dramáticos, de las teorías estéticas teatrales, de las características ideológicas y técnicas de cada época. Porque lo interesante y capital en la historia del teatro, según mi criterio, no son los autores y las obras, sino las ideas y sentimientos que informan las producciones y la técnica que se emplea para su redacción; es decir, la *historia interna* del teatro que será, casi, una historia de la cultura.

Tras señalar la *Historia de la Literatura nacional española en la Edad de Oro* de Ludwig Pfandl como su modelo, insiste: "Mi proyecto es, pues, estudiar el desarrollo del teatro en España considerado *como un organismo vivo y continuo*; es decir, como obra de cultura, *como constante nacional*, como manifestación del espíritu español" (Diario, 4 de enero de 1939; cursivas mías).

El texto producido por Lluch fue titulado *Del gran teatro de España* y en su versión actual consta de 45 cuartillas mecanografiadas a doble cara, que fueron transcritas por su hijo José Antonio en los años sesenta. Nunca llegó a ser publicado.

Lluch intenta describir ese "organismo vivo y continuo" en trece secciones que denomina Normas, muy dentro de la retórica falangista. En el texto se percibe una estructura en tres partes. La primera comprende los tres primeros capítulos y podría titularse: "Una teoría restauracionista del Teatro Nacional", aunque Lluch la tituló "Credo". La segunda parte consiste en un análisis de los géneros dramáticos en el Siglo de Oro. La tercera contiene una mirada a 1940 y a la deseable restauración del "gran teatro de España".

No conocía Lluch, seguramente, la *Literatura dramática española* (1930) de Ángel Valbuena Prat publicada por la barcelonesa editorial Labor en su Biblioteca de Iniciación Cultural. Valbuena andaba también cercano a esos lenguajes de corte "evolucionista" y dividía la historia del teatro español en tres grandes épocas: de iniciación –hasta Lope–, de apogeo –hasta el siglo XVIII, en los dos grandes ciclos de Lope y Calderón– y de descomposición –hasta la muerte de Galdós–. Esta tercera parte, en la que Valbuena no trata de ningún autor vivo, en realidad se reduce a un "apéndice compendioso" (Valbuena 1930, 6). Por lo tanto, "el organismo de nuestra dramática es considerado como un género que adquiere su valor representativo de raza y de época en un momento dado, como el teatro griego en el siglo V a. de J.C., el inglés en la época de la reina Isabel, y el francés en el *grand siècle*, y que, como nadie se atreverá a negar, no ha hallado una fórmula semejante en los siglos siguientes al XVIII" (Valbuena 1930, 6). No obstante, Valbuena intenta precisar algo que no se entiende del todo bien: que descomposición "no significa degeneración sino la separación natural de los elementos que constituyeron su medula y que, como en todo proceso semejante, nos permiten esperar [*sic*]" (6). José Fernández Montesinos tampoco daba muestras de conocer este tempranero y buen libro de Valbuena. En su combativa reseña de la *Historia* de Pfandl, Fernández Montesinos lamentaba que "no podemos oponerle otros textos, esto es lo más grave; tenemos sólo hórridos catálogos de autores y títulos, aún hay entre nosotros quien cree que "saber literatura" es saber los nombres de todos los hijos de Lope de Vega" (en Dennis 1983, 110). Y no podía saber Lluch que la casa de Gustavo Gili acababa de publicar en Barcelona la primera edición, en dos volúmenes, de la *Historia de la Literatura Española* (1937) del mismo Valbuena Prat, la primera historia de nuestra literatura que ensayaba una organización por criterios estéticos, en aplicación de una actitud intelectual que cabe remontar a maestros institucionistas.[16]

Una teoría restauracionista

Según el "Credo" restaurador de Lluch expuesto anónimamente en una serie de artículos de la revista *Tajo* –en su archivo hay borradores de texto coincidente–, el teatro debe reunir simultáneamente los siguientes elementos: ser español, religioso, popular, político y nacional.

> Creemos –y así lo afirmamos de una vez y para siempre– en el teatro español. Creemos en un teatro nacional, religioso y popular; nacional sin patrioterismo, religioso sin ñoñez, popular sin chabacanería. Creemos en un teatro de España, para España y para el mundo. Y creemos en él –sin mérito en la fe– porque ese teatro existe; en parte –casi muerto ya– en las bibliotecas, olvidado y aún desconocido; en parte –todavía por nacer– en esa inmensa posibilidad que es, actualmente, la juventud española [...]
>
> El verdadero teatro popular es, por consiguiente la más clara y exacta expresión de la vida consciente de un pueblo. Es, en realidad, la voz de la conciencia nacional [...]
>
> Para que el teatro nacional exista es necesario, pues, que coexistan: nación, conciencia de la nacionalidad y voz que sepa interpretarla. Si una de estas tres premisas falta, no llega a florecer esta difícil, maravillosa flor del teatro popular [...] En España floreció durante cien años justos: de 1580, en que apareció en los "corrales" el arte del "monstruo de la Naturaleza" –el mejor elogio que se le pue-

---

[16] Más detalles en Rubio (397) y Martín Ezpeleta (2007 y 2008, 102-96); para la segunda emisión de 1939 con pie falso de 1937, véase González Ramírez.

de hacer–, el gran Lope de Vega, a 1681, en que murió Calderón, "monstruo de ingenio". Sobre estos dos grandes pilares se ha alzado el grandioso teatro popular español [...]

El teatro religioso en que creemos y esperamos no es, pues, un blando y devoto pasatiempo cuaresmal o navideño, ni mucho menos un turbio y pingüe comerciar con milagreras devociones femeninas; sino un austero y constante y viril ahondar en la eterna angustia humana para extraer de ella una clara luz de eternidad y belleza o una estricta norma de servicio y espiritualidad.

La nota política suena antiliberal, organicista y falangista:

Si el teatro popular y religioso se nutre de la vida misma del pueblo [...] en ese teatro se hará patente y clara la oscura fuerza –oculta fuerza– que impele a dicho pueblo a ser lo que es; es decir, su constante histórica, su misión universal, su destino como pueblo. Por lo tanto, su política, su auténtica y eterna política nacional.

No se nos arguya que los pueblos pueden cambiar de política. Podrán olvidarla, sí; y aún despreciarla y aborrecerla, y abrazar –suicidamente– una política antinacional. Pero en ese mismo instante dejarán de ser Nación para convertirse en simple Estado. Un estado –el de no ser– del que sólo podrán liberarse volviendo a su política, es decir, a su ser. Y a este ser –en el tiempo y en el espacio– es al que sirve –y del que vive– ese teatro religioso y popular, por consiguiente, político, que hemos definido como teatro nacional.

[...] si la política –la política nacional– es consustancial al teatro –al teatro nacional– no hace falta propugnarla; en él vive, como el aroma en la rosa. Y si se propugna, es que el aroma es falso, advenedizo, extraño. Y por consiguiente espúreo. Ni Esquilo ni Calderón tuvieron que decir –quizás ni lo supieran, y en ello seguramente estriba la gran virtud política de su teatro– que *Los Persas* y [*sic*] eran teatro político. Piscator sí lo dijo y lo publicó a los cuatro vientos. Y hubo de ser expulsado de Alemania cuando ésta volvió a su ser.

Los cinco factores se reclaman mutuamente en una aleación que bien podría llamarse "integrismo teatral". Después de todo, el Teatro Nacional era una fe.

Los géneros dramáticos en el Siglo de Oro

Con buena intuición Lluch resume la esencia del teatro en tres notas: conflicto de pasiones humanas, síntesis que va directa al núcleo del conflicto y expresión espectacular, sensorial. A continuación intenta resolver la dicotomía entre el teatro culto y el popular con un frontal rechazo a toda tendencia erudita y minoritaria –tanto en el XVI como en el XVIII como en el XX, en la que él mismo tanto tuvo que ver–, y una rotunda afirmación de que en teatro lo culto y lo popular han de estar unidos en un escena para todos, como lo fue la del Siglo de Oro.[17] A diferencia de otras artes, el teatro

> se nos presenta gradual y progresivamente –sin disección ni discontinuidad posibles– como un organismo vivo [...] y con tan extraño poder de sugestión y arrastre que no cabe ya en el hombre –como espectador, se entiende, vencido ya de antemano con sólo sentarse en la butaca– una postura de rebeldía crítica, sino una entrega total de sentidos y potencias.
>
> Contra esta grandeza cósmica, fruto lógico de la humilde servidumbre vital del arte escénico, se empeña vanamente ese falso y fútil teatro selecto y minoritario que algunos aficionados miopes creen sorprendente y casi milagroso hallazgo de hoy; de un hoy que ya es ayer [...] Pero este pretendido hallazgo de las pueriles, deshumanizadas minorías no es, en realidad, más que un necio e inútil retorno a la incómoda y estéril tarea antiespañola de los renacentistas italianizantes o de los neoclásicos afrancesados. El gran teatro de España, que es el gran teatro del mundo, es el duro, amargo y hondo teatro popular y nacional de Naharro y Timoneda, de Lope y de Calderón, de Amescua y Guillén de Castro. Porque en España –en el mundo– aunque haya aparentemente dos teatros rivales y antagónicos –el culto y el popular– sólo hay uno en realidad, porque el otro no es teatro; será –o intentará, ser, si lo logra– poesía dramática, ensayo dialogado o divagación escénica; pura y amena literatura, simple capricho, estupidez o humorada. Pero teatro, no; porque Teatro –ahora ya con mayúscula– es lo que le habla al hombre con la clara voz de su angustia sobrenatural, trascendente, y el grito oscuro de su pasión humana.

Hasta aquí, digamos, la esencia de lo teatral. Seguidamente aborda los géneros dramáticos en general y, dentro de ellos, los géneros nacionales. Según Lluch, la tragedia surge en los pueblos inmediatamente después de la epopeya y tiene el valor político de ser norma y ejemplo para los ciudadanos que ven reflejado en ella el destino eterno de su pueblo. La comedia es, en cambio, la historia viva de un pueblo, lo actual. Pues bien, partiendo de esta base clásica el teatro español ha forjado sus géneros nacionales, que serían:

a) El drama o tragicomedia, que logra fundir lo eterno de la forma trágica y lo actual de la forma cómica; son las comedias áureas de Lope, Calderón, Tirso, etcétera.

---

[17] Pozuelo ha analizado la consolidación decimonónica del concepto de "teatro nacional" unido a las notas de 'popular' como opuesto a 'culto', y 'propio' como opuesto a 'ajeno', 'extranjero'.

b) El entremés, forma elevada de rango por Cervantes y Quiñones de Benavente; ocuparía el lugar de lo cómico puro, el realismo y la sátira, y más tarde saltaría, como forma viva, hacia el sainete. Una especie, por tanto, de subcomedia.

c) El tercer género nacional y cumbre de ellos es el auto sacramental cuyo rasgo central es ser una tragedia sublimada: la tragedia de la Redención, la más alta y noble manifestación trágica que cabe imaginar.

En la visión sintética y algo ingenieril de Lluch los géneros nacionales son, pues, un híbrido —la tragicomedia lopista—, y dos géneros aparentemente menores —auto y entremés— que ocupan los puestos de la tragedia y la comedia, formas no nacionales y por tanto inexistentes —o viceversa—.

El auto, como género que corona la pirámide de las constantes teatrales de España, merece de Lluch un análisis aparte que se publicó en *Revista Nacional de Educación* dos años después de su muerte. Las ideas fundamentales son: que ninguna forma representa tan fielmente el arte católico; que el auto es la más alta y bella manifestación de la tragedia; que los autos sacramentales son fruto del giro antropocéntrico del Renacimiento, vuelto católico por el genio sintetizador de Calderón; que, como en toda tragedia, el interés estriba en el reconocimiento y no en la sorpresa; que el auto era una forma plenamente litúrgica, y que el siglo XVIII eliminó los autos llevado de su ateísmo y racionalismo extranjerizantes.

A continuación incluye Lluch un recorrido por lo que podríamos llamar temas católico-populares, cuyos orígenes reconocemos bien en sus artículos de los años treinta: el Nacimiento en el teatro español, la Pasión en el teatro clásico y la devoción a María Inmaculada.

Rematan este segundo bloque unas páginas sobre "El valor teatral de lo barroco" donde se postula que la esencia del barroco coincide con la esencia del teatro, espectáculo unificador de diversas artes. En el barroco, cada una de las artes es un arte insatisfecha que aspira a ser, además, otra: "ut pictura poiesis". Una época, pues —el barroco—, coincide esencialmente con un arte: el teatro.

La Restauración: el pasado en el presente

Lo primero que Lluch comprueba es que en España no ha habido ni hay una crítica teatral seria con método y altura; y cita en ayuda de su tesis a don Joaquín de Entrambasaguas y a Jardiel Poncela. En prosa excesivamente lírica expone Lluch un aleccionador contraste:

Hoy como ayer –un ayer de hace tres siglos, más cercano, por fortuna, que el ayer de hace seis años– el tibio sol cálido del invierno bañaba de tiernos rosas los tejados de los patios y corrales. Hoy, como ayer, el aire de la tarde muerta es delgado y transparente y el azul del cielo se hace plata cuando, al filo de las seis, despierta el primer lucero. Hoy, como ayer, la hora es propicia al ensueño y a la entrega apasionada.... Pero hoy Madrid no tiene –como tenía ayer– un teatro nacional que sacie el hambre y la sed de vida eterna que a esa hora nostálgica de la prima noche obliga al hombre a asomarse a unos ojos de mujer. [...] aquellos apasionados espectadores no acudían a él por distraerse, es decir, perderse; ni por matar el tiempo –matarse–, sino por encontrarse y vivir, y revivir, su historia –su presente y su pasado– hecha drama y poesía en la humana y vital ficción escénica.

La única política posible es mirar atrás. En programática exposición reaparecen ideas ya expuestas y se sientan principios ultranacionalistas. El teatro no es "una obra de cultura, sino una forma vital". Nacida "al pie del altar, no es sino liturgia y pueblo; comunión y comunicación humana; esperanza y recuerdo colectivos; común destino y tarea; es decir, Nación, Estado. Y lo que sea de estos, eso será del teatro".

Ya lo había escrito Torrente Ballester en 1937: "Procuraremos hacer del teatro de mañana la liturgia del Imperio" (Torrente Ballester 75-76). Pero aquella "escena para todos" debía llegar como consecuencia natural de una utópica reunificación social y nacional que estaba completamente al margen de las dinámicas de la historia en el siglo xx.

En el análisis de esta historia nacionalista del teatro español se pueden distinguir dos niveles: el filosófico y el historiográfico. En el primero, se detecta la premisa crudamente antihistoricista de Lluch; la base de sus propuestas es un esencialismo acrónico, la desatención a los condicionantes de la circunstancia. El Yo "sin mi circunstancia", en busca de una utopía. Los mitos deben gran parte de su fuerza a la resistencia que oponen a la temporalidad. Según el mito central fascista, la Nación purga un pecado que la llevó a la decadencia y debe recuperar sus esencias eternas, esos valores que permiten discriminar los verdaderos de los falsos españoles.

En el nivel historiográfico tenemos que referirnos a una dependencia directa de la teoría romántica del *Volkgeist* según la cual la conciencia nacional se expresa en sus formas artísticas. Los dos referentes básicos, en teatro, son Wilhelm F. Schlegel y Agustín Durán. Las fuentes de Lluch proceden de la historiografía decimonónica alemana y fueron, en concreto, la ya citada *Historia de la literatura nacional española en la Edad de Oro* de Pfandl, y la *Historia del arte escénico* del Adolfo Federico Schack

La obra del conde Schack supone la cima de la época de más ardiente hispanofilia en Alemania, la primera mitad del XIX. Para Schack, como buen romántico, el drama en su forma y espíritu está condicionado completamente por la historia y el carácter de un pueblo. En consecuencia –aunque nos chirríen los oídos por el grosero mecanicismo– "siendo España 'uno de los pueblos más nobles del mundo', su teatro es, por consiguiente, 'de sublime perfección'" (Briesemeister 259). Lo verdaderamente grande y original sólo puede prosperar en medio de la popularidad, no en camarillas experimentales y minoritarias.

El entusiasmo hispánico de los románticos alemanes tenía bastante que ver, en origen, con la francofobia, el antiliberalismo y el sentido religioso de signo católico provocado como reacción a las invasiones napoleónicas, especialmente en Baviera. Los seculares lazos con la monarquía Habsburgo, más la falta de unidad política germana, contribuyeron a hacer de la invadida España un ideal de sentido colectivo, religiosidad y resistencia a los principios democráticos e ilustrados.

El grupo muniqués en torno a la corte de Maximiliano II generó un grupo de eruditos independientes como Johannes Fastenrath (1839-1908), Adolf Schaeffer, Reinhold Baumstark (1831-1900) –juez, converso al catolicismo tras un viaje a España, apologeta hispano-católico–, Joseph von Eichendorff, Franz Lorinser o el jesuita Alexander Baumgartner. Había, claro, otros puntos de vista contemporáneos bien distintos. Por ejemplo, a Julius Leopold Klein (1810-1876), de origen judío, el teatro áureo español le parecía el mediocre producto de un mediocre país, tal como afirmaba en su *Geschichte des Dramas*, muy influenciado por el positivismo medioambiental de Taine, según Briesemeister (259-60). De esta tradición surge un hispanista de relieve, Karl Vossler, y otro más discreto, Pfandl, que tanto influyó sobre Lluch. Se comprende que Lluch quisiera llenar un hueco de nuestra historia teatral; se comprende que su temperamento apasionado y su conversión político-religiosa le llevaran a sintonizar plenamente con alguien como Pfandl, que "escribía demasiado con el corazón" (Niedermayer 172).[18]

---

[18] La anónima y generosa necrológica sobre Pfandl en *Revista de Filología Española* es también bastante "cordial", aunque se hacen reservas a sus planteamientos: "A todo espíritu español auténtico le era fácil entender a Pfandl, porque […] se colocaba siempre en el punto

A pesar de sus muchas limitaciones e idealismos, no puede negarse a
Pfandl cierta ambición intelectual en su intento de ir más allá del método
decimonónico del positivismo. Acorde con las tendencias del área germana,
Pfandl pretende hacer historia literaria "desde el punto de vista de la historia
de la cultura" (1933, viii) arriesgando, inevitablemente, una interpretación.
En el polo opuesto del ultraindividualismo de Benedetto Croce, para Pfandl
los géneros son "elementos integrantes de la historia del espíritu contemporáneo" (ix); de ahí que predomine en la exposición el "grupo de ideas y formas
artísticas" sobre la atención al autor particular, que no aparece tratado como
una unidad sino disperso en varios lugares y nunca monográficamente (ix).

Pfandl abre esta vía de las formas y Lluch en su *Del gran teatro de España*, en medio de resonancias calderonianas, la prolonga y radicaliza hacia las
formas nacionales, imperiales y católicas que hemos descrito. Ellas redimen
nuestro teatro de la anti-España, al igual que Pfandl combatía la Alemania
decadente y protestante. Cada uno usaba la historia para remediar sus propios males.[19]

Del gran teatro de España quizá no rebase el nivel de la curiosidad. Pero
es un ilustrativo producto, no tanto del *Volkgeist* de la España vencedora
sino de una mezcla de menéndezpelayismo y *Zeitgeist* falangista acerca del
teatro. Si exceptuamos los manuales y antologías que Giménez Caballero
publicó, con su prosa brillante y estrafalaria, entre 1940 y 1951, titulados
Lengua y Literatura de España, este ensayo inédito de Felipe Lluch es lo único medianamente informado y concreto que se escribió en aquella España
acerca de la historia de nuestro teatro desde una óptica específicamente
falangista. Lo cual lleva a concluir que el peso del falangismo en la historiografía teatral española es poco significante.

LLUCH AL FRENTE DEL TEATRO ESPAÑOL: LA VUELTA A LOS ORÍGENES

A partir de octubre de 1940 el Teatro Español de Madrid pasó a ser la sede de
la compañía teatral del partido F.E.T. y de las J.O.N.S. Antes de sus primeras
decepciones, en el homenaje que el Departamento Nacional de Teatro hizo a

---

de vista católico, que era el que correspondía a sus creencias y a las nuestras. Esta posición
de Pfandl explica algunas críticas incomprensivas y tendenciosas de su obra" (Anónimo
1942, 404-05).

[19] Esta tesis y las páginas anteriores, con algunas alteraciones, fueron publicadas en
García Ruiz 2002.

los hermanos Serafín y Joaquín Álvarez Quintero en el mismo abril del 39, Lluch tuvo ocasión de rendir homenaje al hermano muerto en 1937.[20] Según Lluch, Serafín murió "asaeteado por la hostilidad y la acritud de los locos forjadores de la ruina y el odio. Murió de hambre y de frío, soñando con esta España en pie que hoy empieza a vivir con ímpetu de juventudes y con madurez de siglos". Como pequeño jerarca teatral que era, Lluch se permitió una peculiar interpretación de *Malvaloca*, la obra que se reponía en el Español (15 de abril de 1939): "Pero aquella España rota la hemos fundido de nuevo –como funden las campanas, como pedías tú mismo que fundieran a esta pobre Malvaloca– y hoy nuestra voz juvenil es una rotunda y grave voz de afirmación y de fe" (Lluch en el Homenaje a S. Álvarez Quintero).

El primer montaje de Lluch en el Español fue *La Celestina* (13 de noviembre de 1940), dirigido por Cayetano Luca de Tena sobre la versión que preparó y no pudo dirigir personalmente Felipe Lluch, convaleciente de una operación. El espectáculo fue presentado por un hombre significado en el partido, Eugenio Montes, y parece que Lluch, ya recuperado, dirigió unas palabras a la nueva compañía en las que manifestaba su firme decisión de llevar a la práctica las ideas que había proyectado con tanto esmero, su "Gran teatro de España":

> Ha llegado el día en que ha de transformarse en realidad el sueño de una vocación. Un sueño de semanas para alguno de vosotros. Un sueño de años para los que más de cerca me habéis seguido y esperado con fe ejemplar. Un sueño de siglos para mí, puesto que pesan sobre mi alma los cinco siglos de la historia viva de nuestro teatro hoy muerto.

Al terminar, "en este día en que se inaugura oficialmente el gran teatro que España reclama y necesita", Lluch daba las gracias a Pepe Franco, "excelente actor e incomparable maestro de dicción" y a Cayetano Luca de Tena, "compañero en días tristes, discípulo predilecto de quien ha puesto su vida al servicio de ese Teatro" (Lluch, a los miembros de la compañía del Español, antes de dar comienzo la primera representación, 13 de noviembre de 1940).

La idea central de este montaje de *La Celestina* era conseguir una inspiración de misterio medieval sobre un espacio en tres escenarios cuyos vanos se aprovechaban como calles y graderíos. En los decorados se habían repro-

---

[20] A la muerte de Serafín, el *Boletín de Orientación Teatral* (5 [15 de mayo de 1938]: 1-2) publica un artículo de Alberto Marín Alcalde, "Madrid y los hermanos Quintero" y un texto de condolencia del Consejo Nacional del Teatro.

ducido detalles procedentes de las ediciones antiguas de la Tragicomedia. Los distintos tiempos se marcaron a base de luz e intervenciones corales.

En la "Noticia de la obra y su representación" del programa de mano –sin firma, pero con seguridad escrita por Lluch– se apunta a la fluidez de la acción: "esta versión espectacular […] pretende, por una parte, lograr la continuidad de la acción, sin la enojosa división en cuadros que atomiza la obra y destruye el interés de la anécdota". Por otra, fluidez también en lo plástico: "hacer visible espectacularmente esta vida que anima los diálogos de Fernando de Rojas […] mediante un decorado simultáneo, característico de la Edad Media, con estructuras y detalles arquitectónicos del Renacimiento". Se buscaba con ellos hacer patente lo que Lluch entiende como la entraña dramática de la *Celestina*: la "mezcla de lo trágico medieval y de lo cómico renacentista". La acogida fue menos entusiasta de lo esperado, no por falta de calidad del montaje sino por la poca preparación del público.

Su segundo espectáculo fue una comedia de enredo, *Las bizarrías de Belisa* de Lope de Vega (17 [*sic*] de enero de 1941) con una bella escenografía de Sigfrido Burman que reproducía el Madrid del XVII y unos buenos figurines de Manuel Comba. Las canciones de Lope de Vega, armonizadas por el maestro Manuel Parada, fueron interpretadas por Carmen Bonet, José Luengas y José Franco. Lluch quiso hacer madrileñismo con Lope o género chico *avant la lettre*. "Madrid es el verdadero protagonista de *Las bizarrías de Belisa*". Por eso "se ha hecho aparecer constantemente en la escena la silueta panorámica de Madrid presidiendo la rápida acción asainetada de esta comedia burlona, amable y sencilla, como el juego intrascendente de una corte aburguesada y picaresca" (programa de mano).

La sesión se completó con la reposición de un montaje del Teatro Estudio de Arte, aunque estreno para los madrileños de 1941: *La decantada vida y muerte del general Mambrú*, tonadilla "general" de Jacinto Valledor (1744-1809),[21] estrenada en 1785, dirigida por Lluch con escenografía y figurines de José Caballero y música también de Manuel Parada. Cantaron de nuevo Bonet, Franco –Mambrú– y Luengas, además del Paje, Paloma Pardo, y cuatro soldados.

Con este asunto tradicional, Lluch buscó una parodia de la ópera italiana en clave musical y también de métrica, a base de ritmos populares combinados con otros de inspiración francesa, en especial la canción de Mam-

---

[21] "Así llamada porque en ella figuran las principales 'partes de cantado' de la compañía" (programa de mano).

brú. La puesta en escena tomó un giro nacionalista al querer "reflejar el tono falsamente español del afrancesado siglo XVIII y el desequilibrio cómico que se establece entre la situación, pretenciosa y aparatosamente dramática, y la versificación y la música de intención decididamente caricaturesca" (programa de mano).

Con el claro objetivo de ganarse al público del teatro municipal, adicto a su antiguo paladar en materia teatral, siguió una reposición de Benavente, *La losa de los sueños*, y, en la misma sesión (8 de febrero de 1941), *Château Margaux*, un clásico de los juguetes cómicos, de José Jackson Veyán con música de Manuel Fernández Caballero, pieza bien reída por los espectadores más maduros y que también Lluch había ofrecido en sus tiempos del Teatro de Arte y Propaganda durante la guerra. En esta misma línea están otro Benavente, *Sin querer*, y unos Quintero, *El patio* (6 de marzo de 1941).

Mientras corrían las reposiciones de estos autores seguros, Lluch dedicaba sus últimas energías a *Las mocedades del Cid* de Guillén de Castro. Lluch, ya muy enfermo, insistió en encargarse personalmente de los ensayos y, a los ruegos de sus colaboradores de que se cuidara, respondía con que quería morir dirigiendo sobre el escenario. El estreno se produjo el 1 de abril del 41, en el segundo aniversario de la Victoria, con la presencia en el palco de Franco, no muy aficionado al teatro. *Las mocedades* fueron recibidas calurosamente pero lo más probable es que los valores plásticos –dos arcos románicos en la embocadura, los guerreros diseñados sobre pinturas de códices, movimiento de masas bien resuelto, sencillez y cromatismo– quedaran preteridos para el espectador medio del Español ante la carga nacionalista de la figura del Cid en tan señalada fecha imperial. Lo digo porque la gacetilla "Lo que ha significado su representación", que reproduce sin firma *ABC*, reza:

> La Falange ha divulgado nuestro mejor teatro, buscando en el tesoro de los autos sacramentales y en el Romancero las piezas más considerables […] el Estado, por el órgano de la Falange, cuida el Teatro Nacional, venero de emociones […] Traer a la conciencia de las gentes la grandeza de nuestro teatro del Siglo de Oro y sus precedentes inmediatos, y hacerlo con dignidad de tono es obra de depuración del gusto y, además, profundamente patriótica.

El texto obedece sin duda a una consigna impuesta por Falange. Cayetano Luca de Tena intervino como codirector.

Los últimos dos montajes de la compañía en esta temporada fueron bosquejados por Lluch desde el sanatorio donde murió el 6 de junio de 1941. *El hombre que murió en la guerra*, de los Machado (18 de abrril de 1941) funcionó muy mal de cara al público. *Víspera*, del camarada Samuel Ros (14 de mayo de 1941), fue fríamente recibida por la crítica, que acusó a la obra de falta de acción y de monotonía. La compañía del Español, con la dirección interina de Luca de Tena, puso nada menos que *La casa de la Troya*, de Linares Rivas, en una fecha muy tardía (4 de julio de 1941) y para el 18 de julio repuso el espectáculo áureo-fascista de Lluch *España, Una, Grande y Libre*.

Esta primera temporada fue caótica. La enfermedad y muerte del director más la presencia de varias autoridades –Tomás Borrás y José M.ª Alfaro eran oficialmente los directores de ese Teatro Nacional con sede en el Español, y también estaba Luca de Tena– tuvieron un efecto negativo sobre la calidad de los espectáculos y su capacidad para atraer público. Faltaba definir una línea coherente, que es lo que empezaba a lograr poco a poco Luis Escobar en el otro Teato Nacional, el del María Guerrero. En cuanto al repertorio, de los diez montajes, hubo casi a partes iguales autores clásicos y comerciales.

De los sueños políticos e ideológicos de Lluch puede apreciarse más bien poco en esta programación. Sí se perciben, en cambio, bastantes restos de aquellos tiempos en que la TEA no podía funcionar sin su discreta y eficaz presencia. Cayetano Luca de Tena, su compañero de prisiones y seguidor al frente del Español, hereda toda la técnica de su antecesor y amigo, pero poco o nada de sus sueños ideológicos. Luca de Tena se acogió más bien a la olvidada idea de Lluch según la cual un Teatro Nacional debía ser un museo y un laboratorio de teatro, no un factor de cohesión social.

UN BALANCE FINAL

La temprana desaparición de Lluch, al igual que su prolongado olvido, invitan a algunas apreciaciones finales. En primer lugar, la necesidad de examinar el teatro fascista español dentro del contexto europeo. Puede aplicarse a España lo que Günter Berghaus ha escrito para Alemania e Italia, después de manejar las carteleras de ambos países: "el 90 por ciento de las funciones teatrales en los estados fascistas fueron no fascistas tanto en forma como en contenido" ("The Ritual Core" 66). Después de todo, el fracaso de Lluch en sus intentos de un teatro fascista para España fue el mismo fracaso que en el resto de Europa.

Creo que las causas del fracaso del teatro falangista en España son de dos tipos: socioeconómicas y políticas. En lo económico, se echó un pulso a una estructura empresarial que tenía más de cien años y la fuerza de los hechos pudo más que el voluntarismo. No se rompió la inercia del teatro burgués en su estrato más duro: el industrial. Que yo sepa, lo único que se logró efectivamente en este terreno tardó casi diez años y fue el "Reglamento Nacional de Trabajo para los profesionales en Teatro, Circo y Variedades" (*Boletín Oficial del Estado*19 de marzo de 1949: 1267-75), que todavía dependía en algunos puntos del "Reglamento de Policía de Espectáculos Públicos" (*Gaceta* 5 de mayo de 1935: 822).[22]

Esa resistencia era la misma en que venían estrellándose anteriores renovadores del teatro: la estructura burguesa de la sociedad ilustrada que hace inviable el ideal de un Teatro Popular o Nacional capaz de aglutinar orgánicamente la sociedad. Hombres de orientación liberal como Valle Inclán, García Lorca, Jacinto Grau, Max Aub, o las mismas Guerrillas del Teatro durante la guerra, se encontraron con el mismo torcedor.

En cuanto a lo político, resultó que el franquismo terminó siendo más nacional-católico que nacional-sindicalista. Como, en el fondo, el propio Felipe Lluch. Esto quiere decir que en el teatro se acudió de forma natural a los muchos aspectos ideológicos y míticos que el nacional-catolicismo compartía con el falangismo, pero no se abordó un asunto tan trascendente como el de su nacionalización económica. Eso hubiera sido equivalente a una "revolución" teatral.

A medida que pasaban los años cuarenta, se vio que no hubo un teatro dirigido positivamente a plasmar en el teatro una serie de valores –cosa que sólo a Falange parecía interesar– sino un teatro negativamente tutelado mediante la censura, controlada entre 1941 y 1962 casi siempre por el mismo hombre, Gabriel Arias Salgado. En consecuencia, a lo largo de la posguerra cuajó un teatro de clara sensibilidad conservadora pero yo no diría que como proyecto estatal sino más bien como efecto social.[23] El teatro en España no tuvo que quitarse la camisa azul porque, en rigor, no llegó a ponérsela.

[22] He comentado este Reglamento en *Continuidad y ruptura* (21-33).

[23] Hubo, sí, obras positivamente nacional-católicas; por ejemplo, *El Pilar de la Victoria* (Madrid: Editora Nacional, 1945) de Manuel Machado, estrenada, cómo no, en Zaragoza un 12 de octubre (1944). *El Pilar de la Victoria* es un mejunje religioso-folclórico-nacional donde aparecen desde los romanos hasta jotas aragonesas y un diálogo de la "güela" María y el legionario Tiaguillo.

En lo teatral, el tradicionalismo triunfante se nutría de una ya antigua herencia, según la cual el cosmopolitismo modernista se había volcado hacia el españolismo y sus mitos históricos, operación mayormente ejecutada por Eduardo Marquina hacia 1910. Pero la canalización de un teatro nacionalista no falangista a través del teatro poético era de un arcaísmo insostenible en los primeros años cuarenta. Es cierto que se estrenaron en aquellos años dramas poéticos tardomodernistas; es cierto que Marquina siguió estrenando –sobre todo en teatros oficiales y habría que saber con qué íntima libertad por parte de los programadores– y que los escenógrafos aprovecharon esos montajes de Marquina para desarrollar técnicas espectaculares. Pero sus obras convivían en la cartelera con otras de técnica mucho más moderna, que atrajeron un nuevo público, como *Nuestra ciudad* de Thornton Wilder o *La herida del tiempo* de John B. Priestley; y cuando en 1946 don Eduardo murió en lo alto de un rascacielos neoyorquino, se llevó con él lo que quedaba de ese género y esa rancia posibilidad para un teatro conservador. En realidad, desde el tradicionalismo no se pedía al teatro que hiciera propaganda del régimen; bastaba con que no atentara contra los fundamentos del Estado. Y si encima podía divertir y adoctrinar un poco, mejor. Entre sus prioridades no estaba la cultura teatral.

Como excepción, cabría hablar de la labor del Teatro Español Universitario (TEU) durante los años cuarenta, dependiente de la estructura de Falange y dirigido por el camarada Modesto Higueras que, alentado por las consignas y los reglamentarios elogios de la Delegación de Prensa, daba sesiones de sabor barraqueño a base de clásicos españoles, aunque no exclusivamente.

A la altura de 1944, un hombre tan atento a lo teatral como Valbuena Prat percibía lo poco que se estaba haciendo por avanzar en el camino de la revitalización de nuestros clásicos áureos, que era, para él, indudablemente "el gran modelo" para lograr un "teatro novecentista adecuado a las circunstacias del momento español actual". Con tal esperanza, no hacía más que prolongar los deseos de la intelectualidad teatral republicana a la que él mismo pertenecía, aunque, dadas las circunstancias, tuviera para ello que ser circunspecto a la hora de escoger sus palabras. Sin embargo, constata Valbuena, "es una lástima que, salvo contados y notables casos de excepción, no haya en España la cuidada y constante representación de Lope, Calderón y todos nuestros grandes dramaturgos, pareja a las escenificaciones shakespearianas en Inglaterra", que él había podido conocer en la universidad de Cambridge. Faltaba continuidad. "Hace poco tiempo era el llamado

"Teatro de la Falange" una gran esperanza que en muchos casos llegaba a una espléndida realidad", como *La cena del rey Baltasar* que dio Luis Escobar en el Paseo de las Estatuas del Retiro. "Esta actualización en espíritu de los valores eternos del drama nacional, puede ser una de las grandes posibilidades para la escena de nuestro siglo" (1944, 181-84). Es posible que don Ángel –ya en Barcelona, ya en Murcia adonde el régimen le envió forzoso– tuviera lagunas de información acerca de los montajes de clásicos en los primeros años cuarenta pero, en cualquier caso, manifestaba unas aspiraciones y esperanzas que no eran nuevas. En qué forma y medida se cumplieron es otra cuestión.

El resultado de la frustrada revolución teatral fue una limitada reforma que puso las bases de la modernización técnica del teatro comercial español mediante la instauración de dos teatros nacionales subvencionados en los que se recogió una tradición renovadora que había surgido en ambientes teatrales de inequívoco signo liberal. Así se implantaron entre nosotros novedades como el director de escena, unas nuevas formas de recitación del verso y una estética visual basada en la estilización. Profesionales del teatro no falangistas como Luis Escobar, Cayetano Luca de Tena, José Tamayo o, después, José Luis Alonso, aprovecharon la ocasión para hacer un teatro que de otra manera hubiera sido impracticable. Lo que iba a ser un teatro estatal quedó en un pequeño germen. Sin embargo, contemplado desde el presente, puede afirmarse que ese pequeño germen fue el nacimiento del teatro público en España.

CELEBRACIÓN
DE LA VICTORIA

EN LA IGLESIA DE SANTA BÁRBARA,
DE LA VILLA DE MADRID, EL CAU-
DILLO DA GRACIAS A DIOS NUESTRO
SEÑOR POR SU PROVIDENCIA A LAS
ARMAS ESPAÑOLAS

20 DE MAYO DE 1939
DÍA DE LA VICTORIA

3.1. Programa de la ceremonia de acción de gracias por la Victoria en la iglesia de
Santa Bárbara de Madrid (20 may. 1939).

3.2. Banda falangista y distintivo de Prensa entregado a Felipe Lluch como cronista oficial del traslado de los restos de José Antonio Primo de Rivera desde Alicante a El Escorial (nov. 1939), coincidiendo con el tercer aniversario de su fusilamiento. Finalmente Lluch no escribió la crónica.

EL DELEGADO NACIONAL DE PRENSA
Y PROPAGANDA DE FALANGE ESPAÑOLA
TRADICIONALISTA Y DE LAS J. O. N. S.

Tiene el honor de invitarle a la función dedicada a la conmemoración de la Victoria, que se celebrará en el Teatro Español,
el día 7 de abril, a las diez y cuarenta y cinco de la noche.

UNIFORME O ETIQUETA

3.3. Tarjeta de invitación a las *Fiestas de la Victoria* (7 abr. 1940)

FIESTAS DE LA VICTORIA

EN SU PRIMER ANIVERSARIO

ESPAÑA UNA GRANDE Y LIBRE

Representación organizada
por la
DELEGACIÓN NACIONAL DE PRENSA Y
PROPAGANDA DE FALANGE ESPAÑOLA
TRADICIONALISTA Y DE LAS J. O. N. S.

En la Villa de Madrid, a 7 de Abril del
año de mil novecientos y cuarenta.

Gala en el Teatro Español, de ésta Capital,
a las diez y cuarenta y cinco de la noche.

PERSONAS

DE LA LOA

Castilla la Vieja, María Paz Molinero; La Historia, Dolores Gálvez; La Fama, María H. Requejo; Andalucía, Dolores Pérez Figueros; Baleares, María Mejías; Canarias, Gloria Hernández; Castilla la Nueva, Carmen Araceli; Cataluña, Lita Deza; Galicia, Jacinta F. Alonso; Murcia, María Alvarez Diosdado; Valencia, María Rosa Cornago; Vizcaya, Mercedes Núñez-Castelo; Alejandro, Luis Durán; César, Alfonso H. Requejo; Aragón, Javier del Arco; Extremadura, Alfonso Horna; El Tiempo, Julián López; Asturias, Agustín Embuena; León, Fernando Sala; Navarra, Juan Pereira.

DE LA COMEDIA

Bernardo, Luis Durán; Alfonso el Casto, Javier del Arco; Carlomagno, Alfonso Horna; Los dos guerreros que cantan los romances, José Franco y Alfonso H. Requejo; Las cuatro doncellas que representan la Fama, María José López Limeses, Dolores Gálvez, Dolores Pérez Figueros y Lita Deza; El aya Elvira Sánchez, María Sánchez Aroca; Hernán Díaz, Juan Pereira; Don Ramiro, Fernando Sala; Don García, Manuel Pujol; Dos nobles amigos de Bernardo, Agustín Embuena y José María Rodero; Roldán, Juan Ramón de Lucas; Oliveros, Federico Mir; El joven Beltrán, Manuel Ibáñez; El correo de Francia, Miguel Angel Gil de Avalle; Seis correos de guerra, Jesús Moreno de Tapia, José Asenjo, Andrés Medrano, Fernando Martín, Julián López y Antonio Dólera; La Infanta Doña Jimena, Carmen Araceli; El Conde Don Sancho Díaz, Luis Lucas; Dos damas enlutadas, Gloria Hernández y Ana María F. Chapi; Cuatro sombras que conspiran, Juan Albisúa, José Eguren, Eduardo Pérez y Antonio Sánchez; Los guerreros de Castilla y Los doce Pares de Francia.

DE LA FIESTA

España, María Paz Molinero; Europa, Carmen Bonet; El Tiempo, Alfonso Horna; La Ignorancia, José Franco; La Guerra, Alfonso H. Requejo; La Tristeza, Javier del Arco; El Hambre, Julián López; La Fe, Mercedes Núñez-Castelo; El Amor Divino, Juan Pereira; La Paz, Consolación Núñez-Castelo; La Cordura, Gloria Hernández; La Hartura, Ana María F. Chapi; La Alegría, María H. Requejo.

PROGRAMA

OA famosa de la
UNIDAD de España.

OMEDIA heroica de la
LIBERTAD de España.

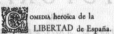ESTA alegórica de la
GRANDEZA de España.

Decorados de Luis Feduchi (del Departamento de Plástica), realizados por Santiago Rey y López y Giovannini.
Figurines de José Caballero, José Luis López Sánchez y José Escasi (del Departamento de Plástica), realizados por Encarnación.
Peluquería de José Ruiz. Guardarropía de Vázquez, Hnos.

Dirección musical de Angel M. Pompey.
Director de orquesta: José María Franco.
Director de coros: Pedro Urrestarazu.
Orquesta Clásica de Madrid y Coros de Conciertos.

Dirección y realización de Felipe Lluch Garín.

NOTICIA

DE LAS OBRAS

LOA

Escrita al modo de las Loas del siglo XVIII, sobre fragmentos, temas y artificios dramáticos y espectaculares de las que acompañan a los Autos Sacramentales de don Pedro Calderón de la Barca, editados por Pando y Mier.
MÚSICA de Joseph Peiró (1629), escrita para la Loa de la comedia El Jardín de Falerina, y «cuatros» al modo de la época, originales del maestro Angel M. Pompey.

COMEDIA

Refundición libre de romances de los ciclos de Bernardo y Roncesvalles, con escenas de la Comedia famosa de la Libertad de España, de Juan de la Cueva, y de Las Mocedades de Bernardo y El Casamiento en la Muerte, de Frey Lope de Vega Carpio.
MÚSICA de Alfonso el Sabio, Juan del Encina (Qué es de ti, desconsolado) y Carlos Verardi (fragmento de la Historia Bætica), y toques militares y tonadas populares de los siglos XVI y XVII.

FIESTA

Versión actualizada de la Farsa Sacramental de las Bodas de España, de autor anónimo, representada, probablemente, en la Catedral de Toledo, el Año de gracia de 1570.
MÚSICA de Pedrell (Españoleta, sobre temas de tratados de tañido) y de la zarzuela Fieras de celos y amor, de Bances Candamo, nuevamente instrumentadas por Angel Martín Pompey.

3.4 (a, b y c). Programa de mano de las *Fiestas de la Victoria*.

3.5. Foto de la *Comedia heroica de la Libertad de España*, dentro del espectáculo áureo-falangista *España, Una, Grande y Libre* (Español, 7 abr. 1940).

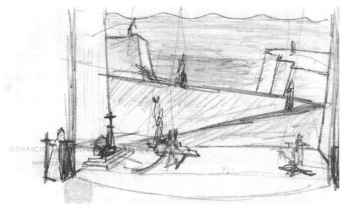

3.6 (a y b). *Monos* correspondientes a la *Comedia heroica de la Libertad de España* dentro del espectáculo áureo-falangista *España, Una, Grande y Libre* (Español, 7 abr. 1940).

3.7 (a y b). *Monos* correspondientes a la *Loa famosa de la Unidad de España* dentro del espectáculo áureo-falangista *España, Una, Grande y Libre* (Español, 7 abr. 1940).

3.8. Felipe Lluch, probablemente en el saloncillo del Español, entre los invitados a la inauguración de la compañía del Teatro Español (13 nov. 1940).

3.9. Foto del montaje de la *Celestina* (Español, 13 nov. 1940).

Presentación

por Eugenio Montes

LA CELESTINA

TRAGICOMEDIA DE CALIXTO Y MELIBEA
Versión Espectacular de Felipe Lluch Garín

•

Decorado: Sigfredo Burmann.

Vestuario: Figurines de José Caballero y Manuel Combs, realizados por Encarnación Iglesias.

Guardarropía: Vázquez Hermanos.

Peluquería: José Ruiz.

•

Música de Angel M. Pompey y Manuel Parada, sobre temas clásicos españoles.

•

Dirección escénica: Cayetano Luca de Tena.

R E P A R T O

CELESTINA	Julia Delgado Caro.
MELIBEA	Amparo Reyes.
AREUSA	Carmen Araceli.
ELICIA	María Alvarez Diosdado.
LUCRECIA	María Horna.
ALISA	Adelina Nájera.
CALIXTO	Luis Durán.
SEMPRONIO	José Franco.
PÁRMENO	Alfonso Horna.
SOSIA	Juan Pereira.
TRISTÁN	José María Rodero.
CENTURIO	Francisco Alonso.
EL PRÓLOGO	Jacinto San Emeterio.

•

Crito, Un niño, Un fraile, Un labrador, Lavanderas y Gente del pueblo.

•

La acción en el siglo xv.

TEATRO ESPAÑOL

SINDICATO NACIONAL DEL ESPECTACULO
DE F. E. T. Y DE LAS J. O. N. S.

•

DIRECCION: JOSE MARIA ALFARO Y TOMAS BORRAS

**INAUGURACION
DE LA TEMPORADA 1940-41**

•

FUNCION DE GALA, A LAS DIEZ Y MEDIA DE LA NOCHE

•

MADRID, 13 DE NOVIEMBRE DE 1940

NOTICIA DE LA OBRA
Y DE SU REPRESENTACION

LA CELESTINA, o "Comedia de Calixto y Melibea" (Burgos, 1499), es la exaltación del amor trágico medieval, en contraste con el ambiente renacentista de su riquísimo lenguaje—exornado de referencias eruditas mezcladas con refranes populares—y su construcción dramática que recuerda, en parte, la de las comedias itálicas de imitación latina.

Todavía—como después en el romanticismo, tan amante de lo medieval—la pasión amorosa es una pasión trágica y funesta que acaba en la muerte. Aun no ha triunfado la alegría vital del Renacimiento que, años después, florecerá en el delicado juego erótico de las comedias de "capa y espada".

Pero lo que da a La Celestina un valor permanente y absoluto es, quizás, el ser trasunto de toda una vida picaresca de la España de fines del siglo XV. En torno a las figuras principales de la obra bulle y se agita todo un mundo lleno de vida y de verdad.

A ello se ha atendido especialmente en esta versión espectacular que pretende, por una parte, lograr la continuidad de la acción, sin la enojosa división en cuadros que atomiza la obra y destruye el interés de la anécdota; y por otra, hacer visible espectacularmente esta vida que anima los diálogos de Fernando de Rojas.

Por último, se ha pretendido hacer patente la compleja entraña dramática de la obra—mezcla de lo trágico medieval y de lo cómico renacentista—mediante un decorado simultáneo, característico de la Edad Media, con estructuras y detalles arquitectónicos del Renacimiento.

GRAFICAS UGUINA - MADRID

3.10 (a, b, c y d). Programa de mano del montaje de la *Celestina* (Español, 13 nov. 1940).

3.11 (a, b y c). Lluch
enseñando a bailar el vals
a Carmen Bonet en un
ensayo de *Château Margaux*
(h. ene. 1941).

3.12. Lluch, enfermo de muerte, saluda al término de *Las bizarrías de Belisa* (Español, 16 ene. 1941).

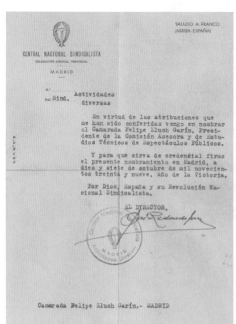

3.13. Lluch nombrado presidente de la Comisión Asesora y de Estudios Técnicos de Espectáculos Públicos (17 oct. 1939).

3.14. Caricatura con motivo de *Las mocedades del Cid* (*Radio Nacional* 13 abr. 1941).

Las *Fiestas de la Victoria: España Una, Grande y Libre*

Textos preparatorios: intento frustrado en 1939

[membrete:] Ministerio de la Gobernación =
Servicio Nacional de Propaganda = Teatro

R/G. 272

Deseando este Departamento contribuir a la mayor brillantez de las Fiestas de la Victoria que han de celebrarse en esta capital durante el mes de mayo en curso, ha proyectado unas representaciones teatrales de carácter excepcional que habrían de tener lugar en el Teatro Español, por ser éste el de mayor prestigio y tradición.

Y a tal fin solicita de ese Excmo. Ayuntamiento de Madrid la autorización necesaria para desarrollar tal proyecto, que en nada habría de perjudicar a la actual concesionaria del mismo, doña Ana Adamuz, a la que con la misma fecha se oficia con petición semejante aunque ya es conocida de este Departamento su favorable disposición para toda empresa de propaganda y de noble arte escénico.

Esperamos su pronta y favorable resolución en asunto de tal importancia que ha de redundar en beneficio del teatro, de Madrid y de la Patria, y en honra del Glorioso Ejército Nacional y de su invicto Caudillo.

Por Dios, por España y su Revolución Nacional Sindicalista.

Madrid 1 de mayo de 1.939
Año de la Victoria
por el Departamento de Teatro y Música
El Secretario General

saludo a Franco
arriba España

Excmo. Sr. Alcalde del Ayuntamiento de Madrid

[Borrador autógrafo de flg, a tinta]

[membrete:] Delegación Provincial de Abastecimientos = Madrid

Deseando este Departamento contribuir a la mayor brillantez de las Fiestas de la Victoria que han de celebrarse en esta capital durante el mes de mayo en curso, ha proyectado unas representaciones teatrales de carácter excepcional que habrían de tener lugar en el Teatro Español, por ser éste el de mayor prestigio y tradición.

Y a tal fin solicita de esa Empresa que tan leales muestras ha dado de su adhesión al glorioso Movimiento Nacional, dé cuantas posibilidades pueda para desarrollar tal proyecto, en la seguridad de que en nada habría de perjudicar a sus legítimos intereses y a la explotación normal del teatro.

Con esta misma fecha oficia además al Excmo. Ayuntamiento de Madrid solicitando la autorización previa para tales representaciones y espera de esa Empresa el más favorable informe acerca de las mismas, ya que habrán de redundar en beneficio del teatro, de Madrid y de la Patria y en honra del Glorioso Ejército Nacional y de su invicto Caudillo

Sra. Doña Ana Adamuz, concesionaria del Teatro Español

[membrete:] Ministerio de la Gobernación =
Servicio Nacional de Propaganda = Teatro

R/G.

Deseando este Departamento contribuir a la mayor brillantez de las Fiestas de la Victoria que han de celebrarse en esta capital durante el mes de mayo en curso, ha proyectado unas representaciones teatrales de carácter excepcional que habrían de tener lugar en el Teatro Español, por ser éste el de mayor prestigio y tradición.

Y es deseo del Departamento que en tales representaciones, que en nada han de alterar el funcionamiento normal de los espectáculos, colaboren los actores de Madrid que han dado patentes muestras de su incondicional adhesión al Glorioso Movimiento Nacional.

Le ruego, pues, que dé a conocer este deseo a los actores de la Compañía de su digna dirección y comunique por escrito a este Departamento, a la mayor brevedad posible, los nombres de los que gustosa y desinteresadamente [*sic*] colaborar en tales representaciones se presten.

Por Dios, por España y su Revolución Nacional Sindicalista.

Madrid 2 de mayo de 1.939
Año de la Victoria

SALUDO A FRANCO
ARRIBA ESPAÑA

POR EL DEPARTAMENTO DE TEATRO Y MÚSICA
El Secretario General

SR. DIRECTOR DE LA COMPAÑÍA DEL TEATRO REINA VICTORIA. Madrid.

[membrete:] Ministerio de la Gobernación =
Servicio Nacional de Propaganda = Teatro

R/G.

Deseando este Departamento contribuir a la mayor brillantez de las Fiestas de la Victoria que han de celebrarse en esta capital durante el mes de mayo en curso, ha proyectado unas representaciones teatrales de carácter excepcional que habrían de tener lugar en el Teatro Español, por ser éste el de mayor prestigio y tradición.

Y es deseo del Departamento que en tales representaciones, que en nada han de alterar el funcionamiento normal de los espectáculos, colaboren los actores de Madrid que han dado patentes muestras de su incondicional adhesión al Glorioso Movimiento Nacional.

Le ruego, pues, que dé a conocer este deseo a los actores de la Compañía de su digna dirección y comunique por escrito a este Departamento, a la mayor brevedad posible, los nombres de los que gustosa y desinteresadamente [sic] colaborar en tales representaciones se presten.

Por Dios, por España y su Revolución Nacional Sindicalista.

Madrid 2 de mayo de 1.939
Año de la Victoria

saludo a Franco
arriba España

por el Departamento de Teatro y Música
El Secretario General

Sr. Director de la Compañía del Teatro Fontalba. Madrid.

[membrete:] Ministerio de la Gobernación =
Servicio Nacional de Propaganda = Teatro

R/G.

Deseando este Departamento contribuir a la mayor brillantez de las Fiestas de la Victoria que han de celebrarse en esta capital durante el mes de mayo en curso, ha proyectado unas representaciones teatrales de carácter excepcional que habrían de tener lugar en el Teatro Español, por ser éste el de mayor prestigio y tradición.

Y es deseo del Departamento que en tales representaciones, que en nada han de alterar el funcionamiento normal de los espectáculos, colaboren los actores de Madrid que han dado patentes muestras de su incondicional adhesión al Glorioso Movimiento Nacional.

Le ruego, pues, que dé a conocer este deseo a los actores de la Compañía de su digna dirección y comunique por escrito a este Departamento, a la mayor brevedad posible, los nombres de los que gustosa y desinteresadamente [sic] colaborar en tales representaciones se presten.

Por Dios, por España y su Revolución Nacional Sindicalista.

Madrid 2 de mayo de 1.939
Año de la Victoria

SALUDO A FRANCO
ARRIBA ESPAÑA

POR EL DEPARTAMENTO DE TEATRO Y MÚSICA
El Secretario General

SR. DIRECTOR DE LA COMPAÑÍA DEL TEATRO REINA VICTORIA. Madrid.

[membrete:] Ministerio de la Gobernación =
Servicio Nacional de Propaganda = Teatro

R/G. 272

Deseando este Departamento contribuir a la mayor brillantez de las Fiestas de la Victoria que han de celebrarse en esta capital durante el mes de mayo en curso, ha proyectado unas representaciones de carácter excepcional que habrían de celebrarse en el Teatro Español, y necesitando para ello algunos textos de los Autos Sacramentales de D. Pedro Calderón de la Barca, ruego a Vd. se sirva dar a D. Cayetano Luca de Tena las máximas facilidades para que lleve a cabo la copia de dichos textos.

Por Dios, por España y su Revolución Nacional Sindicalista.

Madrid 2 de mayo de 1.939
Año de la Victoria

SALUDO A FRANCO
ARRIBA ESPAÑA

POR EL DEPARTAMENTO DE TEATRO Y MÚSICA
El Secretario General

SR.BIBLIOTECARIO DE LA REAL ACADEMIA ESPAÑOLA. Madrid

Textos preparatorios, 1940: cronograma, proyecto, oficios

[Cuartilla, autógrafa de FLG, a lápiz, con tachaduras y enmiendas]
Representaciones de la Victoria [1940]

10– febrero	Concibo el proyecto
11–	Redacto el proyecto
12–	Paso a limpio el proyecto
13–	Presento el proyecto
15–	El proyecto es aprobado en principio
16–	Recibo el encargo de realizarlo
	Comienzo la recluta de actores
	Aviso a [Pedro] Urrestarazu para los coros
17–	Hablo con [Luis] Feduchi sobre los decorados
18–	Me entrega Feduchi los primeros bocetos
19–	Hablo con [Juan] Cabanas sobre los figurines
	Hablo con [José María] Franco sobre la orquesta
	Hablo a Tevar [¿?] sobre los actores
	Comienza la copia de la Farsa
20–	Encargo los figurines de la Comedia y la Loa a Plástica
	Termina la copia de la Farsa
	Hablo con Urrestarazu de los coros
	Hablo con [José] Franco y Cayetano [Luca de Tena] de los actores
	Comienza la copia de la Comedia
	Hablo a [Manuel] Herrera [Oria] de lo del teatro
	Comienzo a escribir la Loa
	Termina la copia de la Comedia
23–	Hablo con Franco, Cayetano y [Alfonso] Horna de los actores
	Comienza la copia de papeles de la Farsa
	Hablo con [Santiago Rey y?] López para los decorados
	Hablo con Encarnación sobre trajes
24–	Encargo figurines y decorado de la Farsa
	Termina copia papeles Farsa
	Hablo con Luis Peña, Erasmo Pascual, Keyser
	Cito a los actores para el lunes, 26
25–	Leo las obras a Tomás Borras, consulto final Farsa con S[erra-no]. S[uñer].

Voy a Plástica por figurines. No está [José] Caballero. Discuto con [José] Escasi

26– Redacto oficios para Ayuntamiento y Falange
Reunión de compañía y lectura de obras
Corrijo copias de la Comedia
Encargo figurines Comedia

27– Salen los oficios para Ayuntamiento y Falange
Presentación al P. Otaño [¿?]
Se despide Peña, quizás Erasmo Pascual
Ensayo de la Farsa
Hablo con [José M.ª] Franco y [Ángel M.] Pompey sobre la música

28– Me piden presupuesto para las representaciones
Alfaro me dice que ya ha hecho la propuesta a la Comisión
Hablo con el P. Otaño. La entrevista queda diferida
Distribuyo papeles de la Comedia
No acuden Keyser ni Erasmo. Quizás se vaya C. Jiménez

29– Presento presupuesto y lo firma Dionisio [Ridruejo]
Dionisio dicta al D[epartamento]. anunciando mi nombramiento.
Ensayo de la Farsa y de la Comedia
Carmen Jiménez se contrata en el I.I.
No acuden Keyser ni Erasmo Pascual

1– [marzo] Acumulo datos para la Loa
Hablo en Plástica sobre figurines y decorado
Pido a Cabanas sillas para los ensayos
Ensayo de la Comedia (Bien)
Algunos cambios de papeles

2– Me entregan el oficio para el Departamento
[José María] Alfaro me habla de que quizás sea solo 1 representación
Ensayo de la Farsa y la Comedia

[Portada y tres folios mecanografiados; es copia.
Se conserva también un borrador de tres cuartillas autógrafas a pluma]

FIESTAS DE LA VICTORIA
REPRESENTACIONES TEATRALES

Proyecto que presenta a la Dirección General de Propaganda

FELIPE LLUCH GARÍN

SALUDO A FRANCO
ARRIBA ESPAÑA

[p. 1] La conmemoración de la Victoria, en este su primer aniversario, exige la celebración de algún espectáculo teatral de tipo desusado y de clara e inequívoca significación política.

La organización y realización del mismo no puede abandonarse a la iniciativa privada, ni encomendarse a las empresas particulares, no preparadas para tal empeño.

Es, pues, función específica de la Dirección General de Propaganda organizar y dirigir tales representaciones; y con el fin de ofrecerle una posible solución en orden a las mismas, se presenta el siguiente

PROYECTO

La representación puede basarse en textos de nuestro teatro clásico, debidamente seleccionados y refundidos, que glosen el lema de la nueva España "UNA, GRANDE Y LIBRE".

El espectáculo, denominado en su conjunto *de la Victoria*, puede constar de tres partes:

1.ª Loa famosa de la *Unidad* de España
2.ª Comedia heroica de la *Libertad* de España
3.ª Farsa alegórica de la *Grandeza* de España

El argumento de estas obras y sus fuentes y detalles se indican a continuación:

1.ª *Loa famosa de la Unidad de España*

La Historia convoca a las naciones para escoger a aquellas que merezcan pasar a su recinto, para lo cual habrán de presentar cédula de unidad, ya que, según dicen las Sagradas Escrituras, todo reino dividido perecerá, y esos, por tanto, no pueden pasar a la Historia.

Se presentan sucesivamente el Imperio de Alejandro, el de la Roma Cesárea y el Sacro Imperio Romano. Todos llevan su cédula de unidad –un soneto escrito en un pergamino– y pasan al recinto de la Historia, a cuya puerta están Tiempo y Fama para exigir el requisito previo.

Llegan luego, aisladas y divididas, varias regiones de España. Pero, a pesar de sus méritos, no se les permite el paso, pues llevan por salvoconducto un solo verso sin sentido. Confusas y angustiadas, claman pidiendo que alguien remedie sus males. Y es Castilla la que acude y la que, ordenando a las regiones, consigue que los sueltos versos sin sentido for- [p. 2] men un soneto: el de Hernando de Acuña al Emperador Carlos v, *cédula de la unidad* de España.

> (Escrita al modo de las loas del siglo XVII sobre fragmentos, temas y artificios musicales y escenográficos de las loas que acompañan a los autos sacramentales de don Pedro Calderón de la Barca, especialmente el titulado *A María el corazón*)

2.ª *Comedia heroica de la Libertad de España*

Bernardo del Carpio, hijo ilegítimo del conde de Saldaña y de la infanta doña Jimena, hermana de Alfonso II el Casto, es recogido por este y criado en su palacio, sin que sepa de sus padres.

Llegado el mozo a la mayor edad, Alfonso II, que había pensado nombrar a Bernardo su heredero, se arrepiente de ello y ofrece el reino de España al emperador Carlomagno. Pero enterados los nobles, van a pedir cuentas al rey de la traición que prepara. Al frente de ellos marcha Bernardo, enterado al fin de su nacimiento y del despojo de que pretenden hacerle objeto, y obliga a Alfonso II no sólo a legitimar la unión de sus padres sino a escribir a Carlomagno desdiciéndose de su ofrecimiento.

El emperador francés, a la cabeza de sus doce Pares, invade España. Pero Bernardo alza en armas al reino y derrota en Roncesvalles al atrevido invasor que huye deshecho a Francia, mientras Castilla celebra gozosa su naciente *libertad*.

(Refundición libre de romances de los ciclos de Bernardo del Carpio y Roncesvalles, y de escenas de *La comedia famosa de la libertad de España por*

Bernardo del Carpio, de Juan de la Cueva, y de *Las Mocedades de Bernardo* y *El casamiento en la muerte*, de Lope de Vega)

3.ª *Farsa alegórica de la Grandeza de España*

Europa y el Tiempo deciden casar a España, que ha llegado a su mayoría de edad. Se presentan como pretendientes la Guerra, la Ignorancia, el Hambre y la Tristeza, haciendo alarde de su mundial poderío. Pero a todos cuatro rechaza España.

Y cuando llega el Amor Divino, acompañado de la Fe, España se entrega a él. Para solemnizar la boda, la Fe trueca a los despechados y tristes pretendientes en Paz, Cordura, Hartura y Alegría. Y el Amor Divino impone a España el yugo de su ley y prende en su corazón las flechas de su amor, augurándole, si en su fe perseverare, la felicidad y la *grandeza*.

(Versión actualizada de la *Farsa Sacramental de las bodas de España*, de autor anónimo, representada probablemente en la catedral de Toledo en el año de 1.570)

REALIZACIÓN

Para la realización de los trabajos previos que tales representaciones exigirían –copia de las obras, elección de músicas, proyectos y confección de decorados y vestuario, etc.– bastaría aprovechar los servicios de los Departamentos competentes de esa Dirección General.

Para representar este espectáculo habría que reunir un grupo de actores no profesionales, seleccionados de los teatros de F.E.T. y de las J.O.N.S., y utilizar los coros y la orquesta de la Sección de Espectáculos Públicos de la C[entral].N[acional].S[indicalista]. de Madrid. Las representaciones podrían tener lugar en el Teatro Español –previa autorización del Excmo. Ayuntamiento– el jueves 28 de marzo, aniversario de la Liberación de Madrid, en función de gala, y los días 29, 30 y 31 de dicho mes y 1.º de Abril, aniversario de la Victoria, en funcio- [p. 3] nes populares.

Para dichas representaciones –que habrían de celebrarse a primera hora de la tarde, para no perjudicar los intereses de la empresa concesionaria del Teatro Español– podrían organizarse varios abonos, a través de la F.E.T. y de las J.O.N.S., para las Milicias, Sindicatos, S[indicato].E[studiantes].U[niversitarios]., S[ección]. F[emenina]. y O[rganización].J[uvenil].

PRESUPUESTO

Gastos

Vestuario y guardarropía	4.500 ptas.
Coros y orquesta	3.000 ptas.
Hoja de gastos del teatro	2.500 ptas.
Decorados e iluminación	2.000 ptas.
Imprenta (Invitaciones, carteles, etc.)	1.000 ptas.
Gastos varios de organización	1.000 ptas.
Total	14.000 ptas.

Ingresos

Función de gala	3.000 ptas.
Cuatro representaciones populares	5.000 ptas.
Total	8.000 ptas.

Subvención. Serán necesarias, pues,   6.000 ptas.

NOTA: De merecer el presente Proyecto la aprobación de la Superioridad, será necesario comenzar los trabajos para el mismo antes del 25 del corriente mes.

Madrid 12 de febrero de 1.940

Firmado F. Lluch Garín
Zurbano 57 [borrador: principal derecho], T[eléfono]. 41613

[Copia mecanografiada del oficio]

Para las representaciones teatrales que han de celebrarse con motivo del primer aniversario de la Victoria, en el Teatro Español de esta capital, cuyo proyecto fue ya aprobado por el Excmo. Sr. Subsecretario de Prensa y Propaganda, se ha redactado el presente presupuesto que, con la aprobación del Ilmo. Sr. Director General de Propaganda, elevo a V. para su conocimiento y aprobación:

Vestuario y guardarropía	8.950 pts.
Coros y orquesta	5.950
Decorados e iluminación	4.000
Hoja de gastos del Teatro	2.500
Imprenta	1.600
Gastos de organización	1.000
Total	24.000 pts.

Ruego a V. por tanto se sirva dar las órdenes oportunas para que sea librado dicho crédito o consignación de pesetas VEINTICUATRO MIL para las mencionadas representaciones teatrales que han de celebrarse con motivo del primer aniversario de la Victoria.

Dios guarde a V. muchos años
Madrid, 12 de marzo de 1940

EL ENCARGADO DE ESTAS REPRESENTACIONES

SR. CABANAS. Jefe del Departamento de Ceremonial y Plástica de la Dirección General de Propaganda.

[Oficio para censura y expediente]

N.º de entrada R.852
Negociado de 25.3.1940

El que suscribe, en representación de la Dirección General de Propaganda, solicita la autorización que exige la Orden de 15 de julio de 1939, Año de la Victoria, y disposiciones complementarias, para la REPRESENTACIÓN siguiente:

CLASE DE LA OBRA Comedia
TÍTULO Espectáculo de la España Una, Grande y Libre
AUTOR Refundición de textos clásicos por Felipe Lluch Garín
REPERTORIO
FECHA DE ESTRENO Jueves, 28 de marzo de 1940

Madrid, 25 de marzo de 1940
El solicitante,
F. LL. G.

RESOLUCIÓN PROPUESTA

[a mano:] Autorizado = 26–3–1940

El Jefe del Negociado,
[rúbrica, sin firma]

RESGUARDO PARA EL SOLICITANTE　　　　N.º de entrada
CENSURA　　　　　　　　　　　　　　　　Fecha de entrada

La Hoja correspondiente será entregada por la Oficina de Registro contra la presentación de este resguardo, en un plazo normal de siete días hábiles.

[membrete:] Ministerio de la Gobernación = Subsecretaría de Prensa y Propaganda = Dirección General de Propaganda = Censura   TEATRO

Expediente núm. R.852

CLASE DE LA OBRA	Comedia
TÍTULO	Espectáculo de la España Una Grande y Libre
AUTOR	Felipe Lluch Garín
REPERTORIO	Teatro Español
ENTRADA	25.3.1940
SALIDA	26.3.1940
RESOLUCIÓN	Autorizada su representación

El Jefe de Censura,
[rúbrica, sin firma]

[Borrador de oficio, autógrafo de FLG, a tinta, sin fecha.
Asunto: liquidación de gastos]

Adjunto tengo el honor de remitir a V.I. las facturas de la Casa Moro correspondientes a la instalación eléctrica y material especial que fue preciso alquilar para la representación que, organizada por la Delegación Nacional de Prensa y Propaganda de F.E.T. y de las J.O.N.S., tuvo lugar en el Teatro Español de esta capital, con motivo de las Fiestas del Primer Aniversario de la Victoria.

Dichas facturas no se incluyeron en la liquidación que anteriormente tuve el honor de presentar a V.I. porque se proyectaba adquirir tal material con destino a la compañía que habría de explotar por toda España el espectáculo mencionado. Pero las dificultades surgidas y en especial la grave enfermedad que ha padecido el que suscribe hicieron imposible, por el momento, tal proyecto y hoy es forzoso liquidar lo que por dicho motivo quedó pendiente.

Ruego, pues, a V.I., con el debido respeto, se sirva dar las órdenes oportunas para que sea abonada a dicha Casa Moro la cantidad de 988,00 pts., el importe de tales facturas, a cuyo efecto están respaldadas con la firma del que suscribe, como encargado que fue por esa Dirección General de Propaganda de la dirección y realización de dicho espectáculo.

Gracia que espera alcanzar de V.I., cuya vida guarde Dios muchos años para bien de España y de la Revolución Nacional-Sindicalista.

Ilmo. Sr. Director General de Propaganda – Madrid.

Loa famosa de la unidad de España. Texto [1]

1. HISTORIA	Dolores Gálvez
2. FAMA	María Requejo
3. TIEMPO	Julián López
4. ALEJANDRO	Luis Durán
5. CÉSAR	Alfonso Requejo
6. CASTILLA	María Paz Molinero
7. ANDALUCÍA	Dolores Pérez Figueroa
8. ARAGÓN	Peluca lisa larga - Javier del Arco
9. ASTURIAS	Agustín Embuena
10. BALEARES	María Mejías
11. CANARIAS	Gloria Hernández
12. CASTILLA LA NUEVA	Carmen Araceli
13. CATALUÑA	Lita Deza
14. EXTREMADURA	Alfonso Horna
15. GALICIA	Jacinta
16. LEÓN	Fernando Sala
17. MURCIA	María Álvarez Diosdado
18. NAVARRA	Barba rojiza, como S[an].I[gnacio?]. - Juan Pereira
19. VALENCIA	María Rosa Cornago
20. VIZCAYA	Mercedes Núñez-Castelo

Decorado: una amplia, limpia y alegre construcción blanca y dorada, en que se mezclan graciosamente lo helénico y lo barroco, bajo un cielo tiernamente azul con tenues tintas verdes de alborada. A la izquierda, sobre unos amplios peldaños, el alado pórtico del templo de la Historia, en cuyo dintel, coronado por el sol y la rosa de los vientos, están la Fama, la Historia, el Tiempo. A la derecha, sobre una plataforma elíptica con dos gradas, una alta y dorada columna barroca, de cuyo corintio capitel penden hasta catorce largas cintas de varios colores. Al fondo, una cerca o tapial, claro y risueño, sobre el que un paño escarlata pone la gracia de su color y su cuidado desaliño. Una luz clara y radiante ilumina la escena.

Al abrirse las cortinas un coro interior canta un "cuatro" al modo de las loas clásicas

[1] Los nombres están escritos a mano con muchas tachaduras y enmiendas.

Música: Naciones, venid;
                     naciones, llegad
                     al certamen que hoy abre la Historia
                     para el lauro de la eternidad.
                     Mas ved y advertid,
                     sabed y mirad,
                     que no puede aspirar a tal gloria
                     quien no exhiba su fe de unidad.

Y la FAMA, alzando voz y gesto, comienza a decir, con arrebatado énfasis

FAMA.   ¡Ah, de la celeste esfera,
                     luciente corte de Dios,
                     adonde, en eterno día,
                     nada es noche y todo es sol!
                     ¡Ah, de la región del fuego!
                     ¡Ah, del aire la región,
                     en quien pájaros de luz
                     cometas de pluma son!
                     ¡Ah, de la esfera del mar,
                     encarcelado furor,
                     que con ser prisión de arenas
                     aun no rompes tu prisión!
                     ¡Ah, de la nevada cumbre
                     del monte, a cuya ambición
                     alfombra es toda la tierra
                     y dosel los cielos son!
                     ¡Ah, de la florida falda
                     del valle, a cuyo verdor
                     tal vez la luna es guirnalda
                     y tal vez diadema el sol!
                     ¡Ah, del ámbito de toda
                     la tierra, feliz mansión
                     del hombre, a quien obedecen
                     la piedra, el bruto y la flor!
                     ¡Ah, en fin, de toda la hermosa
                     fábrica de la creación!
                     ¡Ah, del nada que fue el todo

solo al "fiat" de una voz!
Escucha de mis suspiros
el blando, acordado son;
atiende de mis palabras
el dulce acento veloz.

Unos acordes suaves, como si templaran instrumentos, parecen responder a su invocación. Y luego prosigue, dirigiéndose a uno y otro lado de la escena

Y así, ¡oh, tú, dulce armonía!,
que, enamorada del viento,
tienes por músicos aves
y fuentes por instrumentos.
Y así, ¡oh, tú, ingenioso ritmo!,
que también, amante eco,
ninfa del aire, reduces
a consonancia sus metros.
Volved a cantar lisonjas
con acordes instrumentos,
y en compás grave y sonoro
repetid las dos a un tiempo:

Música: Oíd, naciones, oíd
y al pregón de la Fama
todas acudid.

Y la HISTORIA, con grave majestad declara

HISTORIA.   Yo, que de la Historia soy
alegórica figura,
—que el gran teatro del mundo
de tales armas se ayuda—
porque agrade en lo alegórico
lo que en lo historial disgusta;
yo, que la Historia, repito,
soy, sin ser más que hija oscura
de retórica licencia
que ya brilló en otras plumas,

                hoy a todos los Imperios
                pido que a mi voz acudan,
                por coronar de laureles
                al que sospeche o presuma
                que a la unidad de destino
                en lo universal se ajusta,
                razón de ser el Estado,
                con mayor brío o fortuna.
                Y así, porque a todos llegue
                la dulce voz que les busca,
                digan de nuevo acordados
                canto y letra, verso y música:

Música: Naciones, venid;
                naciones llegad
                al certamen que hoy abre la Historia
                para ver de premiar la unidad.

Y así prosigue la HISTORIA su discurso

HISTORIA.   Mas siendo la Historia yo
                en común, pues que en mí juntas
                Divina y Profana están,
                es fuerza que a aquella acuda,
                porque acierte la divina
                lo que las profanas dudan,
                que si yerra Humana Historia,
                la Sacra no yerra nunca.
                Y así, validos mis juicios
                de Divinas Escrituras,
                pues ya por su Evangelista
                san Mateo, Cristo anuncia
                que todo reino o ciudad
                que en facciones se desuna
                será asolado, prevengan
                cuantos al torneo acudan
                que hoy, en la Universidad
                del Mundo, la Fama anuncia,
                que todos vengan provistos

del registro o escritura
de la Unidad de su Imperio,
pena de que sea nula
toda pretensión al lauro
que hoy ante mí se disputa.
Y así, porque todos sepan
las leyes con que se juzga,
en metáfora suave
advierten versos y músicas:

Música: Mas ved y advertid,
sabed y mirad,
que no puede aspirar a tal gloria
quien no exhiba su fe de unidad.

Al conjuro de la Música han entrado, como suspensos, por la derecha, ALEJAN-DRO y CÉSAR, ARAGÓN y EXTREMADURA. Y dicen así con asombro y confusión

ALEJANDRO.   ¿Qué nunca escuchada voz
es la que en el aire he oído?
CÉSAR.   ¿Qué nueva música ha sido
la que ha sonado veloz?
ARAGÓN.   ¿Qué soberana armonía
es la que forma este acento?
EXTREMA.   ¿Qué extraña ave hoy al viento
es la que despierta el día...
ALEJANDRO.   ...a cuyo acento admirado...
CÉSAR.   ...a cuya voz suspendido...
ARAGÓN.   ...a cuyo compás postrado...
EXTREMA.   ...a cuyo acorde rendido...
LOS 4.   ...sin mí y conmigo he guardado?

Y como contestando, la Música vuelve a cantar

Música: Oíd, naciones, oíd,
y al pregón de la Fama
todos acudid.
Y acercándose ALEJANDRO y CÉSAR así dicen a la FAMA

ALEJANDRO.	Ave que, llena de galas,
	rompes altiva y veloz
	del sol las eternas salas
	y parándole a tu voz
	le oscureces con tus alas.
CÉSAR.	Prodigio, de asombro tanto
	que al cielo el penacho encumbra,
	cuyo bellísimo encanto
	con la vista nos deslumbra,
	nos suspende con el canto.
ARAGÓN.	¿Qué trofeo es el que adquieres?
EXTREMA.	¿Qué personas, de esos modos?
ALEJANDRO.	¿Qué solicitas?
CÉSAR.	¿Quién eres?
ARAGÓN.	¿A qué convocas?
EXTREMA.	¿Qué quieres?
FAMA.	Que me estéis atentos todos.

Y acompañada de Músicas canta diciendo

Música y	
FAMA.	Oíd, naciones, oíd,
	y al pregón de la Fama
	todas acudid;
	que al certamen os llama la Historia
	para ver de premiar la unidad.

ARAGÓN y EXTREMADURA han quedado rezagadas. En cambio, ALE-JANDRO y CÉSAR, arrastrados por la Música han llegado casi al pórtico del templo y allí se preguntan confusos y admirados

ALEJANDRO.	¿Mas qué ignoro...
CÉSAR.	¿Mas qué dudo...
ALEJANDRO.	Si ese rumor...
CÉSAR.	Si ese estruendo...
ALEJANDRO.	Me están diciendo en sus voces...
CÉSAR.	A mi asombro está advirtiendo…

ALEJANDRO.	Al compás de una armonía...
CÉSAR.	En dulce, acordado eco...
ALEJANDRO.	Que esta corona...
CÉSAR.	Este lauro...
ALEJANDRO.	¿Puedo lograr?
CÉSAR.	¿Lograr puedo?

Y vueltos ya rivales discuten diciendo

ALEJANDRO.	Sólo el premio a mí es debido.
CÉSAR.	Sólo a mí es debido el premio.
ALEJANDRO.	La palma mía ha de ser.
CÉSAR.	Yo llevar la palma espero.

Y la HISTORIA media enérgica

HISTORIA.   Cesen ya de esta disputa
los encontrados conceptos
y en certamen alegórico
de retóricos ingenios,
ante Tiempo, Historia y Fama,
mostrad, vuestros altos méritos
por ver a quién toca el lauro
que anuncia este triunfo bello.

ALEJANDRO, pausado y lento, seguro y victorioso, se acerca a la HISTORIA y dice

ALEJANDRO.   Sea Alejandro, vencedor de Oriente,
primero en el registro de la Historia,
quien, de algún nudo acabamiento y gloria,
el primero a tus veces se presente.
Yo hice un Imperio de la azul, riente
Grecia que artes alcanzó memoria,
y al frío mármol de columna doria
traduje el sueño de la extraña gente.
Saqué a luz de los doctos el misterio
de la India ignota y del Irán fecundo,

> por lograr la unidad del hemisferio.
> Y en tal hazaña mi esperanza fundo,
> pues fue la tierra estrecha ya a mi Imperio,
> y este fue asombro y despertar del mundo.

Tras un momento de silencio, alegre y rápidamente dicen el TIEMPO y la FAMA

TIEMPO.   Désele el premio.
FAMA.   Véle aquí el premio.
CÉSAR.   No se le deis hasta oírme primero.

Y grave y solemne se acerca, como ALEJANDRO, para decir a su vez [falta texto] *Y vuelven a decir el TIEMPO y la FAMA*

TIEMPO.   Désele el premio.
FAMA.   Véle aquí el premio.
HISTORIA.   No se le deis hasta oírme primero.

Y dirigiéndose a ALEJANDRO y CÉSAR les dice

> Habéis bien referido
> las glorias que a mi anuncio os ha traído
> y todo cuanto abona
> hoy a vuestro valor alta corona.
> En arma tú venciste;
> tú, en doctas leyes que al planeta diste,
> y en una y otra edad
> visos y lejos fuisteis de unidad
> en el alba indecisa de la Historia.
> Pasad, pues, a mi gloria,
> como promesa de la edad futura
> que en tierra, mar y cielo se asegura;
> que yo espero en el Tiempo al soberano
> que armas y letras traiga de una mano.

Y mientras ALEJANDRO y CÉSAR, tras un saludo ceremonioso trasponen la puerta del templo de la HISTORIA, la Música repite su pregón
Música: Oíd, naciones oíd,

	y al pregón de la Fama todos acudid.
ARAGÓN.	Todo a prodigio me suena, todo me suena a misterio. ¿Que alcancen esta corona, este honor, dos extranjeros que por errados caminos adoraron dioses necios, y embarazado y confuso quede de Aragón el reino?
EXTREMA.	¿Y que Extremadura quede, cuando se debe a su celo que sea la ignota América colonia de mis Imperios?
ARAGÓN.	¿Qué mis victorias me dieran…
EXTREMA.	¿Qué me dieran mis trofeos…
ARAGÓN.	…si soy dueño de los mares?
EXTREMA.	…si soy de las tierras dueño?

Han llegado hasta la HISTORIA y esta les pregunta altiva

HISTORIA.	¿En qué fundáis uno y otro tan ambicioso deseo?

Y ARAGÓN, leyendo un papel que lleva arrollado, contesta

ARAGÓN.	"En que vencido el mar, venza la tierra".
HISTORIA.	¿Qué tierra y mares son ellos?
ARAGÓN.	Una tierra de nobleza y un mar que llamamos nuestro, que hasta sus peces llevaron el escudo que yo ostento.
HISTORIA.	¿Cúyo es su nombre?
ARAGÓN.	No sé.
HISTORIA.	¿Cúyo su rey?
ARAGÓN.	No recuerdo.
HISTORIA.	Pues con dudas, ¿cómo quieres alcanzar laurel tan cierto?
ARAGÓN.	Yo confuso me retiro.

Y así lo hace, mientras EXTREMADURA afirma

EXTREMA.　　　　Yo aun sin temores me llego.

La HISTORIA a su vez pregunta

HISTORIA.　　　　¿En qué cédula se ampara
　　　　　　　　tu afán?
EXTREMA.　　　　　　　　En este concepto.

Y desarrollando su papel o pergamino lee

　　　　　　　　"Un Monarca, un Imperio y una Espada".
HISTORIA.　　　　En ella estriba el secreto
　　　　　　　　de la unidad, mas ¿qué espada,
　　　　　　　　y qué monarca o qué imperio?

EXTREMADURA, confuso y avergonzado baja la cabeza. Y como ciegas o des-orientadas, van llegando cuatro a cuatro las restantes regiones de España, a saber: ASTURIAS, NAVARRA y LEÓN en hábito de hombre, como ARA-GÓN y EXTREMADURA; y ANDALUCÍA, BALEARES, CANARIAS, CASTILLA LA NUEVA, CATALUÑA, GALICIA, MURCIA, VALENCIA y VIZCAYA, en traje de mujer mientras así dice la HISTORIA

HISTORIA.　　　　¿Quiénes sois que así os llegáis
　　　　　　　　con solos truncados versos
　　　　　　　　sin sentido, e inoportunos
　　　　　　　　me suspendéis el cortejo?
　　　　　　　　¿Quiénes sois, que aunque la Historia
　　　　　　　　soy, de ninguno me acuerdo;
　　　　　　　　señal que jamás os vi
　　　　　　　　y, hoy que os veo, no os entiendo?
　　　　　　　　¿Quiénes sois, otra vez diga,
　　　　　　　　sombras y visos de Imperios
　　　　　　　　que en laberintos de sendas
　　　　　　　　errantes vagáis dispersos?
MUJERES.　　　　De España somos las hijas.

HOMBRES.	De España somos los reinos.
HISTORIA.	Mas ¿qué cédulas confirman
	vuestra unidad?
TODOS.	Estos versos.

Y desarrollando los papeles que llevan comienzan a leerlos, mientras, perplejos, se cruzan en una maraña o contradanza de inquietud y confusión

C. la NUEVA.	"Y espera en todo vuestra monarquía".
	Más ser enigma parece
	que vaticinio.
ASTURIAS.	Veamos
	si algo del mío se infiere.
	"Ya se acerca, Señor, o es ya llegada",
	y el texto incompleto viene.
MURCIA.	"Os muestra el fin de vuestro santo celo".
	No dicen más mis papeles.
LEÓN.	Y en el mío sólo encuentro
	porque nuestras dudas queden,
	"Conquistada por vos en justa guerra".
C. la NUEVA.	Ningún sentido conviene
	con otro.
CANARIAS.	Y más si este dice,
	sin saber de quien refiere,
	"Que anuncia al mundo para más consuelo".
ARAGÓN.	¿Que será lo que comprenden
	tan desatados enigmas?
VIZCAYA.	Vizcaya decirlo intente:
	"Ya tan alto principio en tal jornada".
	Aún menos se aclara en este.
VALENCIA.	"Que a quien ha dado Cristo su estandarte".
	Nada hasta ahora se entiende
	de esta confusión, si ya
	no dicen más los que resten.
ANDALUCÍA.	"La edad gloriosa que promete el cielo".
	Más el laberinto acrece.
GALICIA.	Y mucho más si a tus versos
	se añade el que me compete:
	"Dará el segundo más dichoso día".
CATALUÑA.	Mi verso tu voz enmiende:

	"Por suerte a nuestros tiempos reservada".
BALEARES.	Y el mío diga y acierte:
	"Ya el orbe de la tierra siente en parte".
NAVARRA.	Pues en mí el enigma quede,
	si no es que enlazados todos
	desatado el lazo quede.
	"Una grey y un pastor solo en el suelo".
[MURCIA.	Os muestra el fin de vuestro santo celo
ASTURIAS.	Ya se acerca, señor, o ya es llegada
BALEARES.	Ya el orbe de la tierra siente en parte
CANARIAS.	Que anuncia al mundo para más consuelo
VIZCAYA.	Ya tan alto principio en tal jornada
C. la NUEVA.	Y espera en todo vuestra monarquía
VALENCIA.	Que a quien ha dado Cristo su estandarte
CATALUÑA.	Por suerte a nuestros tiempos reservada
NAVARRA.	Una grey y un pastor solo en el mundo [sic]
GALICIA.	Dará el segundo más dichoso día
LEÓN.	Conquistada por vos en justa guerra
ANDALUCÍA.	La edad gloriosa que promete el cielo.][2]

Un momento de pausa. Luego confusos y sobresaltados dicen todos

ARAGÓN.	Más parece ser enigma.
C. la NUEVA.	Nada del texto se infiere.
EXTREMA.	¿Qué confuso laberinto
	se cifra en estos papeles?
VIZCAYA.	¿Qué dudas hoy nos arrastran?
NAVARRA.	¿Qué misterio, cielo, es este?
MURCIA.	¿Qué pavor?
LEÓN.	¿Qué jeroglífico?
BALEARES.	¿Qué vaticinio?
CATALINA.	¿Qué muerte?
GALICIA.	¿Qué espanto?
ANDALUCÍA.	¿Qué confusión?
CANARIAS.	¿Qué sombra?
ASTURIAS.	¿Qué noche?

---

[2] El folio 8 está repetido; entre corchetes va el texto redundante y enlazo con lo que sigue.

CASTILLA. Cese
ya el clamor, que de estas voces
todo el orbe se estremece,
los cielos se desencajan,
en fe del dolor que sienten
de ver contrarios los reinos
que divididos perecen.

Ha aparecido CASTILLA la VIEJA, dolorida y trágica, y tras su imprecación atraviesa la escena, como huyendo. Y las regiones se acercan solícitas a ella

C. la NUEVA. ¿Dónde vas, llorosa y triste?
ANDALUCÍA. ¡Espera!
CASTILLA. ¡Deja!
VIZCAYA. ¿Tú al verme
el rostro huyes?
CATALUÑA. ¿Qué es esto?
BALEARES. ¿Tú, madre, lágrimas viertes?
MURCIA. ¿Tú suspiras?
CASTILLA. ¿Y qué mucho,
si estoy, con ansias de muerte,
viendo que es hoy mi corona
engreñado airón de sierpes
que discordes se debaten
y confusas se revuelven?
¿Qué mucho, si estoy mirando
que andan mis hijos más fieles
divididos en facciones,
y es ya razón el temerles,
si odiarles no me es posible?
Pues siendo así, ¿cómo quieres
que yo de verles me agrade
si no se agradan de verme?

A tales quejas, las regiones arrepentidas, se acercan a CASTILLA y van arrodillándose ante ella, mientras dicen

ARAGÓN. No tus quejas y tus llantos,

C. la NUEVA.	No tus voces y gemidos,
EXTREMA.	No tus angustias ni penas,
VIZCAYA.	Tus lamentos,
NAVARRA.	Tus suspiros,
MURCIA.	Des al aire,
LEÓN.	Al viento entregues,
BALEARES.	Doliéndote de tus hijos,
CATALUÑA.	Porque ya a tus pies postrados,
GALICIA.	Y ya a tus plantas rendidos,
ANDALUCÍA.	A tu mandato obedientes,
CANARIAS.	Y a tus órdenes sumisos,
TODOS.	Estamos todos, Castilla.
CASTILLA.	Pues sabed a qué he venido.

Todos en efecto, han quedado arrodillados ante ella y CASTILLA, mesurada y grave va diciendo así

CASTILLA.	Érase que se era un día
	de un alto, dorado siglo,
	en que, cabeza de Europa,
	el León de España, rico
	en triunfos de armas y letras,
	y como tal desprendido,
	pues con tesoros de España
	el mundo a grandezas vino,
	siéndole ya el mundo estrecho
	ámbito para sí mismo,
	por alcanzar nuevas tierras
	que dar a la fe de Cristo,
	puse un puente de tres naves
	sobre cimientos de vidrios.
	Pero la vida es batalla,
	según allá Job lo dijo;
	y en tierra, mar, fuego y aire
	tiene la vida peligro.
	El mayor fue la fortuna
	que en confianza trocó el brío,
	y olvidado de los riesgos

por mirar los beneficios,
dormimos sobre laureles
y el mal nos halló dormidos.
En esa cerrada noche
todo fue vagar perdidos
por asperezas y cuestas
de nunca usados caminos,
pretendiendo remendar
las galas que deslucimos
en fratricidas discordias,
sin caer en el aviso
de que hay remiendos que cuestan
aún más que enteros vestidos.
Y urge unir ya los dispares,
vanos, esfuerzos baldíos;
fundir la parte en el todo
que está en partes dividido,
y aunque se yerre el intento,
morir en él, que es sabido
que de acertar, el primer
paso fue errar, y un altivo
heroico acierto, de algún
atrevimiento ha nacido.
Y así, alzad, y confesando
con altas voces, contritos,
yerros que honran publicados
si envilecen escondidos,
mirad que fue vuestra culpa,
ved que fue vuestro delito,
en no saber *ni guardar*
el bien que lloráis perdido.

Y esto diciendo, descorre el paño caído sobre el tapial y aparece en él escrita, con grandes letras, la leyenda "NI GUARDAR EL BIEN". Las regiones, puestas ya en pie, a la ardiente voz de CASTILLA preguntan ahora asombradas

ARAGÓN.   ¿Qué ese escrito nos advierte?
C. la NUEVA.   ¿Cúyo es el bien que nos muestra?

EXTREMA.   ¿Qué oscuro enigma cifrado
           está en esas quince letras?
CASTILLA. Válganos del anagrama
           la permitida licencia;
           que con dar a cada uno,
           la suya, quizás ya puestas
           de otra suerte, digan claro
           lo que ahora encubierto velan.
           Y porque más lo alegórico,
           si no se explique, se vea,
           de este mayo, áurea columna,
           en cuya altiva eminencia
           ignorado capitel
           cintas de colores bellas
           finge la temprana edad
           de florida primavera,
           he de dar a cada uno
           el color que con su letra
           concuerde, por ver si así
           deshecho el enigma queda,
           no sólo de este cifrado
           bien que en el muro se muestra,
           si de los truncados versos
           que causaron vuestras quejas.

Y con solemne ademán va entregando las letras, una a una, a las regiones, e indicándoles el color de la cinta que han de recoger. Y así dice a la primera

           Y seas tú, el Principado
           de las Asturias de Oviedo,
           cuna, por tu Covadonga,
           de mi historia, el que primero
           reciba letra y color.
           Esta "N" a ti te entrego,
           cifra de la negra noche
           de tus minas, en que ciegos
           ensayaron los rencores
           las primicias de mis duelos.
ASTURIAS. Yo los trocaré en victorias
           en Simancas y en Oviedo.

CASTILLA.   De la noche nazca el día,
            como de las aguas Venus,
            y así venga Baleares,
            toda nevada de almendros
            trayendo el iris de paz
            que el alba finge en su espejo.

BALEARES.   Yo haré que en él se retraten
            las águilas de tu Imperio.

CASTILLA.   De él será guarda Navarra
            la Antigua, y así le ofrezco
            esta "G" de generosa
            y este Gris de sufrimiento
            pues lleva la cruz de España
            con afanes misioneros.

NAVARRA.   Firme en la fe te he de dar
            héroes, y santos al cielo.

CASTILLA.   Mas porque aclare y anime
            de la alegre "A" el severo
            porte de este rito, llegue
            Andalucía, compendio
            de gracias y de donaires,
            y ese amarillo risueño,
            que constancia simboliza
            corona sea a su mérito.

ANDALUCÍA. Oro será en mí, que soy
            firme aunque no lo parezco.

CASTILLA.   Esta "R" de las rojas
            barras con que cuatro dedos
            tintos en sangre de rey
            tu escudo y gloria escribieron,
            a ti te doy, Cataluña.
            Mira bien lo que te entrego.

CATALUÑA.   Hoy, obediente, a tus voces,
            para tu honor los conservo,

CASTILLA.   Y esta "D" de tu dorada
            fortuna, que en el sendero
            de las Indias aparece,
            sea, Canarias, el premio
            que a tu primavera doy.

CANARIAS.	Yo en amor te lo devuelvo.
CASTILLA.	Esta "A" reciba Vizcaya
	del azul espacio abierto
	que ella ciñó con sus naves
	pues le rodeó primero;
	y esta "R" de tus rías
	y ese verde de tus tiernos
	prados que son esmeraldas
	y esperanzas de mis reinos,
	tuyos son, dulce Galicia.
GALICIA.	Buen fruto te daré de ellos.
CASTILLA.	Venga tras ti la nobleza
	de Aragón, felice reino
	que aumentó de sangre mártir
	el ancho caudal del Ebro;
	que esta "E" de emprendedora
	y ese pardo de tus yermos
	fecundado en recios hombres
	agradecida te presto.
ARAGÓN.	Galardón fue obedecerte
	y servirte, privilegio.

CASTILLA la Nueva ha llegado hasta su madre y se detiene turbada. Pero ésta, sonriendo le dice cariñosa

CASTILLA.	Ven tú Castilla la Nueva,
	de mis bienes, corte y centro,
	donde las discretas damas
	de hermosura son ejemplo;
	de justicia y de piedad,
	tus doctrinísimos concejos;
	de lealtad y obediencia,
	tu preclaro ayuntamiento;
	tu nobleza, de las artes;
	de las letras, tus ingenios,
	y donde, en fin...
C. la NUEVA.	Baste, baste,
	que todo ese elogio vuestro

más parece fin de loa
que principio de mis méritos.

Y CASTILLA la Vieja sonriendo contesta

CASTILLA.   Baste, pues. Coge el color,
que, por tuyo, no te entrego
y, por discreta, recibe
esta "L" que te ofrezco,
trasunto de tu feliz
liberación que hoy celebro.

Y tras una breve pausa prosigue

Corte de la primavera,
Valencia se acerca luego,
pues que ya se acerca abril,
pintadas flores luciendo,
y el blanco color reciba
y esta "B" tome del bello
jardín que en selvas de flores
envidia está dando al cielo.
Esta "L", León invicto,
de tu inquebrantable esfuerzo,
ese color argentado
que en armas de tus guerreros
todos los soles del mundo
recogió, digan tus méritos.
Y tú, recia Extremadura,
que la opinión desmintiendo
de no haber más mundo, diste
a mi voz un mundo nuevo
e hiciste del Non Plus Ultra
un Más Allá para el riesgo,
esta "E" de tu alta empresa
ten, y ese púrpura, premio
escaso a tu gran valor.

EXTREMA.   Tu mano es bastante, creo.

CASTILLA.   Y a ti, Murcia, porque acabe
en ti con fruto este ejemplo
de alegórico discurso
en que mi esperanza encierro,
color y letra te doy
que gala son de tu huerto.

Las catorce regiones han quedado ordenadas en tres grupos al pie de la gran columna, mirando hacia CASTILLA, casi de espaldas al público. En el muro solo ha quedado una letra: la "U". Y Navarra pregunta

NAVARRA.   ¿Y esa "U", madre Castilla,
que sola en el muro veo?
CASTILLA.   Mía será, pues la "U",
principio del mundo siendo,
y este de número y orden,
a mí me toca, sospecho;
que orden y número he dado
a lo que andaba disperso.

Y cogiendo la letra se pone a la cabeza del primer grupo, diciendo

Y así, por ver si las letras
que un bien perdisteis dijeron,
ahora dicen cúyo el bien
es el que daros pretendo,
volved a la Historia el rostro
porque ella diga...

Mas la HISTORIA, apenas las regiones se han vuelto hacia ella, se levanta diciendo alborozada con grandes voces

HISTORIA.   Teneos,
teneos, que España es UNA,
GRANDE y LIBRE estoy leyendo.

En efecto, las letras ordenadas en manos de las regiones, en ese lema han trocado la leyenda "NI GUARDAR EL BIEN". Y así termina la HISTORIA

HISTORIA.   Y pues unidas estáis
y ordenadas según veo,

volved a leer las cédulas,
que, pues son catorce versos,
quizás cifrada en la clave
armoniosa de un soneto
esté la Unidad de España
y suyo será este premio.

En efecto, al conjuro de CASTILLA que dice reverente

CASTILLA.   Al Rey Nuestro Señor que el cielo guarde:

Las regiones recitan su soneto

ASTURIAS.   Ya se acerca, Señor, o es ya llegada
ANDALUCÍA.   La edad Gloriosa en que promete el cielo
NAVARRA.   Una grey y un pastor solo en el suelo,
CATALUÑA.   Por suerte a vuestros tiempos reservada.
VIZCAYA.   Ya tan alto principio en tal jornada
MURCIA.   Os muestra el fin de vuestro santo celo
CANARIAS.   Y anuncia al mundo, para más consuelo,
EXTREMA.   Un Monarca, Un Imperio y Una Espada.
BALEARES.   Ya el orbe de la tierra siente en parte,
C. la NUEVA.   Y espera en todo vuestra monarquía
LEÓN.   Conquistada por vos en justa guerra,
VALENCIA.   Que a quien ha dado Cristo su estandarte
GALICIA.   Dará el segundo mas dichoso día
ARAGÓN.   En que, vencido el mar, venza la tierra.

Y, mientras, la Música repite por última vez su alegre pregón

Música: Naciones, venid,
                   naciones, llegad
                   al certamen que hoy abre la Historia
                   para el lauro de la eternidad.

*Las regiones de España desfilan hacia el templo de la Historia, y las cintas que
han soltado se tienden como gallardetes estremecidos por un viento de juventud
y alegría*

Madrid, 17 de marzo de 1.940

Comedia heroica de la libertad de España

Refundición libre de romances de los ciclos de Bernardo y Roncesvalles, y de escenas de la *Comedia famosa de la libertad de España*, de Juan de la Cueva y de *Las mocedades de Bernardo* y *El casamiento en la muerte*, de Lope de Vega Carpio.

PERSONAJES[3]

Bernardo	Luis Durán
Guerrero 1.º	José Franco
Guerrero 2.º	Alfonso H. Requejo
Alfonso el Casto	Javier del Arco
Carlomagno	Alfonso Horna
Oliveros	Ángel Terrón
Don Beltrán	Manuel Ibáñez
Hernán Díaz	Juan Pereira
Don Ramiro	Fernando Salas
Don García	Manuel Pujol
Un noble	Agustín Embuena
Otro	José María Rodero
Roldán	Juan Ramón de Lucas
Mensajero 6.º	Antonio Dólera
Mensajero 5.º	Julián López
Correo de Francia	Miguel Ángel Gil de Avalle
Mensajero 4.º	Fernando Martín
Mensajero 3.º	Andrés Medrano
Mensajero 2.º	José Asenjo
Mensajero 1.º	Jesús Moreno de Tapia
Aya Elvira Sánchez	María Sánchez Aroca
Doncella 1.ª	María José López Limeses
Doncella 2.ª	Dolores Gálvez
Doncella 3.ª	Dolores Pérez Figueroa
Doncella 4.ª	Lita Deza

FIGURANTES

La Infanta doña Jimena	Carmen Araceli
Conde don Sancho Díaz	Luis Lucas

[3] Son numerosas las tachaduras y emiendas.

Dos Damas enlutadas   Gloria Hernández, Ana María Chapi [*sic*]
Cuatro sombras   Juan Albisúa, José Eguren
Cuatro jefes   Eduardo Pérez, Antonio Sánchez
Doce guerreros   Rogelio Piqueras, José M. Pintado, José García
                        Ontiveros, Antonio Naveyda, Antonio Carral,
                        Federico Mir
Diez Pares de Francia y cuatro muertos
El Viejo don Beltrán

[Falta el texto de la comedia, que no figura en los fondos ni del Archivo
General de la Administración, ni de la familia, ni del Centro de Documen-
tación Teatral, ni de la Sociedad General de Autores de España, ni de la
Biblioteca Nacional, ni de la Fundación Juan March.]

Farsa alegórica de las grandezas de España. Texto

Versión actualizada de la *Farsa Sacramental de las Bodas de España*, de autor
anónimo, representada en la Catedral de Toledo, el año de gracia de 1570.

Personajes
EUROPA   Carmen Araceli
ESPAÑA   María Paz Molinero
FE   Mercedes Núñez-Castelo
ALEGRÍA   María H. Requejo
HARTURA   Ana M.ª F. Chapi
CORDURA   Gloria Hernández
PAZ   Consolación Núñez-Castelo
IGNORANCIA   José Franco
AMOR DIVINO   Juan Pereira
TIEMPO   Alfonso Horna
GUERRA   Alfonso H. Requejo
HAMBRE   Julián López
TRISTEZA   Javier del Arco

Caracterización e indumentaria
Europa es una matrona de noble y sereno porte, vestida de negro y oro,
como una reina madre viuda y triste. Lleva en la mano un cetro y un paño-
lito de encaje.

ESPAÑA es una gallarda mozuela, sencilla y firme, vestida al modo campesino y castellano. Lleva en la mano un manojo de espigas y amapolas.

EL TIEMPO es un frío cortesano ceremonioso y grave, con breve barba entrecana, vestido borrosamente de gris y amplio manto desbordante de pliegues casi barrocos. En sus manos enguantadas lleva una clepsidra.

LA FE es una doncella dulce y tímida, vestida toda de blanco. Tiene los ojos vendados y lleva en la mano una palma rubia y un ramo de oliva.

EL AMOR DIVINO es un galán grave y sereno, vestido de azul y blanco, con una larga capa blanca con el yugo y las flechas bordadas en rojo.

LA IGNORANCIA es un villano gordo, zumbón y cachazudo, vestido al modo campesino de los castellanos viejos. Lleva en la mano una vara de fresno.

LA GUERRA es un adusto y bárbaro guerrero, armado de los pies a la cabeza, pero deslucido y roto como un dios Marte velazqueño. Lleva en la mano una espada desnuda.

EL HAMBRE Y LA TRISTEZA son dos figuras pálidas y delgadas, de voz bronca y áspera. EL HAMBRE viste de morado y amarillo.[4] La TRISTEZA todo de negro.

LA PAZ, LA CORDURA, LA HARTURA y LA ALEGRÍA son damas briosas y elegantes, vestidas con alegres trajes, blanco, verde, azul y rojo. Llevan en la mano sendas bengalas con mote o divisas en que figuran sus nombres.

Decorado

Unas severas cortinas. Un estradillo o tarima, bajo un repostero o tapiz con el escudo de España. Y en el estrado un sitial con un cojín a los pies. Sobre el estrado, un intenso resplandor amarillento. En el resto de la escena una luz neutra y suave.

ESPAÑA está graciosamente sentada en el sitial del estrado, como una infanta traviesa en el trono de su padre. A su derecha está EUROPA y a su izquierda el TIEMPO, frío y grave. Y EUROPA comienza a hablar

EUROPA.   España, mi hija querida,
               tu discreción y tu edad
               me solicita y convida
               para que con brevedad

---

[4] Son los colores de la bandera republicana. Alude al hambre del "Madrid rojo"

busque sosiego a tu vida.
Eres doncella y hermosa
y de virtudes colmada;
rica, sabia y poderosa,
y de muchos codiciada
para haberte por esposa.
Y aunque el poder codiciar
está en manos de cualquiera,
tú el esposo has de buscar
porque no te ha de llevar
sino el que te mereciere.
Mi voluntad es aquesta;
saber la tuya me resta.
Y pues tienes discreción
para hacer buena elección,
sólo aguardo tu respuesta.

ESPAÑA, casi abrazada a su madre EUROPA, le dice con ternura y humildad

ESPAÑA.   Europa, señora mía,
                 especie de demasía
                 es tal prevención hacer,
                 teniendo entero poder
                 sobre la voluntad mía.
                 Pero si así lo has querido,
                 a tu gusto me acomodo.
                 Yo me buscaré marido,
                 que siempre mi ley ha sido
                 regirme yo sola en todo.

Y queda muy digna y grave como jugando a ser reina, mientras continúa
EUROPA

EUROPA.   Al Tiempo tengo anunciado
                 que estuviera preparado
                 de ser tu casamentero,
                 que es hombre muy avisado
                 y conoce el mundo entero.

El TIEMPO saluda y dice

TIEMPO.   Yo, señora, di a entender
                       a todo el orbe criado
                       que España tomaba estado,
                       por lo cual es de creer
                       que no falte enamorado.
                       Y porque entiendas de mí
                       que cumplí la diligencia
                       con cuidado y suficiencia,
                       ves que ya llegan aquí
                       dos novios a tu presencia.

En efecto, por derecha e izquierda entran, respectivamente, la GUERRA y la IGNORANCIA. Esta, al ver a su rival, dice así toda aterrada

IGNORª.   ¡Jesús, que sois de notar!
                       ¡Mirad qué fiera alimaña
                       tenían que desposar
                       con tal moza como España!

Pero el TIEMPO le ataja

TIEMPO.   Hermano, no hay que burlar.
                       Y si casaros queréis,
                       manifestad vuestro intento
                       y las prendas que tenéis,
                       y a España qué le daréis
                       en arras del casamiento.
IGNORª.   ¡Pardiez, vos habéis hablado
                       como buen casamentero!

Y dirigiéndose a la GUERRA, añade

                       ¡Venga, pues, señor soldado,
                       salid a plaza primero
                       pues que venís tan hinchado!

La GUERRA se adelanta al centro de la escena. Sobre su figura cae un rayo de luz roja. Y EUROPA le pregunta

EUROPA.   ¿Quién sois vos?
GUERRA.   Yo soy la Guerra,
                 del mundo entero temida.
                 Yo soy la lucha homicida,
                 rey y señor de la tierra,
                 pues todo es lucha en la vida.
                 Si quisiera demostrar
                 mi valor y mi poder,
                 mucho pudiera alegar;
                 mas, ¿para qué recordar
                 las agonías de ayer?
                 Las arras que yo dar puedo
                 a España son mis despojos,
                 heridas, llantos, enojos;
                 un velar siempre con miedo
                 sin poder cerrar los ojos…

Y ahora el TIEMPO pregunta a la IGNORANCIA

TIEMPO.   ¿Y vos?
IGNORª.   La Ignorancia soy;
                 la cosa más abundante
                 del mundo y la más constante,
                 pues dondequiera que voy
                 no me sacan de ignorante.
                 En esta humana existencia
                 todos sois mis servidores,
                 pues no tenéis la alta ciencia
                 de sufrir vuestros dolores
                 con discreción y paciencia.
                 Andáis todos tras el viento,
                 el mayor y el más chiquito.
                 Ciegos, locos y sin tiento,
                 guiados del apetito,

sin razón ni fundamento.
Y cuando venga aquel día
en que el hombre sea juzgado
vendrá el ver que habéis errado,
y el decir "No lo sabía",
y el "¡Quién lo hubiera pensado!".
Pues si es verdad esto así,
cierto es lo que dije antes:
que todos estáis en mí,
y todos sois ignorantes
y yo soy el rey aquí.

EUROPA, con suavidad y dulzura, le desengaña

EUROPA.   Ignorancia, no conviene
                  casar a España contigo,
                  que ya fuiste su enemigo.
                  Más altos designios tiene.
IGNORª.   Pues quedaré de testigo.

Y se sienta en el estrado, a los pies de ESPAÑA, como si fuera un bufón, mientras EUROPA prosigue

EUROPA.   Vos, Guerra, esperar debéis.
                  Fuerte derecho tenéis,
                  pues por vos luce esta aurora;
                  pero no conviene ahora
                  que con España caséis.
                  Fuisteis instrumento ciego
                  de los designios de Dios,
                  y esta España yo no niego
                  que naciera a sangre y fuego
                  de vos, mas no para vos.

Hay una pausa dolorosa y triste. El TIEMPO rompe el silencio, diciendo

TIEMPO.   Ya vienen más pretendientes;
                  aunque de tal traza son
                  que no han de tener opción

sus favores y presentes
a tan dulce pretensión.

En efecto, por derecha e izquierda entran, respectivamente, el HAMBRE y la
TRISTEZA, por quienes la IGNORANCIA dice

IGNORª.   ¿Qué diablo de gente es ésta?
                ¡En mala hora vengáis,
                pues venís a aguar la fiesta!
                ¿Qué, sois mudos, que nos dais
                la callada por respuesta?

A la TRISTEZA

                Decid, señor enlutado,
                ¿Por quién hacéis tan gran duelo?
                Se os ha muerto algún abuelo,
                o es que en la tierra ha finado
                toda alegría y consuelo?

Al HAMBRE

                Y vos, gesto de calambre,
                ¿quién sois o cómo os llamáis
                que tan flaco y triste andáis?
HAMBRE.   A mí me llaman el Hambre.
IGNORª.   ¡De vuestro nombre muráis!
TRISTE.   Yo la Tristeza me llamo.
IGNORª.   ¡Buen nombre tenéis, a fe!
                Que erais la muerte pensé.
                ¿Y venís a buscar amo?
                Porque a otra cosa no sé...
HAMBRE.   Venímonos a casar
                con España el que pudiere.
IGNORª.   Eso será si ella quiere,
                si antes, con solo os mirar,
                del susto no se nos muere.
                Moza de tal hermosura
                ¿habían de desposar

con la misma sepultura?
No es cosa de imaginar
en gentes de tal cordura.

Y EUROPA, con dureza y acritud pregunta a los recién llegados

EUROPA.   Tristeza y Hambre, decid:
                 ¿qué causa o qué pensamiento
                 os hizo venir aquí
                 a intentar tal casamiento?

El HAMBRE con triste y oscura voz, contesta
HAMBRE.   Pues me preguntas, oí.

Un rayo de luz verde cae sobre su entera figura

Soy el Hambre, que en la tierra
es la muerte más temida
que tiene la humana vida.
Soy la verdadera guerra
que no puede ser vencida.
Si bien lo queréis saber,
mirad lo que habéis penado
todo este tiempo pasado,
y lo que viniera a ser
si yo no hubiera acabado.
Aquellos días sin pan,
cuando por hallar sustento
las madres su sangre dan
pues sus hijos morirán
sin humano valimiento.
Y aquel vivir sin tener
con que calmar hambre y frío;
y aquel morir sin saber…
Y decidme si hay poder
que llegue a igualarse al mío.

Y la TRISTEZA dice a su vez

TRISTEZA.　　No quisiera disputar
　　　　　　si el mío es o no mayor;
　　　　　　pero por hacer callar
　　　　　　al que es mi competidor
　　　　　　mi fuerza he de ponderar.
　　　　　　Decid, si no, triste España:
　　　　　　¿por ventura habrá un nacido
　　　　　　tan poderoso y valido
　　　　　　que por arte, fuerza o maña
　　　　　　se haya de mí defendido?
　　　　　　Desde que a vivir empieza
　　　　　　el hombre, hasta cuando muere
　　　　　　no hay bien que en él persevere,
　　　　　　ni está libre de tristeza
　　　　　　mientras en el mundo fuere.
　　　　　　Dadme, si no, el más cabal,
　　　　　　el más dichoso que existe,
　　　　　　y preguntadle a ese tal
　　　　　　si ha dejado de estar triste
　　　　　　solo un día natural.
　　　　　　Preguntad a los presentes
　　　　　　si no han vivido estos años
　　　　　　angustiados y dolientes,
　　　　　　si no han muerto muchas gentes
　　　　　　de tristeza y desengaños.
　　　　　　Preguntad quién está exento
　　　　　　de amargura o de dolor.
　　　　　　Ninguno dirá que miento;
　　　　　　todos sufrieron tormento
　　　　　　y me tienen por señor.
　　　　　　Y pues vengo yo enlutado,
　　　　　　bella España, y vos lo estáis,
　　　　　　o a poco lo habéis estado,
　　　　　　es justo que me admitáis
　　　　　　para vuestro desposado.
EUROPA.　　Callad, callad, Tristeza;
　　　　　　que aunque habéis bien referido
　　　　　　vuestro poder tan temido,
　　　　　　de más alcurnia y nobleza

pretende España el marido.
Sujeta estará a los dos
porque es de humano linaje,
mas no se os da en vasallaje,
que España solo a su Dios
puede rendir homenaje.

IGNORª.   ¡Ese sí, cuerpo de mí,
que es persona honrada y nueva!
Y pues ya viene hacia aquí,
yo apostaré que la lleva
a pesar vuestro y de mí.

En efecto, por la derecha, entran la FE y el AMOR DIVINO y la primera, acercándose a ESPAÑA, dice

LA FE.   España, el Amor Divino,
queriendo tomar estado,
ningún país ha encontrado
sino tú, que sea digno
de favor tan regalado.
Pida la dote el Amor
que de ti quiere y espera.
Dale tú gloria y honor
y júrale fe sincera
como leal amador.

El AMOR DIVINO se adelanta al centro de la escena. Sobre él cae un rayo de luz blanca

AMOR.   La dote que me ha de dar
quien conmigo ha de casar
es un limpio corazón
lleno de fe y contrición
para nunca más pecar.
Quien así lo llegue a hacer
y me ofrezca tales dones,
reina del mundo ha de ser
porque alzada se ha de ver
sobre todas las naciones.

> El amor que yo le pido
> España dármelo puede,
> pues para amarme ha nacido.
> Que España diga si accede
> a tenerme por marido.

ESPAÑA, que se ha levantado al escuchar la voz del AMOR DIVINO y ha ido acercándose a él poco a poco, cae ahora a sus pies, diciendo

ESPAÑA.   Divino y perfecto Amor,
       tu sierva soy, mi señor;
       hágase tu voluntad,
       que con rendida humildad
       recibirá tu favor.
       Solo una merced te pido,
       Señor, si fueres servido:
       que de tus manos benditas
       no me apartes, ni permitas
       que caiga de Ti en olvido.
AMOR.   España, grande es tu fe;
       hágase como quisieres.
       Desde hoy mi esposa eres
       y yo tu guarda seré
       para que en mí perseveres.
       Por la fe serás salvada
       y por la fe redimida,
       que un día verás cifrada
       en sus letras la cruzada
       de F.E. de tu nueva vida.

Una alegre y jubilosa algarabía de frescas voces juveniles subraya con su entusiasmo la emoción del momento, mientras ESPAÑA y el AMOR DIVINO suben al estrado. Terminada la canción, la IGNORANCIA, señalando a los presentes, dice a ESPAÑA.

IGNORª.   Pues ya que no merecimos,
       por tristes y lacerados,
       gozar lo que pretendimos,

	recíbanos por criados
	pues para amos no servimos.
LA FE.	Bella España, acceder debes
	a lo que ellos te han pedido.
	Mas procede a tal partido
	que primero les renueves
	la condición y el vestido.
	La Guerra en Paz quedará
	y esta oliva tomará
	en señal de que hoy se ha dado
	Dios a España y ha acabado
	la guerra en España ya.
	El Hambre quede en Hartura,
	la Tristeza en Alegría,
	y la Ignorancia en Cordura.
	¡Salid fuera, gente mía,
	y acabe tanta tristura!

A su voz irrumpen en escena las gallardas figuras de la PAZ, la ALEGRÍA, la HARTURA y la CORDURA, a cuyos pies quedan vencidos, casi postrados, la GUERRA, la TRISTEZA, el HAMBRE y la IGNORANCIA. Y las damas, alzando los motes que ostentan en sus bengalas, dicen a España

LA PAZ.	Yo seré tu guarda ahora.
CORDURA.	Yo consejo te daré.
HARTURA.	Yo tus campos llenaré
	de espigas de oro, señora.
ALEGRÍA.	Y yo en tu honor cantaré.

Una alegre canción popular rasga los aires, mientras ESPAÑA se postra a los pies del AMOR DIVINO, que ciñe las sienes de su esposa con la corona imperial y pone en sus manos, como cetro, el yugo y las flechas. Y, alzándola del suelo, la estrecha amorosamente contra su corazón, mientras dice proféticamente

AMOR.	Levanta ya, España mía,
	levanta, que ya es llegada
	la clara luz de aquel día
	de tu grandeza pasada

cuyo sol no se ponía.
¡Arriba España! Que vibre
de ilusión todo tu ser,
porque hoy vuelves a nacer
y a ser Una, Grande y Libre,
pues empieza a amanecer.
Hoy pongo en tu corazón
de mi ley el yugo blando,
y las cinco flechas son
las llagas de mi Pasión
que para ti están sangrando,
y que pronto en las banderas
gallardas y jubilosas
que con alegría esperas,
habrán de ser cinco rosas
que canten tus primaveras.

Y mientras llenan los aires los últimos acordes de un canto guerrero y triunfal,
cae lentamente el TELÓN

SALUDO A FRANCO. ARRIBA ESPAÑA
Madrid, febrero de 1939
III Año Triunfal

Iluminación, utilería, música

[cuartilla autógrafa a lápiz]

[1. ILUMINACIÓN]

Farsa
Luz neutra: azul y blanco rebajado.
Pequeña batería en blanco detrás.
Cenitales: amarillo sobre la plataforma – Fijo.
En el centro: Rojo. Amarillo. Verde. Blanco – Juegan.
Al final, amanecer rapidísimo.

Comedia

1.º +– Focos en amarillos sobre los guerreros.

    – Noche en la escena.

    +– Foco lateral de izquierda a derecha sobre Bernardo y el aya Elvira Sánchez. En amarillo.

2.º– En la escena, amarillo y rojo.

    – Desaparece poco a poco el amarillo.

    +– Cenital rojo sobre Alfonso.

3.º– Va desapareciendo el rojo y entrando el azul hasta quedar solo éste.

    +– Cenital verde en el centro de las rampas.

4.º – Luz blanca, amarilla y roja.

    – Mengua el blanco, luego el amarillo, hasta quedar sólo el rojo.

5.º – Sólo rojo y a contraluz. Al fondo, ya azul.

    – Va menguando el rojo.

    +– Cenital rojo sobre el trono.

    – Desaparece el rojo y sólo queda el azul.

    – Sólo azul y verde.

    +– Cuatro focos pequeños, de abajo arriba para las doncellas.

    – Foco lateral, desde la derecha, pequeño, sobre Beltrán y luego sobre Oliveros. En amarillo.

    +– Cenital verde sobre la cruz.

    – Foco lateral, desde la izquierda sobre Roldán.

    +– Cuatro cenitales blancos sobre las doncellas.

    – Amanecer rapidísimo.

Resumen

Cenitales: siete. 750 a 1000

    Filtros. Rojo: 1; amarillo: 2; verde: 2; blanco-dispersión: 4.

Focos:

    Proyectores: Uno grande. Uno pequeño.

    Dos focos pequeños.

    Cuatro focos más pequeños.

[tres cuartillas autógrafas a tinta]

[2. UTILERÍA]
[*Loa*]
+Catorce rollitos de pergamino.
+Catorce letras.
+ NI GUARDAR EL BIEN   color tabaco
+Pequeño pedestal para Castilla.
+Alfombra clara.
+Catrecillo muy rico.
Ventilador [a lápiz:] Moro.[5]
+Columna (ir por ella – Feduchi).

Comedia
+ Alfombra verde o muy oscura.
+ Banco con respaldo, oscuro, muy primitivo.
+ Rueca, con rueda, muy tosca.
+ Antorcha clavada en la pared. Luz rojiza.
+ Crucero de piedra [a lápiz:] (Feduchi).
+ Encolar y pintar trajes de guerreros.
+ Pergamino y pluma de ave.
+ Pequeño atril para escribir.
+ Pergamino con sello y cinta.
+ Cuatro pedestales para las Famas.
Cortinas de gasa.
Dos estandartes nuevos.
Un estandarte roto.
+ Cuerno de marfil, con cadena.

Farsa
+ Decorado [a lápiz:] (Feduchi).
+ Pequeña alfombra para el estrado.
+ Alfombra [a lápiz:] azul oscuro [sobre, tachado:] siena tostado, casi negra.
+ Capitel para asiento de España.
+ Rama de oliva.
+ Yugo y flechas en rojo.

[5] Parece claro que las marcas "+" son marcas de comprobación; en el caso del ventilador, se entiende que hay que pedir el suministro a la empresa Moro.

[dos cuartillas autógrafas a lápiz]

[3.] MÚSICA

Comedia
Breve frase de canto guerrero (corto). Cajas y clarines de guerra.

+ Cantiga de Alfonso el Sabio (largo).   BIS

    BIS   Marcha militar francesa.

    TER

Cántico guerrero y exaltado (largo).   Toques de olifante.

                                     Toque de campanas.

Un bárbaro clamor guerrero (corto).
(N.º 33 [ilegible]).
~~Marcha fúnebre (larga) n.º 19 III~~
~~+Una tonada lenta, triste n.º 18 III~~
Un himno jubiloso – n.º 20 III.

+Prólogo Comedia Fanfarria.

Loa
Preludio Música de la Loa de la = C. del J. de F. n.º 92 pág. 15 IV. Pedrell.
Tonada a solo de la loa = ligado con el final de a cuatro.
Tonadita triste (n.º 94, fragmento 6).
Posible vítor, n.º 96,
y final.

+ Farsa Preludio Españoleta.
Paso y medio entrada figuras.

Loa
Peiró Joseph, 1629.
Música de la loa de la comedia *El jardín de Falerina* y cuatros al modo de la época, originales de Ángel M. Pompey.

Comedia
Toques militares de los siglos XVI y XVII.
Cantiga de Alfonso el Sabio.
"¿Qué es de ti, desconsolado?", anterior a 1492.   Juan de la Encina.

Tonada llana [¿?].
Fragmento de la *Historia Bætica* de Carlos Verardi, composición anterior a 1492.

Farsa
"Españoleta", de Pedrell, sobre distintos temas de tratados de tañido.
Fragmentos de la zarzuela *Fieras de celos y amor* de Bances Candamo.
Auto anónimo.

LLUCH UN SINDICALISTA DEL TEATRO

[Documento 1 (28 junio 1939):
autógrafo a tinta; 14 cuartillas a una cara][6]

Memoria que por conducto reglamentario eleva al Exmo. Sr. Ministro de la Gobernación, el Departamento Nacional de Teatro y Música sobre la ordenación del teatro en España

Saludo a Franco
Arriba España

Sometemos a la superior aprobación del Excmo. Sr. Ministro la urgente necesidad de la ordenación del teatro en España, cuyos puntos fundamentales se exponen con la mayor brevedad en la memoria adjunta, sin descender a ningún orden de argumentos que consideramos innecesarios dada su evidencia, y sin dedicar tampoco razonamiento alguno a destacar la indiscutible importancia histórica, cultural y educativa que el teatro tuvo y es susceptible de tener en la formación de nuestro pueblo.

NECESIDAD DE LA ORDENACIÓN DEL TEATRO

Es forzoso acometer, de una vez y para siempre, la ordenación total del teatro –hoy abandonado a las incompetentes, interesadas y rastreras inicia-

---

[6] Los textos de "Ordenación del teatro como industria" (Documento 2; 18 jul. 39) y "Ordenación del teatro como arte. Proyecto de Instituto Dramático Nacional" (Documento 3; 26 ene.-jul. 39) se publicaron en García Ruiz 2000.

tivas privadas– para que responda fielmente a sus altos fines industriales, estéticos y políticos al servicio de la Patria.

Esta ordenación, como de lo apuntado se deduce, ha de obedecer al triple orden de exigencias primordiales del espectáculo público, según se le considere:

a) como *industria*,

b) como *arte*,

c) como *servicio*.

1. *Ordenación del teatro como industria*

La ordenación del teatro como industria tiene su ámbito específico en el Ministerio de Organización y Acción Sindical, a través del Sindicato Nacional de Espectáculos Públicos cuya creación es de urgencia inaplazable y cuyas directrices fundamentales deben ser:

a) *Llevar al teatro el sentido de responsabilidad y seriedad* –propios de toda actividad industrial– en las relaciones contractuales del mismo, hoy abandonadas a la alegre y anárquica irresponsabilidad de las empresas que, en la mayoría de los casos, persiguen un fin ajeno por completo a toda función estética y cultural, e incluso a todo lícito negocio de industria.

b) *Moralizar los contratos de trabajo y la ordenación social del teatro*, cuyas actividades suelen desarrollarse al margen de toda justicia moral, e incluso de toda legislación escrita, aunque ésta sea tan parca, fragmentaria y anacrónica como la que hoy existe, y que forzosamente habrá de ser unificada, ampliada y actualizada.

c) *Limitar la explotación de la industria*, haciendo que ésta sea viable y fructífera para los que de buena fe se dediquen a ella con una responsabilidad económica y artística que les sirva de garantía, y evitar así que entidades, y personas de ninguna solvencia se entreguen a una anárquica actividad teatral determinante de un exceso de producción que origina una competencia ilícita y ruinosa para los primeros.

d) *Ordenar jerárquicamente el espectáculo teatral*, a fin de que puedan realizarse las formas nobles de teatro, hoy día inexistentes –teatro clásico, alta comedia, ópera de cámara, bailes españoles, teatro experimental, etc…– y limitar las formas menos dignas, evitando de este modo el predominio actual de estas últimas, e incluso abordando la producción sindical del teatro de excepción.

e) *Dignificar en su puro aspecto industrial el espectáculo del teatro*, a la manera que se exige en todas las demás manifestaciones de la industria patria, e impedir con ello la gradual y, al parecer, inevitable decadencia del teatro, abandonado inexplicablemente a las torpes, rutinarias e incompetentes iniciativas del egoísmo privado, cuya acción perniciosa habrá que sustituir en su día por la noble, jerárquica y disciplinada del Sindicato.

En Memoria aparte [Documento 2],[7] y con amplitud y el detalle necesarios, se estudia la ordenación del teatro como industria, desarrollando las directrices fundamentales señaladas.

[texto tachado: "El Departamento Nacional de Teatro, en la mejor inteligencia con las Jerarquías correspondientes del Ministerio de Organización y Acción Sindical, y concretamente con las del Sindicato de Actividades Diversas, Sección de Espectáculos Públicos, velará por la consecución de estos fines lógicos y obligados, a reserva de la orientación general de su específica competencia que en el lugar oportuno de esta memoria se detalla".]

2. *Ordenación del teatro como arte*
La ordenación del teatro como arte tiene su ámbito específico en el Ministerio de Educación Nacional, a través de los organismos correspondientes de la Jefatura del Servicio Nacional de Bellas Artes, de cuya competencia son la educación estética del actor y del público y la creación del ambiente cultural imprescindible para la vida artística del teatro.
Esta labor, única en el fondo, debe dirigirse a los tres fines enumerados:
a) *Formación del artista teatral*, mediante la creación de:
–una Escuela de Arte Dramático (para actores),
–una Escuela de Oficios del Teatro (para la plástica escénica),
–una Escuela Superior de Teatro (para crítica y directores).
b) *Educación del público*, mediante la creación de:
–un Teatro Escuela (cátedra de divulgación teatral),
–un Teatro Íntimo (laboratorio de ensayo teatral),
–un Teatro Nacional (museo del tesoro teatral).
c) *Creación del ambiente cultural* indispensable para la vida artística del teatro, del que surgirán naturalmente las vocaciones de autores, críticos y directores llamados a la renovación y engrandecimiento de nuestra escena, mediante la organización y sostenimiento de:

---

[7] Puede leerse en García Ruiz 2000, 102-16.

–una *Asociación* –a modo de tertulia literaria, de honda raigambre en la tradición artística de España– para la libre discusión y exégesis de temas teatrales;

–un *Centro Editorial* para la publicación ordenada y sistemática de textos dramáticos y obras de estética e historia teatral;

–y un *Círculo de Estudios Teatrales* que ordene, jerarquice y dé continuidad a la investigación y producción de nuestros críticos y eruditos.

En Memoria aparte [Documento 3],[8] y con amplitud y el detalle necesarios, se estudia la ordenación del teatro como arte, desarrollando el esquema reseñado, cuyo conjunto constituye en realidad, el plan metódico y ordenado de un verdadero Instituto Dramático Nacional.

[texto tachado: "El Departamento Nacional de Teatro, en la mejor inteligencia con las Jerarquías del Ministerio de Educación Nacional, y concretamente las encargadas de la labor reseñada –cuyo conjunto constituye el plan ordenado y metódico de un verdadero Instituto Dramático Nacional– velará por la consecución de estos fines lógicos y obligados, a reserva de la orientación general de su específica competencia que a continuación se detalla."]

3. *Ordenación del teatro como Servicio*

La simple ordenación del teatro como Industria y como Arte expuesta en los apartados anteriores, no basta en realidad para garantizar el cumplimiento de los altos fines que al teatro incumben en un Estado totalitario. Es preciso, pues, estudiar una ordenación superior, a la que estén jerárquicamente sometidas, la industria y el arte del teatro. Es decir, hay que acometer la ordenación del teatro como Servicio Público; esto es, como medio eficaz de propaganda del Estado y de formación política y cultural del pueblo, y establecer las normas fundamentales para el ejercicio de esta ordenación, en un todo de la determinada competencia del Departamento de Teatro y Música del Servicio Nacional de Propaganda del Ministerio de la Gobernación, evidente rector de toda actividad teatral, tanto industrial como artística, ya que debe ser este rigor político y formativo el primordial dentro de la concepción del Nuevo Estado Español Nacional Sindicalista.

En dos grandes campos de actividades encuadramos la competencia del Departamento Nacional del Teatro sobre la materia: Actividades de orden prohibitivo y Actividades de orden creador.

[8] Puede leerse en García Ruiz 2000, 117-32.

A) *Actividades de orden prohibitivo*. Las dividimos en dos apartados:
a) Censura de la literatura dramática.
b) Fiscalización del espectáculo público.

El Departamento Nacional de Teatro ejercerá su función prohibitiva a través de la Censura con arreglo a las normas siguientes:

1.º *La revisión de todo el repertorio del teatro español* que no ofrezca absolutas garantías en el orden ideológico, político y moral, a fin de eliminar de él, no sólo aquellas obras, o fragmentos contrarios a los postulados del Glorioso Movimiento Nacional, sino todas aquellas que no tengan la calidad artística, la dignidad moral y el decoro intelectual y político que es imprescindible exigir al teatro si se le considera como servicio de la cultura patria.

2.º *La censura previa de la nueva producción teatral*, pero ejercida todavía con mayor rigor que en el repertorio y con sujeción a idénticas normas, a fin de lograr en plazo breve un teatro digno de la nueva España o, por lo menos, impedir que renazcan y florezcan de nuevo la ramplonería, la sordidez y la mediocridad del teatro comercial al uso.

El Departamento Nacional de Teatro ejercerá su función prohibitiva a través de la Fiscalización del espectáculo público con arreglo a las normas siguientes:

1.º *La inspección de las representaciones escénicas*, con el fin de eliminar de ellas todo lo que atenta al decoro nacional, a la moral pública, o al buen gusto y a la dignidad artística que deben presidir el espectáculo público si se le considera como servicio y vehículo de la cultura patria.

2.º *La previa fiscalización de los nuevos espectáculos* que hayan de presentarse al público, pero ejercida todavía con mayor rigor que en las representaciones habituales, y con sujeción a idénticas normas, a fin de lograr en plazo breve un teatro digno de la nueva España en el que la perfección formal de la representación escénica baste para atraer al público y predisponerle a favor del espectáculo.

Con estas actividades de orden prohibitivo el Departamento Nacional de Teatro conseguirá, en plazo breve, que tanto la literatura dramática como el espectáculo público no desdigan de la altura ideológica y la belleza formal indispensables en toda manifestación artística del Nuevo Estado Español.

[texto tachado: "Pero, en realidad, no es suficiente, aunque sí necesaria y perentoria, esta actividad puramente negativa de fiscalización y censura para la rehabilitación y la dignificación de nuestra escena, sino que es preciso orientar la iniciativa privada y aun la oficial, e incluso suplirla en aquellos casos en que se muestre remisa, creando un teatro exclusivamente de cultura y propaganda mediante las que hemos denominado"]

B) *Actividades orientadoras y productoras.*

[texto tachado: "a) Actividades orientadoras
Tanto la industria del espectáculo como el arte del teatro necesitan una orientación política y cultural, ajena y superior a su simple desarrollo como industria y como arte. Y esta es función específica del Departamento Nacional de Teatro, el cual habrá de desarrollarla con arreglo a los siguientes principios generales:"]

1.º *Protección a la producción nacional,* con la consiguiente restricción para las traducciones, que sólo podrán ser admitidas en el caso de obras excepcionales.

2.º *Dignificación de la producción nacional* mediante concursos públicos convocados para las obras escritas siguiendo las tesis o consignas de orden político y cultural dictadas por él.

3.º *Normas para la creación de grandes ciclos dramáticos* de representaciones clásicas, conciertos polifónicos, espectáculos folclóricos y nuevas formas del teatro cultural y educativo.

4.º *Conmemoración teatral de fecha y hechos notables* de la historia imperial y católica de España y divulgación de las obras de nuestros autores clásicos, sobre todo en lo que tienen de expresión viril y humana de los grandes ideales patrios.

5.º *Creación o consolidación de compañías teatrales* para que sirvan de embajadas de la cultura y el espíritu de España en el extranjero y, especialmente, en los países hispanoamericanos.

El área en que puede y debe ejercer el Departamento Nacional de Teatro su benéfica actividad se divide en tres grandes sectores:

1.º *Compañías llamadas de aficionados,* de Círculos o Sociedades culturales o recreativas, que cultivan el arte teatral sin más fin que la distracción de sus socios.

2.º *Compañías de carácter político u oficial,* regidas por organizaciones del Movimiento, que cultivan el arte teatral como medio de propaganda o para arbitrar recursos.

3.º *Compañías de tipo militante,* en puro concepto de servicio, creadas por el propio Departamento o por otros organismos del Estado.

Para estas tres clases de compañías, cuyo fin no es la industria del espectáculo sino la distracción o la educación de un público incondicionalmente adicto, habrán de ser comunes las siguientes Normas de producción, por cuyo exacto cumplimiento velará el Departamento Nacional de Teatro:

1.ª *Prohibición absoluta de que figuren en su repertorio las obras usuales del teatro comercial,* puesto que con ellas no cumplen la misión educadora que tienen encomendada, y establecen, además, una competencia ilícita al teatro puramente comercial. De esta prohibición sólo podrán ser eximidas aquellas obras que por su altura ideológica y su perfección formal merezcan ser consideradas como valores representativos de nuestra producción teatral.

2.ª *Necesidad de que sus representaciones se ajusten en un todo* [sic] *a las más elevadas y dignas formas del espectáculo teatral,* con exclusión de toda fácil concesión al bajo instinto popular, de manera que cumplan tales representaciones el fin educativo que les ha sido encomendado.

3.ª *Inclusión en todos sus programas de una conferencia* cultural, política o estética que sirva de propaganda a los altos ideales del Glorioso Movimiento Nacional.

Con estricta sujeción a estas normas, dichas compañías podrán actuar, incluso con taquilla abierta, siempre que los ingresos de sus representaciones se inviertan íntegros en sufragar los gastos de las mismas, en estimular la labor de sus actores o en fines políticos, benéficos o culturales previamente determinados.

Aparte las anteriores normas generales, dichas compañías habrán de ajustarse, según su categoría, a las siguientes Disposiciones:

1.ª Las compañías llamadas de aficionados se crearán y vivirán por iniciativa privada, con la simple aprobación del Departamento Nacional de Teatro.

2.ª Las compañías de carácter político u oficial se crearán por iniciativa de las Organizaciones y vivirán bajo la inspección directa del Departamento Nacional de Teatro, cuyas indicaciones habrán de seguir en la redacción de sus programas, en los que habrán de figurar forzosamente las obras elegidas por el Departamento entre las que se presenten a los concursos que con este fin habrá de convocar para premiar con su representación aquellas que mejor reflejen los postulados esenciales del Glorioso Movimiento Nacional.

3.ª Las compañías de tipo militante se crearán por iniciativa y a expensas del Departamento Nacional de Teatro y vivirán a sus órdenes con estricta sujeción a los fines de la propaganda cultural y política. Su misión –de noble y duro servicio– será llevar la voz auténtica de la nueva España a las minorías intelectuales y a las masas obreras, hasta ahora alejadas del arte del teatro, y la de actuar, como legítima representación del Nuevo Estado, en los actos oficiales del mismo en que fuese necesaria o conveniente una manifestación del arte teatral.

Con estas Normas y Disposiciones, que habrán de llevarse a la práctica por el Departamento Nacional de Teatro en íntima conexión y cordial colaboración con las Jerarquías del Movimiento, se logrará la total y definitiva renovación y dignificación del teatro no industrial, necesitado, como ningún otro, de un nuevo estilo cultural, patriótico y político, coincidente en un todo con los altos ideales de la Revolución Nacional-Sindicalista.

Y queda como última y específica función del Departamento Nacional de Teatro –ajena en realidad al espectáculo teatral pero íntimamente ligada con él– la propaganda ética, política y social, aprovechando para ella la congregación de un público en las salas de espectáculos o las posibilidades que brinda el arte teatral.

Así, será de la competencia del Departamento la propaganda gráfica, oral y escrita en las salas de espectáculos y aquellas formas excepcionales de teatro –monólogos o diálogos, rápidos apuntes dramáticos, canciones y pantomimas, retablillos de guiñol o marionetas– que sirven específicamente a los puros fines de la propaganda política.

Tales son, en resumen, las actividades de todo orden que puede y debe ejercer el Departamento Nacional de Teatro. Para su posible realización será indispensable organizar dicho Departamento según se indica en el siguiente apartado.

ORGANIZACIÓN DEL DEPARTAMENTO NACIONAL DE TEATRO

Para las actividades de orden prohibitivo
a) Censura de la literatura dramática
Un *Jefe de Censura*, a cuyas órdenes actuará una *Comisión de lectura*, integrada por cinco críticos nombrados por el Ministerio de la Gobernación.
b) Fiscalización del espectáculo público
Un *Inspector de teatros*, a cuyas órdenes actuarán, por delegación, los Jefes Provinciales y Locales del Servicio Nacional de Propaganda y los Delegados Locales y de Distrito de Prensa y Propaganda de F.E.T. y de las J.O.N.S.

Para las actividades de orden creador
[tachado: "a) Actividades orientadoras
Un *Consejo Superior del Teatro*, como órgano meramente consultivo, con representación oficial del Servicio Nacional de Bellas Artes, de la Sección de Espectáculos Públicos del Sindicato de Actividades Diversas del "Ministerio de Organización y Acción Sindical", de las Reales Academias de la Lengua, Historia y Bellas Artes, e intervención de las más relevantes personalidades del teatro. Dicho Consejo nombrará Comisiones especiales de estudio y dictamen para las diversas funciones que le competen.
b) Actividades productoras"]

Un *Jefe de producción*, a cuyas órdenes actuarán, por delegación, *diez directores* –capacitados en un cursillo especial proyectado y dirigido por el Departamento– y los Delegados Locales y de Distrito de Prensa y Propaganda de F.E.T. y de las J.O.N.S., a cuyo cargo estarán directamente los teatros no profesionales.

Por último, para la función de la pura propaganda política y social en el espectáculo bastará un *Jefe de Propaganda*, en íntima conexión con las Jefaturas Provinciales y Locales del Servicio Nacional de Propaganda y las Delegaciones Provinciales de Prensa y Propaganda de F.E.T. y de las J.O.N.S.

Madrid, 28 de junio de 1939
Año de la Victoria

El Secretario General del Departamento Nacional de Teatro y Música

Firmado: Román Escohotado

El Jefe Sindical Provincial de Espectáculos Públicos y autor del Proyecto de "Instituto Dramático Nacional"

Firmado: Felipe Lluch Garín

Saludo a Franco
Arriba España

1. El Documento 1bis contiene esta propuesta de Organigrama del Departamento de Teatro:

Jefe del Departamento	Felipe Lluch Garín	1.000	pts.
Secretario	Román Escohotado	750	pts.
Jefe de Producción	Luis Escobar	750	pts.
Jefe de Censura	Samuel Ros	600	pts.
Jefe de Propaganda	José María Sánchez Silva	600	pts.
Inspector de Teatro	¿?	600	pts.
Administrador	Alfonso Horna	600	pts.
Mozo de almacén	¿?	300	pts.
Cinco censores	Alfredo Marqueríe	300	pts.
	¿?	300	pts.
	Nicolás González Ruiz	300	pts.
	P. Félix García	300	pts.
	Cristóbal de Castro	300	pts.
Total		6700	pts.

2. Una versión primitiva del Documento 1 bis contiene el siguiente sumario:

1. Necesidad de ordenación del teatro
Esta ordenación es triple: como Industria | como Arte | como Servicio público

2. La ordenación como Industria-Sindicato. Normas fundamentales:
Formalidad
Moralidad
Limitación
Jerarquía
Dignidad
3. La ordenación como Arte: Servicio Nacional de Bellas Artes
Creación de Teatros
Creación de Escuelas
Creación de Centro de estudios
4. La ordenación como Servicio público
1.º Industria; 2.º Arte} Insuficientes
1. *Censura*: Repertorio | Estrenos } *Comisión de lectura*
2. *Fiscalización*: Moral | Artística } *Inspección de teatros*

3. *Orientación*: Normas al Sindicato | a los autores y Empresas } *Consejo del Teatro*

4. *Propaganda*: meter al Movimiento en el espectáculo } *Jefe de Propaganda*

5. *Producción*: crear directores | orientar los teatros de Falange Española } *Jefe de Producción*

[Documento 3bis (agosto1939):
nueve cuartillas autógrafas a tinta y lápiz]

Proyecto de creación de un Instituto Dramático Nacional
PROYECTO DE DECRETO
PARTE EXPOSITIVA

El Nuevo Estado español, empeñando actualmente en la alta y noble tarea de reorganizar la vida nacional, no puede olvidar la importancia del teatro, considerado como reliquia de nuestro patrimonio artístico, como exponente de la cultura patria y como medio eficaz de la educación moral y estética del público español. Porque el teatro no es sólo la industria del espectáculo; es decir, pasatiempo o distracción para un público cualquiera; sino un arte popular y nacional, capaz de interpretar, resumir y aún promover un estado social y colectivo, y debe responder, por tanto, a la nueva estructura moral, política y social de nuestra patria, con escrupulosa fidelidad al destino histórico de España.

Y es obligación del Nuevo Estado velar porque así sea y crear un organismo teatral cuya función docente y ordenadora no esté mediatizada por el afán de lucro, para que pueda realizar con criterio, método y continuidad —es decir, como obra de cultura— la patriótica labor de conservar vivo y actual el tesoro de nuestro teatro clásico, difundir las obras inmortales de la escena universal y ensayar los nuevos estilos dramáticos, tanto en lo literario como en lo espectacular.

Es preciso, pues, crear una *cátedra*, un *museo* y un *laboratorio* del arte teatral llamados a reivindicar el nombre de España en el mundo artístico, y a devolver a nuestra escena el glorioso prestigio de que gozó en la Edad de Oro de las letras patrias, acudiendo a tal empresa con el mismo espíritu cultural desinteresado y ordenador con que hoy acude el Estado a resolver los problemas vitales de la España renacida.

Mas para ello no basta con formar una o varias compañías teatrales o proteger con subvenciones las empresas comerciales del teatro habitual —ya la práctica ha demostrado la ineficacia de tales métodos– sino que es preciso crear, progresiva y gradualmente, un amplio y acordado organismo cultural capaz de estimular en todos los campos el renacimiento teatral que propugnamos hasta que la juventud de España, educada en la nueva estética dramática, se incorpore a la vida teatral y logre su renovación y enlace con la tradición hispánica.

En dicho organismo deben coexistir, por consiguiente, escuelas para la formación de actores, directores, técnicos de la presentación escénica; teatros para la conservación del repertorio clásico, la educación estética del público y el ensayo de nuevas formas escénicas; círculos de estudio para la agrupación de críticos e investigadores; públicas academias para la exposición y discusión de los temas del arte teatral, e incluso un centro editorial encargado de recoger, fijar y difundir esta importante labor tan de ligero abocetada.

Pero este amplio proyecto de organización teatral; esta acordada e íntima trabazón de escuelas, teatros, publicaciones y estudios, sometidos a método, unidad y disciplina, que constituye, en realidad, un verdadero Instituto Dramático Nacional, no es empresa que pueda realizarse en un momento sino larga tarea constructiva sólo viable si se acomete con espíritu de vocación, continuidad y sencillez, creando en un principio únicamente las secciones de fácil vida y desenvolvimiento, y esperando de su natural y progresivo desarrollo –previsto en su totalidad– la aparición gradual de los restantes.

De este modo, el Instituto Dramático Nacional no será un nombre vacío de sentido, ni una inútil oficina de la vieja y frondosa burocracia del Estado sino un organismo vivo, articulado y fecundo, cuyas secciones irán naciendo, no de una manera arbitraria y fortuita sino por lógica y necesaria ley de continuidad, sin que para su creación sea preciso un nuevo esfuerzo sino el indispensable cuidado que exige en su desarrollo todo organismo vivo.

Con ello se habrá logrado, de una manera sencilla, lógica y natural, elevar el nivel artístico de nuestra escena, conservar vivo nuestro patrimonio artístico teatral y dotar de una vez y para siempre a nuestra patria de un Instituto Dramático Nacional que con sus estudios, sus espectáculos y sus publicaciones, pregone a los cuatro vientos, con noble y robusta voz henchida de verdad y de belleza, que hoy renace en nuestra obra la vieja cultura tradicional hispánica; que es gozosa y fecunda realidad, y no imagen patriótica de himno, que "en España empieza a amanecer".

Articulado

Artículo 1.º– *Del fin del Instituto Dramático Nacional*

Con el nombre de Instituto Dramático Nacional se crea un organismo encargado de la conservación, mejora y difusión del patrimonio teatral de España y del estudio y enseñanza del arte del teatro considerado como manifestación de cultura y como medio de educación moral, estética y social del público español.

Artículo 2.º–*De la dependencia jerárquica*

El Instituto Dramático Nacional dependerá jerárquicamente del Ministerio de Educación Nacional y estará bajo el patronato y fiscalización del Instituto de España, del cual llegará a formar parte una vez haya alcanzado la plenitud de su desarrollo orgánico previsto en este decreto.

Artículo 3.º–*De sus medios económicos*

El Ministerio de Educación Nacional incluirá en sus presupuestos las cantidades necesarias para asegurar el normal funcionamiento y el progresivo desarrollo del Instituto Dramático Nacional, el cual podrá contar, además, con el producto de la explotación de sus espectáculos y publicaciones, con las matrículas de sus alumnos y las cuotas de sus socios, y con los donativos o subvenciones que reciba de particulares u organizaciones.

El Instituto Dramático Nacional tendrá su domicilio oficial en el teatro de María Guerrero de Madrid –cuya propiedad y administración pasarán a ser jurisdicción suya– y en el que desarrollará, en un principio, todas sus actividades, las cuales estarán exentas del pago de contribuciones e impuestos, tanto en lo que afecta a las publicaciones, enseñanzas y representaciones como en lo que respecta a propaganda y publicidad, para cuya fijación, difusión e inserción se establecerá un concierto con las respectivas empresas.

Artículo 4.º–*De las secciones que lo integran*

El Instituto Dramático Nacional, en su constitución definitiva al término de su progresiva creación, estará integrado por las siguientes secciones:

De estudio
Seminario de Estudios Teatrales
(para unificar, organizar y jerarquizar el trabajo de críticos, eruditos e investigadores)
Tertulia de Amigos del Teatro
(tribuna y academia para la libre exposición y discusión de temas del arte teatral)

De enseñanza
Escuela de Arte Dramático
(para la enseñanza teórico-práctica del arte de la representación y la educación de los actores)
Escuela de Oficios del Teatro
(para la enseñanza teórico-práctica de la técnica y la plástica del espectáculo escénico)
Escuela Superior de Teatro
(para la enseñanza teórico-práctica de la estética teatral y la educación de críticos y directores)
De difusión
Misiones Teatrales
(teatros ambulantes encargados de iniciar en el arte dramático a los pueblos y aldeas de España)
Teatro Escuela
(cátedra teatral para la educación estética del público español)
Teatro Íntimo
(laboratorio teatral para el ensayo minoritario de nuevas formas escénicas)
Teatro Nacional
(museo teatral para la conservación y restauración de nuestro teatro clásico)
Centro Editorial
(encargado de recoger, fijar y difundir la labor docente del Instituto Dramático Nacional)

Artículo 5.º–*De su progresiva creación*
El Instituto Dramático Nacional se irá creando progresiva y gradualmente por el desarrollo natural de la primera de sus secciones –el Teatro Escuela– en la que en germen están contenidas todas las demás. Dichas secciones alcanzarán la autonomía en su contenido y la denominación que las caracteriza cuando el volumen y la complejidad de sus actividades así lo requieran.

La creación del Instituto Dramático Nacional obedece, pues, a un plan orgánico y progresivo cuyas etapas son:

Primer año
          Teatro Escuela
Segundo año
          Escuela de Arte Dramático
          Tertulia de Amigos del Teatro

Tercer año

Teatro Íntimo
Centro Editorial
Misiones Teatrales
Escuela de Oficios del Teatro

Cuarto año

Escuela Superior de Teatro
Seminario de Estudios Teatrales

Quinto año

Teatro Nacional

Artículo 6.º–*De la dirección del Instituto*

Al frente del Instituto Dramático Nacional figurará un Director nombrado por el Ministerio de Educación Nacional y encargado de regir las actividades del Instituto, según las normas generales establecidas en este Decreto y las particulares que se fijen en el correspondiente Reglamento de régimen interior de cada Sección, redactado por dicho Director y aprobado por el Ministerio de Educación Nacional.

Como ayudante del Director del Instituto Dramático Nacional figurará un Secretario particular, nombrado por dicho Director con el visto bueno del Ministerio.

Artículo 7.º–*De la misión del Director*

El Director del Instituto Dramático Nacional tendrá por misión:

1.º–Redactar el plan de trabajo y el presupuesto anual del Instituto para presentarlos a la aprobación del Ministerio.

2.º–Desarrollar el plan de trabajo aprobado y dirigir la realización del mismo dando las órdenes oportunas a cada Sección.

3.º–Presentar anualmente al Ministerio la Memoria de los trabajos y la liquidación del presupuesto correspondiente.

4.º–Recabar de particulares y organizaciones las colaboraciones que estime necesarias, o convenientes, para el mejor cumplimiento de la misión que tiene encomendada.

Artículo 8.º–*Del régimen y organización interior*

La organización y el régimen interior del Instituto Dramático Nacional se ajustará a las siguientes normas:

1.º–La autoridad suprema del Instituto Dramático Nacional estará vinculada a su Director, el cual responderá ante el Ministerio de Educación Nacional del funcionamiento de todas las secciones que integran el Instituto.

2.º–Cada Sección estará regida autónomamente por un Director, nombrado por el Ministerio de Educación Nacional, a propuesta del Director del Instituto, ante el cual habrá de responder aquél del funcionamiento de la Sección que se le haya encomendado.

3.º–La reunión de los Directores de las distintas Secciones constituirá el Consejo del Instituto Dramático Nacional. Dicho Consejo, presidido por el Director del Instituto, se reunirá obligatoriamente una vez al mes para estudiar los problemas que afecten conjuntamente a dos o más Secciones del Instituto, y circunstancialmente cuando así lo estime oportuno el Director del Instituto Dramático Nacional.

4.º–Dentro de las normas generales establecidas en este decreto y las particularidades que dictan los Reglamentos de las Secciones, cada una de estas se organizará con arreglo a las necesidades y conveniencias de su trabajo y podrá crear Comisiones técnicas, accidentales o permanentes.

5.º–El Director de Sección mantendrá con el del Instituto relaciones semejantes a las que éste mantiene con el Ministerio, y presentará a dicho Director los proyectos, presupuestos, memorias y liquidaciones que correspondan a su sección.

Artículo 9.º–*De los componentes del Instituto*

El Instituto Dramático Nacional, que aspira a agrupar a todos los españoles interesados en los problemas artísticos y docentes del teatro, estará constituido:

1.º–Por los *funcionarios* que trabajan en sus secciones de un modo directo y permanente, mediante una retribución fija.

2.º–Por los *agregados* a sus tareas, bien para colaborar en ellas, bien para recibir enseñanza, presenciar sus espectáculos o suscribir sus publicaciones.

3.º–Por los *simpatizantes* que mantengan con él alguna relación y que deseen ser considerados como tales.

Los *funcionarios* estarán divididos en cinco categorías:
a) Directores
b) Técnicos y artistas
c) Empleados
d) Obreros
e) Subalternos

Los *agregados* estarán divididos, a su vez, en otras cinco:
a) Colaboradores
b) Alumnos
c) Abonados
d) Socios
e) Suscriptores

Los Colaboradores podrán ser: a título gratuito y retribuidos.
Los Alumnos: de pago y becarios.
Y los Abonados, Socios y Suscriptores:
Protectores –si satisfacen cuota superior a la fijada.
Corrientes –si satisfacen la cuota fijada.
Populares –los que suscriban abonos o publicaciones de ese tipo, o reúnan las condiciones que en cada sección se determinen para socios populares (estudiantes, obreros, mutilados, etc…).

Los *simpatizantes* se dividirán en dos categorías, según que las relaciones que mantengan con el Instituto sean de orden:
a) Cultural
b) Comercial

Artículo 10.º–*Del nombramiento de los funcionarios*
Los funcionarios del Instituto Dramático Nacional serán nombrados por el Ministerio de Educación Nacional, a propuesta del Director del Instituto, a cuyo nombre irán dirigidos las instancias de ingreso. Se exceptuarán de esta regla los Administradores –de que se hace mención en el artículo 12–, los cuales serán nombrados directamente por el Ministerio, para garantizar en todo momento la ordenada y recta administración del Instituto.

En todo caso, los nombramientos serán *condicionados*, para el primer año; *provisionales* para los dos siguientes, y *definitivos* al cuarto año, en cuyo momento serán ratificados por el Ministerio de Educación Nacional, considerándose desde entonces a los funcionarios del Instituto Dramático Nacional como verdaderos funcionarios del Estado, con todas las garantías y privilegios que prescribe la legislación vigente.

Artículo 11.º–*De la admisión de Agregados y Simpatizantes*
La admisión o elección de Agregados se ajustará a las normas siguientes:
a) *Colaboradores.* La elección y admisión de colaboradores corresponde-

rá al Consejo, a propuesta o con informe favorable del Secretario del mismo —según se trate de elección o de admisión—, a cuyo nombre irán dirigidos los ofrecimientos de colaboración espontánea.

b) Socios y alumnos. La admisión de socios y alumnos corresponderá al Director del Instituto, a propuesta del Director de la sección correspondiente, a cuyo nombre irán dirigidas las instancias de ingreso.

c) Abonados y suscriptores. La admisión de abonados y alumnos corresponderá al Director de la sección correspondiente, a propuesta del Administrador de la misma, a cuyo nombre irán dirigidos los boletines de suscripción o abono.

El nombramiento de *Simpatizantes* se hará por el Director del Instituto a petición de la parte interesada. Dichos nombramientos tendrán únicamente carácter honorífico.

Artículo 12.º–*De la Secretaría y Administración*

En cada Sección figurarán un Secretario y un Administrador, jefes de la Secretaría y la Administración de dicha Sección, a cuyas órdenes estarán los empleados y subalternos de la misma.

En el Consejo del Instituto Dramático Nacional figurarán como Agregados un Secretario y un Administrador de Sección para asumir los cargos de Secretario General y Administrador General del Instituto, de los cuales dependerán los Secretarios y Administradores de Sección.

Desde la creación de la primera Sección —en la cual estarán contenidas en potencia todas las demás— se abrirán en la Secretaría y la Administración los apartados correspondientes a las futuras Secciones del Instituto para asegurar desde un principio la continuidad y la ordenación de los trabajos del mismo, y para favorecer el nacimiento y progresivo desarrollo de las diversas Secciones que han de integrarlo.

Iniciativa y estudio de Felipe Lluch Garín
Madrid, agosto de 1939
Año de la Victoria

Saludo a Franco
Arriba España

[Documento 5 (sin fecha):
cuatro cuartillas autógrafas a tinta.

Se trata de un incompleto "Informe sobre el Departamento Nacional de Teatro", autógrafo de Felipe Lluch, fechable entre finales de 1940 y principios de 1941. En cualquier caso, posterior a la puesta en marcha de la compañía falangista del Teatro Español, cuya actividad se cita, y la muerte de Lluch en junio del 41]

Informe sobre el Departamento Nacional de Teatro, por Felipe Lluch Garín

Estado actual
El Departamento de Teatro del Servicio Nacional de Propaganda del Ministerio de la Gobernación es, en realidad, un nombre vacío de sentido, un organismo sin función ni autoridad. Ni los encargados de regirlo tienen el duro espíritu de servicio que para estar al frente de un organismo oficial se necesita, ni son competentes en la organización teatral de la industria del espectáculo público, ni tienen idea clara sobre las funciones que específicamente competen al Departamento. Y, lo que es más grave aún, carecen del sentido de responsabilidad que lleva aparejada toda autoridad, y llegarán a malograr, por incuria y abandono, la excelente coyuntura que la Victoria deparó para ordenar, reglamentar y dignificar el espectáculo teatral considerado como servicio público.

Cierto es que se ha realizado una labor positiva: la creación de una Compañía que, aunque mal orientada por lo que respecta a la propaganda, ha llegado casi a la perfección en la plástica de sus representaciones. Y que en la censura y fiscalización del espectáculo público se han sentado normas y precedentes, y se ha llegado a disciplinar en parte la anárquica producción teatral en España. Pero lo primero se ha hecho a expensas del verdadero cometido del Departamento y lo segundo se ha realizado –con desinterés y entusiasmo, disminuidos en su eficacia por la falta de autoridad– por personas ajenas al Ministerio, aunque decididas a prestar su apoyo a todo noble intento de dignificación teatral.

Y así, hoy día, el Departamento –abandonado por sus titulares, a quienes no interesa más que el jubiloso y espectacular cometido del mal llamado Teatro Nacional de la Falange– está regido, sin la seguridad que da la autoridad y sin la tranquilidad que supone la remuneración, por un Secretario no reconocido oficialmente, y que cansado ya de trabajar sin apoyo y sin estímulo apenas realiza función alguna; por un Delegado General, nombrado por dicho Secretario el 1.º de abril de 1939 y revalidado después en sus funciones por el Jefe Nacional, y por un Administrador provisional encargado de la recuperación, inventario y valoración del material escénico que perteneció a los extinguidos sindicatos marxistas y a la Junta de Espectáculos de Madrid.

Gracias a ellos, y especialmente al que suscribe, se ha cubierto por lo menos la apariencia de vida en el Departamento. Gracias a ellos se han dictado normas para la censura y ordenación del teatro; se han devuelto los locales a sus legítimos propietarios; se ha impulsado la creación de compañías y la reanudación del espectáculo; se ha logrado que todo proyecto de actuación necesite, para ser realizado, la aprobación oficial y que no se estrene o se reponga obra alguna sin que pase por el previo trámite de la censura. Y esto se ha conseguido, repito, sin autoridad, sin apoyo oficial, sin remuneración ninguna, e incluso sin los más indispensables medios de acción o de decoro para un Servicio que es, al fin y al cabo, un Servicio Nacional.

De lo expuesto se deduce:

1.º–La incompetencia o el desinterés de los componentes actuales del Departamento para el ejercicio oficial de la censura, ordenación y dignificación del espectáculo considerado como servicio público.

2.º–La necesidad de revalidar, con todas sus consecuencias, o de anular –con la consiguiente desaparición de toda la labor realizada– los nombramientos provisionales llevados a cabo.

Y 3.º–Dotar al Departamento de los medios económicos y materiales indispensables para su funcionamiento y de la autoridad legal y escrita imprescindible para que sea posible y eficaz su cometido.

Propuesta de organización

Pero no basta lo apuntado para que el Departamento Nacional de Teatro alcance la plenitud de sus funciones. Será preciso, además, proceder a su organización, y para ello, lo primero es fijar con claridad su cometido. Y a este fin detallo a continuación cuáles son, a mi juicio, las funciones propias del Departamento considerado como organismo del Servicio Nacional de Propaganda.

1.º–La revisión de todo el repertorio teatral anterior al glorioso Movimiento Nacional, a fin de eliminar de él, no sólo aquellas obras o fragmentos contrarios al contenido espiritual del Movimiento sino todas aquellas que no tengan la calidad artística y la dignidad moral que es imprescindible exigir al teatro si se le considera servicio de la cultura pública.

2.º–La censura previa de la nueva producción teatral basada en los principios enunciados en el punto anterior, pero ejercidos todavía con mayor rigor y exactitud, a fin de lograr en plazo breve un teatro digno de la nueva España.

3.º–La protección a la producción nacional, con la consiguiente restricción para las traducciones –que sólo podrán ser admitidas en el caso de obras excepcionales– y la dignificación y orientación de la producción nacional mediante consignas, concursos y normas de carácter nacional y obligatorio.

4.º–La ordenación del Espectáculo Público considerado como un Servicio Nacional de cultura y propaganda, y por lo tanto la eliminación progresiva del teatro indigno y la protección decidida del buen teatro, con el estímulo para aquellas formas nobilísimas del espectáculo que hasta ahora no han podido producirse por el desarrollo puramente utilitario de la industria teatral, tales como la ópera de cámara, los conciertos polifónicos, los espectáculos folclóricos y el cultivo sistemático de los autores clásicos.

5.º [fin del autógrafo]

OBRAS CITADAS Y FUENTES MANUSCRITAS

18 de Julio (n.º 2. Madrid). Documental de guerra dirigido por Arturo Ruiz-Castillo, 1936. Productora: Izquierda Republicana. Director de Fotografía: Gonzalo Menéndez-Pidal. Música: Daniel Montorio. Formato: 35 milímetros. Blanco y negro. Normal. Duración original: 15 minutos. Lugares de rodaje: Madrid.

AA.VV. *Teatro de urgencia*. Madrid: Signo, 1938 [contiene Santiago Ontañón: El *bulo*; música Jesús Q. [*sic* por G.] Leoz | Santiago Ontañón: *El saboteador* | Germán Bleiberg: *Sombras de héroes* | Pablo de la Fuente: *El café... sin azúcar* | Rafael Alberti: *Radio Sevilla*].

AA. VV. *Texto de las sesiones celebradas en el Teatro Español de Madrid por la Asamblea Nacional de Arquitectos, los días 26, 27, 28 y 29 de junio de 1939*. Madrid: Servicios Técnicos de FET y de las JONS. Sección de Arquitectura, 1939.

AA. VV. *Una poderosa fuerza secreta: la Institución Libre de Enseñanza*. San Sebastián: Editorial Española, 1940.

AA. VV. *María Teresa León y el Teatro de la Guerra Civil*. Número monográfico ADE-Teatro 97 (sept.-oct. 2003).

ADDED, Serge. "Jacques Copeau and Popular Theatre in Vichy France". *Fascism and Theatre*. Berghaus 1996b. 247-59.

AGUILERA SASTRE, Juan. "La labor renovadora de Cipriano Rivas Cherif en el teatro español: *El Mirlo Blanco* y *El Cántaro Roto* (1926-27)". *Segismundo* 36-37 (1984): 233-45.

— "Antecedentes republicanos de los Teatros Nacionales". *Historia de los Teatros Nacionales*. Ed. Andrés Peláez. Madrid: Centro de Documentación Teatral, 1993a. 1-39.

—"Felipe Lluch Garín, artífice e iniciador del Teatro Nacional Español". *Historia de los Teatros Nacionales*. Ed. Andrés Peláez. Madrid: Centro de Documentación Teatral, 1993b. 41-67.

— *El debate sobre el Teatro Nacional en España (1900-1939): ideología y estética*. Madrid: Centro de Documentación Teatral, 2002.

AGUILERA SASTRE, Juan, y AZNAR SOLER, Manuel, eds. (con la colaboración de Enrique de Rivas). *Cipriano Rivas Cherif: retrato de una utopía*. Cuadernos El Público, 42. Madrid: Centro de Documentación Teatral, 1989.

Aguilera Sastre, Juan, y Aznar Soler, Manuel. *Cipriano de Rivas Cherif y el teatro español de su época (1891-1967)*. Madrid: Publicaciones de la ADE, 1999.

Albert, Mechthild, ed. *Vencer no es convencer: literatura e ideología del fascismo español*. Madrid/Frankfurt: Iberoamericana/Vervuert, 1998.

— *Vanguardistas de camisa azul: la trayectoria de los escritores Tomás Borrás, Felipe Ximénez de Sandoval, Samuel Ros y Antonio Obregón entre 1925 y 1940*. Trad. Cristina Díez Pampliega y Juan Ramón García Ober. Madrid: Visor, 2003.

Albertí, Jordi. *La Iglesia en llamas: la persecución religiosa en España durante la guerra civil*. Barcelona: Destino, 2008.

Alberti, Rafael. "Teatro de urgencia". *Boletín de Orientación Teatral* 1 (15 feb. 1938): 1.

Allardyce, Gilbert. "What Fascism Is Not: Thoughts on the Deflation of a Concept". *The American Historical Review* 84.1 (1979): 367-98.

Anderson, Andrew A. "Coincidencias y paralelismos: las carreras teatrales de Ricardo Baeza y Cipriano Rivas Cherif". *Actas del XII Congreso de la Asociación Internacional de Hispanistas*. Ed. Derek W. Flitter. Vol. 4. Birmingham: Birmingham University, 1998. 41-49.

Andrés-Gallego, José, y Pazos, Antón. *La Iglesia en la España contemporánea, 1: 1800-1936*. Madrid: Encuentro, 1999.

Anónimo. "La representación de las obras clásicas". *Ya* 27 mar. 1935: 8.

— "Cinco autos de Lope en las plazas de Madrid". *Ya* 16 ago. 1935: 9.

— Necrológica de L. Pfandl. *Revista de Filología Española* 26 (1942): 404-08.

[Araquistáin, Luis]. "Glosas del mes: leyendas negras y leyendas blancas". *Leviatán* 10 (febrero de 1935): 1-6.

Arizmendi, Luis Jesús. *Albert Speer, arquitecto de Hitler: una arquitectura destruida*. Pamplona: Eunsa, 1978.

Arrese, José Luis de. "Universitarios y falangistas". Enero 1945. *Haz: reproducción facsímil del semanario del Sindicato Español Universitario*. Madrid: Vicesecrataría de Educación Popular, 1944 [sic]. s. p. [1-2].

Ascunce, José Ángel, y Zabala, José Ramón, eds. *Eugenio Imaz: asedio a un filósofo*. San Sebastián: Saturrarán, 2002.

Azaña, Manuel. *La velada en Benicarló: diálogo de la guerra de España*. Ed. Manuel Aragón. Madrid: Castalia, 1974.

Aznar Soler, Manuel. "María Teresa León y el teatro español durante la guerra civil española". *Anthropos* 148 (sept. 1993): 25-34.

Baroja, Carmen. *Recuerdos de una mujer de la generación del 98*. Prólogo, edición y notas de Amparo Hurtado. Barcelona: Tusquets, 1998.

Bataillon, Marcel. *Érasme et l'Espagne: recherches sur l'Histoire spirituelle du XVIᵉ siècle*. Paris: E. Droz, 1937.

— *Erasmo y España: estudios sobre la historia espiritual del siglo XVI*. 2 vols. Trad. Antonio Alatorre. México: Fondo de Cultura Económica, 1950.

— *Erasmo y España: estudios sobre la historia espiritual del siglo XVI*. Trad. Antonio Alatorre. 2.ª ed. corregida y aumentada. México: Fondo de Cultura Económica, 1966.

Bécarud, Jean. *Cruz y Raya (1933-1936)*. Cuadernos Taurus 88. Madrid: Taurus, 1969.

Bécarud, Jean, y López Campillo, Evelyne. *Los intelectuales españoles durante la ii República*. Madrid: Siglo XXI, 1978.

Benet, Juan. *Otoño en Madrid hacia 1950*. Madrid: Alianza, 1987.

Benjamin, Walter. *Illuminations*. Ed., introd. Hannah Arendt. Trad. Harry Zohn. New York: Harcourt-Brace & World, 1968.

Bennassar, Bartolomé. *El infierno fuimos nosotros: la guerra civil española (1936-1942...)*. Madrid: Taurus, 2005.

Bergamín, José, y Falla, Manuel de. *El epistolario, 1924-1935*. Ed. Nigel Dennis. Valencia: Pre-Textos, 1995.

Berger, Peter L. *The Sacred Canopy: Elements of a Sociological Theory of Religion*. Garden City, New York: Doubleday, 1967.

Berghaus, Günter. "The Ritual Core of Fascist Theatre: an Anthropological Perspective". *Fascism and Theatre*. Ed. Günter Berghaus. Providence: Berghahn Books, 1996a. 39-71.

— ed. *Fascism and Theatre: Comparative Studies on the Aesthetics and Politics of Performance in Europe, 1925-1945*. Providence/Oxford: Berghahn Books, 1996b.

Bermejo, Antonio. *¡Viva España!: música de Gregorio del Valle*. Valladolid: s. p. [1936].

Bertrand de Muñoz, Maryse. *Bibliografía de la guerra civil española de 1936-1939 [Recurso electrónico]*. Madrid: Universidad Nacional de Educación a Distancia, 2007.

Beyrie, Jacques. *Qu'est-ce qu'une littérature nationale?: écriture, identité, pouvoir en Espagne*. Toulouse: Presses Universitaires du Mirail, 1994.

Bidagor, Pedro. "Reformas urbanas de carácter político en Berlín". *Revista Nacional de Arquitectura* 5 (1941): 2-25.

— *Orientaciones sobre la reconstrucción de Madrid*. Madrid: Regiones Devastadas, 1941.

Blamires, Cyprian P., ed. *World Fascism: a Historical Encyclopedia*. 2 vols. Santa Barbara, Calif.: ABC-CLIO, 2006.

Blas Guerrero, Andrés de. *Sobre el nacionalismo español*. Madrid: Centro de Estudios Constitucionales, 1989.

Borrás, Tomás. "Joven novela del teatro". *Unos, otros y fantasmas: cuentos*. Burgos: [imprenta Aldecoa], 1940. 217-23.

— "¿Cómo debe ser el teatro falangista?". *Revista Nacional de Educación* (noviembre 1943): 71-84.

— *Historillas de Madrid y cosas en su punto*. Madrid: del autor, en Gráficas Bachende, 1968.

Bosworth, R. J. B. *The Italian Dictatorship: Problems and Perspectives in the Interpretation of Mussolini and Fascism*. London: Arnold, 1998.

Briesemeister, Dietrich. "Entre irracionalismo y ciencia: los estudios hispánicos en Alemania durante el siglo xix". *Arbor* 119 (1984): 249-66.

Brines Lorente, Rafael. "Felipe Lluch Garín, director del Teatro Español". *Las provincias* (Valencia) 17 abr. 1956: 19.

Burke, Peter. *La cultura popular en la Europa Moderna*. Madrid: Alianza, 1991.

Byrd, S. W. *La Barraca and the Spanish National Theater*. New York: Abra, 1975.

— *La "Fuente Ovejuna" de Federico García Lorca*. Madrid: Pliegos, 1984.

Cacho Viu, Vicente. "Prólogo". Margarita Sáenz de la Calzada. *La Residencia de Estudiantes 1910-1936*. Textos Residencia 1. Madrid: Consejo Superior de Investigaciones Científicas, 1986. 11-22.

Capitel, Antón, y García-Gutiérrez Mosteiro, Javier. *Luis Moya Blanco, arquitecto, 1904-1990*. Madrid: Electa/Ministerio de Fomento, 2000.

Carbajosa, Mónica, y Carbajosa, Pablo. *La corte literaria de José Antonio: la primera generación cultural de la Falange*. Prólogo de José-Carlos Mainer. Barcelona: Crítica, 2003.

Carreño, Pedro. "Renovación del teatro español. Orientaciones de Felipe Lluch". *Tajo* 26 (nov. 1940): 12-13.

Carreras Ares, Juan José, y Ruiz Carnicer, Miguel Ángel, eds. *La universidad española bajo el régimen de Franco*. Zaragoza: Institución Fernando el Católico, 1991.

Castilla del Pino, Carlos. *Pretérito imperfecto*. Barcelona: Tusquets, 1997.

Castillejo, David, ed. *El epistolario de José Castillejo, 1: un puente hacia Europa, 1896-1909*. Madrid: Castalia, 1997.

— ed. *Epistolarios de José Castillejo y de Manuel Gómez-Moreno, 2: el espíritu de una época, 1910-1912*. Madrid: Castalia, 1998.

— ed. *El epistolario de José Castillejo, 3: fatalidad y porvenir, 1913-1937. Epílogo, 1945-1998*. Madrid: Castalia, 1999.

Castro, Américo. Reseña de Ludwig Pfandl. *Historia de la Literatura... Revista de Filología Española* 21 (1934): 165-70.

Cavallo, Pietro. "Theatre Politics of the Mussolini Régime and their Influence on Fascist Drama". *Fascism and Theatre*. Berghaus 1996b. 113-32.

Cedena Gallardo, Eusebio. *El diario y su aplicación en los escritores del exilio español de posguerra*. Prólogo de José Romera. Madrid: Fundación Universitaria Española, 2004.

Chabás, Juan. *Italia fascista: política y cultura*. Barcelona: Editorial Mentora, 1928.

Checa Puerta, Julio. *Los teatros de Gregorio Martínez Sierra*. Madrid: Fundación Universitaria Española, 1998.

Chueca, Ricardo. *El fascismo en los comienzos del régimen de Franco: un estudio sobre FET y JONS*. Madrid: Centro de Investigaciones Sociológicas, 1983.

Claremont de Castillejo, Irene. *Respaldada por el viento*. Madrid: Castalia, 1995. [Orig. *I Married a Stranger. Life with one of Spain's Enigmatic Men*. London?: The Author, 1967.]

Cobb, Christopher H. *La cultura y el pueblo: España, 1930-1939*. Barcelona: Laia, 1981.

— "Teatro Proletario-Teatro de Masas. Barcelona 1931-1934". *Literatura popular y proletaria*. Eds. F. García Tortosa y otros. Sevilla: Publicaciones de la Universidad de Sevilla, 1986a. 247-66.

— "El grupo teatral 'Nosotros': entrevista de Christopher Cobb con Irene Falcón". *Literatura popular y proletaria*. Eds. F. García Tortosa y otros. Sevilla: Publicaciones de la Universidad de Sevilla, 1986b. 267-77.

— "The educational and cultural policy of the Popular Front government in Spain". *The French and Spanish Popular Fronts: Comparative Perspectives (Papers from the Proceedings of an International Conference Held in April 1986 at the University of Southampton)*. Eds. Martin S. Alexander y Helen Graham. Cambridge: Cambridge University Press, 1989. 240-53.

Collado, Fernando. *El teatro bajo las bombas en la guerra civil*. Madrid: Kaydeda, 1992.

Comes Iglesia, Vicent. *En el filo de la navaja: biografía política de Luis Lucia (1888-1943)*. Madrid: Biblioteca Nueva, 2002.

Copeau, Jacques. *Le Théâtre Populaire*. Bibliothèque du Peuple. s. l.: Presses Universitaires de France, 1941.

Cruz, Rafael. *Arte que inflama: la creación de una literatura política bolchevique en España, 1931-1936*. Madrid: Biblioteca Nueva, 1999.

Cué, Ramón. *Y el Imperio volvía... (Poema coral-dramático en cinco jornadas)*. Barcelona: Balmes, 1940.

Dalópio [sic], Dr. *En la España que amanece: episodio histórico de retaguardia, en un acto, tónico y revulsivo*. San Sebastián: Bueno Oliván, 1938.

Dennis, Nigel. *"Diablo Mundo": los intelectuales y la Segunda República. Antología*. Madrid: Fundamentos, 1983.

— *José Bergamín: a critical introduction, 1920-1936*. Toronto: University of Toronto Press, 1986.

Dennis, Nigel, y Peral Vega, Emilio, eds. *Teatro de la Guerra Civil: el bando republicano*. Madrid: Fundamentos, 2009.

Díez Pardo, Filiberto. *Apoteosis de España: cuadro plástico de intensa vibración patriótica*. Soria: Imprenta Provincial, 1937.

Diez [sic] Puertas, Emeterio. *El montaje del franquismo: la política cinematográfica de las fuerzas sublevadas*. Barcelona: Laertes, 2002.

Dougherty, Dru, y Vilches, María Francisca, eds. *El teatro en España entre la tradición y la vanguardia (1918-1936)*. Madrid: Consejo Superior de Investigaciones Científicas/Fundación García Lorca-Tabacalera, 1992.

Duyós Giorgetta, Rafael. "Romance azul". *Romances de la Falange*. Buenos Aires: Falange Española Tradicionalista y de las JONS, [1938]. 43-48.

Eichberg, Henning. "Thing-, Fest- und Weihspiele in Nationalsozialismus, Arbeiterkultur und Olympismus: zur Geschichte des politischen Verhaltens in der Epoche der Faschismus". *Massenspiele: MS-Thingspiele, Arbeiterweihespiel und Olympisches Zeremoniell*. Eds. Henning Eichberg y otros. Stuttgart: Frommann-Holzboog, 1977. 19-180.

El Mono Azul. Reproducción facsimilar. Nendeln: Kraus Reprint, 1975.

ELLWOOD, Sheelagh M. *Prietas las filas: historia de Falange Española (1933-1983).* Trad. Antonio Desmonts. Prólogo Paul Preston. Temas hispánicos 125. Barcelona: Crítica, 1984.

— *Spanish Fascism in the Franco Era: Falange Española de las JONS, 1936-1976.* Basingstoke: Macmillan, 1987.

ENTRAMBASAGUAS, Joaquín de. *Pérdida de la universidad española.* Bilbao: Ediciones Libertad, 1938.

ENTRAMBASAGUAS, Joaquín de, y BORRÁS, Tomás. "Tomás Borrás". *Las mejores novelas contemporáneas, 6: 1920-1924.* Eds. Joaquín de Entrambasaguas y Pilar Palomo. Barcelona: Planeta, 1960. 1263-1315.

ERASMO, Desiderio. *El Enquiridión o Manual del caballero cristiano.* Ed. Dámaso Alonso. Prólogo de Marcel Bataillon. *La Paráclesis o exhortación al estudio de las letras divinas.* Edición y prólogo de Dámaso Alonso. Revista de Filología Española, anejo 16. Madrid: S. Aguirre, 1936.

ESCOBAR, Luis. *En cuerpo y alma: memorias de Luis Escobar (1908-1991).* Madrid: Temas de Hoy, 2000.

FEDUCHI CANOSA, Pedro. "Niquelados impecables con tientes clásicos: muebles e interiores de la facultad". AA. VV. *La facultad de Filosofía y Letras de Madrid en la Segunda República: arquitectura y universidad durante los años 30.* Madrid: Sociedad Estatal de Conmemoraciones Culturales/Ayuntamiento de Madrid/ Ediciones de Arquitectura, 2008. 145-63.

FERNÁNDEZ CUENCA, Carlos. *Fotogenia y arte.* Madrid: Proyección, 1925.

— *Panorama del cinema en Rusia.* Madrid: C.I.A.P., 1930.

FERNÁNDEZ MONTESINOS, José. "Sobre una nueva Historia literaria". *Diablo Mundo* 3 (12 may. 34): 5. En Dennis 1983, 106-10.

FINCHELSTEIN, Federico. *Fascismo, liturgia e imaginario: el mito del general Uriburu y la Argentina nacionalista.* Buenos Aires: Fondo de Cultura Económica de Argentina, 2002.

— *La Argentina fascista: los orígenes ideológicos de la dictadura.* Buenos Aires: Editorial Sudamericana, 2008.

FOXÁ, Agustín de. *Madrid, de corte a checa.* Madrid: Prensa Española, 1962.

FUENTE, Pablo de la. *Sobre tierra prestada.* 2.ª ed. Santiago de Chile: Nuestro Tiempo, 1949.

GARCÍA ESCUDERO, José María. *Historia política de la época de Franco.* Madrid: Rialp, 1987.

GARCÍA GONZÁLEZ, Valentín. *Espíritu español: casi-monólogo.* Ávila: Senén Martín, [1937].

GARCÍA LORCA, Federico. "Teatro para el pueblo". *Obras Completas.* Madrid: Aguilar, 1962. 1703-05.

GARCÍA RUIZ, Víctor. "Los autos sacramentales en el siglo XVIII: un panorama documental y otras cuestiones". *Revista Canadiense de Estudios Hispánicos* 19.1 (1994): 61-82.

— "Cipriano Rivas Cherif, el teatro experimental y los clásicos del Siglo de Oro: *Nacimiento*, una función de Navidad en 1932". *Unum et diversum: estudios en honor de Ángel-Raimundo Fernández González*. Ed. Kurt Spang. Pamplona: Eunsa, 1997. 273-317.

— "Teatro y Fascismo en España: Las 'Fiestas de la Victoria' (7 abril 1940)". *La Chispa '99. Selected Proceedings*. Eds. Gilbert Paolini y Claire J. Paolini. New Orleans: Tulane University, 1999. 143-55.

— *Continuidad y ruptura en el teatro español de la posguerra*. Pamplona: Eunsa, 1999.

— "Un teatro fascista para España. Los proyectos de Felipe Lluch". *Rilce* 16.1 (2000): 93-134.

— "'Del gran teatro de España': La historia como remedio". *Pulchre, bene, recte: estudios en homenaje al Profesor Fernando González Ollé*. Eds. Carmen Saralegui Platero y Manuel Casado Velarde. Pamplona: Eunsa, 2002. 575-91.

— "Teatro, arquitectura y fascismo en España". *Actas del XIV Congreso de la AIH (New York, 16-21 de julio de 2001)*. Eds. Isaías Lerner, Robert Nival y Alejandro Alonso. Vol. 3. Newark: Juan de la Cuesta, 2004. 245-53.

GARCÍA, Regina. *Yo he sido comunista: el cómo y el porqué de una conversión*. Madrid: Editora Nacional, 1946. [2.ª ed. en 1952.]

GENTILE, Emilio. "The Theatre of Politics in Fascist Italy". *Fascism and Theatre*. Berghaus 1996b. 72-93. [Reproducido en *The Struggle for Modernity: Nationalism, Futurism and Fascism*. 109-26.]

— *The Struggle for Modernity: Nationalism, Futurism and Fascism*. Prólogo de Stanley G. Payne. Westport, Connecticut/London: Praeger, 2003.

— *Fascismo: historia e interpretación*. 2002. Trad. Carmen Domínguez. Madrid: Alianza, 2004.

GIL CREMADES, Juan José. *El reformismo español: krausismo, escuela histórica, neotomismo*. Barcelona: Ariel, 1969.

GIL FOMBELLIDA, María del Carmen. *Rivas Cherif, Margarita Xirgú y el teatro de la II República*. Madrid: Fundamentos, 2003.

GILBERT, Martin. *Churchill: a Life*. London: Mandarin, 1994.

GILSON, Étienne. *Por un orden católico*. Trad. J. A. Maravall. Estudio de Alfredo Mendizábal. Introducción de José Bergamín. Madrid: Ediciones del Árbol, 1936.

GIMÉNEZ CABALLERO, Ernesto. "Técnicas intelectivas: el teatro vuelve al misterio". *Arte y Estado*. Madrid: Gráfica Universal, 1935. 161-76.

— *Lengua y Literatura de España. 1 Los orígenes. 2 Los orígenes. 3 La Edad de Oro. 4 La Edad de Oro. 5 La Edad de Plata. 6 La Edad de Plata. 7 Síntesis*. Madrid: Ernesto Giménez, 1943-1950. [Existe edición anterior, incompleta y de título más nacionalista: *Lengua y Literatura de España y su Imperio. 1 Los orígenes. 2.1 La Edad de Oro. 2.2 La Edad de Oro. 3 vols*. Madrid: Ernesto Giménez, 1940-1944. Y otra posterior: *Lengua y literatura de España. 4 vols*. Madrid: Ernesto Giménez, 1951.]

GÓMEZ DÍAZ, Luis Miguel. *Teatro para una guerra, 1936-1939: textos y documentos.* Madrid: Centro de Documentación Teatral, 2006.

GONZÁLEZ CUEVAS, Pedro Carlos. *Acción Española: teología política y nacionalismo autoritario en España (1913-1936).* Madrid: Tecnos, 1998.

GONZÁLEZ RAMÍREZ, David. *La historiografía literaria española y la represión franquista: Ángel Valbuena Prat en la encrucijada.* Málaga: Servicio de Publicaciones Universidad de Málaga, 2007.

GOYTISOLO, Juan. *Memorias: Coto vedado. En los reinos de taifa.* Barcelona: Península, 2002.

GRACIA, Jordi. *Crónica de una deserción: ideología y literatura en la prensa universitaria del franquismo, 1940-1960.* Barcelona: PPU, 1994.

— *Estado y cultura: el despertar de una conciencia crítica bajo el franquismo, 1940-1960.* Toulouse: Presses Universitaires du Mirail, 1996.

— *La resistencia silenciosa: fascismo y cultura en España.* Barcelona: Anagrama, 2004.

— *La vida rescatada de Dionisio Ridruejo.* Barcelona: Anagrama, 2008.

GRAÑA GONZÁLEZ, Manuel. *La Escuela de Periodismo: programas y métodos.* Madrid: C.I.A.P., 1930.

GRIFFIN, Roger. *The Nature of Fascism.* Right-Wing Ideology and Politics Series. London: Pinter, 1991.

— "Staging the Nation's Rebirth". *Fascism and Theatre.* Berghaus 1996b. 11-29.

— *Modernism and Fascism: the Sense of a Beginning under Mussolini and Hitler.* Basingstoke: Palgrave Macmillan, 2007.

GRIFFIN, Roger, LOH, Werner, y UMLAND, Andreas, eds. *Fascism Past and Present, West and East: an International Debate on Concepts and Cases in the Comparative Study of the Extreme Right.* Stuttgart: ibidem, 2006.

GUBERN, Román. *Proyector de luna: la generación del 27 y el cine.* Barcelona: Anagrama, 1999.

Guerra en la nieve. Documental de guerra dirigido por Arturo Ruiz-Castillo, 1938. Productora: Alianza de Intelectuales Antifascistas. Argumento: Arturo Ruiz-Castillo. Guión: Arturo Ruiz-Castillo. Director de Fotografía: Arturo Ruiz-Castillo. Música: Jesús García Leoz. Montaje: Arturo Ruiz-Castillo. Ayudante dirección: Enrique Díez Canedo. Formato: 35 milímetros. Blanco y negro. Normal. Duración original: 10 minutos. Lugares de rodaje: Teruel.

HAFFNER, Sebastian. *Winston Churchill: una biografía.* 2001. Barcelona: Destino, 2002.

Haz: reproducción facsímil del semanario del Sindicato Español Universitario. Madrid: Vicesecrataría de Educación Popular, 1944.

HORMIGÓN, Juan Antonio. "De El Mirlo Blanco a los teatros independientes". *Cuadernos Hispanomericanos* 260 (1972): 349-54.

HORMIGÓN, Juan Antonio, ed. *Teatro de cada día: escritos sobre teatro de José Luis Alonso.* Madrid: Asociación de Directores de Escena, 1991.

Huertas Vázquez, Eduardo. "Proyectos oficiales de reforma teatral durante la II República". *El teatro en España entre la tradición y la vanguardia*. Eds. Dru Dougherty y M.ª Francisca Vilches. Madrid: Consejo Superior de Investigaciones Científicas/Fundación Federico García Lorca, 1992. 401-14.

Iribarren, Manuel. "Notas. Letras". *Jerarquía* 1 (1936): 122-26.

Jiménez Fraud, Alberto. *Ocaso y restauración: ensayo sobre la universidad española moderna*. México: El Colegio de México, 1948.

Juliá, Santos. *Víctimas de la guerra civil*. Madrid: Temas de hoy, 1999.

Juliá Martínez, Eduardo. *La Dorotea: edición del centenario con observaciones preliminares y notas*. Biblioteca Universal, 189-190. Madrid: Librería y Casa Editorial Hernando, 1935.

— *Obras dramáticas escogidas de Lope de Vega Carpio*. Biblioteca Clásica, 266-271. Madrid: Librería y Casa Editorial Hernando, 1934-1935.

— *Águilas Imperiales: en las horas heroicas de la Patria*. Toledo: Rafael G. Menor, 1938.

Kermode, Frank. *The Sense of an Ending: Studies in the Theory of Fiction*. London: Oxford University Press, 1968.

Kracauer, Siegfried. *From Caligari to Hitler: a Psychological History of the German Film*. 1959. Ed. revisada y aumentada Leonardo Quaresima. Princeton, N. J.: Princeton University Press, 2004.

Kühnl, Reinhard. "The Cultural Politics of Fascist Governments". *Fascism and Theatre*. Berghaus 1996b. 30-38.

La España de la posguerra. Madrid: La Actualidad Española, s. f. [1973?].

Ladrón de Guevara, Pablo. *Novelistas malos y buenos juzgados por el P. Pablo Ladrón de Guevara, de la Compañía de Jesús. Júzganse más de 2.115 novelistas [...]*. 2.ª ed. aumentada. Bilbao: El Mensajero del Corazón de Jesús, [1910].

Lannon, Frances. *Privilege, Persecution and Prophecy: the Catholic Church in Spain, 1875-1975*. Oxford: Clarendon Press, 1987.

Laviada, M[anuel], Moya, Luis, y Uzqueta, Vizconde de. "Sueño Arquitectónico para una Exaltación Nacional". *Vértice* 36 (1940): 7-12 y 61.

Lejeune, Philippe. "How Do Diaries End?". *Biography* 24.1 (2001): 99-112.

León, María Teresa. *Juego limpio*. Buenos Aires: Goyanarte, 1959.

— *Memoria de la melancolía*. Ed. Gregorio Torres Nebrera. Madrid: Castalia, 1999.

Linares, Francisco. "Theatre and Falangism at the Beginning of the Franco Regime". *Fascism and Theatre*. Berghaus 1996b. 210-28.

Littell, Jonathan. *Les Bienveillantes*. Paris: Gallimard, 2006.

Lluch Garín, Felipe. *Espejo de Héroes: escenas de la vida de san Luis Gonzaga, en dos cuadros y en verso*. s. p., s. f. [h. 1927].

— "La reina del mundo. *Eduardo Marquina el gran productor. Una nueva estrella de primera magnitud. Fontanals excelente 'cameraman'*". Recorte de revista no localizada 25 nov. 1928: 4-5.

— "Grandeza y servidumbre del teatro popular. *Sparta* 0 (1 oct. 1932): s. p.

— "Elogio y crítica del teatro de aficionados". *Sparta* 1 (5 nov. 1932): s. p.
— "Estudio de Arte Dramático". *Sparta* 3 (19 nov. 32): s. p.
— "Eduardo Marquina y su nueva obra" [*Teresa de Jesús*]. *Sparta* 4 (26 nov. 1932): s. p.
— "Nuevo teatro". *Sparta* 7 (17 dic. 1932): s. p.
— "s.o.s". *Sparta* 9 (31 dic. 1932): s. p.
— "Norte y sur". *Sparta* 10 (7 ene. 1933): s. p.
— "En torno a un estreno [*Le cocu magnifique*]. Teatro muerto". *Sparta* 13 (28 ene. 1933): s. p.
— "Teatro para niños. Pinocho". *Sparta* 14 (4 feb. 1933): s. p.
— "La danza: cultura y barbarie". *Sparta* 15 (11 feb. 1933): s. p.
— "Marionetas". *Sparta* 17 (25 feb. 1933): s. p.
— "Bodas de sangre". *Sparta* 18 (4 mar. 1933): s. p.
— "La imprenta de 'El Clamor'". *Sparta* 20 (18 mar. 1933): s. p.
— "El culto de los clásicos". *Sparta* 23 (8 abr. 1933): s. p.
— "Escenografía arquitectónica". *Sparta* 28 (13 may. 1933): s. p.
— "Cine y teatro". *Sparta* 29 (20 may. 1933): s. p.
— "La semana teatral, por *Sparta*. Teatro romano de Mérida. "Medea" de Lucio Anneo Séneca. De nuestro enviado Felipe Lluch Garín". *Sparta* 34 (24 jun. 1933): s. p.
— "De la comedia francesa a la película rusa". *Sparta* 37 (15 jul. 1933): s. p.
— "El teatro al aire libre: Jacques Copeau y Max Reinhardt". *Sparta* 39 (5 ago. 1933): s. p.
— "Entre dos temporadas: orientación y examen". *Sparta* 40 (12 ago. 1933): s. p.
— "Música y vestuario". *Sparta* 41 (28 oct. 1933): s. p.
— "La Pasión en el teatro clásico". *Ya* 18 abr. 1935: 8.
— "Tres comedias de Lope sobre san Isidro". *Ya* 15 may. 1935: 9.
— "El auto sacramental, espectáculo perfecto". *Ya* 20 jun. 1935: 9.
— "El Teatro Nacional, museo y laboratorio". *Ya* 28 jun. 1935: 8.
— "El Teatro Nacional, escuela de buen teatro". *Ya* 3 jul. 1935: 9.
— "El Teatro Nacional, modelo de austeridad". *Ya* 8 jul. 1935: 9.
— "Lope, olvidado por su patria". *Ya* 10 ago. 1935: 9.
— "Lope de Vega: sus obras renuevan la escenografía". *Ya* 22 ago. 1935: 9.
— "El teatro religioso de Lope de Vega". *Ya* 30 ago. 1935: 5.
— "Don Juan en el teatro". *Ya* 2 nov. 1935: 7.
— "La muerte del teatro". *Ya* 28 nov. 1935: 7.
— "La Inmaculada en los autos de Calderón". *Ya* 7 dic. 1935: 6.
— "La Inmaculada en los autos de Calderón". *Ya* 13 dic. 1935: 7.
— "El Nacimiento en el teatro español". *Ya* 24 dic. 1935: 7.
— "Indecisión y mediocridad en el teatro español". *Ya* 1 ene. 1936: 9.
— "El teatro, como hace cien años". *Ya* 6 feb. 1936: 7.
— "El misterio medieval". *Ya* 7 abr. 1936: 6.

— "El drama de la Pasión en el teatro español". *Ya* 9 abr. 1936: 5.

— *Diario de guerra y de teatro, 1937-1939*. Diario inédito.

— "El teatro, forma vital". *Vértice* 29 (feb. 1940): 20-22.

— "Tres notas sobre lo teatral". *Tajo* 36 (1 feb. 1941): 15.

— [†] "El Auto sacramental". *Revista Nacional de Educación* (nov. 1943): 7-17.

[Lluch Garín, Felipe]. "El teatro español". *Tajo* 5 (29 jun. 1940): 18.

[—] "El teatro popular". *Tajo* 6 (6 jul. 1940): 14.

[—] "El teatro religioso". *Tajo* 7 (13 jul. 1940): 14.

[—] "El teatro político". *Tajo* 8 (20 jul. 1940): 15.

[—] "El teatro nacional". *Tajo* 9 (27 jul. 1940): 14.

LONDON, John. "Sport in Early Francoism". *Fascism and Theatre*. Berghaus 1996b. 229-46.

— "The uncertainty of fascist aesthetics: political ideology and historical reality". *Renaissance and Modern Studies* 42 (1999): 49-63.

— ed. *Theatre under the Nazis*. Manchester: Machester University Press, 2000.

— "Le Théâtre pendant l'holocauste: théâtre interdit, théâtre clandestin ou théâtre de propagande nazie? Questions et directions de recherche". *Revue d'Histoire du Théâtre* 56.1-2 (2004): 41-57.

— "Drama in the Spanish Civil War: Was there *teatro de urgencia* in the Nationalist Zone?". *Spanish Film, Theatre and Literature in the Twentieth Century: Essays in Honour of Derek Gagen*. Eds. David George y John London. Cardiff: University of Wales Press, 2007. 205-36.

LÓPEZ PEGO, Carlos. *La congregación de "Los Luises" de Madrid: apuntes para la historia de una congregación mariana universitaria de Madrid*. Bilbao: Desclée de Brouwer, 1999.

LÓPEZ-ESCOBAR, Esteban, y LOZANO BARTOLOZZI, Pedro. *Eduardo Ortiz de Landázuri: el médico amigo*. Madrid: Palabra, 1994.

LOZANO ÚRIZ, Pedro Luis. *Un matrimonio de artistas: vida y obra de Pedro Lozano de Sotés y Francis Bartolozzi*. Pamplona: Gobierno de Navarra, Departamento de Cultura y Turismo, 2007.

LUKACS, John. *Five Days in London, May 1940*. New Haven: Yale University Press, 1999. [*Cinco días en Londres: Churchill solo frente a Hitler*. Trad. Ramón García. México/Madrid: Fondo de Cultura Económica/Turner, 2001.]

MAEZTU, Ramiro de. *Don Quijote, Don Juan y la Celestina: ensayos en simpatía*. Madrid: Calpe, 1926.

MAINER, José-Carlos, ed. *Falange y literatura*. Textos Hispánicos Modernos, 14. Barcelona: Labor, 1971.

— "De historiografía literaria española: el fundamento liberal". *Estudios sobre Historia de España: homenaje a Manuel Tuñón de Lara*. Vol. 2. Ed. Santiago Castillo. Madrid: Universidad Internacional Menéndez Pelayo, 1981. 439-72.

— *La filología en el purgatorio: los estudios literarios en torno a 1950*. Barcelona: Crítica, 2003.

— "Conversiones: algunas imágenes del fascismo". *La doma de la Quimera: ensayos sobre nacionalismo y cultura en España*. Madrid/Frankfurt: Iberoamericana/Vervuert, 2004. 299-327.

— "Ernesto Giménez Caballero o la inoportunidad". Ernesto Giménez Caballero. *Casticismo, nacionalismo y vanguardia: antología, 1927-1935*. Ed. José-Carlos Mainer. Madrid: Fundación Santander Central Hispano, 2005. IX-LXVIII.

— *La corona hecha trizas (1930-1960): una literatura en crisis*. 1989. Barcelona: Crítica, 2008.

MARAVALL, José Antonio. *La cultura del Barroco: análisis de una estructura histórica*. 1975. 2.ª ed. Barcelona: Ariel, 1980.

MARÍAS, Julián. *Una vida presente: memorias*. 2 vols. Madrid: Alianza, 1989.

MARITAIN, Jacques. *Humanismo integral: problemas temporales y espirituales de una nueva cristiandad*. Trad. Alfredo Mendizábal. Buenos Aires: Ediciones Carlos Lohlés, 1966.

MARQUERÍE, Alfredo. *Desde la silla eléctrica: crítica teatral*. Madrid: Editora Nacional, 1942.

— *El teatro que yo he visto*. Barcelona: Bruguera, 1969.

MARRAST, Robert. *El teatre durant la guerra civil espanyola: assaig d'història i documents*. Barcelona: Institut del Teatre, 1978.

MARTÍN EZPELETA, Antonio. "El planteamiento teórico-metodológico de la 'Historia de la literatura española' de Ángel Valbuena Prat". *Boletín de la Biblioteca Menéndez Pelayo* 83 (2007): 307-34.

— *Las "Historias Literarias" de los escritores de la generación del 27*. Madrid: Arco/Libros, 2008.

McCARTHY, Jim. *Political Theatre during the Spanish Civil War*. Cardiff: University of Wales Press, 1999.

MEIER, Harry. Reseña de L. Pfandl. *Historia de la Literatura... Revista de Filología Española* 18 (1934): 66-77.

MERMALL, Thomas. "Aesthetics and Politics in Falangist Culture (1935-1945)". *Bulletin of Hispanic Studies* 50 (1973): 45-55.

— *The Rethoric of Humanism: Spanish Culture after Ortega y Gasset*. New York: Bilingual Press, 1976. [*La retórica del humanismo: la cultura española después de Ortega*. Madrid: Taurus, 1978.]

[MIQUELARENA, Jacinto] EL FUGITIVO. *Unificación: diálogo heroico*. Tolosa: Gráficas Laborde y Labayen, [1937a]. Ilustraciones en color de Teodoro Delgado.

MIQUELARENA, Jacinto. "Unificación". *Cómo fui ejecutado en Madrid*. Ávila: Sigiriano Díaz, 1937b. 189-93.

MONLEÓN, José. "Con Santiago Ontañón". *Primer Acto* 229 (jun.-ago. 1989): 120-25.

MORENO VILLA, José. *Vida en claro: autobiografía*. México: Fondo de Cultura Económica, 1976.

MORET MESSERLI, Francisco. *Conmemoraciones y Fechas de la España Nacionalsindicalista*. Madrid: Vicesecretaría de Educación Popular, 1942.

M[uñoz]. Arconada, César. "El fascismo no puede crear una cultura". *Leviatán* 26 (1 jul. 1936): 47-55.

Niedermayer, Franz. "La hispanística en Alemania". *Arbor* 119 (1984): 165-81.

Nieto Nuño, Lope. *Catálogo de obras de Ángel Martín Pompey.* Madrid: 2004. 342 p. <http://www.march.es/bibliotecas/contemporaneos/catalogo/documentos/Pompey.pdf> [16 enero 2009].

Nieva de la Paz, Pilar. "La polémica teatral en *Sparta*, revista teatral de espectáculos". *Siglo xx-20th Century* 7 (1989-1990): 12-19.

Niven, William. "The Birth of Nazi drama? 'Thing' plays". *Theatre under the Nazis.* Ed. John London. Manchester/New York: Manchester University Press, 2000. 54-95.

Obregón, Antonio de. "La obra de un director de escena". *Arriba* 13 jun. 1941: 3.

Orano, Paolo. *I Carri di Tespi dell'OND.* Roma: Casa editrice Pinziana, 1937.

Orbaneja y Aragón, José de. *La Fragua de la Residencia de Estudiantes de Madrid: el devenir de una nueva ideología socio-económica, 1930-1997.* 2.ª ed. revisada. Barcelona: Ketres, 1997.

Ortega, Teófilo. "Coloquio". *Jerarquía* 1 (1936): 119-21.

Ossorio, Ángel. *Mis memorias.* Buenos Aires: Losada, 1946.

Ouimette, Victor. *Los intelectuales españoles y el naufragio del liberalismo, 1923-1936.* Introducción de José Luis Abellán. 2 vols. Valencia: Pre-Textos, 1998.

Palacios Bañuelos, Luis. *José Castillejo: última etapa de la Institución Libre de Enseñanza.* Madrid: Narcea, 1979.

Pando y Mier, Pedro de, ed. *Autos Sacramentales Alegóricos, y Historiales del insigne poeta español don Pedro Calderón de la Barca [...] Parte primera.* Madrid: imprenta de Manuel Ruiz de Murga [...], 1717.

Panse, Barbara. "Censorship in Nazi Germany". *Fascism and Theatre.* Berghaus 1996b. 140-56.

Passmore, Kevin. *Fascism: a very short introduction.* Oxford/New York: Oxford University Press, 2002.

Payne, Stanley G. *A History of Fascism, 1914-1945.* London: University College London Press, 1995.

— *Franco y José Antonio. El extraño caso del fascismo español: historia de la Falange y del Movimiento Nacional, 1923-1977.* Trad. Joaquín Adsuar. Barcelona: Planeta, 1997. [Ampliación completamente revisada de *Falange: a History of Spanish Fascism.* Stanford: Stanford University Press, 1961. Primera traducción española: *Falange: historia del fascismo español.* Trad. Francisco Ferreras. París: Ruedo Ibérico, 1965; reed. *Falange: historia del fascismo español.* Madrid: Sarpe, 1986.]

Peláez, Andrés, ed. *Historia de los Teatros Nacionales (1939-1962).* Madrid: Centro de Documentación Teatral, 1993.

— ed. *Historia de los Teatros Nacionales (1960-1985).* Vol. 2. Madrid: Centro de Documentación Teatral, 1995.

PENDULÀ, Gianfranco. *Il teatro italiano nel tempo del fascismo*. Bologna: Il Mulino, 1994.

PERAL VEGA, Emilio. *De un teatro sin palabras: la pantomima en España de 1890 a 1939*. Barcelona: Anthropos, 2008.

PÉREZ BOWIE, José Antonio. *Poética teatral de Gonzalo Torrente Ballester*. Pontevedra: Mirabel, 2006.

PÉREZ VILLANUEVA, Joaquín. *Ramón Menéndez Pidal: su vida y su tiempo*. Prólogo de Rafael Lapesa. Madrid: Espasa-Calpe, 1991.

PETERSEN, Julius. *Die Sehnsucht nach dem Dritten Reich in deutscher Sage und Dichtung* [*El ansia por el III Reich en la leyenda y la poesía alemana*]. Stuttgart: J. B. Metzler, 1934.

PFANDL, Ludwig. *Geschichte der spanischen Nationalliteratur in ihrer Blütezeit*. Freiburg im Breisgau: Herder & Co., 1929.

— *Historia de la Literatura nacional española en la Edad de Oro*. Trad. Jorge Rubió Balaguer. Barcelona: Sucesores de Juan Gili, 1933. [2.ª ed. 1952.]

PIKE, David Wingeate. *Franco and the Axis stigma*. New York: Palgrave Macmillan, 2008.

PIRRO, Nicola de. *Il teatro per il popolo: relazione presentata all'XI Congresso Internazionale del Teatro (Londra, 2-9 Luglio 1938)*. Roma: Novissima, 1938.

PORTOLÉS, José. *Medio siglo de filología española*. Madrid: Cátedra, 1986.

POZUELO YVANCOS, José María. "Popular/culto, genuino/foráneo. Canon y teatro nacional español". *Tragedia, Comedia, Canon*. Ed. Jesús G. Maestro. Vigo: Universidad de Vigo, 2000. 235-60.

PRIETO, Indalecio. "Don Luis Lucia: el pundonor de un caballero católico". *Convulsiones de España: pequeños detalles de grandes sucesos*. Vol. 2. México: Oasis, 1968. 252-55.

— "Perfil seglar de un nuevo fraile [Rafael Sánchez-Guerra]". *Convulsiones de España: pequeños detalles de grandes sucesos*. Vol. 3. México: Oasis, 1969. 285-92.

PUGH, Martin. *Hurrah for the Blackshirts!: Fascists and Fascism in Britain between the Wars*. London: Jonathan Cape, 2005.

RAGUER, Hilari. *La pólvora y el incienso: la Iglesia y la guerra civil española (1936-1939)*. Barcelona: Península, 2001.

REY FARALDOS, Gloria. "Pío Baroja y El Mirlo Blanco". *Revista de literatura* 93 (1985): 153-64.

— "Notas sobre el teatro ruso en España". *Segismundo* 20 (1986): 265-88.

— "El teatro de las Misiones Pedagógicas". *El teatro en España entre la tradición y la vanguardia*. Eds. Dru Dougherty y M.ª Francisca Vilches. Madrid: Consejo Superior de Investigaciones Científicas/Fundación Federico García Lorca, 1992. 153-64.

RIDRUEJO, Dionisio. *Casi unas memorias*. Barcelona: Planeta, 1976.

RIEFENSTAHL, Leni. *El triunfo de la voluntad. Olympia*. Barcelona: Cameo Media, 2007 [DVD].

RIVAS CHERIF, Cipriano de, trad. *Florecillas del glorioso Padre San Francisco y sus hermanos*. Madrid: Renacimiento, 1913.

— *Con flores a María: boceto de comedia*. Madrid: R. Velasco, 1915.

— trad. Giacomo Casanova. *Memorias de Casanova*. Madrid: Renacimiento, 1917.

— trad. Dante Alighieri. *El Convivio*. Colección Universal, 106-108. Madrid: Tipografía Renovación, 1919.

— trad. François de La Rochefoucauld. *Memorias*. Colección Universal, 11-13. Madrid: Calpe, 1919.

— trad. Giovanni Verga. *Los Malasangre*. Colección Universal, 134-137. Madrid: Tipografía Renovación, 1920.

— ed. *Pepita Jiménez: novela famosa de don Juan Valera, refundida en tres actos de teatro*. El Teatro moderno, 183. Madrid: Prensa Moderna, 1929.

— trad. Giovanni Papini. *Historia de Cristo*. Madrid: Voluntad, ¿1924-1926? [Hay numerosas reediciones en los años treinta y siguientes en las que no figura traductor; Rivas sólo consta a partir de la de Madrid: Fax, 1963.]

— "Un sueño de la razón". *Cipriano Rivas Cherif: retrato de una utopía*. Eds. Juan Aguilera Sastre y Manuel Aznar Soler. Madrid: Centro de Documentación Teatral, 1989. 61-99.

— *Cómo hacer teatro: apuntes de orientación profesional*. Valencia: Pre-textos, 1991.

Roca Sierra, Marcos, y López-Ríos, Santiago. "Los estudios de Filología Hispánica". AA. VV. *La facultad de Filosofía y Letras de Madrid en la Segunda República: arquitectura y universidad durante los años 30*. Madrid: Sociedad Estatal de Conmemoraciones Culturales/Ayuntamiento de Madrid/Ediciones de Arquitectura, 2008. 345-65.

Rodríguez Puértolas, Julio. *Literatura fascista española, 1: historia*. Madrid: Akal, 1986. [Hay reedición, 2008.]

— *Literatura fascista española, 2: antología*. Madrid: Akal, 1987. [Hay reedición, 2008.]

Romera Castillo, José. "Algo más sobre la escritura diarística en España". *Autobiografía en España: un balance (Actas del Congreso Internacional celebrado en la Facultad de Filosofía y Letras de Córdoba del 25 al 27 de octubre de 2001)*. Eds. Celia Fernández Prieto y M.ª Ángeles Hermosilla Álvarez. Madrid: Visor, 2004. 95-112.

Ros, Samuel. *En el otro cuarto. Antología 1923-1944*. Ed. Carlos Blanco-Soler. Madrid: Editora Nacional, 1948. 139-55.

Ros, Samuel, y Bouthelier, Antonio. *A hombros de la Falange: historia del traslado de los restos de José Antonio*. Madrid/Barcelona: Ediciones Patria, 1940.

Rubio Jiménez, Jesús. "Primeras historias y antologías teatrales de la posguerra". *Historia literaria /Historia de la literatura*. Ed. Leonardo Romero Tobar. Zaragoza: Prensas Universitarias de Zaragoza, 2004. 391-419.

Ruiz Carnicer, Miguel Ángel. "La formación política en la universidad franquista. Falange ante profesores y estudiantes". *El régimen de Franco (1936-1975): política y relaciones exteriores*. Ed. Xavier Tusell Gómez. Madrid: UNED, 1993. 377-90.

— *El Sindicato Español Universitario (SEU), 1939-1965: la socialización política de la juventud universitaria en el franquismo*. Madrid: Siglo Veintiuno de España, 1996.

Sáenz de la Calzada, Luis. *"La Barraca", Teatro Universitario*. Madrid: Revista de Occidente, 1976.

Sáenz de la Calzada, Margarita. *La Residencia de Estudiantes, 1910-36*. Madrid: Consejo Superior de Investigaciones Científicas, 1986.

Salinas, Pedro. *Obras completas, 3: epistolario*. Eds. Enric Bou y Andrés Soria Olmedo. Madrid: Cátedra, 2007.

Sambricio, Carlos. *Madrid: ciudad-región. De la ciudad ilustrada a la primera mitad del siglo xx*. Vol. 1. Madrid: Comunidad de Madrid, 1999.

— "Cartografía histórica de Madrid región: 1750-1963". *Cartografía histórica: Madrid región capital, 1: [textos], 2: mapas y planos*. Eds. Carlos Sambricio y Concepción Lopezosa Aparicio. Madrid: Arpegio/Comunidad de Madrid, Consejería de Urbanismo y Transporte, 2002. 62-157.

Sánchez-Guerra, Rafael. *Mis prisiones*. Buenos Aires: Claridad, 1946.

Sánchez Silva, José María. "Felipe Lluch Garín". *Arriba* 11 jun. 1941: 3.

Sautu, José de. *Por aquí sin novedad, mi general: ensayo dramático*. Burgos: Marcelino Miguel, [1937].

Scarrocchia, Sandro. *Albert Speer e Marcello Piacentini: l'architettura del totalitarismo negli anni trenta*. Milano: Skira, 1999.

Schack, Adolfo Federico. *Historia de literatura y el arte dramático en España*. Trad. E. Mier. 5 vols. Madrid: Imprenta Tello, 1885-87.

Schnapp, Jeffrey T. *Staging fascism: 18 BL and the Theater of Masses for Masses*. Stanford, Calif.: Stanford University Press, 1996.

Semprún Gurrea, José María de. *A Catholic Looks at Spain*. London: The Press Department of The Spanish Embassy in London, s. a.

Senabre, Ricardo. "La creación de un mito cultural: el teatro nacional español". *Mitos*. Ed. Túa Blesa. Anejos de "Tropelías", 1. Zaragoza: Universidad de Zaragoza, 1998. 90-94.

Sender, Ramón, J. *Teatro de masas*. Valencia: Orto, 1931.

Speer, Albert. *Memorias*. Trad. Ángel Sabrido. Barcelona: Acantilado, 2001. [1.ª ed. castellana, Barcelona: Plaza & Janés, 1969.]

Spotts, Frederic. *The shameful peace: how French artists and intellectuals survived the nazi occupation*. New Haven/London: Yale University Press, 2008.

Sternhell, Zeev, Sznajder, Mario y Asheri, Maia. *El nacimiento de la ideología fascista*. 1989. Trad. Octavi Pellis. Madrid: Siglo Veintiuno de España, 1994.

Symes, Carol L. *A Common Stage: Theater and Public Life in Medieval Arras*. Ithaca: Cornell University Press, 2007.

Thamer, Hans-Ulrich. "The Orchestration of the National Community: the Nuremberg Party Rallies of the NSDAP". *Fascism and Theatre*. Berghaus 1996b. 173-90.

Thompson, Doug. "The Organisation, Fascistisation and Management of Theatre in Italy, 1925-1943". *Fascism and Theatre*. Berghaus 1996b. 94-132.

Torrente Ballester, Gonzalo. "Razón y ser de la dramática futura". *Jerarquía* 2 (oct. 1937): 61-80.

— "Cincuenta años de teatro español y algunas cosas más". *Escorial* (ago. 1941): 253-78.

— "¿Qué pasa con el público?". *Escorial* (may. 1942): 199-216.

TORRES NEBRERA, Gregorio. "Las Guerrillas del Teatro: urgencia, propaganda, compromiso". *ADE Teatro* 77 (oct. 1999): 144-53.

TUSELL, Javier, GENTILE, Emilio, y FEBO, Giuliana di, eds. Coord. Susana Sueiro. *Fascismo y franquismo cara a cara: una perspectiva histórica*. Madrid: Biblioteca Nueva, 2004.

UCELAY, Margarita. "Introducción". Federico García Lorca. *Amor de Don Perlimplín con Belisa en su jardín*. Madrid: Cátedra, 1990. 9-250.

UGARTE, Eduardo. *Por las rutas del teatro*. Eds. Iñaki Azkárate y Mari Karmen [*sic*] Gil Fombellida. San Sebastián: Saturrarán, 2005.

VALBUENA PRAT, Ángel. *Literatura Dramática Española*. Barcelona: Labor, 1930.

— *Historia de la Literatura Española*. 2 vols. Barcelona: Gustavo Gili, 1937.

— *Teatro moderno español*. Zaragoza: Partenón, 1944.

VALENDER, James. "Cronología". *Manuel Altolaguirre, 1905-1959: viaje a las islas invitadas*. Madrid: Sociedad Estatal de Conmemoraciones Culturales/Publicaciones de la Residencia de Estudiantes, 2005. 101-92.

VERDONE, Mario. "Mussolini's Theatre of the Masses". *Fascism and Theatre*. Berghaus 1996b. 133-39.

VILCHES DE FRUTOS, María Francisca, y DOUGHERTY, Dru. *La escena madrileña entre 1926 y 1931: un lustro de transición*. Madrid: Fundamentos, 1997.

WAHNÓN, Sultana. "The Theatre Aesthetics of the Falange". *Fascism and Theatre*. Berghaus 1996b. 191-209.

— *La estética literaria de la posguerra: del fascismo a la vanguardia*. Amsterdam: Rodopi, 1998.

ZAMACOIS, Eduardo. *Desde mi butaca: apuntes para una psicología de nuestros actores*. Madrid: Pérez Villavicencio, 1907.

ZULUETA, Carmen de, y MORENO, Alicia. *La Residencia de Señoritas: ni convento ni college*. Madrid: Consejo Superior de Investigaciones Científicas, 1993.

FUENTES MANUSCRITAS: ARCHIVO LLUCH GARÍN (orden alfabético)

–*Adelante: drama social en cinco cuadros y en prosa* = original de FLG [antes de agosto de 1937]. Refundición de José Antonio Lluch Cotterau.

— *Aguafuerte: tragedia en tres actos, y en prosa; el segundo dividido en dos cuadros y un intermedio* = original de FGL. Agosto 1927-febrero 1928. Fondo: una cita de *Los hermanos Karamazov*. Forma: las *Meditaciones del Quijote* orteguianas. "El héroe es quien quiere ser él mismo, la raíz de lo heroico, por eso mirada la tragedia desde la vida vegetativa, tiene siempre un carácter ficticio".

— *Auto de los Reyes Magos*. Versión escénica de FLG. Autógrafo.

— *La bronca de Montiel: acto único*. En verso. Borrador de 16 cuartillas autógrafas, con letra juvenil [h. 1925-1926].

— *Comedia de la Grandeza de España*: 1) Plan de la comedia: 12 cuartillas a lápiz |
2) Indicaciones sobre escenografía y acotaciones: 12 cuartillas a lápiz, fechadas
15 de marzo de 1939 | 3) Borrador preliminar del texto de la comedia: 47 cuar-
tillas a lápiz. El texto propiamente no se conserva.

— *El Cristo del confinado. Juventud. La calle* (cuentos): autógrafos.

— *En vano: adaptación escénica de la novela de Enrique Sienkiewicz*. Octubre-
noviembre 1926.

— *Espejo de Héroes*: Manuscrito | Copia mecanográfica | Copia impresa [1926].

— *Los desposorios de Cristo: representación espiritual puesta en toda la perfección posible por Juan de Timoneda* = versión espectacular de FLG. Madrid, 1934. Dos
copias autógrafas.

— [*Diario de guerra y de teatro*]: 1) 53 cuartillas autógrafas a lápiz por una cara; 12
octubre-9 noviembre 1937 | 2) *Impresiones, junio-diciembre 1938*: 35 cuartillas
autógrafas a doble cara, 17 a lápiz, 18 a tinta | 3) *Impresiones*: 19 cuartillas autó-
grafas a tinta, por una cara, más otras siete de *Diario de trabajos*, autógrafas a
tinta por una cara; enero, febrero y marzo 1939.

— *Don Francisquito: prólogo en tres actos a una comedia en una escena* = original de
Antonio Ramón Algorta y FGL. 26 holandesas mecanografiadas [h. 1927].

–– *Farsa alegórica de la Grandeza de España*. Ocho folios mecanografiados; fechados "Madrid, febrero de 1939".

— *Gas: drama en cuatro actos y en prosa* = original de Georg Kaiser y traducida por
Álvaro Arauz y Luis Fernández Rica = Adaptación escénica y arreglo de FLG.
Borrador a mano [1935].

— *Instituto Dramático Nacional*

Documento 1: *Memoria [...] sobre la ordenación del Teatro en España*; autógrafo a
tinta; 14 cuartillas; 28 jun. 1939.

Documento 1bis: cinco cuartillas autógrafas, a lápiz, con borradores varios.

Documento 2: *Ordenación del Teatro como Industria*. 19 cuartillas a doble cara,
autógrafas, cinco a tinta y el resto a lápiz, más copia mecanográfica de 16 holandesas (falta la página 6). Sin fecha.

Documento 3: *Ordenación del Teatro como Arte*. 26 cuartillas autógrafas, a tinta, fechadas "Madrid, 26 de enero 1939 y Julio 1939, Año de la Victoria".

Documento 3bis: *Proyecto de creación de un Instituto Dramático Nacional. Proyecto de
Decreto. Parte expositiva*. Nueve cuartillas a tinta y lápiz, fechadas en agosto de
1939.

Documento 4: [*Ordenación del Teatro como Servicio*]. No se conserva.

Documento 5: *Informe sobre el Departamento Nacional de Teatro*. Cuatro cuartillas autógrafas a tinta, incompletas, fechables entre finales de 1940 y principios de 1941.

— *La leyenda de Don Juan: refundición libre de textos anónimos y de Tirso de Molina,
Zamora, Molière y Bernard Shaw, por = Felipe Lluch Garín = con música de esce-*

na adaptada de Mozart. Copia mecanografiada, incompleta [1933; estr. M.ª Guerrero, 15 ene. 34].

— *El lirio de Astolat: leyenda poética en cuatro actos y en verso, inspirada en un romance del ciclo bretón* = original de FLG. Autógrafo en libreta de hule negro, fechada "1 febrero 1926 a 1 mayo 1926" | 37 octavillas autógrafas.

— *Loa de la Unidad de España.* 14 folios mecanografiados; fechados "Madrid 17 de marzo 1940".

— *Marisabela: zarzuela en dos actos, el segundo dividido en dos cuadros* = original de Emilio González del Castillo y FLG = Música de José Legaza. Entre otoño 1926-verano 1929. No se estrenó.

— *Penas y alegrías: intento de zarzuela en un acto y dos cuadros* = original de FLG. Varios borradores, confusos. Letra juvenil. Fue escrita para la sección dramática de la Asociación de Ciencias [h. 1927].

— *El pleito matrimonial. Versión espectacular de Felipe Lluch Garín. Madrid 1938.* 1) 66 cuartillas autógrafas a tinta por una cara | 2) *Notas para la escenificación* y *Desarrollo dramático*: tres cuartillas autógrafas a tinta por una cara | 3) Tres monos a lápiz en dos cuartillas; una de ellas indica: "Francisco Rizi. Boceto de decoración teatral para el Buen Retiro. Madrid, B[iblioteca]. N[acional]. Lámina LXXII. El Realismo en la Pintura del siglo XVII. Historia Labor XII".

— *El pleito matrimonial del cuerpo y el alma, auto sacramental alegórico, de Pedro Calderón de la Barca añadido por Antonio Zamora. Versión espectacular de Felipe Lluch.* 76 cuartillas mecanografiadas. Fechado "Madrid, 1 octubre 1938". Hay copia en el Centro de Documentación Teatral (Madrid).

— *Representación* de Gómez Manrique = versión escénica de FLG. Borrador.

— "Siegfried", artículo; no consta que fuera publicado; autógrafo incompleto [h. 1928].

— *Siete fantasmas: comedia de humor y poesía en tres actos y en prosa* = original de José María Sánchez Silva y FLG. Madrid, julio 1938. Falta el acto 3.

— *Suite Iberia: boceto de guión cinematográfico sobre la vida y la obra de Albéniz.* 15 folios mecanografiados.

— *La Suite Iberia: película cinematográfica.* Argumento de FLG y Santiago de la Escalera [s. f.].

— *Un traje nuevo: comedia en tres actos y en prosa,* original de FLG. Original completo, en tres cuadernillos [s. f.].

— [Notas de estudio. Selección:]

1) Sobre (18 x 13 cm) rotulado *Teatro religioso* = Moratín: *"Orígenes del teatro español"* = Schack: *"El arte dramático en España"* = Hurtado: *"Historia de la literatura española".* Contiene: siete octavillas autógrafas a tinta, correspondientes a Moratín, más un sumario; 11 octavillas autógrafas a tinta, correspondientes a Schack, más un sumario; ocho octavillas autógrafas a tinta, correspondientes al manual de Juan Hurtado y Ángel González Palencia, más un sumario.

2) Sobre (18 x 13 cm) con membrete del Consejo Central del Teatro = Delegación en Madrid = Marqués del Duero 7, en la solapa; rotulado en el sobrescrito *La Celestina*. Contiene seis octavillas autógrafas a tinta y lápiz, con anotaciones misceláneas.

3) Sobre (18 x 13 cm) rotulado *Historia general del teatro = de Lucien Dubech = Tomo I - Teatro griego*. Contiene 124 octavillas autógrafas a tinta, más un sumario a lápiz en dos octavillas.

4) Sobre (18 x 13 cm) con logotipo en rojo de la Alianza de Intelectuales Antifascistas = Marqués del Duero 7 = Madrid, en la solapa, rotulado en el sobrescrito *Historia general del teatro = de Lucien Dubech = Tomo II - Teatro medieval*. Contiene 81 octavillas autógrafas a tinta.

5) Varios. a) *Auto de los Reyes Magos* (dos cuartillas con notas y transcripción del texto en cuatro cuartillas, las seis autógrafas a tinta); b) *Representación del Naçimiento de Nuestro Señor [...] de Gómez Manrique* (transcripción del texto en seis octavillas autógrafas a tinta); c) en un folio con membrete impreso de *Cultura Popular = Pedagogía • Arte • Deporte = Sacramento 1. Teléfono 23204 | Prensa, Bibliotecas y Festivales en el frente y establecimientos de Guerra*, plegado en cuatro, notas autógrafas a lápiz sobre varios autos del Nacimiento; d) cinco octavillas autógrafas a tinta encabezadas: *Gómez Manrique = "Canción a la Concepción de Nuestra Señora", Auto del Nacimiento = Pedro Suárez de Robles, 1561, Cancionero de Gómez Manrique, Auto de los Reyes Magos y Navidad, milagro en tres cuadros compuesto por Gregorio Martínez Sierra, música de Joaquín Turina [...] 1916*.

Una relación-catálogo en tres cuartillas, de mano distinta a la de Lluch, añade, sin fechas ni orden, los siguientes títulos: *Noche de niebla: drama en tres actos y en prosa* = original de FLG | *Leyenda: zarzuela en tres actos* = original de FLG | *Un ladrón: comedia en dos actos, el primero dividido en dos cuadros, y en prosa* = original de FLG | *La rebelión de las masas: tragedia en cinco actos y en prosa* = original de FLG | *Venus: tragedia en cinco cuadros y en prosa* = original de FLG | *Alegría: zarzuela flamenca* de FLG | *Maravilla: zarzuela romántica* de FLG. Boceto.

La ficha de la Sociedad General de Autores y Editores recoge a nombre de Felipe Lluch Garín los siguientes títulos: *Las mocedades del Cid. La Celestina. Las bizarrías de Belisa. La decantada vida y muerte del general Mambrú. El pleito matrimonial del alma y el cuerpo. La carátula. Don Gaiferos y las busconas de Madrid. La leyenda de Don Juan. El talego niño. Baile del caballero de Olmedo.*

Nota: si no se indica otra cosa, cartas, programas de mano y otros documentos citados proceden siempre del archivo Lluch.

ÍNDICE ONOMÁSTICO

La Casa de la Riqueza. Estudios de Cultura de España

Albert, Mechthild (ed.): **Vanguardia española e intermedialidad. Artes escénicas, cine y radio.** 2005, 616 p. (La Casa de la Riqueza, 7) ISBN 9788484892007 (N°: 521200)

Bou, Enric; Pittarello, Elide (eds.): **(En)claves de la Transición. Una visión de los Novísimos. Prosa, poesía, ensayo.** 2009, 372 p. (La Casa de la Riqueza, 16) ISBN 9788484894728 (N°: 521472)

Cornago Bernal, Óscar: **Resistir en la era de los medios. Estrategias performativas en literatura, teatro, cine y televisión.** 2005, 300 p. (La Casa de la Riqueza, 8) ISBN 9788484892052 (N°: 521205)

Davis, Kathleen E.: **The Latest Style. The Fashion Writing of Blanca Valmont and Economies of Domesticity.** 2004, 176 p. (La Casa de la Riqueza, 3) ISBN 9788484891574 (N: 521157)

Domínguez García, Javier: **Memorias del futuro. Ideología y ficción en el símbolo de Santiago Apóstol.** 2008, 144 p. (La Casa de la Riqueza. Estudios de Cultura de España, 12) ISBN 9788484893738 (N: 521373)

Gracia, Jordi; Ródenas de Moya, Domingo (eds.): **Más es más. Sociedad y cultura en la España democrática, 1986-2008.** 2009, 256 p. (La Casa de la Riqueza, 13) ISBN 9788484894612 (N°: 521461)

Gómez López-Quiñones, Antonio: **La guerra persistente. Memoria, violencia y utopía: representaciones contemporáneas de la Guerra Civil española.** 2006, 306 p. (La Casa de la Riqueza, 10) ISBN 9788484892601 (N°: 521260)

Herrera, Javier; Martínez-Carazo, Cristina (eds.): **Hispanismo y cine.** 2007, 512 p. (La Casa de la Riqueza, 11) ISBN 9788484893424 (N°: 521342)

López, Francisca; Cueto Asín, Elena; George Jr., David (eds.): **Historias de la pequeña pantalla: representaciones históricas en la televisión de la España democrática.** 2009, 320 p. (La Casa de la Riqueza, 14) ISBN 9788484894629 (N°: 521462)

Mainer, José-Carlos: **La doma de la Quimera. Ensayos sobre nacionalismo y cultura en España.** 2004, 360 p. (La Casa de la Riqueza, 1) ISBN 9788484891482 (N°: 521148)

Nanclares, Gustavo: **La cámara y el cálamo. Ansiedades cinematográficas en la narrativa hispánica de vanguardia. Finalista del Premio de Ensayo Caja Madrid 2009.** 2010, 210 p. (La Casa de la Riqueza, 18) ISBN 9788484895350 (N°: 521535)

Novell, Pepa: **La memoria sublevada. Autobiografía y reivindicación del intelectual ibérico del medio siglo.** 2009, 176 p. (La Casa de la Riqueza, 15) ISBN 9788484894940 (N°: 521494)

Resina, Joan Ramon; Winter, Ulrich (eds.): **Casa encantada. Lugares de memoria en la España constitucional (1978-2004).** 2005, 256 p. (La Casa de la Riqueza, 6) ISBN 9788484891901 (N°: 521190)

Santos-Rivero, Virginia: **Unamuno y el sueño colonial.** 2005, 140 p. (La Casa de la Riqueza, 5) ISBN 9788484891819 (N°: 521181)

Schmitz, Sabine; Bernal, José Luis (coords.): **Poesía lírica y progreso tecnológico.** 2003, 332 p. (La Casa de la Riqueza, 2) ISBN 9788484891130 (N°: 521113)

Valle, José del; Gabriel-Stheeman, Luis (eds.): **La batalla del idioma. La intelectualidad hispánica ante la lengua.** 2004, 282 p. (La Casa de la Riqueza, 4) ISBN 9788484891444 (N°: 521144)

Winter, Ulrich (ed.): **Lugares de memoria de la Guerra Civil y el franquismo. Representaciones literarias y visuales.** 2006, 244 p. (La Casa de la Riqueza, 9) ISBN 9788484892434 (N°: 521243)